高等院校财经类系列精品教材

运营管理

第二版

Operations Management

方爱华　张光明　主编

WUHAN UNIVERSITY PRESS
武汉大学出版社

图书在版编目(CIP)数据

运营管理/方爱华,张光明主编．—2版.—武汉:武汉大学出版社,2015.5(2022.8重印)

高等院校财经类系列精品教材

ISBN 978-7-307-14389-0

Ⅰ.运…　Ⅱ.①方…　②张…　Ⅲ.企业管理—运营管理—高等职业教育—教材　Ⅳ.F273

中国版本图书馆CIP数据核字(2014)第213430号

责任编辑:柴　艺　　责任校对:鄢春梅　　版式设计:马　佳

出版发行:**武汉大学出版社**　(430072　武昌　珞珈山)

(电子邮箱:cbs22@whu.edu.cn　网址:www.wdp.com.cn)

印刷:武汉邮科印务有限公司

开本:787×1092　1/16　印张:22.5　字数:534千字　插页:1

版次:2005年9月第1版　　2015年5月第2版

2022年8月第2版第2次印刷

ISBN 978-7-307-14389-0　　定价:49.00元

目　录

第一章 生产与运营管理概论

生产活动是人类最基本的活动。有生产活动就有生产管理。人类最早的管理活动就是对生产活动的管理，20 世纪初的科学管理运动也始于生产管理。本章阐述现代生产的含义及其发展，讨论各种生产运营类型及其特征，介绍企业生产与运营管理的职能内容，并简单回顾生产运营管理的历史。

第一节 现代生产与运营的含义

“生产”是一个不断变化的概念，原来仅仅用来表示制造业的制造过程，后来使用范围扩充到服务业。

一、企业的主要活动

法约尔认为企业的全部活动可以分为六种：技术活动、商业活动、财务活动、安全活动、会计活动、管理活动。

（1）技术活动。技术活动包括生产、制造、加工等与技术紧密相关的活动，相当于现在一般认为的技术开发、产品设计、生产运营活动。

（2）商业活动。企业发生的商业行为主要是购买和销售等与市场进行的交换活动，一方面企业从市场购买原材料，雇用人力资源，向企业内部输入各种生产要素；另一方面企业向市场输出产品和服务，并提供售后服务，实现社会价值。

（3）财务活动。企业的各项活动都需要资金作为后盾，财务活动就是为企业筹集资金，并适当地利用资金，提高资金的利用效率，避免过高的财务成本。

（4）安全活动。安全活动的任务是保护财产和人员，预防偷盗、火灾、水灾，消除罢工、凶杀等，消除所有可能危害企业生产与发展的社会动乱。法约尔把安全职能看做老板的眼睛、个体经营者的守夜犬或者国家的警察和军队。

（5）会计活动。法约尔认为会计是企业的视觉器官，通过财产清点、资产负债表、成本、统计等活动向企业的管理者提供有关企业经营状况的准确信息。

（6）管理活动。上述五项活动需要管理活动进行协调，管理活动是不同于技术、商业、财务、安全和会计活动的一个独立的活动，管理就是实施计划、组织、指挥、协调和控制。

二、制造业的生产活动

在传统制造业中，生产是企业最重要的一项活动，指有形产品的生产过程与工业性服务的提供过程，见图 1.1。制造企业中供、产、销三项基本活动的大体内容如下：

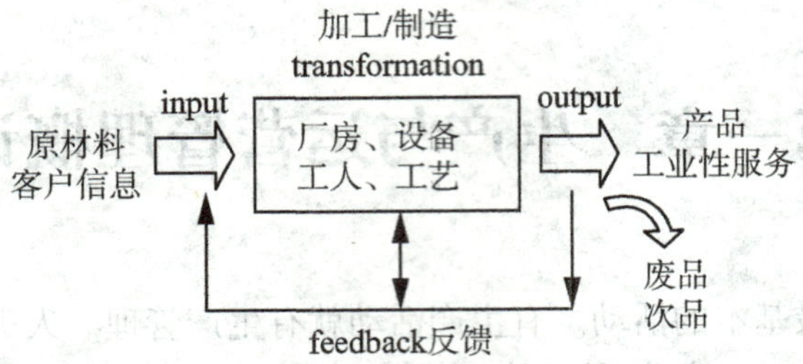

图 1.1 运营活动示意图

（1）生产要素的供应。制造业的物资供应部门向企业的生产部门提供原材料、机器设备、工艺装备等物质要素，人力资源部门提供劳动力，技术部门提供设计图纸、工艺规程、技术经济情报等信息。

（2）生产制造过程。生产部门将劳动力、原材料、设备、资金等要素按计划要求有效结合起来，制造出产成品。因产品类型不同，企业的生产过程千差万别。

（3）产品销售。生产过程制造出来的产成品通过企业的销售部门提供给顾客，就完成了产品的输出。

（4）生产调度。将制造过程出现的各种有关进度、质量不合格、材料浪费等信息传送（反馈）到采购部门或生产车间，以便发现原因，寻找解决办法。

这种有形产品的制造过程，就是传统意义上的生产，相应的英文单词是“production”。

三、广义的生产活动

如果我们将目光从制造业转向非制造业，如运输公司、医院、学校等，我们就会发现这些社会组织不一定生产有形的产品，但在它们向社会提供各种服务的过程中，也需要消耗各种社会资源（人、财、物等），也有一个与制造业的生产过程相类似的业务流程。这就是我们在本书中所讲的广义的生产活动，在英文教科书中通常叫做“operations”，中文一般翻译为“运营”或“运作”，泛指一切社会组织将投入（输入）转换为对社会的产出（输出）的过程。有形产品的转换过程通常称为生产过程；无形产品的转换过程称为服务过程，也称为运营过程。为了减少误解，一般习惯叫做“生产与运营”，本书使用“生产与运营”这一名词，既表示本书的论述范围包括制造业和非制造业，又表示这二者之间有一定区别。

生产与运营活动是一个“投入—转换—产出”的过程，即投入一定的资源，经过一系列多种形式的转换使其价值增值，最后以某种形式的产出提供给社会的过程；也可以说是一个组织通过获取和利用各种资源向社会提供有用产品和服务的过程。

其中，投入包括人力、设备、物料、信息、技术、能源、土地等多种资源要素。产出包括两大类：有形产品和无形产品。前者指汽车、电视、机床、食品等各种物质产品；后者指某种形式的服务，如银行所提供的金融服务、邮局所提供的邮递服务、咨询公司所提供的设计方案，等等。中间的转换过程，也就是价值增值过程。这个过程既包括一个物质转化过程，即对投入的各种物质资源进行转化；也包括一个管理过程，即通过计划、组织、实施、控制等一系列活动使上述的物质转化过程得以实现。这个转换过程可以是多种形式的，例如，在一个机械工厂主要是物理转换，在一个石油精炼厂主要是化学转换，而在一个航空公司或一个邮局，转换过程主要是位置的转变。图 1.1 中心方框的内容表示转换过程需要的生产运营资源，它们通常需要经过多个环节的关联活动才能提供产品或服务。另外，运营过程中也存在反馈活动，即转换过程中所获得的信息，如生产进度报告、质量检验报告、库存报告，等等。

运营活动中还可能出现一种特殊的要素，即顾客或用户的直接参与。顾客或用户的参与是指他们不仅接受转换过程的产出结果，也参与转换过程。

第二节 生产与运营的分类

从管理的角度，可以将生产与运营分成两大类：制造性生产和服务性运营。本节首先介绍主要制造业的生产类型，然后说明服务性运营的特殊性。

制造性生产是通过物理或化学作用将有形输入转化为有形输出的过程。例如，通过锯、切削加工、装配、焊接、弯曲、裂解、合成等物理或化学过程，将有形原材料转化为有形产品的过程，属于制造性生产。通过制造性生产，我们能得到自然界原来没有的物品。制造业包括的行业相当广泛，产品品种也非常多，其生产过程及系统千差万别，可以采用多种标准来分类。

一、连续性生产与离散性生产

按工艺过程的特点，可以把制造性生产分成两种：连续性生产与离散性生产。

连续性生产是指物料均匀、连续地按一定工艺顺序运动，在运动中不断改变形态和性能，最后形成产品的生产。连续性生产又称流程式生产，如化工（塑料、药品、肥皂、肥料等）、炼油、冶金、食品、造纸等的生产过程。

离散性生产是指物料离散地按一定工艺顺序运动，在运动中不断改变形态和性能，最后形成产品的生产，如轧钢和汽车制造。轧钢是将一种原材料（钢锭）轧制成多个产品（板材、型材、管材），汽车制造是将多种零件组装成一种产品。像汽车制造这样的离散性生产又称加工装配式生产。机床、汽车、柴油机、锅炉、船舶、家具、电子设备、计算机、服装等产品的制造，都属于加工装配式生产。在加工装配式生产过程中，产品是由离散的零部件装配而成的。这种特点使得构成产品的零部件可以在不同地区甚至不同国家制造。加工装配式生产的组织十分复杂，是生产管理研究的重点。

流程式生产与加工装配式生产在产品市场特征、生产设备、原材料等方面具有不同的特点，如表 1.1 所示。

表 1.1　　　　　　　　流程式生产与加工装配式生产的比较

特　征	流程式生产	加工装配式生产
用户类型	较少	较多
产品品种数	较少	较多
产品差别	有较多标准产品	有较多用户要求的产品
营销特点	依靠产品的价格与可获性	依靠产品的特点
资本/劳动力/材料密集	资本密集	劳动力、材料密集
自动化程度	较高	较低
设备布置的性质	流水式生产	批量或流水式生产
设备布置的柔性	较低	较高
生产能力	可明确规定	模糊的
扩充能力的周期	较长	较短
对设备可靠性的要求	高	较低
维修的性质	停产检修	多数为局部修理
原材料品种数	较少	较多
能源消耗	较高	较低
在制品库存	较低	较高
副产品	较多	较少

流程式生产与加工装配式生产的特点不同，导致生产管理的特点也不同。对流程式生产来说，生产设施地理位置集中，生产过程自动化程度高，只要设备体系运行正常，工艺参数得到控制，就能正常生产合格产品，生产过程中的协作与协调任务也少。但由于高温、高压、易燃、易爆的特点，它对生产系统可靠性和安全性的要求很高。相反，加工装配式生产的生产设施地理位置分散，零件加工和产品装配可以在不同地区甚至在不同国家进行。加工装配式生产零件种类繁多，加工工艺多样化，又涉及多种多样的加工单位、工人和设备，导致生产过程中协作关系十分复杂，计划、组织、协调任务相当繁重，生产管理大大复杂化。因此，生产管理研究的重点一直放在加工装配式生产上。在讨论制造业生产方面，本书也将以加工装配式生产为主要内容。

二、备货型生产与订货型生产

按照企业组织生产的特点，可以把制造性生产分成备货型生产（Make-to-Stock, MTS）与订货型生产（Make-to-Order, MTO）两种。流程式生产一般为备货型生产，加工装配式生产既有备货型又有订货型。

备货型生产是指在没有接到用户订单时，根据市场预测按已有的标准产品或产品系列进行的生产。生产的直接目的是补充成品库存，通过维持一定量成品库存来满足用户的需要。例如，轴承、紧固件、小型电动机等产品的生产，属于备货型生产。

订货型生产是指按用户订单进行的生产。用户可能对产品提出各种各样的要求，经过协商和谈判，以协议或合同的形式确认对产品性能、质量、数量和交货期的要求，然后组织设计和制造。例如，锅炉、船舶等产品的生产，属于订货型生产。

为了缩短交货期，还有一种“接订单装配”式生产（Assemble-to-Order，ATO），即零部件是事先制作的，在接到订单之后，将有关的零部件装配成顾客所需的产品。很多电子产品的生产属于接订单装配式生产。服务业也有很多接订单装配式生产的例子，例如，餐馆按顾客点的菜来炒菜，每种菜的原料是事先准备好的。按订单装配式生产必须以零部件通用化、标准化为前提。

以往，对生产计划与控制方法的研究大都以备货型生产为对象。人们认为，对备货型生产所得出的计划与控制方法也适用于订货型生产，其实不然。例如，用线性规划方法优化产品组合，适用于备货型生产，但一般不能用于订货型生产。原因很简单：用户不一定按工厂事先优化的结果来订货。表1.2列出了订货型生产与备货型生产的主要区别。

表1.2 **备货型生产与订货型生产的主要区别**

项　目	备货型生产	订货型生产
产品	标准产品	按用户要求生产，无标准产品，大量的变型产品与新产品
对产品的需求	可以预测	难以预测
价格	事先确定	订货时确定
交货期	不重要，由成品库随时供货	很重要，订货时决定
设备	多采用专用高效设备	多采用通用设备
人员	专业化人员	需多种操作技能

值得一提的是，订货型生产与订合同是有区别的。无论是MTO还是MTS，订货方与供货方都要签订合同，但签订合同后如果直接从成品库存供货，这并不是MTO，而是MTS。

三、大量生产、成批生产与单件生产

产品或服务的专业化程度可以通过产品或服务的品种数多少、同一品种的产量大小和生产的重复程度来衡量。显然，产品或服务的品种数越多，每一品种的产量越少，生产的重复性越低，则产品或服务的专业化程度就越低；反之，产品或服务的专业化程度则越高。按产品或服务专业化程度的高低，可以将生产划分为大量生产、成批生产和单件生产三种生产类型。

(1) 大量生产。大量生产品种单一，产量大，生产重复程度高。美国福特汽车公司曾19年始终坚持生产T型车一个车种，是大量生产的典型例子。

(2) 单件生产。单件生产与大量生产相对立，是另一个极端。单件生产品种繁多，每种仅生产一台，生产的重复程度低。

(3) 成批生产。成批生产介于大量生产与单件生产之间，即品种不单一，每种都有一定的批量，生产有一定的重复性。在当今世界上，单纯的大量生产和单纯的单件生产都比较少，一般都是成批生产。由于成批生产的范围很广，通常将它划分成“大批生产”、“中批生产”和“小批生产”三种。

由于大批生产与大量生产的特点相近，所以习惯上合称“大量大批生产”。同样，小批生产的特点与单件生产相近，习惯上合称“单件小批生产”。有的企业，生产的产品品种繁多，批量大小的差别也很大，习惯上称之为“多品种中小批量生产”。“大量大批生产”、“单件小批生产”和“多品种中小批量生产”的说法比较符合企业的实际情况。各种生产类型的关系如图1.2所示。

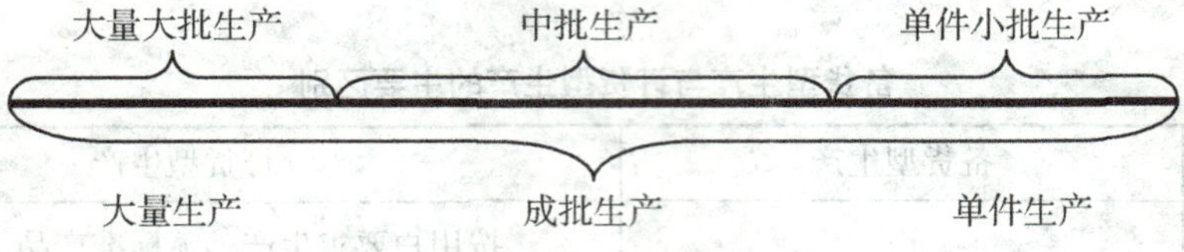

图1.2　生产类型的划分

对于服务性运营，也可以划分成与制造性生产类似的类型。医生看病，可以看做单件小批生产，因为每个病人的病情不同，处置方法也不同；而学生体检，每个学生的体检内容都一致，可以看做大量大批生产。中小学教育，可以看做大量大批生产，因课程、课本相同，教学大纲也相同。大学本科生的教育可看做中批生产，因专业不同课程设置不同，但每个专业都有一定批量。制造业和服务业不同生产类型划分举例如表1.3所示。

表1.3　**制造业和服务业不同生产类型划分举例**

生产类型	制造性生产	服务性运营
单件小批生产	模具、电站锅炉、大型船舶	研究项目、计算机软件、咨询报告、零售
大量大批生产	汽车、轴承、紧固件、电视机	公共交通、快餐服务、普通邮件
流程式生产	化工、炼油、面粉、造纸	

可以根据工作地专业化程度来判定生产类型。工作地是工人运用机器设备和工具对物料进行加工制作或为顾客服务的场所。工作地专业化程度是指工人从事同样的操作的重复程度，它可以通过工作地所执行的工序数（m）或工序大量系数（K_B）来表示。K_B是m的倒数，即$K_B=1/m$。工作地的生产类型可参照表1.4确定。

表 1.4 划分工作地生产类型的 m 及 K_B 参考数据

工作地生产类型	m	K_B
大量生产	1~2	0.5 以上
大批生产	2~10	0.1~0.5
中批生产	10~20	0.05~0.1
小批生产	20~40	0.025~0.05
单件生产	40 以上	0.025 以下

大量、成批与单件生产类型具有不同的特征，见表 1.5。

表 1.5 大量、成批与单件生产的比较

项 目	大量生产	成批生产	单件生产
产品品种	单一或很少	较多	很多
产量	很大	较大	单一
设备布置	对象原则	均可	工艺原则
设备利用率	高	较高	低
工艺装备	自动专用	并用	通用
产品设计	“三化” 较高	“三化” 较低	按用户要求
工人技术要求	较低	较高	高
成本	低	较高	高
适应性	差	较好	很好
生产管理	简单	较复杂	复杂多变

注：“三化” 是指系列化、通用化、标准化。

四、服务性运营的特殊性

服务性运营又称非制造性（non-manufacturing）生产，它的基本特征是提供劳务，基本上不制造有形产品。

虽然有形产品的生产过程和无形产品的服务过程都可以看做一个“投入—转换—产出”过程，但转换过程以及产出结果还是有很多区别的。从管理的角度来说，主要进行有形产品生产的制造业企业与主要提供服务的服务业企业，其管理方式和方法也不同。最主要的区别是产出的物理性质。制造业企业所提供的产品是有形的、可触的、耐久的，而服务业所提供的产品是无形的、不可触的，寿命较短，如一个主意、方案或某种信息。制造业所提供的产品是可以被储存、运输的，可用于满足未来的或其他地区的需求。这样，在有形产品的生产中，企业可以利用库存和改变生产量来调节与适应需求的波动。而服务是不能预先“生产”出来的，也无法用库存来调节顾客的随机性需求。为了达到满意的服务水平，其人员、设施以及各种物质性准备都要在需求到达之前到位，而当实际需求高于这种能力储备时，服务质量立刻下降。因此，服务业企业在其运营活动中受时间的约束更大，其运营过程的运营能力管理比制造业更困难。

另一个主要区别是与顾客的接触程度。制造业企业的顾客基本上不接触或极少接触产品的生产系统，主要接触流通业者和零售业者。但对于服务业企业来说，顾客需要在运营过程中接受服务，其本身往往就是投入的一部分。例如，在医院、教育机构、百货商店、娱乐中心等，顾客在提供服务的大多数过程中是介入的，这就对运营过程的设计提出了不同要求。也有一些服务业企业，在其组织内的某些层次与顾客接触较多，而在其他层次较少，有明显的“前台”与“后台”之分，如邮局、银行、保险公司、航空公司等。在这种情况下，还需要分别考虑对前台和后台采取不同的运营管理方式。

还有一个与此相应的区别是对顾客需求的响应时间。制造业企业所提供的产品可以有数天、数周甚至数月的交货周期，而对于许多服务业企业来说，必须在顾客到达的几分钟内做出响应。叉车购买者可能同意16周以后再交货，但在一个超级市场，如果顾客在收款处等5分钟，可能就会变得不耐烦。由于顾客是随机到达的，服务业企业要想保持需求和能力的一致，难度是很大的。而且，顾客到达的随机性在不同的日子、一日内不同的时间段里，可能都会不同，这就使得短时间内的需求也有很大的不确定性。从这个意义上来讲，制造业企业和服务业企业在制订其运营能力计划、进行人员和设施安排时，必须采用不同的方法。

此外，市场容量和流通、运输设施的可利用性也极大地影响运营场所的集中性和规模。制造业企业的生产设施可远离顾客，从而可服务于地区、全国甚至国际市场，这意味着它们有比服务业组织更集中、规模更大的设施，更高的自动化程度和更多的资本投资，对流通、运输设施的依赖性也更强。而对于非制造业企业来说，服务不可能被运输到远地，其服务质量的提高有赖于对最终市场的接近与分散程度，设施必须靠近其顾客群，从而一个设施只能服务于有限的区域范围，这导致了服务业的运营系统在选址、布局等方面有不同的要求。

最后还应指出的是质量方面的区别。由于制造业企业所提供的产品是有形的，其产出的质量易于度量。而对于非制造业企业来说，大多数产出是不可触的，顾客的个人偏好也影响对质量的评价，因此，对质量的客观度量有较大难度。例如，在百货商店，一个顾客可能以购物时营业员的和蔼语气为主要评价标准，而另一个顾客可能以处理付款的准确性和速度来评价。

制造业和服务业还有一些其他差别，如表1.6所示。这里需要指出的是，任何规律都有例外，该表所示的只代表两种极端情况。事实上，很多企业的特点介于这两个极端之间，也有很多差别仅是程度上的差别。例如，越来越多的制造业企业同时提供与其产品有关的服务。它们所创造的附加价值中，物料转换部分的比例正逐渐减小。同样，许多服务业企业经常是成套地提供产品和服务。例如，在餐厅，顾客需要同时得到食物和服务；在零售店，顾客也需要同时得到商品和服务。

表 1.6　制造业与服务业的区别

制　造　业	服　务　业
产品是有形的、耐久的	产品无形、不可触、不耐久
产出可储存	产出不可储存
顾客与生产系统极少接触	顾客与服务系统接触频繁
响应顾客需求周期较长	响应顾客需求周期很短
可服务于地区、全国乃至国际市场	主要服务于有限区域范围内
设施规模较大	设施规模较小
质量易于度量	质量不易度量

第三节　生产与运营管理的内容

生产与运营管理是企业的一项基本管理职能，涉及企业多个部门的业务，内容包括企业的整个生命周期。

一、生产与运营管理的职能

生产与运营是一切社会组织将其输入转化为输出的过程，根据系统论的观点，这一转化过程是在生产运营系统中实现的，生产运营系统是由人和机器、设施等要素构成的，是能将输入转化为输出的有机整体。

生产与运营管理就是对生产运营系统的管理，包括对生产运营系统的设计、运作和改进等活动。

通常企业的生产与运营管理职能不可能由生产运营管理部门单独完成，企业的生产运营活动涉及企业管理的方方面面，直接相关的是以下部门：

(1) 设备工具管理部门，负责企业生产设备的购置、安装、维护以及设备、设施的档案管理，在日常生产运营过程中，负责保证生产设备、设施的正常运转，并为生产运营长期计划的制订提供生产运营能力方面的数据。

(2) 技术开发部门，集中了企业的主要技术力量，负责基本的产品/服务设计，为产品/服务的提供过程编制具体的操作指导文件，组织企业的产品/服务的更新换代等工作。在生产运营活动中，承担技术准备和技术服务的职责。

(3) 人力资源管理部门，为企业的生产运营系统提供数量充足、素质合格的劳动者，制定合理的劳动定额，开展员工培训，协作进行劳动考核与奖励。

(4) 物资采购部门，负责为生产运营系统提供各种原材料、零配件。按照生产运营计划编制物料采购计划，负责供应商的资格审查与评价，组织日常交货，维护物资库存。

(5) 生产运营计划与调度部门，负责整个生产运营系统的计划与协调工作。主要任务是按期编制和下达日常生产运营计划和任务通知单，监督和检查生产运营活动的实际进度，采取措施解决生产运营中的各种问题，保证订单的按期完工。

(6) 销售与营销部门，负责市场分析、预测以及订单的签订与具体交付工作，为生产运营部门提供客户的详细要求，参与生产运营的关键过程控制，参与产品与服务的交检、验收，负责产品与服务的交付。

(7) 成本管理部门，负责生产运营成本的核算与分析，协作生产运营、物料采购以及技术开发等部门发现生产运营过程中的薄弱与高耗环节，参与生产运营成本的控制，追求企业的经济性。

(8) 质量管理部门，负责企业质量管理与保证体系的建立与维护工作，在日常生产运营过程中负责产品检验、检查，指导生产现场的 QC 小组的活动，保证产品与服务的质量。

二、生产与运营管理的内容

生产运营管理的内容涉及企业生产运营系统的整个生命周期，可以分为以下几个方面：

(1) 生产战略——生产与运营系统的战略定位。根据市场环境和整体战略的需要，对企业的生产运营系统的基本类型、目标和任务进行决策，决定产出什么，如何组合各种不同的产出与服务品种，为此需要投入什么，如何优化配置所需要投入的资源要素，如何设计生产组织方式，如何确立竞争优势等。

(2) 生产设计——产品与服务的设计与流程选择。按照生产运营战略的部署，对产品与服务的基本结构以及详细图纸、服务组合进行具体设计，选择适宜的生产与服务方法与流程，向生产运营部门提供技术文件。

(3) 生产布局——生产运营系统的规划与建设。生产运营战略决定以后，为了实施战略，首先需要有一个得力的实施手段或工具，即生产运营系统。生产运营系统设计问题包括生产运营能力规划，设施选址和设施布置、物流设计和设备编排、工作设计等问题。

生产运营系统的设计对其运行有先天性的影响。如果产品和服务选择不当，将导致方向性错误，一切人力、物力和财力都将付之东流。厂址和服务设施的位置选择不当，将铸成大错。在何处建造生产运营设施对生产经营活动的效果有很大影响，尤其是对服务业。同时，位置和设施的布置往往决定了产品和服务的成本，决定了产品和服务在价格上的竞争力，甚至决定了一个组织的兴衰。

(4) 生产计划——生产运营系统运行中的计划决策。生产运营系统的运行，主要是在现行的生产运营系统中，组织如何适应市场的变化，按用户的需求，生产合格产品和提供满意服务。生产运营系统的运行主要涉及生产计划与控制。

生产计划解决生产什么、生产多少和何时出产的问题，包括预测对本企业产品和服务的需求、确定产品和服务的品种与产量、设置产品交货期和服务提供方式、编制生产运营计划、做好人员班次安排、统计生产进展情况等。

(5) 生产控制——生产运营系统运行中的控制。控制方面解决如何保证按计划完成任务的问题，主要包括接受订货控制、投料控制、生产进度控制、库存控制、成本控制、质量控制以及设备维修维护等。对订货生产型企业，接受订货控制是很重要的。接不接、接什么、接多少，是一项重要决策，它决定了企业生产经营活动的效果。投料控制主要是决定投什么、投多少、何时投，它关系到产品的出产期和在制品数量。生产进度控制的目的是保证零件按期完工，产品按期装配和出产。库存控制包括对原材料库存、在制品库存和成品库存的控制。如何以最低的库存保证供应，是库存控制的主要目标。

（6）生产改进——生产运营系统的变革。生产运营系统的规划一般在设施建造阶段进行，但是，在生产运营系统的生命周期内，不可避免地要对生产运营系统进行更新，包括扩建新设施、增加新设备，或者由于产品和服务的变化，需要对生产运营设施进行调整和重新布置。在这种情况下，会遇到生产运营系统的重新设计或局部改进、改造问题。

在生产运营系统不发生重大变革的情况下，可以通过加强现场管理，实施现场改善，推行统计质量管理方法，改进产品质量与员工服务态度，提高企业的竞争力。计算机技术的采用以及先进制造技术与生产组织方式的出现，会对原有生产系统产生重大冲击，原有业务流程需要进行根本性变革，这就是生产革命。

本书以下各章基本上就按照以上六方面的内容展开。

第四节 生产与运营管理的历史

在人类产生与进化过程中，生产劳动一直起着极其重要的作用，对生产劳动的管理活动也得到了极大发展。世界各国在农业文明阶段，完成了许多宏伟的工程，如中国的万里长城、埃及的金字塔等，都是古代生产管理与项目管理的杰作。从英国工业革命至今，生产运营管理大体经历了制造管理阶段、生产管理阶段和运营管理阶段。

一、制造管理阶段

18 世纪后半叶，开始于英国的产业革命以机器生产代替手工劳动，机械力取代了人力，手工作坊制度转变成工厂制度。一系列问题也随之而来：为了实现大批量的生产，工厂主必须预测市场需求，并为此采购足够的原材料，而且在整个生产工艺流程中，每个工人只能从事某项操作，机器生产要求工人严格遵守劳动纪律和操作规程。大机器生产和以往手工工场松散随意的动作方式迥然不同，在这种情境下，怎样才能实现合理分工而又紧密协作，使产量增长而成本耗费下降？这就要求对每个人的工作进行有效的组织、指挥和协调，优化劳动者和生产资料的组合。

由于这一时期产业的发展以制造业为龙头，生产运营活动主要被称为“制造”，所以我们称之为“制造管理阶段”。这一阶段的代表国家是刚刚发生工业革命的英国，主要代表人物有亚当·斯密、查尔斯·巴贝奇、小瓦特等。

1. 亚当·斯密的劳动分工

亚当·斯密在 1776 年发表的《国富论》不仅对古典经济学说做出了贡献，而且在微观管理研究中提出了“劳动分工理论”。斯密第一次分析了劳动分工对组织和社会所能产生的巨大的经济利益。他以别针为例，10 个工人各自独立完成所有别针工序，则他们每天最多做 100 根针，若每人从事一项专门的工作，则每天能生产 48000 根针。由此，他得出的结论是：劳动分工提高了每个人的工作技巧和熟练程度，节约了由于变换工作浪费的时间，并有利于机器的应用，故而能提高劳动生产率。斯密的主张成为企业管理理论中的一条重要原理，到今天，工业专业化已经相当普及。同时，他还提出了“生产合理化”概念。斯密认为，人们在经济活动中追求个人利益的行为是相互作用、相互制约的，因此，在谋求私利的同时，人们不得不兼顾社会共同利益。这种所谓“经济人”的观点成为西方管理的理论基础。

2. 查尔斯·巴贝奇的机器与制造业的经济学

继斯密之后，英国剑桥大学数学教授查尔斯·巴贝奇又进一步发展了关于劳动分工的管理思想。为了制造他设计的差分机，他曾用几年时间到英、法等国的工厂了解和研究管理问题。1832 年，他出版了《论机器和制造业的经济学》一书，着重论述了专业分工与机器、工具使用的关系。他认为应按照工人的技巧水平进行分工，而专业分工之所以能提高生产率，是因为可以缩短工人学龄操作的时间，节约变换工序和更换工具所耗费的时间，促使工人技术熟练，促进专用工具和设备的发展等。他根据对制造程序和工作时间的研究成果，提出了以专业技能作为工资与奖金基础的原理，即以“边际熟练”原则（即对技艺水平、劳动强度定出界限）作为付酬的依据，是先于泰勒倡导科学管理的先行者。

3. 小瓦特科学生产管理的自觉实践

早在 19 世纪初，英国一家工厂就开展了一系列科学管理的尝试。该厂由蒸汽机的发明者瓦特同他人共同建立。1800 年，其子小瓦特接管工厂，自觉地运用了一些早期的科学管理措施。例如，进行市场研究和预测，有计划地选择厂址和进行机器布置，制定生产工艺程序和机器作业标准，测定机器速度，以机器和工人为基础组织生产过程，实行按成果付酬等。

但是，这一阶段的生产管理仍然深受小生产方式的影响，尚未形成一套系统生产管理理论和模式。生产管理的依据主要是个人经验，没有形成科学的操作规程和管理方法。工人和管理人员的培训主要采取师傅带徒弟的做法，没有统一的标准和要求。

二、生产管理阶段

现代生产管理理论起源于 20 世纪初泰勒的科学管理运动。在此之后，生产管理摆脱了经验管理的束缚，走上科学的轨道。从 20 世纪初到 60 年代，是“生产管理阶段”，主要代表事件是泰勒的科学管理运动、福特的流水线生产、梅奥的霍桑试验、运筹学在生产布局与作业计划中的应用（管理科学运动）等。

1. 泰勒的科学管理运动

美国经过南北战争，奴隶制被彻底摧毁，为资本主义的发展消除了障碍，美国的经济发展迅速，大型企业纷纷创建，对工厂生产效率的要求日益增加。泰勒对当时生产的低效率感到震惊。他认为，管理者不懂得工作程序、劳动节奏、疲劳因素等对劳动生产率的影响；工人缺乏训练，没有正确的操作方法；劳资双方的情绪对立导致工人有意“磨洋工”

等，是低效率的根源所在。于是，他在1880年开始试验，以找到完成一项工作的“最佳方法”，并于1913年出版了《科学管理原理》。

泰勒的科学管理理论的要点如下：

（1）科学管理的中心问题和根本目的是提高劳动生产率，为此，必须设计科学的操作方法并合理利用工时。

泰勒认为工人提高生产率的潜力颇大，为挖掘这种潜力，必须进行工时和动作研究，制定出有科学依据的“合理的日工作量”。泰勒为此进行了著名的生铁装运试验。当时，工人们每天装运生铁块的平均生产率是12.5吨，而泰勒相信，生产率应该能提高到每天47~48吨。他首先选择了一名身强力壮的工人作为“试验品”。泰勒对这名工人搬取生铁的姿势、持握的位置、行走的速度等进行细致的分析，经过长时间检测各种工作程序、方法和工具的组合，泰勒找到了一套科学的操作规程。他将每个工作任务分成尽可能多的简单基本动作，去掉无用的动作，并通过对最熟练工人的每个操作动作的观察选出该动作最快、最好的方法，并把每个动作的时间测量记录下来，加上不可避免的耽搁或停顿所需的时间，由此就制定出各种工作的标准操作规程和各项作业的劳动时间定额。工人遵循其作业指示，辅之以大幅度提高日工资的经济刺激，泰勒达到了每天装运48吨的目标。

（2）为提高劳动生产率，必须为工作挑选“第一流”的工人。

泰勒认为，人具有各自不同的天赋和才能，只要工作适合，每个人都可以成为一流的工人。之所以存在“非一流”的工人，是因为其在体力或智力上不适于干分配给他们的工作或不愿努力工作。因此，制定工作定额时，必须以第一流工人“能在不损害其健康的情况下维持很长年限的速度”作为标准。

（3）要使工人掌握标准化的操作方法，使用标准化的工具、机器、材料，并使作业环境标准化。

对与完成生产任务有关的所有要素都必须实行标准化。泰勒发现，工人不论铲运何种材料，都使用同样大小的铲子。铲子的大小应随材料的重量而变化，从而使每铲运量达到最佳重量，以保证工人每天铲运的数量达到最大。经过试验，他测定21磅是铁铲的最佳容量，为达到该值，较重的材料应用小铲装运，而轻材料则用大尺寸的铁铲运送。为此，他根据要铲运的材料性质，设计一系列各种尺寸的铁铲，以供工人选用，从而大幅度提高了工人的生产率。

泰勒在米德维尔钢铁公司的试验证明实行差别计件工资制能使产量增加2~3倍，而成本降低很多。另外，为了提高管理人员的工作效率，泰勒提出了职能化组织原理，包括职能原理、例外原理。

与泰勒同时代的还有弗兰克·吉尔布雷斯（Frank Gilbreth）、莉莲·吉尔布雷斯（Lillian Gilbreth）和亨利·甘特（Henry L. Gantt），对他们所做的工作，管理专家们是有口皆碑的。

2. 福特的流水线生产

1913年，福特在其汽车工厂内安装了第一条汽车流水线，揭开了现代化大生产的序幕。他所创立的“产品标准化原理”、“作业单纯化原理”以及“移动装配法”原理在生产技术以及生产管理史上均具有极为重要的意义。在该装配线引入之前，一个工人完成一辆汽车底盘的装配要用12.5个小时。装配线建成之后，由于应用了专业分工和底盘可以自动移动，每个底盘的平均装配时间缩短为93分钟。福特公司的汽车销售量从1903—1904年的1700辆增加到1913—1914年的248307辆，继而增加到1920—1921年的933720辆。

20世纪二三十年代，最早的日程计划方法、库存管理模型以及统计质量控制方法相继出现，这些构成了经典生产管理的主要内容，这一时期生产管理的关注点是一个生产系统内部的计划和控制。

3. 梅奥的霍桑试验

1924年，西方电气公司设在美国伊利诺伊州西塞罗的霍桑工厂开展了一项由工业工程师设计的试验，目的是检查不同的照明水平对生产率的影响。结果发现不论照明水平如何变化，工人的生产率都得到提高。后来，哈佛大学的埃尔顿·梅奥教授作为顾问参与了这项研究，从1927年到1932年，历时5年之久。1927年8月至1928年4月，梅奥进行了继电器装配室试验。他在继电器装配车间找了6个女工参加试验，发现女工的缺勤率减少80%，劳动热情也有所提高。虽然其间缩短工作时间，但产量仍然上升。研究人员发现是社会条件和督导方式的改变导致工人态度的变化和生产率的提高。为掌握更多的信息，梅奥及其同伴于1928—1931年进行了大规模的访问和调查，研究上司及工作环境对生产率的影响。结论是：任何一位员工的工作绩效，都受到其他人的影响。1931—1932年，研究人员进行了接线板小组试验。他们选出14名男工，试图以高效率的工人拿到高报酬来激发低效率工人的热情，结果发现，工人们彼此之间形成无形的"默契"，既不求先进，也不做落后，结果产量趋同。

梅奥在霍桑试验的基础上，于1933年出版了《工业文明的人类问题》一书，标志着人际关系说的创立，其论点主要是：工人是社会人。古典管理理论认为工人工作的目的是获取经济报酬，使经济收益最大化，因而是"经济人"；而梅奥认为工人是"社会人"，是复杂的社会系统的成员，仅仅靠金钱刺激工人的劳动积极性是片面的，必须从社会、心理等方面鼓励工人提高生产率；企业中除了"正式组织"之外，还存在着"非正式组织"，这种非正式组织是组织成员在劳动过程中由于抱有共同的社会感情、惯例和倾向，无形中形成的，它对群体成员的行为有很大的影响；新型的领导艺术在于正确处理人际关系，提高职工"士气"。

4. 管理科学运动

运筹学（管理科学）的产生要追溯到第二次世界大战期间，英国军事管理部门邀请一批科学家研究与全国的空中及地面防御有关的战略战术问题，目的是最有效地运用有限的军事资源。1951年，美国的莫尔斯和舍布尔总结了第二次世界大战的经验，合著《运筹学方法》一书。目前，运筹学的服务范围已扩展到经济、运输、行政、市政规划等领域。

从发展的渊源上看，管理科学是科学管理的继续和发展，两者的共同之处在于：都反对仅凭经验、直觉和主观判断进行管理，主张采用科学方法探求最优的工作方案，力求以最小的耗费实现最大的效益。不过，管理科学是以现代科技成果为手段，运用计量模型，突破操作方法的研究局限，对管理领域中的人、财、物、信息等作定量分析，以进行优化规划和决策。第二次世界大战以后，运筹学的发展及其在生产管理中的应用给生产管理带来了惊人的变化。库存论、数学规划方法、网络分析技术、价值工程等一系列定量分析方法被引入生产管理，大工业生产方式也逐步走向成熟和普及，这一切使生产管理学得到了飞速发展，开始进入现代生产管理的新阶段。与此同时，随着企业生产活动的日趋复杂，企业规模的日益增大，生产环节和管理上的分工越来越细，计划管理、物料管理、设备管理、质量管理、库存管理、作业管理等各个单项管理分支逐步建立，形成了相对独立的职能和部门。

三、运营管理阶段

从20世纪60年代后期开始，机械化、自动化技术的飞速发展使企业面临着不断进行技术改造、引进新设备、新技术并相应地改变工作方式的机遇和挑战，生产系统的选择、设计和调整成为生产管理中的新内容，进一步扩大了生产管理的范围。尤其是生产管理理论与方法被应用到服务业，局面开始发生改观，服务业的构成相当复杂，从航空公司到动物园，有2000多种类型。因此，很难确定一个具有普遍意义的固定模式。然而，一家服务公司——麦当劳以其独到的方式在质量和生产率方面领先一步，它定义了高度标准化的服务模式，形成了服务竞争力。

这一阶段的生产活动逐步被称为“运营”活动，所以我们认为从20世纪60年代后半期到现在是生产管理历史上的“运营管理阶段”。

1. 生产管理课程与运营战略理论的出现

20世纪50年代末至60年代初，生产管理才在美国被看成是一个独立的研究领域，最早的生产管理书籍是爱德华·布曼（Edward Bowman）、罗伯特·法特（Robert Fetter）所著的《生产与运营管理分析》(1957)，随后的是布法（Buffa）所著的《现代生产管理》(1961)，注意到生产系统面临的问题具有普遍性，因而强调要将生产运营作为一门独立的学问。他们还突出强调了排队理论、仿真、线性规划的应用。1973年，蔡斯（Chase）和阿奎拉诺（Aquilano）在《生产与运营管理》(*Production and Operations Management*）的初版中提出将管理还原回运营管理，并建议将生命周期法作为生产运营管理教材的主线，该教材一直再版至今。

1969年，哈佛大学商学院教授威克汉姆·斯金纳（Wickham Skinner）首先提出制造战略问题，经过70年代末和80年代初的努力，他和同事威廉·阿伯耐西（William Abernathy)、吉姆·克拉克（Kim Clark)、罗伯特·贺氏（Robert Hayes)、史蒂芬·威尔莱特（Steven Wheelwright）逐步完善有关制造战略的过程模型、战略内容、战略目标以及多目标权衡、世界级制造等观点，尤其强调制造业经理可以将他们工厂的生产能力作为战略竞争的武器。该模式确立了如何将生产管理中的5P作为战略和战术决策的变量进行分析的思想。

2. 信息技术的全面介入

20世纪70年代的主要发展是计算机在运营管理中的广泛应用。在制造业中，一个重大突破是在生产控制中运用了物料需求计划（MRP）。物料需求计划通过计算机软件将企业的各部门联系在一起，共同完成复杂产品的制造。这样，生产计划人员就可以根据需求的变化，快速调整生产计划和库存水平。上万个零部件的计划变更需要处理大量数据，如果没有计算机，这将非常困难。美国生产与库存控制协会极力推荐物料需求计划的应用，称之为“物料需求计划的征服”。

从80年代后半期至今，信息技术的飞速发展和计算机的小化、微型化，使得计算机开始大量进入企业管理领域，计算机辅助设计、计算机辅助制造、计算机集成制造以及管理信息系统等技术，使得处理“物流”的生产本身和处理“信息流”的生产管理本身均发生了根本性的变革。生产全球化的经济大趋势以及市场需求变化速度的越来越快，促使企业尽快地引入信息技术，利用信息技术来增强企业的竞争力。生产管理学发展到这一阶段，只有同企业的全面经营管理活动有机结合，才能发挥应有的作用。

在90年代后期，因特网（Internet）、万维网（WWW）迅速得到普及。信息化企业是指那些将因特网作为自己业务活动基本元素的企业。因特网由美国政府网络ARPANET发展而来。ARPANET是1969年由美国国防部建成的。网页、表格以及交互的搜索工具的使用，正在改变着人们收集信息、商务交易和交流的方式。今天，通过因特网进行联系，相对来说并不贵。

3. 新生产方式的影响

20世纪60—70年代，技术进步日新月异，市场需求日趋多变，世界经济进入一个市场需求多样化的新时期，多品种小批量生产方式成为主流，从而给生产管理带来了新的更高的要求。以准时生产（JIT）、看板管理、QC小组为代表的日本丰田生产方式，极大地丰富了生产运营管理的内容和手段。

90年代，由于当前市场竞争环境变得迅速而又不可预测，企业需要一种新的生产模式：能够以大规模生产的效益（包括低成本和短交货期）进行定制产品的生产。1993年派恩（B. Joseph Pine Ⅱ）在《大规模定制：企业竞争的新前沿》（*Mass Customization：The New Frontier in Business Competition*）一书中对大规模定制模式进行了比较完整的描述，大规模定制作为一种新的生产方式已经在短短的10年时间内有了长足的发展。

4. 基于供应链的生产运营

供应链管理就是将集成系统理论用于管理从原材料供应商经过加工工厂和储存仓库直到最终用户所构成的供应链上由信息、物料和服务组成的流程。最近出现的外购（outsourcing）与顾客个性化需求的趋势迫使企业找寻满足顾客需求的柔性方法。其关键在于优化调整核心活动，尽量实现最快地响应顾客需求变化。

这一时期生产管理的主要特点是开始注重和强调管理的集成性，不再把由于分工引起的企业活动的各个不同部分看做一块一块独立的活动和过程，而是用系统的观点来看待整个生产经营过程，强调包括供应商在内的生产经营一体化。

【附录】

采购经理人指数

采购经理人指数（Purchasing Managers Index，PMI）是一种以采购经理人员为调查对象，衡量制造业和服务业在生产能力、新增订单、商品价格、存货水平、雇员能力、采购订单交货、新出口订单和进口等方面状况的综合指数。可以用来反映企业采购活动的活跃程度，预示区域以及国家经济的发展趋势。通常该指数高于50%被认为是企业采购与运营活动的扩张，低于50%则意味着企业经营活动的萎缩，可能预示经济的下行。

1. 美国：全国采购经理指数（NAPM）

美国是最早计算和发布采购经理人指数的国家，1931年，美国供应管理协会（ISM，原名美国采购管理协会）第一次发布该指数，延续至今。NAPM指数一般在每月的第一个星期一公布，常比失业率更早地显露出上个月经济活动发展变化的端倪。美国供应管理协会每月进行问卷调查、定期公布，指标体系完备。ISM的制造业PMI体系最初选取了产量、新订单、库存、雇员和产品价格五个指标，直到1971年才加入供应商配送指标，1988年、1989年、1993年又依次加入新出口订单、进口和积压订单三个指标，以后美国制造业PMI指标又加上了消费库存指标。美国非制造业PMI及其ISM报告是1997年后制定的，它是对标准行业分类（SIC）中9个类别62个不同的行业小类、超过370个服务业企业的采购与供应经理调查的结果汇总而成。服务业PMI指标主要包括：商业活动、新订单、库存变化、库存灵敏度、进口、价格、就业和供应商配送等。

2. 中国：采购经理人指数（PMI）

中国采购经理人指数是由国家统计局和中国物流与采购联合会共同合作完成，快速及时反映市场动态的先行指标，它包括制造业和非制造业采购经理指数，与GDP一同构成中国宏观经济的指标体系。中国制造业采购经理指数体系共包括11个指数：新订单、生产、就业、供应商配送、存货、新出口订单、采购、产成品库存、购进价格、进口、积压订单。

另外，影响比较大的还有汇丰银行中国采购经理人指数、全球采购经理指数等。

【思考与练习】

1. 阐述生产管理的内容与目标。
2. 服务性运营与加工装配式生产有哪些不同？
3. 阐述流程式生产与加工装配式生产、订货型生产与备货型生产的特点。
4. 对制造业与服务业中的大量大批生产和单件小批生产各举一例并说明其特点。
5. 生产运营管理主要包括哪些内容？
6. 简述生产运营管理的历史。

【案例】

运营经理的一天①

恒盛公司是国内最大的汽车转向系统制造商CAAS旗下高端产品制造和出口企业，为美国主要汽车制造商出口转向系统产品，作为国内唯一向北美主要汽车厂出口这一重要安全件总成的企业，质量要求非常严格，公司近年的运营水平有了较大提升。作为运营经理，张先生仍需要保持高度警惕，因为发达国家汽车质量处罚和召回制度非常严格，任何质量和供货问题都会导致巨大的损失甚至灾难。为了使繁忙的工作井井有条，张先生养成了记工作日志的习惯。以下是其中一天的工作内容：

7:50　到达公司，停车，走进办公室，开电脑。

7:55—8:30　巡视生产现场，夜班和白班员工的交接班正在进行。操作工在各自岗位上忙碌地进行设备点检，开始加工他们的第一件产品。现场检验员在巡查各岗位是否按规定进行了首件产品的检验。线头的待加工物料充足，输入轴线中间在制品超出定置点数量要求，提醒操作者注意控制节奏。物料配送班长抱怨电动叉车又没电了，告诉他13:30我会下来同物料主管一起分析解决这个问题。

8:30—9:00　查看电子邮件：（1）客户系统提示K40产品的需求将达到每周2500台，通知系统操作员回复我们可以加班满足这一需求。（2）第三方物流告知紧急的集装箱已经按要求装上这周的货轮，回复说谢谢。（3）项目经理转发一个新产品样件需求，回复我们会在本周内完成。

9:00—9:30　查看公司内部BQQ信息：（1）VMI仓库交货数据统计和预测数据已经更新，提货量略高于预测；（2）昨天的生产任务完成情况，少生产100台产品，这是设备维修3小时的结果；（3）外协供应商JIT送货执行情况，输出轴②的实际供货为只有400件，这是连续第三天低于需求量，安全库存已降到5小时的生产量，给采购主管发消息，提醒要对供应商的生产保持高度警惕，防止生产停料。

期间签了两个报告：（1）阀体钻头超过消耗定额，操作者反映刀具有问题，要求刀具工程师分析调查，同时计划主管要注意补充计划，防止生产缺货；（2）总装线一名员工交来一份辞职报告，跟他约定午饭后花半个小时的时间谈谈。

9:30—10:00　同计划主管谈对生产计划进行微调，以降低库存风险。

10:00—10:30　生产快速反应例会，参加人员为生产、质量、技术、设备及车间负责人，主要内容：（1）生产计划完成情况回顾和计划微调预告，如何跟上计划进度；（2）了解员工加班情绪，要求关注员工需求、稳定员工队伍；（3）蜗杆精磨加工的震纹问题，工艺工程师将调整磨削速度、更换砂轮来解决；（4）采购部加强监控输出轴的供料；（5）其他：各部门配合要求协调。

---

① 本案例由武汉大学2005级脱产班MBA学员吴明新根据自己的工作经历编写而成。

② “输出轴”是一种汽车零件，汽车驾驶时方向盘通过输入轴输入扭矩，转向器液压助力后通过输出轴带动车轮转向。

10:30—11:00　质量经理通知的紧急会议，参加人包括技术、采购及车间负责人、物料主管，问题是阀体外协厂因选用的钻头直径大了0.2mm，紧急安排隔离零件和成品，追溯有问题的零件，等待试验出结果后进行处理。采购主管和质量工程师协调外协纠正问题后加速生产。

11:00—11:30　跟踪阀体问题的处理，阀体线加工已停下来，相关人员已到位并按规定流程进行处理。

11:30—12:00　调整计划的审核签批。

12:00—13:00　午餐，主管经理们一起边吃边聊。设备主管说电动扭矩扳手的控制箱有出现故障的风险，如此将有两个星期产能会减半，但这个15万元的备件总经理可能不会批，我让他写个报告给我，我会试着来说服总经理。顺便向总装主任了解辞职员工的情况。

13:00—13:30　同辞职员工谈话，了解想法，挽留，最终同意离职。

13:30—14:00　同物料主管和配送班长讨论叉车充电及保养管理流程，物料主管会起草正式的管理规范。提醒产品发运集装箱装箱应严格遵守操作规程，注意人身和设备、产品安全。

14:00—15:00　扩产方案评审会，对设备的布局进行了一些调整，问题主要集中在加工中心的数量上，投资方案已经按照集团的要求缩减到2000万元以内，但机加车间主任反映活塞线的磨床和壳体线加工中心无法达到预期的线速，将成为生产的瓶颈，机加工程师承诺将对线速进行核实，并寻求提高加工速度的办法。

15:00—15:40　每月两条线的分层审核①，这次是壳体线，发现几个问题：(1)精镗孔刀具与文件规定不同，要求工艺员现场确认，做到操作与文件一致；(2)一员工未佩戴眼镜，进行纠正；(3)一专用量具合格证已过期，操作者到量具室更换；(4)零件未装入标准周转箱的纠正。

15:40—16:00　了解阀体质量问题，隔离零件500件，产品100台需返工，合格零件已送到并开始加工。

16:00—17:00　公司内部及客户审核和检查中不符合措施的审核，大多是文件规定的工艺参数未严格执行或无法执行的问题，通过更改文件和加强监控来改进。对于阀体去毛刺工序增加一名操作工的要求，需要精益生产主管以标准操作表进行分析，后续决定；总装和机加检具由于温差产生差异的问题，增加一个清洗后2小时的冷却流程解决。

17:00—17:30　设备主管送来关于电动扳手控制箱的报告，与总经理沟通，签批。

17:30—18:00　处理两个相关部门的传阅评审：更新的《质量考核条例》和《项目开发管理规范》，提出修改意见。

18:00—18:10　巡视生产现场，确认生产已经恢复，一切正常。

18:10　结束。

思考题：运营经理张先生一天中涉及哪些工作内容？什么是他的工作重点？

---

① “分层审核”是主流汽车公司的一种质量管理方法，从总经理到班组长各层次管理人员对生产线运行状况进行审核，保证工艺文件和管理制度得到完全执行。

第二章　运营战略

运营战略是有关企业生产/运营活动的一项职能战略，本章将从现代企业面临的外部环境与内部压力出发，介绍运营战略提出的背景，讲述运营战略的内容与制定过程。

第一节　运营战略的提出

环境是对组织绩效发挥潜在影响的外部机构或力量。运营战略不是凭空产生的，它是因企业外部经营环境与内部运营条件发生改变而产生的。

一、企业经营环境与内部条件分析的一般模式

企业环境是指企业赖以生存和发展的各种外部条件和外在因素，它对企业产生直接或间接的影响。企业环境因素是多方面的、复杂的，既有经济因素，又有自然资源、人力资源、技术、文化等因素，还有政治、社会等因素，这些因素相互依存、相互制约，综合地对企业产生影响，制约企业的行为。同时，企业战略的实施，又影响其环境。

企业战略环境分析，是企业战略形成的前提，是对内外部经营条件及其变化趋势进行分析，寻找关键的战略因素、战略机会和战略实力，为企业制定战略提供依据。企业战略环境分析的内容一般包括：外部环境机会与风险分析、市场竞争态势分析、内部实力与弱点分析、资源组合的协同效果分析、企业文化与观念准则分析等（见图 2.1）。

企业外部环境的直接因素和间接因素都是战略决策所必须考虑的内容，外部环境中有关机遇和挑战的信息不仅包括对事件的描述性情报，如人口增加、购买力提高，而且还包括这些事件未来的发展趋势，以及它们对有关对象（如用户、政府、供应商等）所产生的影响。

从一般意义上讲，企业潜在的机会和风险可能来自于各个方面，因而企业应该尽可能广泛地搜集外部环境情报，如企业所在国家的政治、法律、社会和经济情况及其变化的情报，企业生产经营所涉及的市场及其变化的情报以及企业所处产业的发展趋势及其技术发展预测情报等。这些环境情报对企业战略形成有着重大的影响，例如：政府的有关政策会改变企业的供销方式和竞争状况。环境保护的法令对造成严重污染的企业的产销活动提出一定的限制，要求其提高技术创新能力，与此同时，又给环保设备的生产企业带来新的市场发展机会。技术的重大突破会使企业的核心竞争力发生变化。通货膨胀将使企业承受工资上涨的压力，从而削弱企业的价格竞争优势。

一般环境也就是企业活动所处的大环境，主要由政治、法律、社会文化、经济、技术、自然等因素构成。

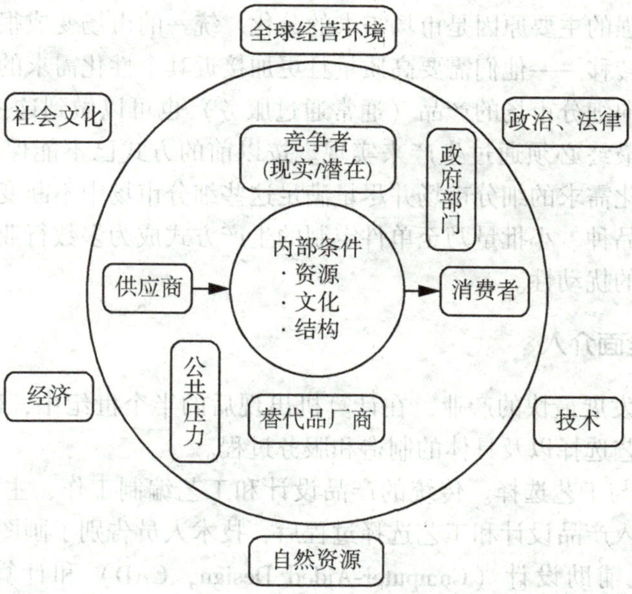

图 2.1　企业战略环境分析

资料来源：谭力文等：《民营企业的经营战略》，民主与建设出版社 2001 年版，第 21 页。

二、现代运营管理面临的内外压力

美国哈佛大学商学院教授威克汉姆·斯金纳 1966 年在《哈佛商业评论》上发表了重要论文《压力下的生产》(*Production under Pressure*)，分析了美国企业生产管理的现状，指出企业面临技术变革和市场竞争，生产管理的压力越来越大。他认为企业经理应该重新评价生产成本控制制度，改变工人的技能基础和组合，增加对日益复杂的信息系统的分析，加快技术开发，考虑生产对市场变化的响应。

现代运营管理的内外环境特征正在发生重大变化，主要表现在以下几个方面。

1. 市场扰动性不断增强

"市场扰动"（turbulence）是一个不太明确的术语，在目前有关生产/运营管理以及大规模定制的有关文献中多借用它来表达市场环境不稳定、不确定和缺乏控制能力的程度。

根据约瑟夫·派恩的调查研究，目前多数行业的环境特征是市场扰动性。他将"市场扰动"定义为单位时间内需要企业关注的市场事件的数量和重要性。派恩为了进一步说明市场扰动的内涵，特地以飞机飞行为例进行了生动、形象的描述。当飞机受到气流扰动的时候，机身可能向上、向下、向左、向右颠簸，但具体方向和强度往往不可预知，乘客受到干扰，常常束手无策，只能听之任之。在市场中，企业的管理者就像飞机中的乘客，他们要承受市场扰动带来的麻烦甚至痛苦。尤其是很多行业一直处于大规模生产状态，客户的个性化需求未被制造商充分重视，一旦行业中出现新的竞争方式，许多企业管理者就难以驾驭。

市场扰动性增强的主要原因是市场需求的分化，统一的市场变成很多细分市场，市场正在向这样的顾客转移——他们需要高质量且更加接近其个性化需求的产品。使用以前的生产方式来定制面向细分市场的产品（通常通过服务）也可以做到这一点，但成本太高，而增加产品多样化最终必须通过生产来实现。按以前的方式已不能保持原有的利润，因此，追随具有多样化需求的细分市场并尽量满足这些细分市场中不断变化的需求，似乎更为可取。因而，多品种、小批量乃至单件定制的生产方式成为多数行业的主流，生产管理活动面临不断增强的扰动性。

2. IT 技术的全面介入

IT 产业是目前发展最快的产业，在计算机出现后的半个世纪中，IT 技术逐步介入企业的产品设计、工艺选择以及具体的制造和服务过程。

（1）产品设计与工艺选择。传统的产品设计和工艺编制工作，主要依靠技术人员手工完成。计算机介入产品设计和工艺选择过程后，技术人员告别了画图板、铅笔、橡皮等工具，借用计算机辅助设计（Computer-Aided Design，CAD）和计算机辅助工艺编制（Computer-Aided Process Planning，CAPP）等软件更迅速、准确地完成原来的设计任务。

（2）制造与服务过程。计算机辅助制造（Computer-Aided Manufacturing，CAM）是 IT 技术介入生产设施和制造过程的结果，具体包括：数控（NC）机床、计算机数控（CNC）、直接数控（DNC）、工业机器人、自动导向车（Automatical Guided Vehicle，AGV）和自动化物料传送系统（Automatically Material Shifting，AMH）等。

（3）生产运营管理。除了介入设计与生产过程外，IT 技术的发展也大大改变了生产/运营管理活动。早期的计算机应用主要涉及材料库存的计划与控制，后来计算机的应用程度不断加深，依次出现了物料需求计划（Materials Requirements Planning，MRP）、制造资源计划（Manufacturing Resource Planning，MRP Ⅱ）、企业资源计划（Enterprise Resource Planning，ERP）等软件。

（4）计算机集成制造。计算机集成制造（Computer Integrated Manufacturing，CIM）的概念是 1974 年首先由约瑟夫·哈林顿（Joseph Harrington）提出的，是一种利用现代信息技术、管理技术和生产技术对生产企业从产品设计、生产准备、生产管理、加工制造、直到产品发货与用户服务的整个生产过程的信息进行管理、控制的综合体系。CIM 这一概念的提出，要求将整个生产过程的有关单位技术、自动化孤岛有机地集成起来，有效地利用资源，实现系统的优化。

从生产技术的观点，CIM 包含一个工厂的全部生产经营活动，是生产的高度柔性自动化，它比传统的加工自动化的范围要大得多；从信息技术观点看，CIM 是信息系统在整个企业范围的集成，体现为以信息集成为特征的技术集成、组织集成乃至人的集成。当一个企业按 CIM 原理组织整个企业的生产经营活动时，就构成了 CIM 系统。

3. 生产管理的范围不断扩大

生产管理原来只研究制造业的实物转换活动，主要研究对象是从原材料投入直到产成品出产的工厂内部生产过程。在制造业中，现代生产的范围在向生产过程的两端延伸，向前延伸到生产/运营战略的制定、产品设计以及采购供应活动，向后延伸到成品配送、安装维修与操作培训等。从传统制造业发展到现代制造业，生产管理范围的扩大，导致附加在制造业务上的增值服务的比例不断增加。多年以前，美国通用汽车公司在服务方面的产值已经超过汽车的制造产值。

生产管理范围的扩大，主要体现在服务业逐步取代制造业成为新的研究热点，有关银行、学校、医院、饭店等社会组织的案例材料频繁地出现在现代生产管理的教材中，生产管理也逐步被称为运营管理。

随着生产管理范围的扩大，生产管理的视野也不断开阔，涉及全局性生产资源的配置问题，产生了生产战略理论；将服务业的业务流程纳入生产管理的研究范围，产生了不同于制造业的理论和方法。

4. 员工的主体地位进一步突出

一般企业的生产系统包含两种代表性人力资源：技术人员和一线生产工人。

在传统生产管理过程中，相对于技术人员和一线生产工人来讲，企业的管理部门处于一个强势地位，基层员工只是被动地执行生产计划指令。但随着时代的进步，现代企业管理越来越强调“以人为本”的思想，员工的主体地位在企业管理的各个职能中都得到提升。

总之，现代企业处于一个不断变化、充满竞争的环境之中：技术革新步伐急剧加速；需求日益多样化、个性化；竞争全球化、白热化；产品寿命周期越来越短；内部协调与管理的难度加大。传统的生产/运营管理面临重大挑战，在这种背景下，许多人开始认为企业的生产/运营活动不仅仅是一些日常性、事务性的工作，其中的很多问题涉及企业的生存与发展，对支持企业的市场竞争有着战略性意义，运营战略应运而生。

三、运营战略的提出

1969年，威克汉姆·斯金纳在《哈佛商业评论》上发表了著名论文《制造——战略中缺少的一环》(*Manufacturing—the Missing Link in Corporate Strategy*)，比较系统地阐述了生产/制造与企业总体战略的关系，呼吁在企业战略开发中重视生产/运营管理的作用。

英国华威大学斯耐克认为，运营战略是任何社会组织通过协调外部需求与运营资源之间的匹配关系来确定组织的长期运营能力及其对总体战略的贡献的总体决策模式。

我们可以从外部需求和内部能力两个角度来理解运营战略的含义。

1. 市场需求拉动生产/运营

“顾客就是上帝”是一句流传甚广的口号，它的背后隐含着一种对运营战略的理解：市场需求拉动生产运营。

在企业战略流派中，以哈佛大学商学院迈克尔·波特教授为代表的定位学派产生于20世纪70年代早期，70年代后期曾经出现一个小小的高峰，80年代初期正式走红，90年代初期达到极盛，目前在中国依然红火，广泛受到理论界和企业界的推崇。

在1980年出版的《竞争战略》中，迈克尔·波特提出，企业在考虑竞争战略时必须将企业与所处的环境相联系，建议企业在制定战略时要分析供应商、购买者、当前的竞争对手、替代产品及行业的潜在进入者五种因素，然后在产业结构中进行自我定位，并结合具体态势，选择适当的战略，以增强企业在行业内的竞争地位。在1985年出版的《竞争优势》一书中，波特提出了价值链分析方法，从企业内部的产品设计、生产、营销、销售、运输、后勤支援等多项独立活动出发，分析企业为客户创造价值增值的源泉，并重点研究如何通过价值链系统来整合企业的内部要素，从而找到并保持企业的竞争优势。

因此，企业应从市场需求的角度确定其总体战略，继而确定企业生产/运营管理的重点目标与方向，整合企业的营销与生产/运营部门。

2. 运营资源推动市场销售

在波特的定位理论与价值链分析如日中天的时候，生产战略领域的主导观念是贺氏和威尔莱特（Hayes and Wheelwright，1984）所倡导的“通过制造去竞争”。他们在《哈佛商业评论》上发表文章，提出了生产/制造在企业竞争中角色逐步提升的四阶段模型。他们的同名著作也同波特的著作一起风行美国各大商学院。

在深入研究日本企业的生产方式的基础上，Womack等的《改变世界的机器》一书于1990年出版，顿时为生产战略理论提供了强大的证据和动力。

“运营资源推动市场销售”的理论基础是战略流派中的资源/能力学派。该学派将战略研究的注意力投向企业内部。海默和帕拉德（Hamel and Prahalad，1990）在《哈佛商业评论》上发表著名论文《企业的核心竞争力》(*The Core Competence of the Corporation*)，在比较美国GTE公司和日本NEC公司的10年发展后明确指出：NEC之所以获得长期的竞争优势，是因为NEC远见卓识地培养了其核心竞争能力。海默和帕拉德将核心能力定义为各种技术和生产技能（skills）的组合，它贯穿于企业的金字塔式产品结构与工艺过程之中。

战略研究的重心转向企业内部，无意中提升了生产/运营管理在企业经营过程中的地位和作用，这一时期全面质量管理、业务流程再造、5S与现场改善运动，无不突显了生产/运营职能的战略地位。

20世纪90年代以来，世界经济、政治格局发生了较大的变化，信息技术的发展对制造战略提出了新的课题，基于时间的制造战略应运而生。快速的供应链体系和柔性的生产体系成为近年的研究热点。另外，新的制造战略分支也逐渐受到重视，如清洁生产与绿色制造、安全生产与职业卫生、中小企业的生产战略等。

第二节 运营战略的内容

运营战略的内容主要包括两个方面：一个是运营战略的目标，或称为竞争优先权问题；另一个是运营战略的决策领域。

一、运营战略的目标

运营战略要从市场竞争和公司总体战略的角度来确定企业生产/运营系统在一定的时期内追求的目标，并且决定这些运营战略目标的主次关系问题。

目前，下列6个方面的运营战略目标基本得到了学者们的广泛同意：高效、低耗、灵活、安全、清洁地生产合格产品或提供满意服务（见表2.1）。

表2.1　　生产/运营管理的战略目标

编号	运营战略目标	运营指标	营销指标
1	高效	速度	交货期
2	低耗	成本	价格
3	灵活	品种	顾客偏好
4	合格	质量	顾客满意
5	清洁	环境	公众利益
6	安全	健康	员工、顾客健康

这些生产/运营的基本目标同企业的其他职能管理紧密相连。生产的速度和成本，直接影响产品与服务在市场上的交货期限和价格；生产系统的柔性特征有利于增大产品与服务的多样化，满足顾客的各种偏好；生产的质量会直接影响顾客的满意度，生产的环境和安全卫生目标与社会公众和顾客员工的利益息息相关。

另外，这些目标相互之间往往充满矛盾与对立。例如，有的生产系统提供的产品，质量很好，但生产成本较高，导致产品价格缺乏竞争力；有的生产系统采用较多的多功能设备，便于提高生产系统的柔性，产品的品种增多，往往需要较长的设备调整与准备时间，从而影响生产速度和产品交货期。这就是运营管理与运营战略中的"悖论"问题。为了解决这一问题，许多运营管理学者进行了大量探讨。

1. 斯金纳的"厂中厂"对策

20世纪70年代探讨竞争优先指标的学者已经注意到这些指标之间的矛盾关系，存在"功能悖论"，早期的工作认为成本与质量、可靠性与柔性是相互对立的优先指标，二者不可兼得，因此需要在彼此之间做出取舍。斯金纳1974年在《哈佛商业评论》发表文章*The Focused Factory*，提出"厂中厂"的解决对策。在同一个公司建立不同的工厂，每一个工厂有自己的产品线，实施不同的生产战略，形成不同的竞争重点（如图2.2所示）。

另外，早期的研究，也注意到产品的多样化与成本和交货速度之间的矛盾问题。往往为了生产多样化产品，需要配置多功能设备，培训多面手工人。

2. 订单资格要素和订单赢得要素

"功能悖论"问题在80年代出现重大突破。英国伦敦商学院教授希尔（Terry Hill）

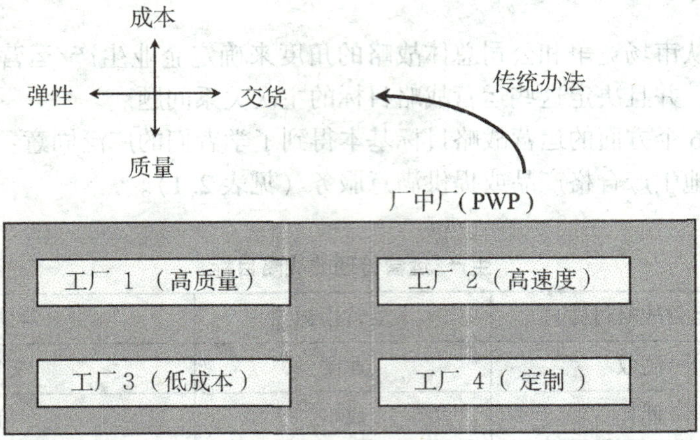

图 2.2 厂中厂示意图

将先前争论的各个制造优先权因素，分为订单资格要素（order qualifier）和订单赢得要素（order winner）。由于市场竞争态势的不断变化，运营战略的各项目标在不同的时期所起的作用不一样，重要性会随时间发生变化，但在某一时期、某类行业中还是有规律可循的。其中，有一部分目标要素仅仅是企业进入市场的起码标准，不能保证企业能拿到订单，但如果企业达不到行业的基本水平，则根本无法参与市场竞争，这类运营目标帮助企业取得候选资格，因而叫做订单资格要素；另外，在市场竞争中同对手拉开差距、帮助企业抢到订单的运营目标叫做订单赢得要素。

3. 世界级制造

美国学者对日本生产管理模式很感兴趣，在对丰田汽车公司的研究中，Wheelwright（1981）等发现成本与质量在日本生产方式中得到统一协调，日本制造企业的实践表明可以找到既改善质量又同时降低生产总成本的方法。通过 TQM、JIT 等生产哲学的应用，日本企业在质量、成本、交货等方面都取得了世界领先的水平，1985 年贺氏和威尔莱特因此提出了“世界级制造”（World Class Manufacturing，WCM）的概念。随后雪恩博格（Schonberger）于 1986 年、1987 年和 1996 年出版了三本有关世界级制造的著作和案例集，将这一概念进一步发展，并结合奥林匹克更快、更强、更高的精神，提出了持续快速改善的世界级概念，现在这一概念也被称为世界级运营（World Class Operation，WCO）。CIMS、JIT、LP、TQM 等实践被认为是世界级制造的典范。

在生产/运营目标的处理上，世界级运营商将成本、质量、速度甚至弹性看做基本的订单资格要素，而以附加于产品之上的增值服务作为挑战对手的订单赢得要素。

二、运营战略的决策领域

1969 年，威克汉姆·斯金纳正式提出生产战略概念的同时，比较系统地指出了生产战略的决策领域：（1）工厂和设备；（2）生产计划与控制；（3）劳动力及管理；（4）产品设计及工艺；（5）组织与管理。

1984年，贺氏和威尔莱特将决策领域分为两大类，一类为结构（structural）要素，是企业长期投资决策的事项，涉及企业生产/运营系统的设计、建设与改造，如厂址选择、生产布局和设备安排以及关键性的生产工艺；另一类为基础（infrastructural）要素，指生产系统建设完成交付使用最后的计划、运行与控制事项。

关于运营战略的决策领域的观点越来越多，关键的标准是涉及运营资源的长期性的决策问题，通常可以归纳为以下几个方面：

1. 生产服务能力的规划与调整

生产/服务能力是指企业生产/服务系统在一定时间内（通常是一年）可以实现的最大产出量/服务顾客的数量。

在建立生产/服务设施之前，要对生产服务能力进行规划，从而依次确定场地大小、设备规格和运输方式等事项。生产/服务能力规划直接决定了工厂的投资规模，通常需要大量资金，形成长期的固定成本，如果规划不当，会造成巨大浪费。

在生产服务设施建成之后，便成为企业的固定资产，是企业生产/运营活动的基础。随着时间的推移，生产服务能力需要有计划地进行调整（扩充或收缩）。企业的生产服务能力可以一次规划、分期建设，也可以一步到位；生产服务能力的调整是原有能力规划以外的新计划，体现了企业外部环境与内部条件的新变化。

扩大生产服务能力的办法很多，通常是按照原有的统一规划扩充现有设施，这种办法需要在一期建设时预留空间和厂房、设备的接口；另一种办法就是另外选择地方，重新购买设备，新建生产服务设施，这种方案通常适宜于市场需求急剧增大的情形，也多见于跨国公司海外扩张过程；另外，也可以租赁其他企业的厂房或服务设施，以解决临时的能力不足。

2. 设施选址与设备布局模式

设施选址与设备布局，即决定生产服务设施的建设地点以及各类建筑物及其内部的设备、工具、交通道路等的空间安排。生产服务设施的地点选择与设备布局方式对企业运行的效率和效果具有重大影响，决定了企业生产经营活动的基本成本结构。

这方面最典型的案例莫过于20世纪六七十年代中国的“三线”建设。当年许多关系到国计民生的大工厂被有计划地迁进深山老林，车间和班组被隐蔽地布置到山沟或山洞之中。改革开放之后，尤其是生产民用产品的企业，明显感到这种选址和布局的难处，原材料需要长途运输进来，产成品又需要长途运出去，与外界信息不通畅，生产成本高，产品缺乏竞争力，职工的日常生活也受到影响，许多企业只好选择向外搬迁，落户于大中城市的郊区。

服务业也需要考虑设施选址与设备布局问题。与制造业相比，服务的设施选址更重要，通常要靠近顾客群体，比如银行、酒店、商场等一般都选在人口密集的城区；服务业一般没有制造业那么复杂的设备布局问题，但服务设施内部的布局依然很重要，需要将顾客作为重要因素考虑进来，有前台与后台的区分，让顾客在服务现场有一个良好的感觉。

3. 基本产品结构及关键工艺技术

企业日常的产品设计与工艺活动并没有战略层面的意义，但基本的产品结构和关键的工艺技术却是企业核心竞争力的源泉，是生产/运营战略的重要内容。

基本产品结构是企业主导产品的主要部件及其组成方式，决定企业产品平台上产品变形与产品多样化的空间大小。

关键的工艺技术是涉及产品的关键性能指标或关键服务质量的生产/运营过程，它可能是这一运营过程中的关键设备、主要的技术工人，或者是特殊的处理路线等。由于关键的技术工艺能够比较容易地进行保密处理，不容易被对手发觉和模仿，便于成为企业的核心能力。

4. 供应商网络与纵向一体化

供应商网络（supply networks）和供应链（supply chain）是目前很流行的研究领域，在生产/运营管理领域，主要从上下游企业之间的生产协作关系上来理解供应商网络。

企业的生产/运营活动的顺利开展，需要上游供应商提供原材料、零配件和各类半成品，供应商网络由哪些厂商组成，供应商的地理位置、交通条件、信誉、质量、价格以及交货速度会直接影响下游企业的运作绩效。因而，供应商网络的设计与调整，是一个战略性的决策。

另一个与供应商网络相关的概念是纵向一体化，受社会产业化程度的影响，企业生产/运营过程中，有许多零件既可以自己制造，又可以向外采购，企业向上游产业扩张，将零件的生产过程纳入自己的直接控制之下，减少了采购环节的风险，这就在推行纵向一体化战略。因此，企业纵向一体化的深度与供应商网络的范围紧密相关、互为消长。

5. 生产运营管理系统的组织结构与核心制度

通常企业的生产系统包含大量设施和人力资源，有效地组织内部运营资源形成企业现实的生产能力，还需依靠生产运营系统的合理的组织结构设置和核心制度的保证。

在一定的技术、经济和社会文化环境中，企业通常会根据自己的产品/服务和流程类型，选择直线型、职能型、矩阵型和网络型等不同的组织结构，设计生产/运作机构与销售部门、技术、质量、财务会计等部门之间的沟通方式。另外，在基本的组织结构的基础上，还要围绕企业运营业务的特征要求，建立相关管理制度与规范，保证各类运营资源的协调配合。

第三节 运营战略的过程

运营战略的过程是指运营战略的制定过程，回答怎样制定运营战略和由什么部门和人员负责运营战略的制定等问题。本节先简单回顾战略管理的一般过程，再介绍几种运营战略的过程模型，最后讨论运营战略中的匹配、可持续性和风险等关键问题。

一、企业战略管理的一般过程

企业经营战略是为谋求企业生存和不断发展而作出的总体性、长远性的谋略和规划，主要回答以下问题：（1）要不要变革？这是生存与发展的重大问题。（2）往何处变？这是发展目标、方向的问题。（3）如何变？这是发展的途径问题。

战略管理的一般过程包括八个步骤。首先，确定组织目前的宗旨（mission）、目标（objectives）和现有的战略；然后，分析组织外部环境和内部资源，发现机会与威胁，识别自己的优势与劣势，制定并实施战略；最后，评价战略的实施结果。具体见图 2.3。

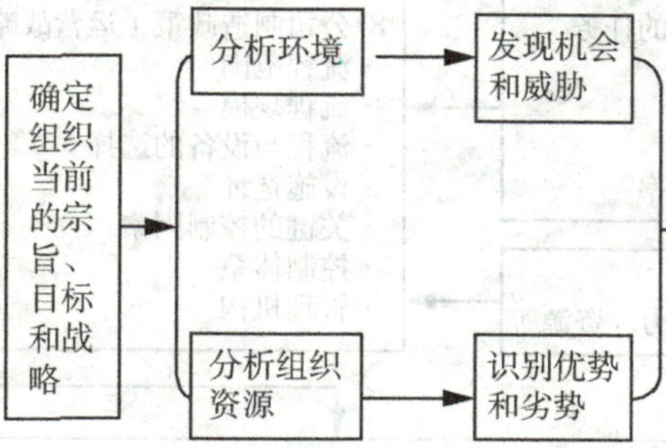

图 2.3　战略管理过程

资料来源：罗宾斯：《管理学》，中国人民大学出版社 1997 年版，第 199 页。

二、运营战略的制定过程

1969 年，斯金纳提出运营（制造）战略理念的同时，提出了一个自上而下的过程模型，随后许多生产/运营专家对这一问题进行了多方面的深入研究，形成了几种有影响的观点，下面依次予以介绍。

1. 斯金纳运营战略过程模型

斯金纳的运营战略过程模型共有 15 个步骤，可以划分为五大阶段，见图 2.4。

第一步到第三步，形成公司战略。第一步分析公司外部的竞争态势，主要分析对象是竞争对手的数量、类型、资源能力以及竞争的策略和趋势；第二步分析公司内部条件，包括公司拥有的设备、产品、工艺方法以及人力资源的技能与专长；第三步形成公司战略，综合公司内、外部的环境要素，将公司的资源和能力同市场机会联系起来，规定公司在未来市场竞争中的地位和相应的战略规划。

第四步，确定制造/运营的职能任务。这一步是斯金纳特别关注的联结公司总体战略和运营战略的中间环节。他认为当时的高层管理人员通常不关注制造/运营领域的决策问题，所以战略的制定活动往往到此为止。增加这一关键环节的主要目的是根据公司的总体战略的要求来确定公司制造/运营系统的具体任务，以保证总体战略的实施。

第五步到第八步，形成运营战略。其中，第五步和第六步，研究行业经济和技术因素

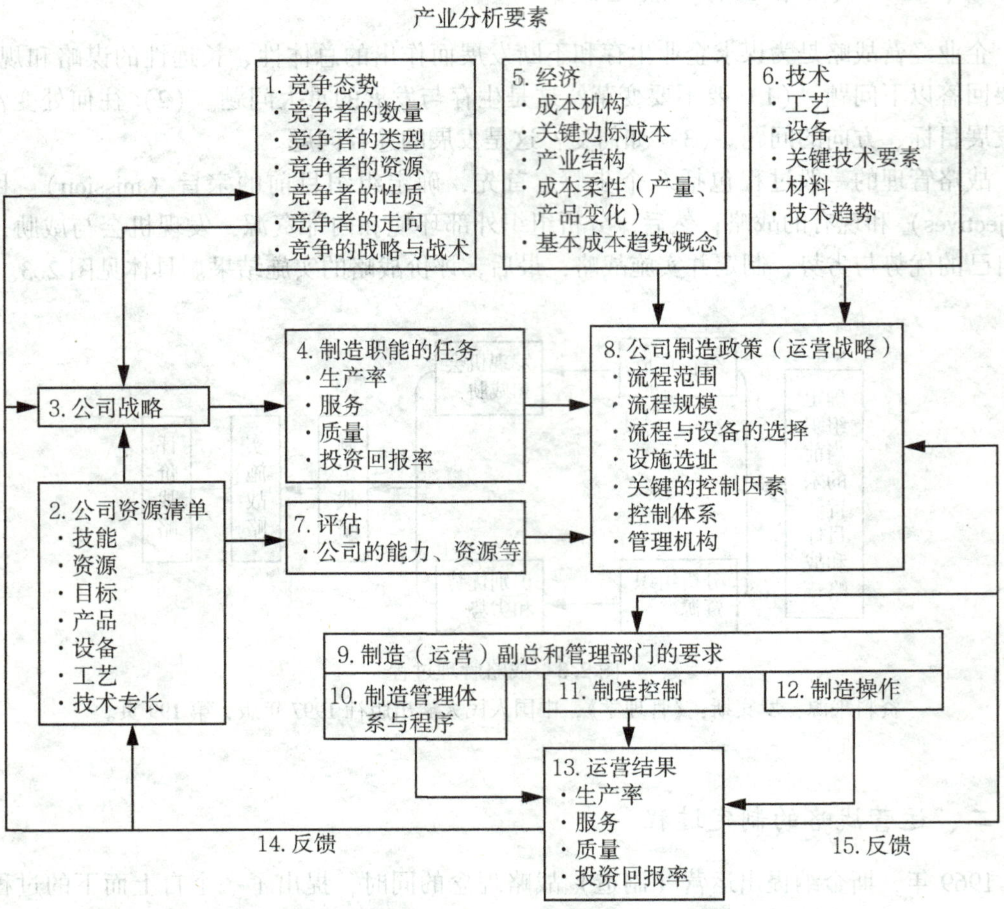

图 2.4　斯金纳运营战略过程模型

对制造/运营活动的约束，没有技术背景的管理人员也有能力和办法对这些问题进行研究和判断，从而保证制造/运营决策的科学性和可行性以及竞争力；第七步，对公司内部的能力和资源进行仔细评估；第八步，结合外部的技术和经济因素，在公司总体战略的指导下形成完整的公司制造政策（运营战略），确定哪些零件要外购，哪些自己制造，采用什么样的设备和工艺方法，如何选择地址和布置设备，如何选择关键的控制环节和控制方法与手段，如何设计合理的制造/运营管理机构与规章制度等。

第九步到第十二步，运营战略的实施。第九步，制造/运营副总经理和制造/运营管理部门负责按照运营战略的要求组织实施；第十步，确定制造管理体系与程序，如拟订生产计划、确定库存水平、工人工资制度等；第十一步，制造/运营系统的控制工作，涉及成本控制、质量控制、库存控制以及作业时间管理等；第十二步，具体的制造操作，高层管理人员需要关注关键的作业环节，如工人的劳动技能、设备的利用率和产出等。

第十三步到第十五步，运营战略实施效果的评估与反馈，从生产率、服务、质量和投资回报率等指标评估制造/运营系统的实际运行效果，并作出反馈，调整公司的资源和能力现状，调整公司的整体战略和运营政策。

2. 普拉茨—格雷戈里运营战略过程模型

剑桥大学肯·普拉茨和迈克·格雷戈里 1990 年提出了一个运营战略的决策模型，由三大步骤组成，见图 2.5。

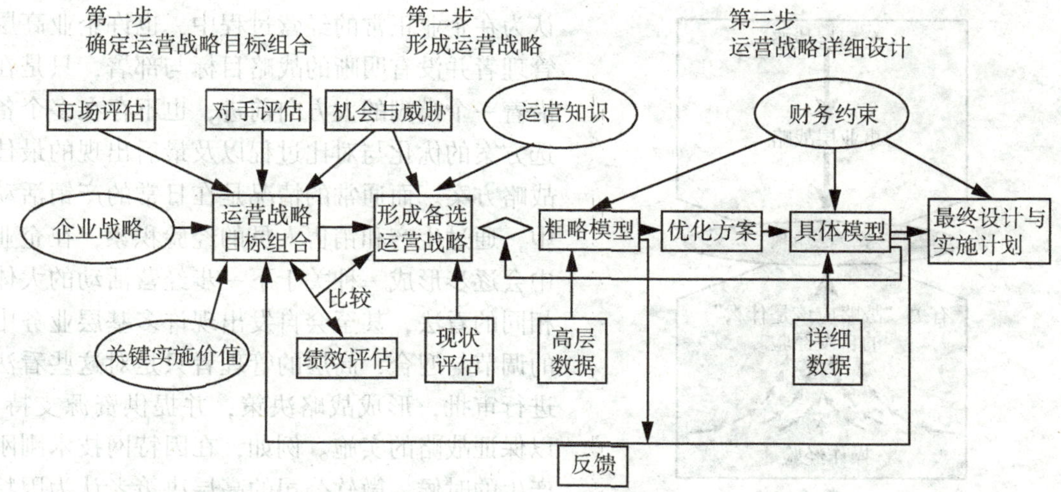

图 2.5　普拉茨—格雷戈里运营战略制定过程

资料来源：Platts，K. W. and Gregory，M. J.：Manufacturing Audit in the Process of Strategy Formulation，*International Journal of Operations & Production Management*，1990，10（9），p. 5.

第一步，确定运营战略的目标组合。

要确定运营战略的具体目标，首先需要对市场需求和竞争对手的情况进行评估，并将企业现有的运营能力同市场需求进行对比分析，发现差距，分析机会与威胁。普拉茨和格雷戈里还设计了详细的对照表格，帮助企业的运营经理从产品的交货提前期、可靠性、产品特色、质量、设计柔性、数量和成本价格等指标直接揭示企业已经达到的绩效水平与市场需求之间的差距，然后参照企业总体战略，确定各个具体的运营战略目标。

第二步，形成运营战略。

具体运营战略的形成，首先要对现有运营系统的能力与运营战略目标进行对比，揭示现有能力不足或不匹配的环节，设计粗略的运营战略模型，草拟各个备选方案，然后利用企业内部的详细数据，考虑企业的财务约束和可行性，规划和优化具体的运营战略模型。

第三步，运营战略的详细设计。

在运营战略模型确定之后，需要对运营战略进行详细设计并制订具体的实施计划。详细的运营战略及其实施计划，尽可能包括所有的细节，从具体的现场布置，到细致的操作规程，一直具体到每台设备的准备时间、作业时间，运营系统的产量、品种多样性、提前期，系统投入的原材料、零件、人力资源等以及设施方面所需要的空间、电力、消耗等。

3. 斯耐克和刘易斯的运营战略过程观点

目前在战略管理界流行的观念是企业战略可以分解为三个层次：公司层战略、事业层战略和职能层战略，运营战略是众多职能层战略中的一个，是企业战略逐步分解的自然结果，这就是一种典型的“自上而下”的过程观点，见图 2.6。

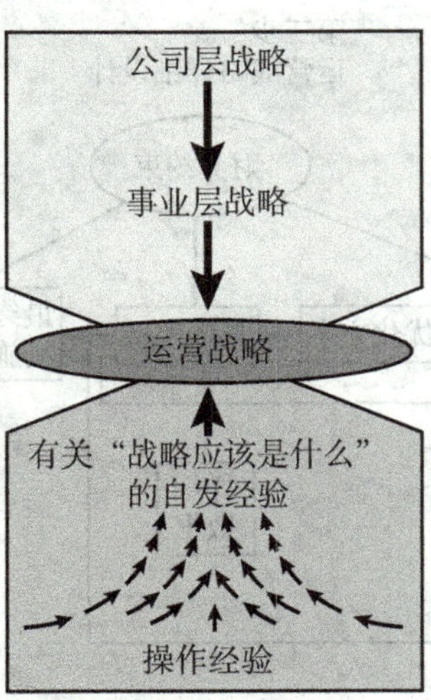

图 2.6　斯耐克和刘易斯的运营战略过程观点

另外，“自发战略”（emergent strategy）认为在企业正常的经营过程中，也许企业高层管理者并没有明晰的战略目标与部署，只是在沿着一个模糊的大方向前进，也不存在多个备选方案的优化与对比过程以及最后出现的最佳战略方案。而通常的情况是在日常的产销活动中，通过生产和销售人员的经验积累，在企业中会逐步形成一种关于下一步经营活动的大体相同的看法，甚至会自发出现许多基层业务中的调节与迎合，高层的管理者只是对这些看法进行审批，形成战略决策，并提供资源支持，以保证战略的实施。例如，在因特网技术刚刚产生的时候，微软公司的高层决策者认为因特网上提供的是免费的服务，无利可图，没有介入因特网业务的计划，后来是一批年轻的工程师在微软的内部网谈论这一战略性的问题，认为微软应该立即行动，才引起高层的注意，最终导致公司的战略转向。这是典型的源于基层的日常经验、产生于“草根”的战略决策过程。

英国华威大学斯耐克和刘易斯认为企业的运营战略会同时涉及自上而下和自下而上两种过程，二者的互动而形成可操作又具有战略意义的运营政策。

公司的高层管理者的职责是综观全局，形成公司的战略方向，任何职能战略（包括运营战略）不能与公司的总体战略相冲突，应该是总体战略的基石。同时，高层战略的形成过程也会强烈受到日常经验与基层意见的影响，甚至左右。二者的良性互动才是一种理想模式。

三、运营战略过程中的关键问题

虽然关于运营战略过程的研究成果比较多，但遗留的问题还很多，如过程模型的规范性和可操作性问题等。斯耐克和刘易斯认为运营战略过程中有三个关键问题影响运营战略的实际应用价值，即匹配（fit）、可持续性（sustainability）与风险（risk），见图 2.7。

1. 匹配

在企业管理的众多职能中，比较难以协调的职能矛盾主要存在于生产/运营与销售之间，因而战略层面的协调工作主要集中在运营资源与市场需求的匹配上。

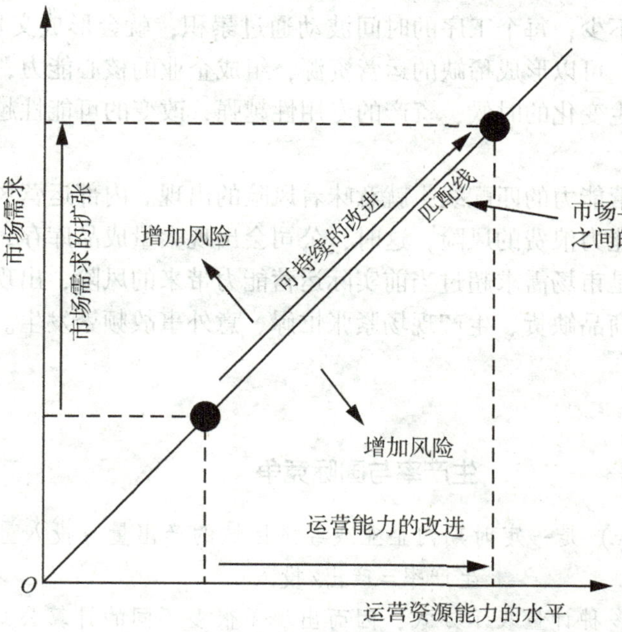

图 2.7 运营战略中的匹配、可持续性和风险

图 2.7 中，纵轴代表市场需求特性，主要由客户的实际购买力和公司的营销活动决定，具体因素有品牌知名度、差异化程度和市场承诺内容。横轴代表公司的运营资源和流程性质，如实现竞争目标的运营绩效、资源利用效率、支持业务流程的资源能力等。图中间的对角线是一条理想的匹配线，代表市场需求与运营能力的统一与平衡。

实现市场需求与运营能力的匹配是一个动态的过程，企业可以通过市场调查研究，估计市场需求数据，然后调整自己的资源，使运营资源主动与市场需求匹配；另外，当市场需求与运营能力不平衡时，企业也可以通过营销手段，开发市场需求或放弃部分市场，让市场适应资源，求得二者的匹配。

2. 可持续性

可持续性是指在运营资源与市场开发的过程中，二者共同得到改进与提高，并且保持动态的平衡。它反映了企业市场战略与运营战略之间的协调与平衡。

在通常情况下，公司的营销部门与运营部门会各自极力地开展自己的职能工作，使公司的销售能力与运营能力各自发生波动和改变，因而二者很难保证同步的增长，甚至会出现反方向变动。运营战略的可持续性就是要从战略的角度动态地协调外部环境与内部条件，尽可能在一定的时期内保持销售与运营活动的柔性与增长，并维持产销平衡，寻求与对手竞争中的相对优势。

3. 风险

当市场与运营能力失去平衡的时候，就产生了风险。风险与不确定性相关，企业的市场职能与运营职能中，都充满了不确定性。市场上的不确定性是众所周知的，运营领域的不确定性和风险也一点不少，每个工序的时间波动通过累积，就会形成交货期的大波动；企业对固定资产的投资，可以形成稀缺的运营资源，组成企业的核心能力，但由于资产的专用性，当市场需求发生变化的时候，资产的专用性越强，改变的可能性越小，蕴含的风险越大。

背离市场需求与运营能力的匹配线，就意味着风险的出现。内部运营风险是运营能力超过市场需求而产生的能力浪费的风险，这时，公司会出现大量成品库存，开工不足，设备闲置。外部运营风险是市场需求超过当前实际运营能力带来的风险，出现这种情形的时候，常常有订单延误、商品缺货、生产现场紧张忙碌、意外事故频繁发生。

【附录】

生产率与国际竞争

生产率（productivity）是一定时期内企业或经济区域的产出量与投入量之比：

生产率=产出/投入

投入和产出可以有多种计量表示方式，因而出现了很多不同的计算公式。通常对于企业的生产率，产出以销售收入、产品数量、服务的客户人数等表示，投入以劳动力、设备或原材料数量等表示。对于一个经济区域甚至一个国家的生产率，通常用货币数额进行计算，以增强跨行业、跨地区的可比性。

细化后的生产率公式如下：

（1）单要素生产率：

劳动生产率=产出量/劳动力

设备生产率=产出/设备

原材料生产率=产出/原材料

（2）多要素生产率：

多要素生产率=产出/（劳动力+原材料+间接费用）

多要素生产率=产出/（劳动力+能源+资金）

（3）全要素生产率：

全要素生产率=产出总量/投入总量

生产率是比较地区与国家竞争力的重要指标，生产率的提高可以使工资上升而不产生通货膨胀，从而有效地提高生产水平和质量。

【思考与练习】

1. 论述企业生产/运营战略与企业总体战略、营销战略之间的关系。

2. 什么是运营战略的主要目标（或者叫竞争优先权）？在运营战略理论发展过程中主要有哪些解决对策？

3. 运营战略的决策领域通常包括哪些内容？

4. 论述企业生产/运营战略制定的一般步骤。

5. 论述网络技术的发展对生产战略的影响。

6. 结合我国企业的生产/运营管理实践，论述运营战略过程中的匹配、可持续性与风险观点的实际应用价值。

【案例】

客车公司J的运营战略矩阵①

1. 中国客车行业概况

中国共有140多家客车制造企业，据中国汽车工业协会统计，排名前十位企业占大型客车市场的88.34%，中型客车市场的90.18%，小型客车市场的90.58%。

中国客车的产业结构日趋合理，从轻型客车到大中型客车，形成了合理的布局；在价格上，7万~270万元的产品，我国的客车企业都能生产，能够满足国内、国际各种客户的需求。中国客车在占有国内市场的同时，也在积极拓展海外市场，约占海外客车市场份额的10%。

经过50多年的发展，中国已经成为世界客车制造的重要力量，是名副其实的客车大国，但并不是客车强国，中国客车制造水平比欧洲的先进水平尚有6年的差距，因此在国外市场上，尤其是在发达国家市场上，中国客车企业面临激烈的竞争。

2. J公司的竞争维度

J公司是中国客车行业的重要企业，排行业前十名。J公司的具体竞争目标如下：

成本：J公司有三个产品系列，价格分别在56.7万~170.0万元、19.0万~21.7万元和24.3万~60.9万元，与国内其他客车相比，相同配置的客车的价格要高5000~20000元，价格并不是J公司运营竞争的重点。但是，成本仍然是各个企业重点控制的地方。

质量：J公司的客车的价格比同样配置的其他品牌的客车要高5000~20000元，但是它依然畅销，就是因为它过硬的质量理念。长期以来，J公司坚持以生产“耐用可靠”的客车为产品理念，针对不同细分市场，把握客户具体需求，为客户创造最大化的价值。业内人士认为：J公司凭借从管理、研发、生产工艺、质检到服务全线贯穿的耐用体系，已打造出成套的保障产品拥有可靠耐用品质的企业发展体系，不断提升新产品的品质与新技术含量，推动中国客车行业良性循环向前发展。

交货期：因为客车行业自身的特殊性，所以客车都是根据客户的个性化需求进行定制，并且保证快速交货，这就需要客车制造企业拥有强大的供应链管理能力。在大规模定制模式下，客户订单呈小批量、多批次的特点。当客户提出对客车的需求后，J公司的设计部门会根据客户需求调整设计，迅速画出新的车型图纸，再由供应链部门根据设计配置零部件，论证新车型能否顺利投产，然后才能承诺具体的交货时间，最后进入生产环节。从客户下单到向客户承诺交货时间，被称为订单响应时间，订单响应时间的长短是衡量一个制造型企业能力的重要标志。值得J公司人骄傲的一组数据是：其订单响应时间最快是

① 本案例根据武汉大学企业管理2007级研究生张珍的学位论文改编而成。

7 天，其国内同行通常是 1 个月，而它的国际竞争对手，如奔驰、沃尔沃客车等的订单响应时间则是 3 个月。

7 天的订单响应时间所形成的竞争优势，来自于 J 公司在信息化能力提升上的努力。早在 2002 年，J 公司打破内部信息孤岛，建成了覆盖设计、计划、生产、后勤、供应、财务、成本控制、质量管理、销售、售后服务等经营业务领域的 ERP 系统，公司决策层可以在最短时间内看到业务运营状况和财务数据，以支持决策。这个项目对 J 公司最大的改变是，根据 J 公司按需定制的业务模式，将设计部门与供应链部门统一在一个 IT 平台上，设计部门与供应链部门的数据可以实时共享，设计部门按照客户需求设计出一款新车后，供应链部门就能迅速地在配件数据库中寻找配件并马上给出是否能投产的反馈。此外，J 公司还通过 ERP 系统将影响力向上下游产业链扩展，它开发了一系列协同网络系统，供应商、银行、代理商、售后服务站等合作伙伴都能通过互联网进入 J 公司的 IT 平台完成数据交换。J 公司通过 IT 平台实现了对上下游的管理，保证供应商能及时供货，这样它的生产线才能日夜不停开工，保证自己在交货速度上的优势。

柔性：目前 J 公司客车有 72 个车型供客户选择，当现有车型不能满足客户需求时，J 公司的销售人员会为客户生成一个 ETO 订单，将其个性化需求写入订单，通过信息系统传回设计部门和供应链部门，进行设计修改与配置零部件。根据引导客户需求的目标，J 公司将整个供应链模式分成 MTO（面向订单生产）、ETO（面向订单设计）、“ETO+”等 3 类。MTO 是指客户订购已有车型，或是不需要做重新设计、大量修改就可以投产的车型，这种订单可以迅速投产并完成交货。用 MTO 模式生产客车，J 公司可以预先生成比较准确的物料计划以提高采购效率，且因为是成熟产品，客车的质量、安全性也比较高。ETO 是指需要大量改动产品设计的订单，需要重新设计、重新采购或定制零部件，交货期普遍比较慢，供应链管理比较复杂。“ETO+”则是指需要改动底盘的订单，它需要重新做客车的安全及质量测试，基本等于重新设计一个新车型。J 公司理想的比例是，80%的客户需求用 MTO 模式满足，20%由 ETO 模式满足，尽量避免“ETO+”模式。

3. 运营战略矩阵

将速度和可靠性合并为单一的绩效目标——可用性，我们就可以构造 J 公司的运营战略矩阵，见图 2. 8。

在 J 公司客车公司的运营战略矩阵中，最重要的部分位于流程技术和质量相交的区域，前者以综合信息系统及过程控制的形式出现，后者表现为对资金对技术的投入创新的形式，矩阵中许多其他单元都由这个最重要的单元导出，由综合信息系统所带来的高质量标准和高度可用性可以有效降低成本保证产品的柔性。图 2. 8 中的方格并没有被完全填满，这是因为不同组织的侧重点不同，但是这并不意味着该组织对这些不重视。

J 公司客车有这样的运营战略矩阵，把质量作为竞争目标的重点，完全是 J 公司客车的经营环境所决定的。中国汽车制造业的总体技术水平不高，产品质量落后，这是我们的软肋，因此，质量水平成了中国企业面临的长远发展瓶颈。

思考题：运营战略矩阵由哪些要素组成？如何构建？有什么作用？

资源利用

市场竞争

质量	**行业唯一的国家级技术中心，行业首家博士后科研工作站，行业唯一国际性的技术研发中心		**建立全过程的质量控制监督系统，加强产品质量，ISO/TS16949国际质量体系认证	*J 公司每年将全年销售额的 4%投入技术研发
速度和可靠性合并为可用性			**物流核算自动化项目保证运营效率；供应链管理项目；供应链的 SOP 集成计划 保证快速和准确的客户响应	
柔性	*2007 年，J 公司共计开发新产品 20 多个	**ERP、SAP 信息资源管理系统启用		
成本	*全面而深刻地理解成本的概念；降低成本是每个人的工作目标			*80%MTO、20%ETO、少量 ETO+（主动研发）
	管理信息系统的建设，提高组织管理水平			分销商的个数和分布状况、CRM 系统
	能力	供应网络	流程技术	开发与组织

图 2.8 J公司客车的运营战略矩阵

第三章 流程分析与再造

流程分析是运营管理课程的核心方法论，是运营管理课程不同于其他企业管理课程的主要差别所在。本章介绍流程分析与流程再造的基本概念、原则和方法。

第一节 流程分析

流程分析的对象是业务流程，主要的方法是流程图。本章所讲的流程既可以是生产工艺流程，也可以是组织管理流程。

一、流程的含义和特征

《牛津英语大词典》对流程一词的定义是："一个或一系列连续有规律的行动，这些行动以确定的方式发生或执行，导致特定结果的出现。"

运营管理中的流程概念与运营的概念紧密相连。运营是组织通过自己拥有的生产性资源将投入要素转化为产品和服务的过程，流程就是组织将投入要素转化为产品和服务的过程环节，最简单的流程可以只是投入到产出中间的一个小片段，如一个工步、一次走刀；一般的流程是指前后相连的多个工序；最长的流程是指从单个组织投入到产出的整个过程，甚至是一条供应链上的全过程。

流程分析就是通过对整个流程要素进行系统分析、评估和比较，以发现流程在运营效率、成本、质量、环境、安全等方面的改进空间。

企业的业务流程的主要特征有：

（1）一个流程及其包含的活动都有特定的输入、处理与输出。

最简单的流程由一系列单独的任务组成，有一个输入和输出，输入经过流程后变成输出。流程对输入的处理可能是将它转变、转换成输出，或仅仅是使其通过，以原样输出。采用了流程观念的组织会发现，在其特定的活动序列中，有许多步骤与所需要的输出根本无关，有时甚至难以解释这些步骤为何而存在。取消这些不必要的步骤无疑会大大节约成本，同时还能为顾客提供更快的服务。

（2）所有的流程都是直接面向顾客需要的。

传统的组织向来注重职能层级机制，这种类型的组织往往由一系列称为职能部门的"子组织"构成，每个子组织只负责整体工作的一部分，并且都有其各自的层级管理机制。这种组织观念的缺陷是组织关注的中心可能被导向组织金字塔顶端的人而不是顾客，并且对于"横向"（horizontal）流程缺乏统一的协调控制。而 BPR 就是要对这种"功能性"（functional）的思考方式提出疑问，强调把流程作为关注的核心，强调所有的流程都应直接面向顾客需要。这种观念的转变如图 3.1 所示。

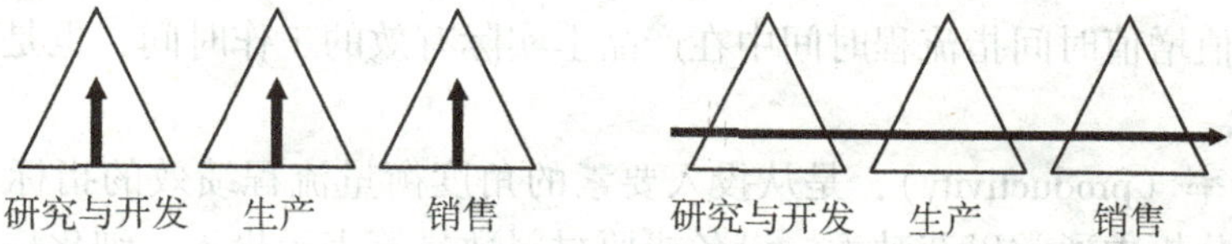

图 3.1 职能层级观念与流程观念的差异

（3）流程要跨越组织的职能部门、分支机构的既有边界。

强调流程意味着要从如何完成顾客订单、如何开发新产品或者如何实施营销计划的角度考虑问题，而不再局限于职能和分工的界限。而流程打破职能层级制度的程度，就决定了流程的规模和范围。流程的范围是指流程穿越的经营部门或职能科室等组织单位的数量，窄范围的流程可能只发生在一个子组织内，宽范围的流程则可能跨越数个经营部门或职能科室。流程的规模则取决于它的业务内容，有的流程仅由几个简单的任务组成，有的可能包括众多高度复杂又相互关联的任务，需要众多部门和人员的合作参与。

二、流程图

对流程进行分析的最常用工具是流程图。流程图是一种借助图形、表格等符号将流程的主要要素进行直观表示的工具，运作服务或检查用矩形表示，物料库存或顾客排队用倒三角形表示，物料或顾客流动用箭头表示，决策点用菱形表示，D 表示流程延迟（见图 3.2）。

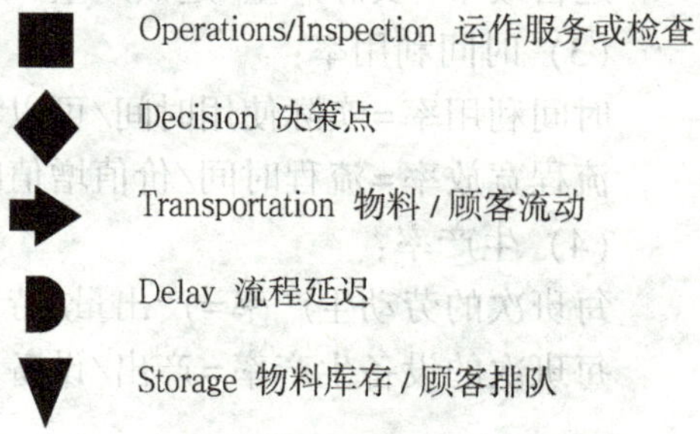

图 3.2 流程图常用符号

三、流程绩效评价

流程分析的主要目的是评价流程的绩效，寻找改进的方向。流程的运营时间（operation time）通常由两大部分组成，一个是设备和工人直接花费在零件生产上的运行时间（run time），另一个是生产一批特定产品需要对设备进行调整的准备时间（setup time）。最常用的流程评价指标有：

（1）运营速度（rate），是从时间消耗的角度衡量流程绩效，即单位时间的产量。

产出率（throughput rate）= 产量/时间　　节拍（cycle time）= 时间 /产量

（2）运营效率（efficiency），是与事先设定的定额标准比较，反映流程绩效的满足生产技术需要的程度。

运营效率=实际产量/定额产量

（3）时间利用率（utilization），是从工作时间是否被有效利用的角度，揭示流程时间配置的合理性。

时间利用率=实际使用时间/可以利用时间

流程宽放率（process velocity）从是否真正给顾客创造价值的角度衡量流程时间的利

用程度，公式如下：

流程宽放率=流程时间/价值增值时间

其中，价值增值时间指流程时间中在产品上实际有效的工作时间，也是真正为顾客创造价值的时间。

（4）生产率（productivity），是从投入要素的角度衡量流程绩效的指标，是产出与投入之比。流程分析中通常以劳动力、设备或原材料数量等表示投入。细化后的单要素生产率公式为：

劳动生产率=产出量/劳动力　　　设备生产率=产出/设备

某公司一条方便面装配线共有20名生产工人，每个班次工作时间为8小时，扣掉各种休息和午餐等时间，实际工作时间为7小时，每个班次的设计定额产量为5万包，实际产量为50400包，该装配线的平衡效果为0.9，则主要流程指标为：

（1）运营速度：

该条装配线的产出率=产量/时间=50400包/7小时=7200（包/小时）

节拍=时间/产量=7小时/50400包=7×60×60秒/50400包=0.5（秒/包）

（2）运营效率：

运营效率=实际产量/定额产量=50400/50000=1.008

（3）时间利用率：

时间利用率=实际使用时间/可以利用时间=7/8=0.875

流程宽放率=流程时间/价值增值时间=8/（7×0.9）=1.27

（4）生产率：

每班次的劳动生产率=产出量/劳动力=50400包/20人=2520（包/人）

每班次的设备生产率=产出/设备=50400包/1条装配线=50400（包/线）

第二节　业务流程再造

业务流程再造是流程分析的后续活动之一。本节介绍业务流程再造的概念和特点、基本原则和步骤。

一、业务流程再造的特点

1990年，美国的哈默（Michael Hamme）首先提出业务流程再造（Business Process Reengineering，BPR）的概念，并将它引入西方企业管理领域。作为一种基于信息技术、为更好地满足顾客需要服务的改进哲学，业务流程再造突破了传统的劳动分工理论的思想体系，强调以“流程导向”替代原有的“职能导向”的企业组织形式，为企业经营管理提出了一个全新的思路。

围绕这一核心思想，迄今为止已有很多的学者对BPR给出了自己的定义。如哈默认为BPR是在对企业流程进行分析的基础上，对其重新设计以获得绩效上的重大改善的活动。Alter认为BPR是运用信息技术，从根本上改变企业流程以达成企业目标的方法性程序。J. 佩帕德和P. 罗兰认为：“BPR是一种改进哲理。它的目标是通过重新设计组织经营的流程，以使这些流程的增值内容最大化，其他方面的内容最小化，从而获得显著的绩效跃进。这种做法既适用于单一一个流程，也适用于整个组织。”以上的各种概念都有其独到的地方，各有强调的重点，但都不够全面。本书结合以上各种观点，将BPR定义为企业以信息技术为基础、以业务流程为中心、以流程分析和重新设计为手段、以顾客满意和企业经营绩效的改进为目标的系统工程。

具体而言，BPR具有以下特点：

(1) 流程再造与信息技术应用或信息系统建设是相辅相成的。

BPR就是在信息技术条件下重新创建组织内部的流程。信息技术的价值在于它提供了必要的工具和手段，创造出新的工作方式，从而给企业带来活力。因此，信息技术是建立新流程的重要推动因素，它在BPR中起着极为关键的作用。将新技术融入现有的信息技术结构中，确保不同的技术成分能够始终有机地融为一体，建立新系统来支持新流程，最终实现新系统取代旧系统。所以说没有信息技术，就不可能有业务流程再造；同时，信息技术的运用必然要求设计全新的业务流程。流程再造应该在企业信息系统规划中受到高度重视，必须贯彻到系统分析、系统设计、系统实施等整个开发过程之中。

(2) 主张以流程为中心。

流程是由相关职能部门配合完成，为顾客创造有益服务的一系列逻辑相关的业务活动，强调流程中每一项活动应尽可能实现最大化增值，尽可能减少无效的或不增值的活动，并从整体流程全局最优（而不是局部最优）的目标，来重新分析、设计和优化流程中的各项活动。在手工管理方式下，企业已形成一个比较成型的企业流程和管理方法。在传统的劳动分工原则下，企业流程被分割为一段段分裂的环节，每一环节关心的焦点仅仅是单个任务和工作，而不是整个系统的全局最优；用计算机系统去模拟原手工管理系统，并不能从根本上提高企业的竞争能力，重要的是再造企业流程，按现代化信息处理的特点，对现有的企业流程进行重新设计。整合相关活动，减少不必要的审核、检查和控制活动，消除信息迂回和冗余，尽量并行处理。

(3) 目标是要获得企业经营绩效的改进。

成功的BPR项目能够带来巨大的效益，改进的内容包括降低库存、缩短交货滞延时间、减小成本及提高生产率等。根据广泛引用的数据，通过流程再造能够带来50%~80%的改进，有些项目甚至获得超过100%的改进。但必须同时看到，这种潜在的收益与流程的规模和范围有关，如果一个流程的规模和范围都不大，就不要指望对它的再造会取得巨大的收益，反之，对于规模和范围都比较高的流程，就可以有比较高的期望值。

(4) 要求在技术和组织两个方面同时进行再造。

BPR必须在技术和组织方面并行地展开，这两个方面是紧密联系的。技术领域包括：应用信息技术，设计新的业务流程，建立新的工作程序和统一的标准，在作业过程中建立控制机制，采用优化的控制方法等；组织方面包括：建立扁平化组织，适当授权，制定政策，营造改革环境，破除旧的管理规则，采用团队管理方式，建立学习型组织等。

(5) BPR是对各项作业活动及其细节进行重构、设定与阐述的系统工程。

具体而言，BPR借助工业工程技术、运筹学方法、管理科学、信息技术等多项现代社会人文科技手段，从业务流程、组织结构和企业文化等方面对企业进行系统重构。它涉及企业的各个部门、各个方面和所有的人，而不但是管理层的职责。BPR 实际上是系统思想在重组企业业务流程过程中的体现，它强调用系统的眼光而不是局部、片面的眼光来看待发生在企业的业务流程，强调整体全局最优而不是单个环节或作业任务的最优。

二、业务流程再造的步骤

开展 BPR 所需变革的规模和范围意味着主要的挑战可能并不在于理解和设计流程，而在于实施这些变革，从而取得预期的改进。必须认识到，效益来自变革，而变革难以实现。BPR 开展以来的事实表明，设计只是整个 BPR 中较容易的一部分，绝大部分 BPR 项目失败在没能落实新设计上。因此，我们有必要来探讨一下 BPR 的整个过程，以使任何 BPR 的努力一开始就能进入正确的轨道。图 3. 3 列出了企业开展 BPR 工作的总体步骤和框架。

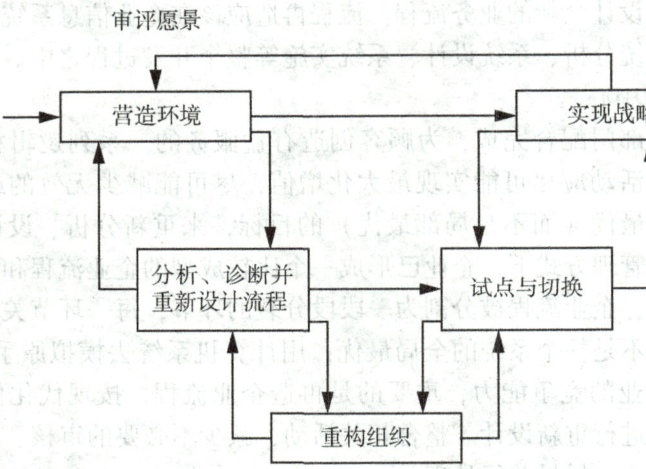

图 3. 3 BPR 总体步骤和框架

这个开展 BPR 工作的过程框架由 5 个关键阶段组成：营造环境—分析、诊断和重新设计流程—重构组织—试点与切换—实现战略。每个阶段可以进一步分解成数个步骤，其中有些步骤可以同时进行。下面我们将依次讨论上述各个阶段。

1. 营造环境

巴克哈德（Backhanrd）和哈里斯（Harris）认为，有三种情况对变革会产生强大的阻力：(1) 人们满足于现状；(2) 人们不理解为什么需要变革；(3) 人们怀疑公司实现变革目标的能力。开展 BPR 实质上是对企业业务流程、组织结构和思想观念的全面变革，在组织内实施这种变革并取得预期改进的难度可想而知。因此，这就要求我们在开展 BPR 时营造一种有利于推动改革的环境，设法把对变革的阻力转变成积极的参与。营造环境的具体步骤如下：

(1) 树立愿景。组织中的高层负责人或者企业主管要树立对未来的愿景，以改革的激情规划创造未来的蓝图，并赋予企业员工明确的目标和使命，发动人们积极投入改革。

（2）制订计划和开展必要的培训。在这一阶段制订出行动的计划是非常重要的，计划的内容包括由谁来领导 BPR 项目、如何作好沟通、项目的时间安排等。作出这些方面的决定后，还需要考虑进行必要的培训，以增强员工对该项目的认同和信心。

（3）挑选作为再造对象的业务流程。流程再造工作往往不能全线出击，必须首先分析全部作业流程，选择存在问题最突出的若干环节或核心业务流程实施再造。

（4）建立 BPR 项目团队。实施 BPR 项目需要组建一个团队，通常包括 5~10 个成员。团队必须由组织的最高层管理者担任领导，并由在组织中有影响力、有威信、受尊重的一位高级管理者具体负责。在下一阶段，团队也可分成若干小组或组建一些任务团队。

（5）沟通愿景和目标、改进的必要性和改进计划。BPR 前期的工作不应该是无声无息地进行的，董事会应能及时地与其他人员分享组织的愿景、改进的目标和必要性。项目团队在项目过程中及项目之后，应该保持同组织的整体沟通，以获得高层和员工的大力支持。

2. 流程的分析、诊断和重新设计

在这个阶段，组织需要选定一个或几个推进改进的领域，一般先从一个领域开始比较好。这个阶段很重要的一点是要认清 BPR 项目的复杂程度和可能的改进程度，以采用与之相应的工作方式和方法。此外需要强调的是，对现有流程取得一定程度的理解作为重新设计的起点是非常重要的，但同时要注意避免对此花费过多的时间和精力。

（1）分析并量化度量现有流程。团队应该画出现有流程的流程图并理解它，运用定量指标度量这个流程和流程的每个阶段。在度量的过程中，建议项目团队收集流程每个阶段的下述信息：各阶段的工作时间、各阶段的通过时间、任务转手次数、使用的计算机系统数目、存在的问题、流程的成本、增值评价。

（2）诊断环境条件。现有流程分析的一个重要结果应该是对改进的要求和范围的理解。一个流程的改进范围可能会很大，但如果不能对组织整体产生显著的效益，所需的努力就不如用在别处。组织需要对行动的优先次序有个想法，特别是在大规模变革的情况下，整个组织不能一下子全部改变，那些会产生重大影响的领域应该优先考虑，同时也要考虑相关的风险。

（3）重新设计流程。重新设计的方法可以分为两大类：系统化改造法和全新设计法（这一点将在第三节具体论述）。对于流程的某些要素，彻底地重新考虑可能最为合适，而对另一些要素，则应该采用系统化改造方法。这一阶段强调的是建立坚实的流程观念，虽然对人员和技术问题从高层次考虑可以指导某些方面的设计，但是细节的讨论必须留在流程设计完成之后。

（4）审评新流程设计对人员和技术的要求。新流程设计出来后，需要对人员需求进行分析，新的流程往往可能会改变人力资源一个或几个方面的内容。此外，还应分析新流程对 IT 技术的要求，对技术要求进行细节性的审评，以决定每个 IT 系统的具体方式。

（5）检验新流程设计。最后，新流程、人员和技术必须放在一起综合考察和审定。如果有可能的话，可以先通过计算机模型做一些模拟，模拟试验中获得的经验经反馈纳入

设计中，然后再进行模拟试验。这样反复几次，直至模拟试验成功，再进行实境试验，直到团队确信流程能够按照要求运行为止。

3. 组织重构

（1）审评组织的人力资源：结构、能力和动机。用好组织中人员的关键在于对他们的了解。新流程需要的角色可能会与现在员工承担的角色完全不同，因此，谁来承担这些角色以及如何调动他们的积极性就是一个关键的问题。在流程再造项目中，往往是管理者特别是中层管理者感受到的威胁最大，因为他们的角色和身份可能会有巨大的改变。组织必须花大力气了解哪些人支持变革，哪些人有阻力，特别是要发现那些口头上支持变革但实际却极力阻止的人。最终的目的是要让所有的人都认同变革，所有人的思想、感情以及体力都投入新的流程和秩序中。

（2）审评技术机构和技术能力。前一阶段我们分析了新流程对技术的要求，现在要做的是对组织现有的技术结构和技术能力进行深入的考察，考察的对象包括网络、计算机技术、设备与机器等，以便确定它们支持新流程的能力。

（3）设计新的组织形式。构建出流程要求、组织的人力资源与技术要素的考虑之后，就可以设计新的组织形式。管理层次、规章制度、角色和责任等都可能进行调整，对新方案必须取得一致意见，从而使新的流程设计能够实施。

（4）定义新角色，指导和培训新员工。作为新的组织形式的一部分，角色确切定义的细节必须明确。可以对全体或部分员工进行执行这些角色的指导和培训，使他们掌握所需要的新技能和行为方式。新角色可能要求比以前更大程度地向员工赋权，不仅强调执行任务角色，同时也强调执行绩效改进的角色。

（5）建设新的技术基础结构和技术应用。同人员基础结构一样，新流程对技术的要求也必须在这一阶段得到解决，特别是在所要求的技术同现有技术差别甚大的情况下。应该制定克服传统体制问题的策略，详细列出电讯和计算机系统的新平台并取得一致意见。同时应注意的是，应该从企业整体角度而不是从正在改造的单个流程的角度来考虑对技术的要求。

4. 试点与切换

对于新流程和人员结构进行了充分思考并完成了细节性设计以后，就到了转入实施改进的时刻。我们建议组织先在部分选定的顾客中进行新流程的试点。在试点期间，组织将努力使新流程学习曲线迅速下降。试点中积累的经验和教训可以在组织彻底改造完成之前应用于组织其他部分的流程再造。

（1）选定试点流程。选好试点流程对整个 BPR 项目的成功非常关键。选定的试点流程应该具有如下特点：①能够显著实现 BPR 计划的效果；②成功的几率高；③试点应该包括足够多的在整个组织实施时会涉及的因素，作为推广到组织其他部分的充分检验。

（2）组建试点流程团队。试点团队应该能力强、经验丰富和积极性高，其组成应该包括执行和支持部门中最优秀的人员。试点阶段承担实施任务的人员应该在试点后能继续运行流程一段时间，试点阶段的支持人员应该能够在切换时继续支持其他的团队，应使他们在试点时积累的经验解决切换时碰到的问题。

（3）启动试点、对试点监督并提供支持。准备好以后就可以进行试点。应该严密监视试点的运行情况。高级管理者应该赋予试点团队负责人调动必要的资源完成任务的权力，所有失误都应该迅速转变成可以应用的实践经验。

（4）审评试点和来自其他流程团队的反馈。新流程应该在“试点”模式下运行一定的时间。这段时间应该足够长以保证取得结果，但又不应过长而导致组织的其他部分失去对改进的热情和动力。承担切换计划中下一阶段实施任务的团队应该对试点情况以及试点团队提供给各方有关人员的经验教训有充分的了解。

（5）排定切换次序，在整个组织范围分阶段实施。完成试点以后，就要对如何使组织的其他部分转入 BPR 项目作出计划。切换次序要考虑风险和收效的平衡。在理想情况下，高收益低风险的流程应该优先切换，次序的安排应该使得切换过程能沿着孕育进一步成功的途径前进。

5. 实现战略

组织转变以后，非常重要的是一定要利用好新的能力。这听起来似乎极其自然，但组织创造了新能力却没有很好利用的例子并不罕见。能够对市场条件作出迅速反应和以低成本高质量进行生产的精良生产设施被淹没在整个供应链之中，因而无法将能力转化为对顾客和市场的优势，就是一个典型的例子。

（1）评价流程再造的效果。尽快对经过再造的业务流程作出业绩评价是非常重要的。在项目初期这些效果可能难于换算成基本的收益指标。例如，人员节约的收益只有在节约的工时被用于其他增值活动，或被节约的人员已经离开公司而且相关费用已经付完以后才能在损益表上体现出来。产品/服务交送时间、流通效率、业务处理转手次数以及员工满意度等较为容易度量，应该作为评价项目的指标。

（2）收获改进绩效的效益。找出项目的成功之处之后，就应该考虑如何充分发挥它们的效益。此时现有的顾客可能已经发觉企业行为的显著改善，从而增强了对企业的信赖。但潜在顾客可能还不了解组织改善后的状况，因此应通过大力宣传等方式设法让他们对此有所了解。

（3）发展流程再造所得能力的新用途。除了改善现有产品和服务，开发替代产品和服务外，业务能力的拓展可能还体现在向现有顾客提供新产品和新服务以及对新顾客提供新产品和新服务等方面。当然，在向这些方面转移时，一定要进行风险分析，不要未经慎重考虑就进入新的不太了解的市场，以避免造成企业现有声誉受到损害。

（4）不断改进。所有这些变革完成以后，重要的是要认识到短期和小范围的变革并不能满足发展的要求，而应该坚持不断地改进以获得整个组织的改变。不同时期改进和变革的幅度可能会有差异，但是组织必须通过努力保持不落后于或者超过竞争对手。

三、BPR 实施的方式

在实践中，有不同的业务流程再造方法可供公司使用。根据现有流程在 BPR 中地位和作用的不同，可将各种 BPR 方式分为两大类：系统化改造法和全新设计法。

1. 系统化改造法（systematic redesign）

即辨析、理解现有流程，系统地通过在现有流程基础上创建提供所需产出的新流程。这种方式的优点在于改变可以逐渐地一点一点地积累实现，因此能够迅速取得效果，并且风险较低，对正常运营干扰小。缺点是仍然以现有流程为基础，创新流程虽然不是不可能，但与全新设计方式相比其创新不大容易实现。不过，在大范围基础上应用时，这种渐进方式的确能够产生显著的绩效改善，此种情形我们称为“大规模渐进改善”（massive incremental improvement）。许多欧洲汽车配件厂商转向为本田、丰田、日产等公司供货后，通过在企业中引入 JIT 方法，生产率和质量都取得了很大改观。这些公司多数经历的是大规模渐进改善，通过实行上百个小变革，积累成显著的绩效改善。这些公司不仅改进了绩效，而且通过坚持持续改进的思想，保持了不自满、不丧失竞争锐气的态度。

2. 全新设计法（clean sheet approach）

即从根本上重新考虑产品或服务的提供方式，零起点设计新流程。这种方式的优点是抛开现有流程中所隐含的全部假设，从根本上重新思考企业开展业务的方式。这种方式提供了绩效飞跃的可能性，使得所得结果成倍地改变。为了使目标得到几倍甚至几十倍的改进，必须以完全不同的方式做事。“全新设计”将从目标开始，逐步倒推，设计能够达到要求的流程。组织采取“全新设计”方式的原因可能是其认为已经到达转折点状态，也可能是其先前采取系统化改造方式的再造努力未能成功地取得显著的绩效改善。全新设计的主要缺点是实现所要求的组织变革即便不是不可能，也会相当困难。总的来说，这种方式的风险高，组织经历的痛苦深，对正常运行干扰大。许多采用过这种方式的组织发现，实施阶段最大的问题是新流程与现有流程的差别非常之大，使得工人难以适应。如果没做好认真仔细的准备或者管理部门不够坚定，工人可能会拒绝使用新方法。有时公司可能还会决定建立新的部门或经营机构，而不是在现有组织内进行变革。米特兰银行（Midland Bank）组建的独立的电话银行第一热线公司（First Direct）和通用汽车公司的土星业务部（Saturn Business Unit）都是这方面的例子。这种“新开场地”（greenfield site）的做法有许多优点，特别是提供了在最新思想指导下的设计机会。在新员工中创建所需要的文化比对现有文化进行重大改变要容易得多。

3. 两种方式的选择

一般来说，系统化改造方式最常用于短期绩效改进，而全新设计方式则被公司用于开拓中长期的竞争新途径。虽然初期也会有显著的改善，但系统化改造更强调随着时间推移不断的大量渐进变革。全新设计则是激进大变的同义语，目标流程往往同过去联系不大。因此，这种方式通常能够带来绩效的飞跃式进步，但是取得这种进步的风险很大。

一般认为，西方的公司通常更倾向于全新设计方式，这是因为激进的变革显得更吸引人，而且如果这样的变革成功了会带来更大的个人提升机会。因此，这种方式的风险往往被忽略，造成 BPR 的高失败率。尤其值得注意的是，绝大部分大型项目没有取得项目开始时所确定的全部目标。通常，选择了低风险持续改善途径的组织取得显著收益，而且在其他公司放弃了激变改进的希望后仍然坚持自己的努力。有些公司认识到，其具体情况并不适于彻底改变其经营方式。如果顾客和股东都更看重公司的可靠性，那么，除非公司绩效严重低下或面临危机，任何有损这种可靠性的提议一般不会被接受。

许多日本厂商采取了渐进持续改进现有流程的方式。这种低风险方式的问题是随着时间的推移，它能带来的收益会越来越小，最后将会达到某一“转折点”，在这一点能够从现有流程中“榨出”（wrung）的绩效改进降至最低，这时就必须从根本上重新思考如何获取进一步的显著收效。事实证明，这种持续改进的方式只要长期坚持，其带来的绩效改进决不容小视。许多希望通过激进大变超越竞争对手的西方公司发现，项目取得预期改进绩效的时间如此之长，在这期间竞争对手通过渐进持续改进所得到的绩效提高已经超过自己设定的激进大变目标。

也就是说，对上述两种方式的选择取决于组织的具体情况和涉及的时间范围。值得一提的是，在上述两个极点之间，有一个广阔的中间地带，许多组织都是选择两种方式相结合的途径。即使是采用全新设计的方法，新流程设计好以后，对实施前后的流程还是可以遵循持续改进的原则，应用系统化改造方法进行改善，从而获得持续不断的收益。此外必须注意的是，不论选择哪种方式，都要注意对现有流程不能过分地分析，虽然一般来说，系统化改造方式下更容易犯这种错误。必须牢记，不论用什么方法，目标都是获得显著的绩效改善。因此，应该对新流程而不是对老流程给予更多的关注，后者仅仅是一个起点。

总之，作为一种企业绩效改进的理论和方法，BPR 建立在现存知识如 TQM、JIT 等基础之上，并力图从一个新的、独特的视角运用这些知识。BPR 成功与否取决于新流程设计和实施的好坏，在此过程中必须遵循一些科学的原则和步骤。本书介绍的原则和框架可以帮助企业从一开始便步入 BPR 的正确轨道，避免走不必要的弯路。此外，在实际实施 BPR 的过程中，还存在其他各种影响 BPR 成败的因素，企业一定要注意分析，对有利的因素要加以正确引导和利用，对不利的因素则要尽早加以防范和克服。不同的组织应根据自己的具体情况选择不同的实施方式。

【思考与练习】

1. 什么是业务流程？它有什么特点？
2. 什么是 BPR？其有哪些特点？
3. 试论 BPR 与信息技术的关系。
4. 与 BPR 相关的经营哲理有哪些？它们之间的联系和区别是什么？
5. BPR 的过程中应遵循哪些基本的原则？
6. 简述业务流程再造的基本步骤。
7. 影响 BPR 实施的因素主要有哪些？
8. 企业在实施 BPR 的过程中主要有哪些方法？
9. 如何评价和选择实施 BPR 的基本方法？
10. 如何才能增加 BPR 成功的几率，降低其失败的风险？

【案例】

福特汽车公司北美应付款业务流程再造①

福特北美应付款部门原来雇用员工500余人，冗员严重，效率低下。其最初制定的改革方案是运用信息技术，减少信息传递，以达到裁员20%的目标。参观了Mazda之后，他们震惊了，Mazda是家小公司，其应付款部门仅有5人，按公司规模进行数据调整，福特公司多雇用了5倍的员工，于是他们推翻了第一种方案，决定彻底重建其流程。

福特的传统付款流程如图3.4所示。具体如下：

(1) 采购部门向供货商发出订单，并将订单的副本送往应付款部门。

(2) 供货商发货，福特的验收部门进行检收，并将验收报告送到应付款部门。

(3) 同时，供货商将产品发票送至应付款部门。

应付款部门核对订单、验收报告以及发票，共审查14项数据，当三者一致时，应付款部门才能付款。实际上，该部门的大部分时间花费在处理这三者的不一致上，从而造成了人员、资金和时间的浪费。

福特的新付款流程见图3.5。具体如下：

(1) 采购部门发出订单，同时将订单内容输入联机数据库。

(2) 供货商发货，验收部门核查来货是否与数据库中的内容吻合，如果吻合就收货，并把信息输入数据库，计算机系统会自动按时付款。

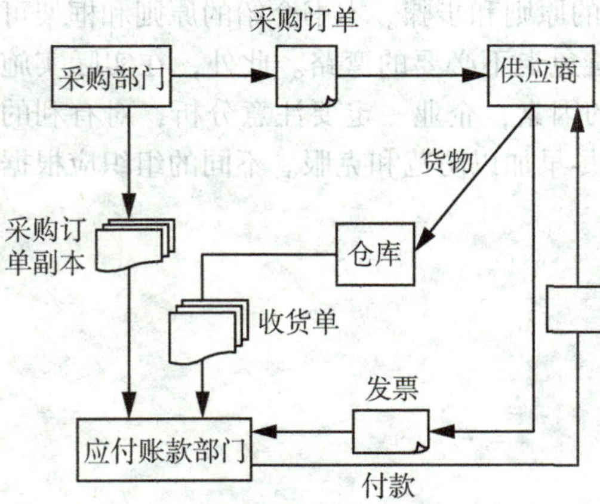

图3.4 福特的传统付款流程

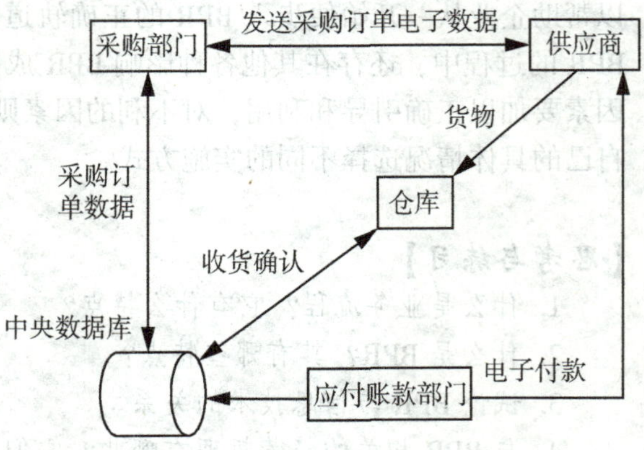

图3.5 福特改造后的新付款流程

福特公司的新流程采用的是“无发票”制度，大大地简化了工作环节，带来了如下结果：

① 根据期刊论文改编而成：Hammer，M.：Reengineering Work：Don't Automate，Obliterate，*Harvard Business Review*，1990，68 (4)：104-112.

（1）以往应付款部门需在订单、验收报告和发票中核查14项内容，而如今只需3项——零件名称、数量和供货商代码。

（2）实现裁员75%，而非原定的20%。

（3）订单和验收单的自然吻合，使付款必然及时而准确，从而简化了物料管理工作，并使财务信息更加准确。

思考题：该公司的流程再造的思想来源是什么？需要什么条件保证再造成功进行？对原有管理模式产生了哪些影响？

第四章 产品设计与工艺选择

任何一个制造企业的本质在于提供产品，产品设计良好的企业比产品设计粗劣的企业更能实现它们的目标。好的产品设计还需要合适的工艺支持，良好的产品设计和工艺设计对制造企业有至关重要的作用。

第一节 产品设计

产品设计是一个创造性的综合信息处理过程，通过线条、符号、数字、色彩等把产品显现人们面前。它将人的某种目的或需要转换为一个具体的物理形式或工具，把一种计划、规划设想、问题解决的方法，通过具体的载体，以美好的形式表达出来。

一、产品设计的意义和要求

1. 产品设计的意义

产品设计反映着一个时代的经济、技术和文化。产品设计阶段要全面确定产品的策略、外观、结构、功能，从而确定整个生产系统的布局，因此，产品设计的意义重大，具有“牵一发而动全局”的重要意义。如果一个产品的设计缺乏生产观点，那么生产时就将耗费大量费用来调整和更换设备、物料和劳动力。相反，好的产品设计，不仅表现在功能上的优越性，而且便于制造，生产成本低，从而使产品的综合竞争力得以增强。许多在市场竞争中占优势的企业十分注意产品设计的细节，以便设计出造价低而又具有独特功能的产品。许多发达国家的公司把设计看做热门的战略工具，认为好的设计是赢得顾客的关键。

2. 产品设计的要求

（1）社会发展的要求。设计和试制新产品，必须以满足社会需要为前提。这里的社会需要，不仅是眼前的社会需要，而且要看到较长时期的发展需要。

（2）经济效益的要求。设计和试制新产品的主要目的之一，是满足市场不断变化的需求，以获得更好的经济效益。好的设计可以解决顾客所关心的各种问题，如产品功能如何、手感如何、是否容易装配、能否重复利用、产品质量如何等；同时，好的设计可以节约能源和原材料、提高劳动生产率、降低成本等。所以，在设计产品结构时，一方面要考虑产品的功能、质量，另一方面要顾及原料和制造成本的经济性，同时还要考虑产品是否具有投入批量生产的可能性。

(3) 使用的要求。新产品要为社会所承认，并能取得经济效益，就必须从市场和用户需要出发，充分满足使用要求。这是对产品设计的起码要求。主要包括以下几方面的内容：

①使用的安全性。设计产品时，必须对使用过程的种种不安全因素，采取有力措施，加以防止和防护。同时，设计还要考虑产品的人机工程性能，易于改善使用条件。

②使用的可靠性。可靠性是指产品在规定的时间内和预定的使用条件下正常工作的概率。可靠性与安全性相关联。可靠性差的产品，会给用户带来不便，甚至造成使用危险，使企业信誉受到损失。

③易于使用。对于民用产品（如家电等)，产品易于使用十分重要。

④美观的外形和良好的包装。产品设计还要考虑和产品有关的美学问题，产品外形和使用环境、用户特点等的关系。在可能的条件下，应设计出用户喜爱的产品，提高产品的欣赏价值。

(4) 制造工艺的要求。生产工艺对产品设计的最基本要求，就是产品结构应符合工艺原则。也就是在规定的产量规模条件下，能采用经济的加工方法，制造出合乎质量要求的产品。这就要求所设计的产品结构能够最大限度地降低产品制造的劳动量，减轻产品的重量，减少材料消耗，缩短生产周期和制造成本。

二、产品设计的过程与内容

一般来讲，大多数公司的产品设计的步骤都类似，见图 4.1。

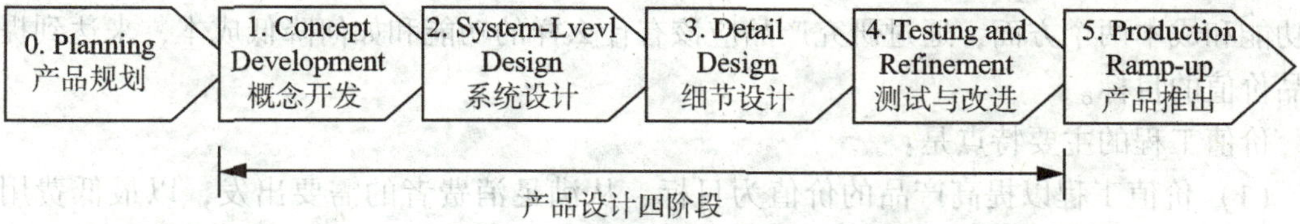

图 4.1　产品设计过程

其中，产品规划是一个公司产品开发的项目组合和期限安排等方面的技术计划，然后才会有一个个具体的产品开发项目。前期沟通是项目立项的前提和资料输入来源，必须和客户就设计方向、设计内容、设计风格等进行深入的探讨和沟通。俗话说磨刀不误砍柴工，只有前期细致的工作才能保证日后项目的顺利运行。

产品规划是一项技术战略活动，统领企业的产品设计活动。具体的产品设计过程依次包括以下主要步骤：

(1) 概念设计。此阶段工作的核心是创意，新产品概念可以来自设计公司，也可以自己通过公司内外人员收集新思路。市场调查是产品日后能与市场相融合的必不可少的一环，只有抱着从零开始的态度，认真地分析市场上成功与失败的案例，才能取长补短，做出既有新的创意又适合市场的设计来。概念设计需要将内外调查所得的信息资料进行分析总结，提出具有创新性的解决方案。提出概念、创意和设想，进行工作者环境、效率以及使用界面方面的调查，从而进一步完善改进创意。

（2）系统设计。系统设计需要从整体上把握产品的框架、结构和接口等系统问题。其中，产品体系结构的设计是关键，产品体系结构是产品功能单元（要素）向产品的实物构件（模块和部件、组件）进行分配，并逐步组成整个产品或产品系列的配置方案。

（3）详细设计。详细设计是所有产品细节的设计，如机械行业的零件设计、电子行业的电路设计、软件业的代码编写等。

（4）测试与改进。可以利用计算机完成外观模型以及概念设计原型的制作，对样品进行性能检测和评价，然后修改设计方案。

（5）试制与销售。编制工艺方案，先小批量生产，试行销售，再逐步扩大生产。

三、产品设计中的关键工具

在产品设计过程中，价值工程、成组技术、计算机辅助设计、并行工程、质量功能展开等技术有重要的实用价值。

1. 价值工程

价值工程（Value Engineering，VE）是一种以提高产品价值为目标的定量分析方法。它以功能分析为核心，通过功能分析，正确处理产品功能和成本之间的关系，以求用最低成本获得产品所必备的功能，从而提高产品的价值。价值工程的基本含义可用公式表示为：

$$V = F/C$$

其中，V 表示价值，F 和 C 分别表示功能和成本。这个公式表明，价值工程着眼于产品功能和成本两个方面，通过研究产品应该有什么样的功能和如何降低成本，来达到提高产品价值的目标。

价值工程的主要特点是：

（1）价值工程以提高产品的价值为目标，从满足消费者的需要出发，以最低费用来保证产品的必要的功能。

（2）价值工程以功能分析为核心，一方面通过减少各种费用来降低产品的成本，另一方面通过对各种功能的系统分析，在保证实现主要功能的同时，剔除不必要的功能，从而达到降低成本和提高价值的目的。

（3）价值工程以企业现有的活动为基础。任何产品的生产过程都涉及企业内部以及外部的许多部门，应用价值工程，必须在各个部门之间密切合作，以防止出现一部分为降低成本所做的设计导致另一部分不得不采用更加昂贵的设计等弊病。

价值工程的一般程序如下：

（1）选择对象。从产品的设计、制造工艺、销售、成本等各方面考虑，选择那些在企业经营上有迫切性，在改进功能、降低成本和提高经济效益上有较大潜力的产品或产品的一部分为研究对象。

（2）收集资料。价值工程所需要的资料是多方面的，包括产品的技术、经济、生产和销售等方面。通过资料的收集，发现和分析对象存在的问题，确定这些问题的性质和程度，以寻求改进的方法。

（3）功能分析。功能分析是价值工程的核心。通过功能分析，确定对象的功能和成本，进而计算其价值。功能分析包括功能定义、功能分类、功能整理以及功能评价等内容。

（4）提出改进方案。即实现各种功能的设想并将其具体化。

（5）方案评价。从技术和经济的角度对各种方案进行分析和评价，选择最佳方案。

（6）方案验证。通过试验确定方案的可行性。

（7）评价价值工程活动的成果。

2. 计算机辅助设计

近年来，计算机技术的发展给产品设计和产品制造带来了很大的变化。历来需依靠人力进行的许多作业通过计算机的应用而实现了自动化。技术革新的迅猛发展和市场需求的日益多样化以及产品寿命周期的普遍缩短，对缩短新产品开发周期、提高生产制造系统的柔性也提出了越来越高的要求。计算机辅助设计（Computer Aided Design，CAD）、计算机辅助制造（Computer Aided Manufacturing，CAM）以及计算机辅助工程（Computer Aided Engineering，CAE），正是在这样的背景下出现的通过计算机的应用而进行高效率、高精度产品设计及产品制造的方法。

3. 并行工程

并行工程（Concurrent Engineering，CE）是集成地、并行地设计产品及相关过程的系统化方法。通过利用各种计算机辅助工具，多学科产品开发小组在产品开发初始阶段就能及早考虑下游的可制造性、可装配性、质量保证等因素，从而达到缩短产品开发周期、提高产品质量、降低产品成本、增强企业竞争力的目标。将并行工程应用于设计，能够最大限度地减少设计的盲目性和重复性。并行工程具有如下特点：

（1）强调团队工作（teamwork）方式。一个人的能力总是有限的，他不可能同时精通各个方面的知识，也不可能掌握各个方面的最新情报。因此，为了设计出便于加工、装配、维修、回收、使用的产品，就必须将各个方面的专家，甚至潜在的用户集中起来，形成专门的工作小组，大家共同工作，随时对设计出的产品和零件从各个方面进行审查。

（2）强调设计过程的并行性。并行性有两方面的含义：其一是在设计过程中同时考虑产品生命周期的各个方面；其二是在设计阶段就同时进行工艺（包括加工工艺、装配工艺和检验工艺）过程设计，并对工艺设计的结果进行计算机仿真。

（3）强调设计过程的系统性。设计、制造、管理等过程不再是一个个相互独立的单元，而要将它们纳入一个系统来考虑，设计过程不仅设计图纸和其他设计资料，还要进行质量控制、成本核算，有的还要编制进度计划。

（4）强调设计过程的快速反馈。并行工程强调对设计结果及时进行审查，并及时反馈给设计人员。这样可以大大缩短设计时间，还可以保证将错误消灭在“萌芽”状态。

4. 质量功能展开

质量功能展开（Quality Function Development，QFD）是将顾客呼声融入产品或服务开发流程的一种结构性方法。它的目的是确保整个流程的每个方面都考虑顾客的要求。倾听和理解顾客的要求是 QFD 的核心特征。顾客的要求经常以一种普遍陈述的形式出现，如“草坪平整机的切割高度应容易调整”。一旦了解顾客的要求，这些要求就必须转化为与产品或服务有关的技术指标。例如，改变草坪平整机高度的陈述可以联系到实现该职能的机械、地点、使用说明、控制机械的弹簧的牢固程度或所需要采用的材料。从制造目的说，这些指标就必须联系到材料、尺寸及生产中所用的机器。QFD 的结构是以一系列矩阵为基础的。主体矩阵联系顾客的要求（是什么）和对应的技术要求（如何解决）。基本矩阵通常要增加附加特征以拓宽分析范围。典型的附加特征包括重要性衡量和竞争性评估。人们通常给技术要求建立一个相关的矩阵，这个矩阵能揭示有冲突的技术要求。由于它的外形像座房子，所以经常被称为质量屋（见图 4.2）。

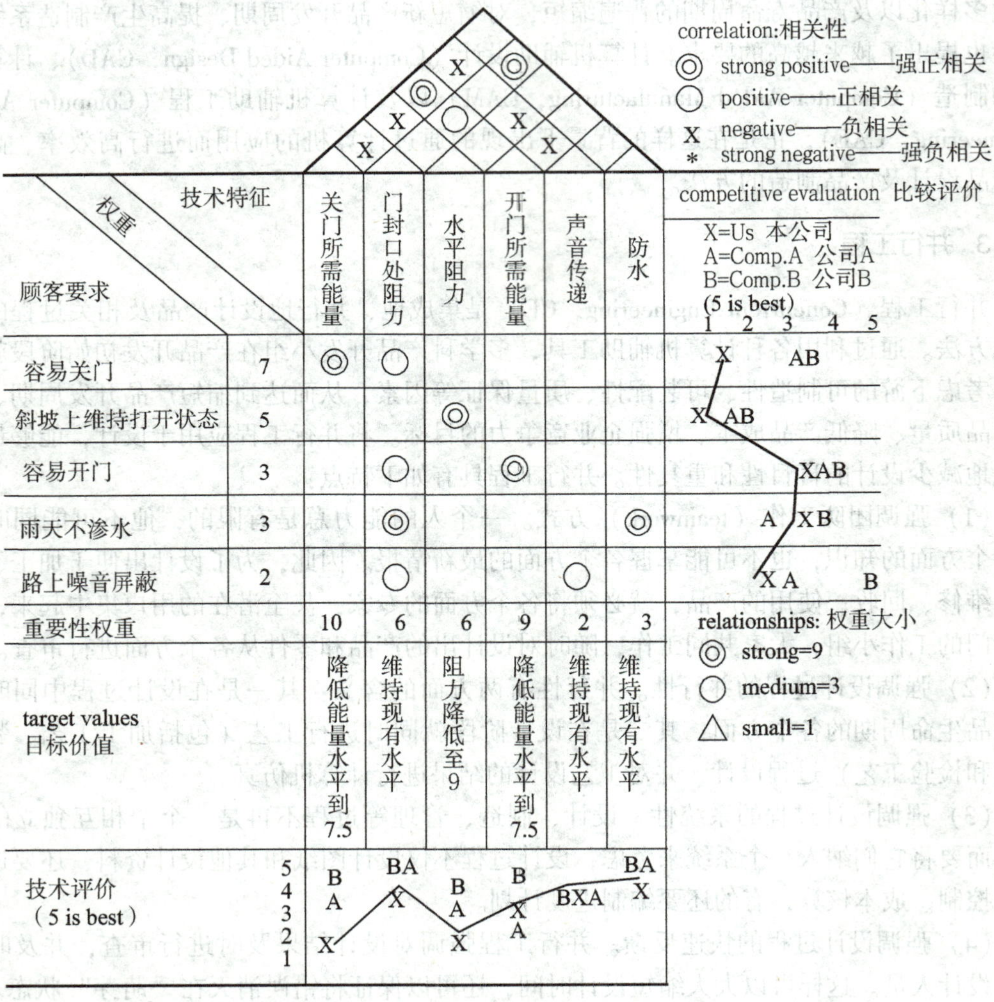

图 4.2　质量屋（house of quality）

资料来源：蔡斯等：《运营管理》(第 9 版)，机械工业出版社 2003 年版，第 151 页。

第二节 工艺选择

工艺（也称为流程）选择是指一个企业选择用来生产产品和提供服务的方法。它涉及技术以及其他相关问题的选择，并且对生产能力计划、工厂和设备的布置以及工作系统设计有着重要的影响。工艺选择通常产生于新产品或服务的计划过程，周期性的设备技术性改进也会产生工艺选择问题。

一个企业如何进行工艺选择取决于该企业的工艺战略，其关键方面包括：

（1）自制或外包的选择，即一个企业多大程度上靠自己生产产品或提供服务，还是依赖外部企业生产和提供这些产品或服务。

（2）自动化程度，即传感、计算机控制类设备的数量和比例。

（3）资本的密集度，即企业用以加工产品或提供服务的机器和劳动力的组合。

（4）工艺的柔性，即系统能在多大程度上适应由于产品服务设计、加工作业量以及技术变化等因素引起的对工艺要求的变化。

一、自制或外包

工艺计划的第一步就是考虑是自制还是外包某些或全部的产品，或是将某些或全部的服务转包给别人。有时候，一个生产厂商可能决定外包而不是自己生产一定量的部件；有时候厂商也可能购买全部的部件，而自己只是从事组装工作；许多工厂也通常把物业管理、维修等服务转包给厂外的人。如果工厂决定购买或转包产品和服务，就减少或消除了工艺选择的需要。

在决定自制或外包产品/服务时，通常需要考虑以下因素：

（1）已有生产能力。如果一个公司企业已有现成的设备、必要的技术和时间，自己生产部件或提供服务就更合适。因为相对于外包或转包来说，自己生产增加的成本相对较少。

（2）专业技能。如果一个公司缺少开展一项工作所必需的生产专业技术时，外包可能是一个合理的选择。

（3）质量考虑。专业工厂提供的产品经常比一个公司自制的质量要高。但某些特殊的质量要求或者要求对质量进行更直接的控制，通常促使企业决定自己生产部件或提供服务。

（4）需求特性。如果产品需求较高而且稳定，那么企业自制更合适。然而，如果需求波动很大或者批量很小，由那些专业厂商来提供产品就更为合适，因为它们能够接到不同来源的订单，能形成更大规模的生产并可承受个别购买者需求波动带来的冲击。

（5）成本。任何自制或外包中实现的成本节约，都必须基于以上因素来考虑。成本的节约可能来自于产品本身，也可能来自于运输成本的节约。如果产品外包使生产产品的固定成本不能被摊销，那么在决策分析中必须考虑这个因素。

某些情况下，企业可能选择部分自制，而将剩余部分转包给别人，这样可以保持柔性，同时又可减少由于转包带来的损失。另外，这样还可为企业与转包商谈判提供筹码。而且，这样做还可为以后企业决定完全由自己生产打好基础。如果企业决定承担部分或整个工艺生产，那么工艺选择问题就会变得很重要。

二、工艺流程结构选择

工艺流程结构是指一个工厂如何利用一个或多个过程技术组织生产物流，有四种主要过程流程结构：

（1）工艺专业化生产。多品种小批量产品的生产，大多要求设置不同的或顺序不同的工艺过程。飞机制造厂就是这类结构的典型范例。

（2）批量生产。这种结构实际上是标准的工艺专业化生产。这种结构通常用于有相对稳定的产品系列的企业。在批量生产类型中，处于生命周期的初始阶段的产品可能会有很大变化。在纯粹离散型生产中，产品是根据物料清单装配处理的，而在批量生产类型中，产品却是根据一组配方（recipe of ingredients）或原料清单（bill of resources）来制造的。每种产品根据顾客订单或库存要求进行周期性生产，多数产品的生产沿用相同的流程方式。批量生产的典型产品有医药、食品饮料、油漆。

（3）装配线生产。这种生产方式是指按受控速率，零部件按装配顺序从一个工作地到另一个工作地进行装配生产，又被称作重复生产，是生产大批量标准化产品的生产类型，生产商可能需要负责整个产品系列的原料，并且在生产线上跟踪和记录原料的使用情况，例如玩具、工具的手工装配。当若干工艺过程按装配顺序形成线性模式时，通常称之为生产线。

（4）连续流程。在连续生产类型中，单一产品的生产永不停止，机器设备一直运转。这种过程主要用于无差异原料（如石油、化学品、啤酒）的转化或深加工。像装配线一样，生产按照预先确定的步骤顺序进行，但其流程是连续的，而不是离散的。这种结构通常是高度自动化的。连续生产的产品一般是企业内部其他工厂的原材料。此类产品主要有：石化产品、钢铁、初始纸制品。

企业该如何选择自己的生产流程结构呢？贺氏和威尔莱特（1979）提出了产品—工艺结构矩阵，见图 4.3。

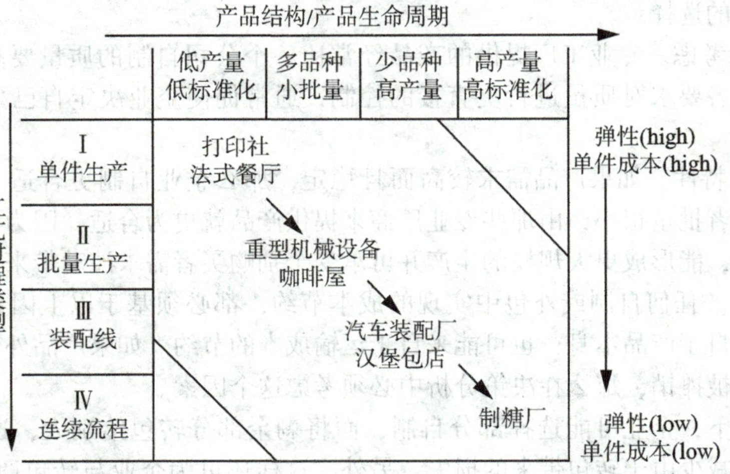

图 4.3　产品—工艺矩阵

横轴表示产品结构，纵轴表示工艺过程。从产品生命周期的角度来看，随着产量和标准化程度的增加，产品结构从单件定制产品，逐步演变为高产量—高标准化的产品。

产品—工艺矩阵表示过程结构和产量要求之间的关系，最佳的匹配关系由左上方至右下方的对角线表示，离对角线越远，则生产的可行性或经济性越差。该矩阵表明：随着产量的增加和产品结构变窄（水平方向），专用设备与标准物流（垂直方向）变得经济可行。

第三节　工 艺 管 理

如前所述，工艺管理是生产技术准备管理乃至生产管理中涉及因素较多、内容比较烦琐、复杂程度较高、需要大量时间和经验的工作。

一、传统工艺管理存在的问题

在传统工艺管理中，绝大部分工作需依靠工艺人员手工或半手工完成，其工作的质量也多依赖于工艺管理人员和有关技术人员的经验与努力程度。综合来看，这样的传统工艺管理存在下列主要问题：

（1）生产工艺准备周期过长。工艺准备工作和工艺管理工作绝大部分依靠手工完成，而生产工艺准备工作又较为复杂和烦琐，往往造成生产工艺准备工作周期过长，有时甚至占整个生产技术准备周期的60%~80%，因而成为某些企业产品生产周期过长、市场竞争力弱的一个主要原因。

（2）工艺准备管理工作质量低。这里所说的质量包括两方面的内容：一是工艺准备工作本身的质量，由于工艺准备管理所采用的方法和手段较为落后，所以其工作质量也难以保证；二是工艺准备工作的成果——最主要的就是工艺规程的质量，由于工艺准备工作本身的质量较低，工艺管理水平较低，工艺规程的质量也较差，主要表现在工艺设计的稳定性、一致性差，标准化程度低，很难做到工艺设计的优化。

（3）由于工艺设计人员不得不常年忙于简单、重复、繁杂的日常工艺设计工作，无法集中力量去解决诸如新产品开发、工艺方法和技术的改进等重大问题，因此影响了生产工艺技术水平和管理水平的提高。

（4）采用常规手工管理工艺文件使得工艺文件的保管和查阅工作十分麻烦和费时，工艺文件的规范化和标准化工作也十分困难，从而造成作为企业重要技术和管理依据的工艺文件资料无法有效地利用，影响了工艺设计工作和其他工作的进行。

（5）传统的工艺设计一般均以单个具体零件的单独工艺为主，有多少零件就设计多少工艺规程和相应数量的工艺装备，每一工艺文件及有关工艺装备都为该零件工序所专用，因而缺乏系统性，容易造成人力、物力和财力的浪费。

（6）传统的工艺设计往往依赖工艺设计人员的个人经验，随意性大，所以造成工艺设计的多样性，设计出来的工艺规程往往因人、因时、因地而很不一致，这与现代化生产的基本要求很不协调。

二、典型工艺和成组工艺

正是由于传统工艺管理存在着诸多问题，人们研究了许多方法和手段来加以改进。典型工艺和成组工艺就是其中卓有成效的方法。

1. 典型工艺

典型工艺是指把某些形状和工艺路线相似的零件归为一类并为它们编制通用的工艺规程。

典型工艺一般分为标准件典型工艺和专用件典型工艺。标准件典型工艺是指为那些已标准化和系列化的零件编制的典型工艺，通常是把某一系列的零件按尺寸大小分成工序相同的若干区段，然后把每一区段的零件归为一组并为它们编制一个没有具体尺寸的典型工艺规程。当具体的零件需要加工时，只需其相对应的典型工艺规程标注上具体的尺寸和公差要求，稍加调整即可投入生产中使用。专用件典型工艺是指为某些规格化程度较高、工艺比较成熟的企业专用零件编制的典型工艺，其可用典型工序法编制，也就是把若干形状和工艺路线相似的零件归为一组，挑选一个能代表该组大部分零件工艺特征的零件（或设计一个包括该组零件特征的假想零件），以它为基础编制一个典型工艺规程，当需要为具体零件编制工艺规程时，只需参照该零件的具体情况，对其所对应的组别的典型工艺规程加以适当修改和补充即可。

在产品及其零部件系列化、标准化程度较高，生产批量较大的企业，典型工艺是一种提高工艺准备工作质量、减少工艺准备工作量、缩短工艺准备周期的有效的方法，而且典型工艺还可促进整个工艺准备管理工作的标准化和有序化。

2. 成组工艺

成组技术利用事物客观存在的相似性对事物进行系统化、科学化的聚类处理。成组工艺就是采用成组技术的基本原理，利用零件的相似性对产品工艺进行设计和管理的方法。

成组工艺与典型工艺不同，它是以产品零件的工艺相似性为基础，把全部或部分工序相似的零件归类成族（组），为每一相似零件族（组）编制一份成组工艺规程。当需要为具体零件编制具体的工艺规程时，只需参照该零件对应的成组工艺规程作适当的调整和补充即可。

成组工艺的编制可采用综合零件法和流程分析法。综合零件法是指以综合零件为基础编制成组工艺规程，所有的综合零件是指能代表某一相似零件族（组）所有零件的结构和工艺特征的零件，它可以是该零件族（组）内的实际零件，也可以是靠人工综合而成的某一假想零件，以综合零件为基础编制的成组工艺规程基本反映了该族（组）所有零件的主要加工工艺过程。流程分析法是指对构成某一零件族（组）的所有零件的工艺流程进行分析，找出适合族（组）内所有零件的工艺流程，并据此编制成组工艺。流程分析法是生产实际中最常用的方法。

编制成组工艺的一个重要问题是依据相似性的原理对零件进行聚类成族（组）。分组可以采用多种方法，编制零件编码是一种主要而实用的方法，企业可自行创制零件编码系统，也可选用目前已开发成功的合适的编码系统。现在许多国家（包括我国）已研制开发成功了许多用于各种目的的零件编码系统，如 Opitz、KK-3 等，在编制成组工艺时应注意选用那些反映工艺信息较全面的零件编码系统。

成组工艺对于多品种、小批量生产企业来说不仅有利于工艺人员摆脱烦琐、重复的工作，使其能致力于改进和提高工艺水平，而且能加大成组批量，使工艺准备时间和零件加工辅助时间大为缩短，从而减少产品的生产周期。成组工艺是提高企业工艺准备管理工作水平的一个卓有成效的手段。当然，不仅在工艺规程的编制上，在工艺管理的其他方面，诸如工艺过程的管理，工艺装备的设计、制造和使用，工艺文件资料的管理等方面，成组技术都是大有用武之地的。

三、标准操作规程（SOP）

产品或服务的标准化指同一种产品或服务是没有差异的。同一项目下的标准化产品是大批量生产的，计算器、电脑就是这样的例子。标准化服务指每一个顾客或项目流程接受的是本质一样的服务。汽车的自动清洗就是一个很好的例子：每辆车，无论它是否干净，都接受同样的服务。

除了产品/服务标准化外，工艺标准化在现代企业中起着重要的作用。工艺标准化在生产现场的体现是出现了大量标准操作规程。

标准操作规程（Standardized Operations Procedure，SOP），又称为标准作业程序、标准作业指导书等，是由工艺工程师通过工艺流程分析和比较，制定关于某一具体工种、岗位的最优操作过程步骤、作业时间、适用工具类型和标准动作等工艺要求。

例如，在某公司，产品和设备都很先进，但一线员工的学历和技能都不高。为保证生产任务的完成，主要依赖标准操作规程，每个系统都拥有经过千锤百炼的标准流程，每个新员工进来只需要进行必要的教导，只需要在自己的岗位上按照标准操作规程完成生产任务即可，剩下的工作自然会依照系统流程一步一步地完成。比如：任何新产品的导入，都是先由工程师对样机经过一遍又一遍的拆装机，将所有组装检验的动作进行分解，依照最优的工序组合形成标准作业指导书。在 SOP 中对每个工序的员工操作动作都作了明确的规定，比如锁螺丝，明确规定以站姿左手拿螺丝右手拿电动起子，从左到右锁三个位置的螺丝，并配有明显的照片说明，甚至影片。任何一个新员工入厂后，他不需要了解设备是如何工作的，也不需要了解其他工位是怎样工作的，甚至不用知道生产的是什么产品，他只需要按照 SOP 中的要求把自己这个微系统做好就行了。该公司使用的制造类 SOP 都有非常标准的格式，都由生产制造工程师起草和完善。这些 SOP 对应于实际生产制造中的每一个动作，把生产动作都标准规范起来，使产品在有效的控制中制造。

标准化的另一优点是减少培训员工的时间和费用，并减少设计工作岗位的时间。工作安排、存货处理以及采购和财务活动都更加常规化。缺少标准化经常给生产和消费者带来困难，特别是当系统在不同条件下运行而又无法相互兼容时更是如此。

标准化也有不利之处，主要在于产品多样性程度的降低。这种做法会造成一种风险，即竞争对手会推出更多样的产品，从而取得竞争优势。另一个不利之处是制造商可能在设计不成熟时就将它固定（标准化），而一旦固定之后，就会有种种强制因素使设计难以修改。这方面人们熟悉的一个例子是打字机和电脑键盘的按键排列。研究表明另一种按键排列顺序会更有效，但更换所有现存设备和再培训数百万打字员及程序员的费用远大于它所带来的收益。

显然，设计者在选择时，必须考虑与标准化相关的重要问题。标准化的主要优缺点如下：

优点：(1) 在制造中需要处理的零件更少；(2) 减少培训费用和时间；(3) 采购、处理及检查程序更加常规化；(4) 可按照清单订购产品；(5) 产品能长期并自动生产。

缺点：(1) 可能在设计仍有许多缺陷时就固定设计；(2) 变动设计的高费用增加了改善设计的难度；(3) 产品缺乏多样性导致对顾客的吸引力降低。

【附录】

计算机辅助流程设计和计算机集成制造

1. 计算机辅助流程设计

随着计算机在生产管理领域应用的日益广泛，其在生产工艺管理方面的应用也越来越受到重视。工艺管理人员和工艺设计人员在利用计算机来帮助提高工艺管理工作的效率和质量方面倾注了极大的努力，目前已取得了许多成果，计算机辅助流程设计（Computer Aided Process Planning，CAPP）就是其中的一个重要方面。

简单来说，计算机辅助流程设计就是“在工艺过程设计中使用计算机”，它是在工艺过程设计中应用计算机以帮助提高其标准化和自动化的一种技术，它的目的是将产品的设计信息和企业的生产数据归并到一个计算机系统中，使该系统能产生可用的工艺规程。

CAPP 的研究开发相对于计算机辅助设计、计算机辅助制造和计算机辅助生产管理这些领域内的计算机应用来说，起步较晚。直至 1960 年，世界上第一个 CAPP 系统 AUTOPROS 才在挪威问世，由于 CAPP 的重要性和所能带来的巨大效益，在其起步后的短短的时间内，许多国家已投入大量的人力、物力和财力进行研究和开发，取得了很大的成果。我国的 CAPP 研究和开发在 20 世纪 60 年代末即已起步，但由于种种原因，直至 80 年代以后，才相继取得了一定成果。

由于工艺准备工作的复杂性，在应用自动化的工艺准备管理技术方面还存在许多人为的和技术上的困难，CAPP 的发展仍然存在着许多亟待解决的问题。然而，可以预见，高水平的 CAPP 必然是未来工艺过程设计自动化的一个发展方向，其在生产管理自动化中占有重要地位。

2. 计算机集成制造

计算机集成制造（Computer Integrated Manufacturing，CIM）在国际上已实施了 30 多年，我国的 CIM 实践也取得可喜的成果，一些工业发达地区都在积极推动中小企业应用 CIM 技术，CIM 已经从早期的大型机械制造企业走入电子轻工业，从早期的离散制造企业走入流程工业。

(1) 计算机集成制造系统（Computer Integrated Manufacturing System，CIMS）的产生。计算机的产生、发展及其在工业生产和管理中的应用对制造业的生产方式和经营模式变革产生重大影响并孕育了一个全新的高技术，即企业的自动化由原来局限于产品制造过程扩展到脑力劳动领域的产品设计和经营管理，进而带动整个工业企业实现生产经营过程的集成与优化。这就是CIMS的基础。

20世纪70年代以来，围绕TQPS（Time，Quality，Price，Service）展开日趋激烈的市场竞争。企业为适应这些市场特征，求得生存与发展，必须寻求新的生产方式。1973年美国约瑟夫．哈林顿（Joseph Harrington）首次提出CIM，基本思想是：①从产品研制到售后服务的生命周期全部活动，是一个不可分割的整体，每个组成部分紧密连接，需统一考虑。②整个生产（制造）过程实质上是一系列对信息的采集、传递、加工的过程。CIM是信息技术与生产技术的综合应用，其宗旨是提高制造企业的生产率和响应能力。CIM的提出并未受到太大重视，这是由于当时单元技术的发展还不够完善，谈不上这些单元技术的集成。80年代初期，由于单元技术的成熟及商品化，把“自动化孤岛”有机地集成起来成为可能，人们逐渐接受了CIM的思想。

CIMS是CIM的具体表现形式，是实现CIM哲理的人机系统，也是一个计算机辅助的闭环反馈系统，其输入是产品的需求和产品的概念，输出是优质的产品和服务。CIMS是在信息技术、自动化技术与制造技术的基础上，通过计算机及其软件把制造过程中各种分散的自动化系统有机集成起来，以形成适用于多品种小批量生产并能实现总体高效益的智能制造系统。

（2）CIMS的功能结构。从功能上讲，CIMS涉及传统企业管理系统中的市场营销、技术开发、生产制造和质量管理的职能，因而CIMS由四个子系统组成：

管理信息分系统（MIS），包括经营管理、生产计划与控制、采购管理、财务管理。

技术信息分系统，包括计算机辅助设计、计算机辅助工艺规程编制（CAPP）、数控程序编制（NLP），用以支持产品设计和工艺准备，处理有关产品结构方面的信息。

制造自动化分系统（CAMS），包括各种不同自动化程度的制造设备和子系统，如数控机床、柔性管理单元、柔性制造系统、装配系统、进货管理系统、运输管理系统、设备维修系统，用来实现信息流对物流的控制和完成物流的转换，支持企业制造。

计算机辅助质量管理分系统（CAQ），包括制订质量管理计划、实施质量管理、处理质量信息、支持质量保证。

另外，CIMS的成功实施，还需要计算机网络与数据库系统的支持。

（3）CIMS的关键特征——集成。CIMS最关键的技术就是集成。在一个完整的集成系统中，设计、测试、装配、组装、检验和物料处理都表现为自动化过程中相互间集成，且生产计划及进度安排紧密相连构成一个整体。

企业生产经营的各个环节，即从市场研究、产品的设计及开发、工艺规划、加工制造装配、经营决策与管理到销售及售后服务的全部活动是一个不可分割的整体。特别是通过售后服务获取用户对产品进一步改进意见及对新产品的需求形成一个闭环，对上述各个环节应从系统的观点进行协调，以实现全局优化和准优化。

企业生产的要素包括人、技术、机械及经营管理，其中尤其要重视发挥人的主导作用。工业革命使人成为机器的奴隶，新技术革命将恢复人格（humanization），为此有人索性将CIMS改为HIMS（Human Integrated Manufacturing System），强调“人的集成”。

CIMS 的核心是信息集成和功能集成，随着传统制造的三个主要功能——生产与工艺设计、计划与控制以及制造过程本身都被 CAPP、MRP/ERP 等技术取代，所有 CIM 技术用网络和综合数据库联结在一起，企业系统的集成程度进一步提高，传统的生产模式和企业管理理念将面临革命性的挑战。

【思考与练习】

1. 讨论产品和服务设计的重要性。
2. 描述一般产品的设计流程。
3. 描述 R&D 对产品设计的作用。
4. 描述不同类型的工艺。
5. 描述自动化的加工方法。

【案例】

K 公司的产品开发①

K 公司是一家专业的显示设备供应商，近年来，K 公司在中国大陆先后形成了五大生产基地。目前，K 公司成为全球最大的显示器制造商和全球第六大液晶电视制造商。

K 公司的产品研发管理采用了传统的职能式阶段开发管理方法：由总经理或产品规划部门确定新产品创意，决定是否立项，研发部门负责设计开发、测试，形成产品样机或设计方案，再转由生产部门批量制造，市场部门负责销售，客户服务部门提供售后服务。各职能部门只负责新产品开发的某一阶段内容，并且独立制定本部门的操作流程，由总经理/项目经理依据个人经验对产品的最终市场效果负责。

1. 产品研发的流程

K 公司的产品研发都是由研发部各单位根据研发过程中各自独立的阶段而制定的流程，其现有产品设计主要集中在三个方面，分别为：硬件开发、软件设计、机制设计，这三个较为独立的方面，对应着不同的流程，其流程图分别如图 4.4、图 4.5、图 4.6 所示。

这三个独立的流程，结合在一起就构成了一个完整的 K 公司产品研发流程。从 K 公司产品设计的三个流程图可以看出，K 公司产品研发的过程管理采用的是典型的职能式阶段开发管理方法。

K 公司清楚地意识到，这种管理方法本身具有一定的局限性。在现有的条件下，根据市场需求变化快速开发新产品已经成为制约公司发展的瓶颈，因此，需要把“快速开发适应市场需要的新产品”确定为企业流程优化的目标。

就当前而言，LCD Monitor 产品研发具有技术相对成熟、产品更新较快且市场风险较大等特点。K 公司在考量了 LCD Monitor 产品研发特点的前提下，最终选择了设计和实施门径管理流程，来达到优化研发过程管理的目标。

K 公司设计和实施门径管理流程共分为三个阶段：

① 本案例根据武汉大学 2006 级 MBA 学员韩启展的学位论文改编而成。

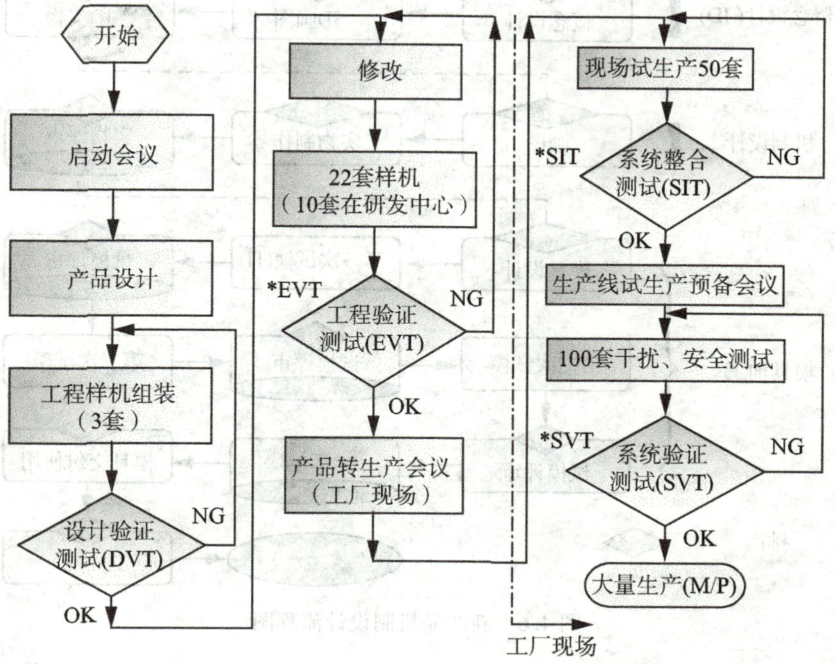

图 4.4　新产品硬件开发流程图

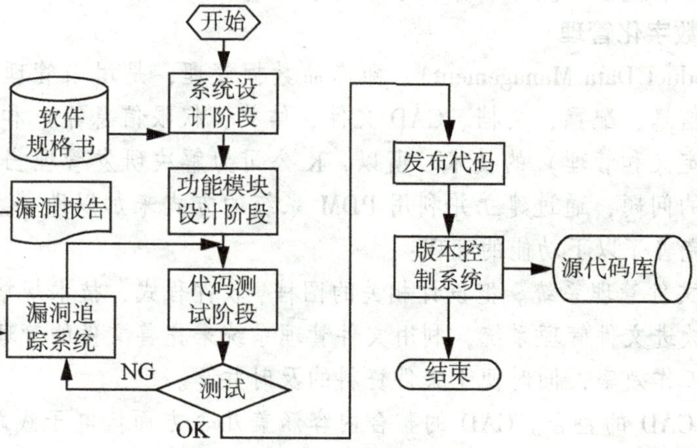

图 4.5　新产品软件设计流程图

第一阶段：定义产品研发流程的要求。通过采取“寻求公司高层管理人员的承诺、组建任务解决小组、举办门径管理流程讨论会、研究其他公司”等方式来获得清晰的产品研发流程。

第二阶段：详细设计门径管理流程。在流程设计的过程中，重点关注这几个问题：首先，对各个阶段需要做什么工作做了详细的定义；其次，对于跨职能团队成员的职责做了明确的规定。对现有流程存在的问题加以针对性的改善。

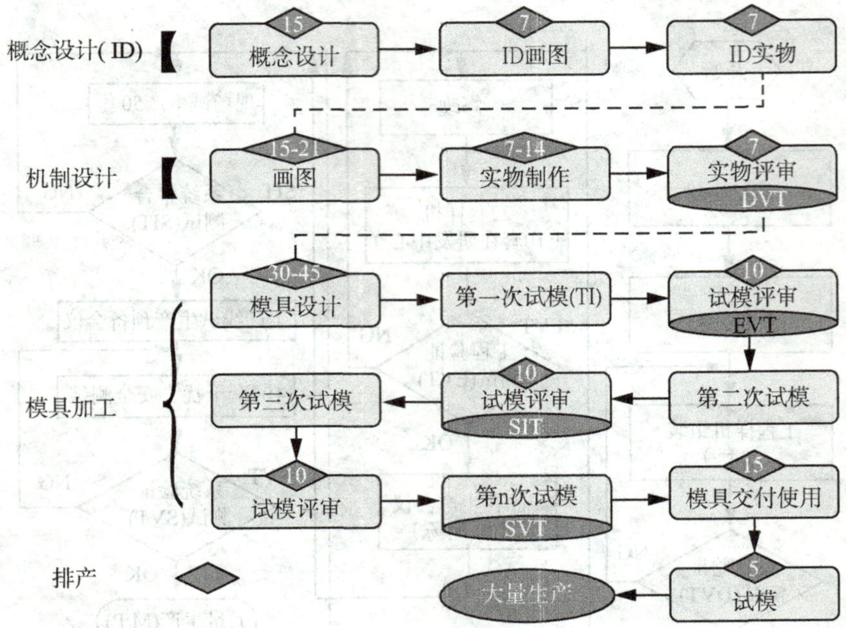

图 4.6 新产品机制设计流程图

第三阶段：实施门径管理流程。这一阶段比较重要的是，不仅要取得高层管理人员的认可，而且在这个流程的执行中需要随时获得 IT 部门的支持。

2. 研发的数字化管理

PDM（Product Data Management），即产品数据管理，是用来管理所有与产品相关信息（包括零件信息、配置、文档、CAD 文件、结构、权限信息等）和所有与产品相关过程（包括过程定义和管理）的技术。所以，K 公司为解决研发管理当中“技术积累及平台建设不足”的问题，通过建立并利用 PDM 系统的方式来加以改善。同时在 PDM 系统中，重点尝试完善了以下功能的管理：

（1）完善文件管理系统。把设计相关的图档、软件程式、技术规格、作业手册等以及其相关资料都放进文件管理系统，利用文件管理系统来完善文件的管理，以提升研发工程师文件管理的工作效率，同时便于文件资料的及时共享。

（2）进行 CAD 的整合。CAD 的整合内容涵盖几个方面：电子线路 CAD 、机构造型设计 CAD 、包装材料设计 CAD 。通过 CAD 的整合，机种设计图档可以非常方便地调用。

（3）完善工作流程管理。充分利用 PDM 中工作流程管理功能，提供如工程设计变更程序等各项工作流程，并加入承认的机制以配合电子签核。对工作流程的管理，可以使当前的研发工作流程变得更加标准、规范，不会出现因人而异的情形。

（4）加强产品构型管理。要求提供零件清单及 BOM 的功能，包括描述零组件的基本属性及与其他零组件或产品间的关联属性，在很大程度上减少了 BOM 的出错率，降低了设计失误率。

（5）产品研发专案计划管理。要求每个专案管理者建立专案计划及其工作项目表（WBS），安排整个专案计划的执行时程，为每个工作项目指定相关的资源（人员、预算、设备等)，并追踪计划的执行进度与经费运用。

K公司通过建立并充分发挥PDM系统的各项功能，在很大程度上有效避免产品设计相关资讯的误用，在完善研发技术管理的同时，也大大地提升了产品品质、缩短了产品的设计时间。

思考题：K公司原有开发过程有什么特点？其中的测试阶段起什么作用？产品数据管理在新产品开发结束后的功能是什么？

第五章　服务设计与流程选择

服务在国民经济中的比重越来越高，运营管理中出现了专门的服务运营管理研究领域。本章对纯服务方面的内容进行专门介绍。

第一节　服务的内容与策略

在一些情况下，顾客所接受的是单纯的服务，如理发或平整草地。但是，在多数情况下，产品和服务是相互混杂的。制造业中的服务比例可能相对较低，因为它的重点是产品生产。但即使在制造业，也有如机器维修、员工培训、安全检查之类的服务。由于产品和服务相互混杂，管理者为了有效地进行管理，就必须对两者有充分的了解。

一、服务的含义与内容

服务设计是有效地计划和组织一项服务中所涉及的人、基础设施、通信交流以及物料等相关因素，从而提高用户体验和服务质量的设计活动。服务设计以为客户设计策划一系列易用、满意、信赖、有效的服务为目标，被广泛地运用于各服务业。服务设计既可以是有形的，也可以是无形的；服务设计将人与其他诸如沟通、环境、行为、物料等相互融合，并将以人为本的理念贯穿于始终。

服务业的服务产品设计结果通常以服务包的形式呈现。服务包是指在某种环境下提供的一系列产品和服务的组合。该组合包括以下五个方面的具体内容：

（1）支持性设施，即在提供服务前必须到位的物质设施。

（2）辅助物品，即顾客购买和消费的物质产品。

（3）信息，即由享受高效服务和按其具体要求定制服务的顾客提供的运营数据或信息。

（4）显性服务，即那些可以用感官察觉到的和构成服务基本或本质特性的利益。

（5）隐性服务，即顾客能模糊地感到服务带来精神上的收获，或服务的非本质特性。

所有这些内容成分都要由顾客经历，并形成他们对服务的感知。

二、服务的分类

顾客是服务企业所有决策和行动的着眼点，即顾客是所有事情（服务策略、服务系统及服务人员）的中心。换句话说，服务企业为服务于顾客而存在，服务系统及服务人员为服务过程的实施而存在。顾客得到良好的服务就是服务管理取得的回报。简而言之，管理者如何对待员工，员工也将如何对待顾客。如果员工受到良好的训练并感受到来自管理部门的强大动力，他们就会为顾客提供良好的服务。

1. 按服务范围分类

对外服务要求与顾客相互联系，以达到服务的目的。它包括大家熟悉的服务单位，如银行、航空公司、医院、律师事务所、零售商店和餐馆。在此范围内，我们可以进一步将其划分为：基于设施的服务，也就是说顾客必须去服务设施现场才能接受服务；另一种是上门服务，在这样的服务中，产品及消费发生在顾客周围（例如去顾客家中做清洗或维修服务等）。

科学技术已经允许将许多基于设施的服务转变成上门服务。例如，牙科救护车把牙医带到你的家里；某些汽车维修服务有流动修理业务；网上购物把商业中心的信息送到你的电脑屏幕上等。

对内服务是一种在大公司里开展的服务。这些服务包括诸如数据处理、会计、工程维修这样一些功能。它们的顾客是大公司中需要这种服务的各个部门。一个内部机构常常会超出只为总公司服务的范围向总公司以外的企业提供服务，成为一个服务经营个体。

2. 按服务内容分类

服务企业通常根据其所提供的服务来分类。这种分类对提供综合的经济数据是很有用的，但是，它对于运营管理的目的却不是很合适，因为它难以揭示服务的过程。相比之下，在制造业中却可以找到一些具有启发性的术语来对生产活动进行相当合理的分类（例如，间歇性生产和连续性生产），十分自然地表现出制造过程的实质。可是在服务业中，我们却不能用同样的语言对服务过程进行描述。我们认为，将一个服务系统在生产功能方面与其他服务系统区分开的信息，是服务产生过程中顾客接触的程度。

顾客接触是指顾客真实地存在于服务系统之中，服务创造是指提供服务本身的工作过程。在这里，接触的程度可以粗略地定义为顾客在这一系统中的时间相对于从事顾客服务总时间的百分比。一般来说，服务系统与顾客接触的百分比越大，两者在生产过程中的联系程度就越大。

从这些概念可以看出，与顾客高度接触的服务系统比低度接触系统更难控制和合理化。在高度接触服务中，顾客能影响服务的时间、性质、质量或者感受到的质量，这是由于顾客参与了这个过程。

三、服务的特征

1. 顾客参与服务过程

服务对于顾客来说是高度可见的，因此在设计中必须牢记这点。这也给流程设计增加了额外的要求，这点通常在产品设计中不存在。

顾客的参与要求企业必须注重服务设施的物质环境。对于顾客来说，服务是一种发生在服务设施环境中的体验，如果服务设施的设计符合消费者的需要，就可以提高服务质量。对内部装饰、陈设、布局、噪声及颜色的关注会影响顾客对服务的感知。

2. 服务的生产和消费同时发生

服务的生产和消费同时进行，因而服务不能贮存，这是服务管理的显著特征。服务无法贮存，使得服务也无法像制造业那样，依靠存货来缓冲或适应需求变化。产成品库存成为制造业和服务业自然的系统分界线，将内部计划的实施和控制与外部环境分隔开来；服务是开放系统，受到传递系统中的需求变化的全面影响。

在制造过程中，存货还可以用来分离生产工序；对服务业来说，这种分离是通过顾客等候实现的。库存控制是制造业中的主要问题，而在服务运营中，与之对应的问题是等候或排队。服务能力选择、设施使用率及空余时间的利用等都与顾客等候时间有关。

许多时候，服务的创造和传递总是同时的（如理发、洗车）。这种情况下，抢在顾客之前发现和改正服务中的错误更加困难。这时，员工培训、流程设计及与顾客的关系就显得特别重要。

3. 易逝性

服务具有易逝性。由于服务不能贮存，如不使用就会永远失去。顾客对服务的需求在短期内表现出周期性变化，高峰期和低谷期差别很大。服务随时间消失的属性要求服务被快速消费，否则服务就会被白白浪费。

4. 无形性

服务是概念和感觉，产品是实物。因此，服务的创新没有专利保护。服务的无形性也给顾客带来问题。在购买产品时，顾客可以在购买前观察、触摸和测试产品；而对于服务，顾客必须依赖服务企业的声誉。一般情况下，服务设计经常比产品设计更注重不可触摸因素（例如服务场地的温度、气氛等）。

5. 异质性

服务的无形性和顾客参与服务传递系统相结合导致提供给各个顾客的服务各不相同。服务中顾客与员工之间的交互也为员工获得更为全面的工作经验提供了可能。在服务业，工作活动通常指向人而不是指向物的。顾客都希望被平等对待，希望得到与别人一样的服务。标准的制定和以适当的方式进行员工培训，是保证服务一致性的关键。

第二节　服务设计的过程与技术

在服务设计过程中，我们必须牢记服务的一个重要特征——服务不能存储。因此在服务业中，一个重要参数就是“我们应该具备什么样的能力”。太多的能力导致过度的花费，不足的能力致使顾客流失。在这种情况下，我们要向市场营销寻求帮助。这就是机票打折、旅馆周末提供特别服务等的理由。这也是为什么很难将服务中的运作管理职能从市场营销中分离出来的重要原因。

一、服务设计的一般过程

服务企业的设计包括詹姆斯·海克特（James Hackett）称之为“策略服务图像”的四个因素。第一个因素是确认目标市场（即谁是我们的顾客）；第二个因素是服务概念（即怎样做才能使我们的服务在市场中与众不同）；第三个因素是服务策略（即我们的全套服务是什么及我们的服务运作着眼点在哪里）；第四个因素是服务过程系统（即我们将采用什么样的过程，使用什么样的雇员和设施来完成服务）。

以上四个因素如果完整展开，包括以下5个类似的过程步骤（见图5.1）：

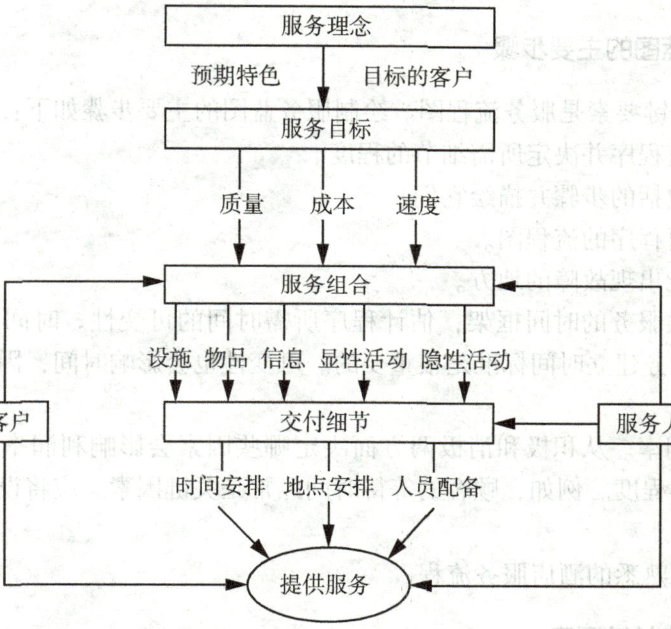

图5.1　服务设计过程

（1）服务理念的确定。服务理念（service concept）是在市场竞争过程中形成的关于目标客户群和主要服务特色的谋划，是服务企业的战略理念。

（2）服务目标的权衡。服务目标（service priorities）是服务理念在具体的竞争维度上的细化，例如，在质量、成本、服务流程速度以及服务品种多样化、定制化等方面与主要对手相比应该如何把握和权衡。

（3）服务组合的选择。服务组合（service package）是根据服务目标相应设计的具体服务内容，包括支持性设施、辅助物品、信息、显性和隐性的流程活动，类似于制造业的产品结构。

（4）交付细节的设计。交付细节（delivery specification）是关于各类服务包的正常完成所需要的时间、人员、场地等实施细节上的预计安排、能力和可行性研究。

（5）具体服务提供过程。服务提供（service delivery）是针对具体客户需求按照服务设计方案进行的实施活动。

二、服务蓝图

服务设计中的一种常用工具是服务蓝图，这种方法能描述并且分析一种现有或待探讨的服务。

服务蓝图是一种准确地描述服务体系的工具，它借助于流程图，通过持续地描述服务提供过程、员工和顾客的角色以及服务的有形证据来直观地展示服务。经过服务蓝图的描述，不仅服务被合理地分解成服务提供过程的步骤、任务及完成任务的方法，而且更为重要的是，顾客同企业及服务人员的接触点被识别，从而可以从这些接触点出发来改进服务质量。

1. 绘制服务蓝图的主要步骤

服务蓝图的关键要素是服务流程图。绘制服务蓝图的主要步骤如下：

（1）划分各道程序并决定所需细节的程度。

（2）确定应包括的步骤并描绘它们。

（3）准备主要程序的流程图。

（4）指出可能出现故障的地方。

（5）建立提供服务的时间框架，估计程序所需时间的可变性。时间是成本的首要决定因素，因此给服务建立时间标准是很重要的。可变性也会影响时间，因此对可变性的估计也是很重要的。

（6）分析利润率。从积极和消极两方面决定哪些因素会影响利润率，并判断利润率对这些因素的敏感程度。例如，顾客的等待时间经常是关键因素。应将设计重点集中在这些关键因素上。

图 5.2 是我们熟悉的酒店服务流程。

2. 服务蓝图的关键要素

服务蓝图被四条线分成五个部分（见图 5.2），自上而下它们分别是顾客行为、前台接触员工行为、后台接触员工行为以及支持过程。

最上面的一部分是外在的影响因素（影响线），例如广告牌、特殊的店貌，吸引顾客上门消费。

其次是顾客与前台服务员工的行为（互动线），这一部分紧紧围绕着顾客在采购、消费和评价服务过程中所采取的一系列步骤、所作的一系列选择、所表现的一系列行为以及它们之间的相互作用来展开。

接下来是后台员工行为，中间的一条水平线是“分界线”，它把所有顾客看得见的服务活动与看不见的分隔开来，也区分了哪些活动是接触员工在前台做的，而哪些活动又是他们在台后做的。

最后一部分是服务的支持过程（支持线），这一部分覆盖了在传递服务过程中所发生的支持接触员工的各种内部服务过程及其步骤和它们之间的相互作用。

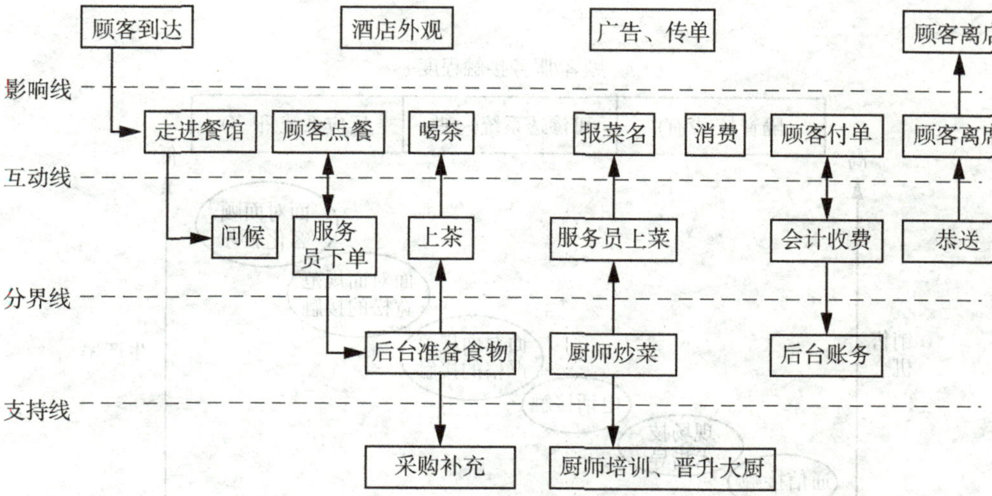

图 5.2　酒店服务蓝图

3. 服务蓝图的功能

服务蓝图的作用主要表现为以下六个方面：

(1) 服务蓝图可使参与服务提供的人员客观地了解服务流程的内涵，帮助从顾客角度重新认识所提供服务的过程，促使企业思考哪些信号对方便顾客活动是必要的；在蓝图顶端顾客看到的“物质证据”是否与顾客的期望相一致，是否与企业形象相一致；是否存在可以被去掉的或者顾客可以自己服务的处理过程。

(2) 服务蓝图能加深服务人员对整个服务过程的认识，尤其是可见线上下两侧的前后台员工加深对服务质量的了解，认清自身在服务过程中所扮演的角色，增强顾客意识和顾客导向，确保服务前后过程的衔接，从整体上全面提升服务的质量。

(3) 服务蓝图揭示了组成服务的各要素和提供服务的步骤，这有助于理解内部支持过程和非接触员工在服务过程中的角色和作用，从而激发他们为顾客提供高质量服务的积极性和主动性；也有助于明确各部门的职责和协调性，从而有效地克服部门之间的隔阂。

(4) 蓝图中的外部相互作用线指出了顾客的角色以及在哪些地方顾客能感受到质量；而可见线则促使公司谨慎确定合适的员工和顾客相接触，明确物质证据的提供者和具体内容，从而促进合理的服务设计，明确质量控制活动的重点。

(5) 服务蓝图明确地指出应该改变、增加或删除的步骤，有利于提高公司的服务效率。

(6) 服务蓝图可作为公司的常规工具，借助于它，组织能有效识别失败点和服务活动链的薄弱环节，通过辨别潜在的失败点和机遇来解决问题。

三、服务体系设计矩阵

与顾客接触的服务事件能以很多不同的方式形成。图 5.3 中的服务体系设计矩阵给出了6种一般的选择。

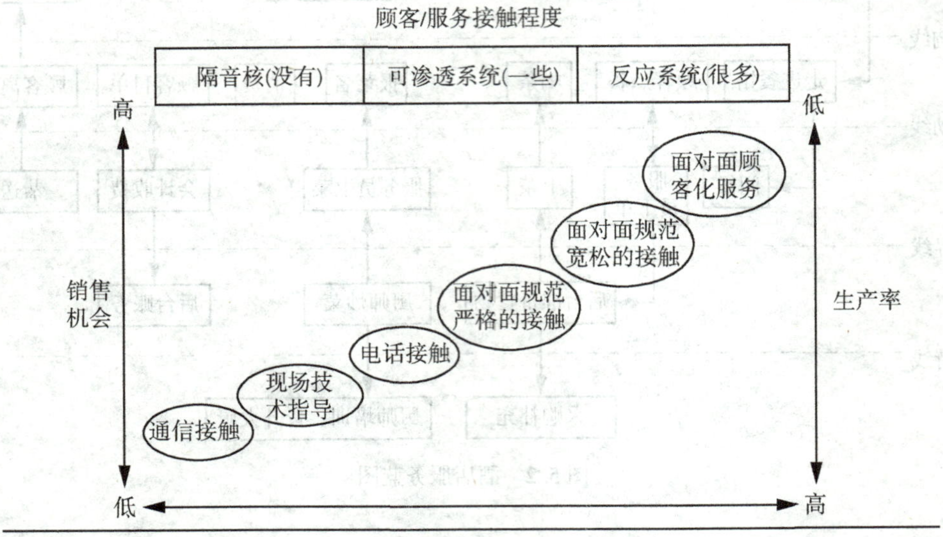

图 5.3　服务体系设计矩阵

矩阵的最上端表示顾客与服务接触的程度：隔离方式表示服务实际上与顾客是分离的；渗透方式表示与顾客的接触是利用电话或面对面地沟通；反应方式既要接收又要回应顾客的要求。矩阵的左边表示一个符合逻辑的市场，也就是说，与顾客接触的机会越多，卖出商品的机会就越多。矩阵的右边表示随着顾客时运作施加影响的增加，服务效率的变化情况。

正如人们猜测的那样，生产效率随着与顾客接触的增多（因而施加更多的影响）会降低。面对面的接触提供了更多的销售机会，从而可以卖掉更多的产品。反之，较少的接触，例如邮件，可以使生产体系更有效，这是因为顾客不能对这一体系施加明显的影响。然而，这种方式使得卖出额外商品的机会很少。

设计矩阵表明随着顾客与服务系统接触程度变化而产生的工人、运作及技术革新方面的变化。关于对工人的要求，邮件接触与书写技能、现场技术指导与辅助技能、电话接触与口头表达能力之间的关系是不言而喻的。面对面规范严格的接触特别需要程序技能，因为工人必须遵循处理一般标准过程的常规。而面对面规范宽松的接触常常需要交易技能来确定服务设计。面对面要求能判明顾客的需要的专业技能。

顾客与服务接触程度矩阵应用包括：

（1）实现运作和市场营销策略的集成。对二者进行权衡的要求变得更明确、更重要。至少对于分析目的，主要设计变量具体化了。例如，矩阵表明，服务公司若计划采取规范严格的接触形式，则在销售方面就可以投入较少的高技能员工。

（2）明确公司实际提供服务究竟可以有哪些服务方式的组合。当公司对列在对角线上的服务方式进行组合时，服务过程将变得多样化。

（3）允许与其他公司提供的特殊服务相比较，这有助于突出公司的竞争优势。

（4）表明当公司成长时可能适合公司的发展或寿命周期变化。在制造业的产品—过程矩阵中，自然的增长沿着一个方向（随着规模增大，由作业车间转向生产线）。然而，与此不同，服务业的发展可沿着对角线的任一方向，从而权衡销售和效率。

四、三种服务设计方式的对比

正如制造过程设计一样，服务过程设计的标准工具是流程图。服务界的权威人士把这种流程图称为服务蓝图，以强调过程设计的重要性。这种服务蓝图独具的特点是能够区分服务中高度顾客接触的方面（例如，顾客能看见的部分）和那些不为顾客所见的活动，该区别在流程图中可用点画线表示出来。

例如，一个典型的汽车修理厂的服务蓝图，流程图上所标注的各项作业构成了一个典型的与顾客接触行为。为了更好地表示出控制这些作业的实体，流程图共分四个层次。第一层次是由顾客掌握的活动，第二层次是由接待顾客的服务人员来完成的活动，第三层次是在汽车修理厂进行的修缮工作，第四层次是内部计算工作。

三种可对比的现场服务方式是生产线方式（以麦当劳为例）、自助服务方式（以自动取款机和自助加油站为例）和个体定制方式（以私塾教育为例）。

1. 生产线方式

以麦当劳为代表的生产线方式涉及的不仅仅是生产一个巨无霸所需要的步骤，正如莱温特（Leavitt）所说的，应将快餐的传送作为一个制造过程而不是一个服务过程。这种理念的价值在于它克服了服务概念本身固有的许多问题。也就是说，服务隐含着服务员对服务对象的辅助或征服，而制造则避免了这层含义，因为制造的核心在于事物而不是人。因此在麦当劳的制造中，将服务内容定位于有效的生产而不是参加者或其他。莱温特注意到，除了麦当劳的市场营销技巧和财务技巧外，公司认真地控制着每个输出口核心功能的实施——在相当清洁、秩序井然和令人愉快、彬彬有礼的服务环境中，快速地提供统一的高质量的食物。系统地用设备替代人，并有计划地使用技术，使麦当劳独具魅力，获得了其他任何公司也不能比拟的为顾客所钟爱的地位。

2. 自助服务方式

与生产线方式不同，C. H. 拉威劳克（C. H. Lovelock）和 R. F. 杨（R. F. Young）提出，应通过让顾客发挥较大作用来改善服务过程。自动取款机、自助加油站以及汽车旅馆的室内咖啡机都提高了对顾客的服务水准。根据服务系统设计矩阵，这些是现场技术应用的典型实例。许多顾客喜欢自助服务，因为这种服务方式使他们处于管理之中。对于其他人，这种理论需要服务企业在销售中使顾客相信自助服务能帮助他们。最后，拉威劳克和杨提出了几条建议：建立顾客信任；改善成本、速度和便利性；确保有关程序被有效地使用。实际上，自助服务将顾客转变为“部分雇员”，他们必须观察在其之前进行自助服务的人的操作，学习如何去做，在出现错误时如何进行“故障预防”。

3. 个体定制方式

服务业的个体定制服务方式有悠久的传统，中国古代的私塾教育可以看成个体定制方式的代表。中国古代的私塾教学是比较典型的个体定制服务方式，服务过程相当松散，是非结构化的过程，与现代教育有很大差别。教学的效果依赖于私塾教师和学生之间关系的逐步发展和不断磨合，这是一种面对面的定制服务，容易实现量体定制、因材施教，更有利于学生的个性化发展，但服务效率不高。

第三节　服务质量与承诺

服务运营管理中也有质量体系和保证问题，一般被称为良好服务体系设计、服务补救和服务承诺。

一、良好服务体系设计的特征

良好服务系统设计的主要特征如下：

（1）服务系统的每一个要素都与企业运作的核心一致，当运作核心为一般速度时，运作过程中的每一步都应有助于加快速度。

（2）系统对于用户是友好的。这意味着顾客可以很容易地与系统进行交流，也就是说系统有明确的标志、可理解的形式、逻辑化的过程以及能够解答顾客疑问的服务人员。

（3）系统具有稳定性。这就是说，它能够有效地应付需求和可用资源的变化。例如，如果计算机出现故障，有效的备用系统会立即到位，以保证服务继续进行。

（4）系统具有结构化特点，保证服务人员和服务系统提供一致的服务。这意味着需要由人员完成的任务有可操作性，而技术支持则是有益和可靠的。

（5）系统为后台和前台之间提供有效的联系方式，以确保其间没有遗漏的机会。

（6）系统对有关服务质量的证据加以管理，以使顾客了解系统所提供服务的价值。许多服务在现场之外做了很多工作，但没能让顾客知晓，这尤其体现在对服务进行改善的工作中。如果不能通过明确的交流使顾客意识到服务已经得到改善，那么这一改善工作就不能起到最大的作用。

（7）系统所耗费的都是有效成本。在交付服务的过程中，系统对时间和资源的浪费应达到最小。否则，即使所提供的服务本身能够令人满意，但由于该系统被顾客认为是低效的，顾客还是会离开。

二、服务补救

服务补救即服务企业在对顾客提供服务中出现失败和错误的情况下，针对顾客的不满和抱怨当即作出的补救性反应，以重建顾客满意和忠诚。消费者对企业提供的服务具有一定的期望值，如果低于这一期望值，就会使顾客产生不满和抱怨，这时企业必须持有“顾客始终正确”的观点，对顾客的不满和抱怨快速作出反应，即在现场就地尽可能快地进行服务补救，避免服务失误所造成的不良影响扩散或升级。

具体来说，服务企业需要：

（1）建立服务补救系统，通过跟踪并识别服务中顾客的不满和抱怨，使其成为挽救和保持顾客与零售企业关系的信号。

（2）尽快解决服务中的问题，在零售企业提供服务的过程中，要对顾客的不满和抱怨进行分析并从速解决，以有限的暂时损失来换回顾客的忠诚并赢得更多顾客的赞赏。

（3）一线员工积极参与服务补救，需要企业授予一线员工一定的解决问题的权力，及时将顾客的不满和抱怨化解。

（4）吸取经验教训，提高服务质量。服务补救不仅是弥补服务漏洞，化解顾客不满和抱怨，增强与顾客关系的重要措施，而且还是具有诊断性的、能帮助企业提高服务质量的信息资源。

三、服务承诺

优秀服务承诺的要素主要有：

（1）无条件的服务（十分重要，不能忽视）。

（2）对顾客是有意义的（顾客对服务不满意，都可从赔偿条款中得到赔偿）。

（3）容易理解和交流（对于雇员和顾客是一样的）。

（4）积极主动地提供服务。

在服务过程中，企业在实际提供所承诺的服务时，应该如何承担相关的道义上甚至可能是法律上的责任呢？这一问题的重要性已日益显露出来。例如，一家航空公司在订票超额的情况下是否必须按预先的承诺运送乘客？又如，提供互联网服务的供应商的责任就是为用户提供足够的线路，这样使顾客在接通服务时，不致收到占线的信号。但这是一个很棘手的问题，因为过度系统能力的代价是很昂贵的，同时我们几乎不能很精确地预计需求量，所以对系统容量的估计也是极为困难的。

【附录1】

简易排队模型

排队模型是一种很有效的工具，可以用来帮助我们更好地了解服务设计系统的众多因素之间的关系。这些因素包括在一定时段内到达系统的平均顾客数、每位顾客接受服务的平均时间、服务台个数，以及有关顾客总体规模的信息。排队模型如今已经完善到可以对等待时间和资源利用程度的预期值进行计算。

资源利用程度计算公式为：$\rho=\dfrac{\text{客户到达速度}}{\text{服务速度}}$

【附录2】

医疗服务流程

医疗运营管理（health care operations management）是关于医疗服务系统的设计、日常运作、改进的系列活动。由于人命关天，所以运营质量、效率和成本问题是医院生存和发展的关键问题。

医院的关键操作者是经过专业训练的专家，主要设备是昂贵的医疗器械；由于医疗服务的质量常常依赖于消费者的主观感知，消费者支付的费用与实际治疗效果之间往往缺乏明确的对应关系，因而容易产生纠纷。医疗运营管理的规范化、标准化是化解医患纠纷的主要手段。

1. 布局与治疗链

医疗机构也有布局和流程设计与优化问题。

医院作为一个服务运营系统，科室布局会影响医护人员和患者来回行走的距离，因而也像制造企业一样，需要考虑部门、科室之间的相对位置，力求减少人员行走和物资搬运距离，提高工作效率，在各种布局方案中寻找比较满意的方案。某社区医院一楼平面布局如图 5.4 所示。

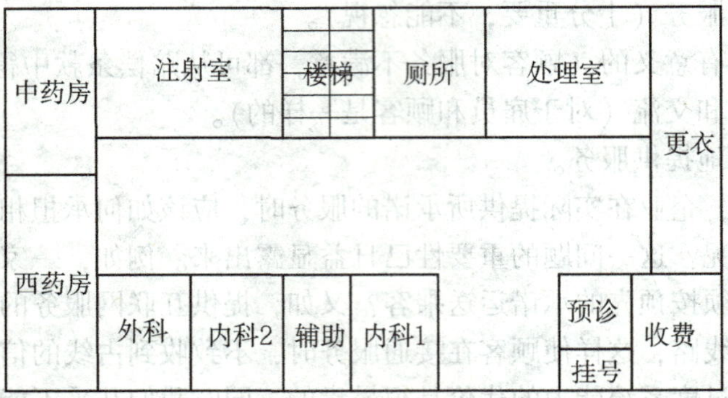

图 5.4　某社区医院一楼平面布局图

医院的运营业务流程被称为治疗链（care chain）。流程分析是运营管理的基础，医院的业务流程通常也比较复杂，在职能分工明晰、以实施设备为中心进行类似工艺专业化布局的基础上，病人完成一次诊断和治疗，往往要跑遍整个医院。

下面是一张常见的就诊流程图（见图 5.5），治疗链就很复杂了。

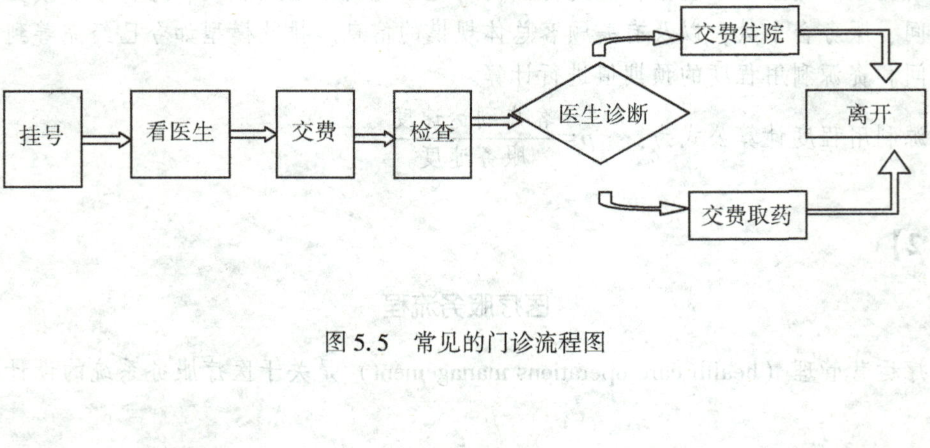

图 5.5　常见的门诊流程图

2. 医疗行业的标准化操作程序

在制造业，作业标准化是很普遍的做法，医疗卫生行业正在大力推行的临床路径管理就是一种标准化操作程序（SOP）。所谓标准，在这里有最优化的概念，是经过不断实践总结出来的在当前条件下可以实现的最优化的操作程序设计。就是尽可能地将相关操作步骤进行细化、量化和优化，在正常条件下大家都能理解，不会产生歧义。

临床路径管理是针对某一疾病建立的一套标准化治疗模式与治疗程序，是一种以循证医学证据和指南为指导来加强诊疗管理的方法。

临床路径是医院里的一组人员共同针对某一病种的监测、治疗、护理、营养及活动等所制订的一个有严格工作顺序、准确时间要求的照顾计划，以减少康复的延迟及资源的浪费，使服务对象获得最佳医疗护理服务质量。

例如，常见的急性化脓性阑尾炎行阑尾切除术临床路径如表5.1所示。

3. 医疗质量与作业标准化

医院本来是救死扶伤的地方，运营失误可能导致重大医疗事故和医患纠纷。

在我国目前多数医院里设有质量管理委员会和质量管理办公室负责职能管理工作。医院质量管理委员会由院长、书记、分管院领导及相关职能部门负责人组成，其日常工作由质量管理办公室（简称质管办）负责。下设医疗质量、医院感染、标准化服务、行政管理等四个质量考核组。医疗质量组又分为手术组、非手术组、门诊医技组、护理组。质管办负责全院质量管理培训，拟定质量管理方案，修订质量标准，实施质量考核与管理，规范与监督医院质量运行情况。

各科室设立对口的质量管理小组，对科内人员进行质量管理与考核。业务科室由科主任、护士长、主任助理、责任医师、质控员等人组成，行政职能科室由科长、管理干部组成，实行科主任负责制，科主任或科室负责人为第一责任人。

日常质量控制工作主要是进行月份和年度考核评分，然后与科室和个人收入挂钩。

主要医疗质量指标有：

（1）治愈率、好转率、病死率：分别代表期内平均每百名治疗病人中，经医生判定为治愈、好转、病死的人数，在医疗质量评价中治愈率和好转率越高越好，病死率越低越好。

（2）出院患者平均住院日：平均住院日是指在一定时期内平均每个出院病人在一次住院期间的住院天数。它是评价医院工作效率和管理水平的一个重要指标，类似于制造业的生产周期，对整个治疗费用有重要影响。

（3）入出院符合数、符合率：指入院诊断与出院诊断符合或基本符合的例数及其占总出院人数的比例。

（4）三日确诊人数、三日确诊率：指入院后三天内包括入院第三天确诊的病人例数及其占总出院人数的比例。

另外，病人满意度调查是最常用的客户感知质量评价方法。目前，我国病人不满意的主要问题是医疗收费过高，其次是医疗环境问题，再次才是医护人员的技术、态度和责任心问题。

表 5.1 **急性化脓性阑尾炎临床路径表（前 3 天）**

适用对象：第一诊断为急性化脓性阑尾炎

拟行阑尾切除术

患者姓名：_____ 性别：____ 年龄：____ 门诊号：____ 住院号：____

住院日期：____年__月__日 出院日期：____年__月__日 标准住院日：5~7 天

时间	住院第 1 天	住院第 2 天 （术后第 1 天）	住院第 3 天 （术后第 2 天）
主要诊疗工作	• 病史采集和体格检查 • 完成病历书写 • 评估患者全身状况及合并症 • 完善常规检查 • 进行术前准备，向患者及家属交代病情，并签署知情同意书	• 上级医师查房 • 完成三级查房记录 • 注意观察术后事项，对患者及家属进行相关宣教 • 抗炎、补液等治疗	• 上级医师查房 • 完成三级查房记录 • 根据肠功能情况，决定是否进食 • 继续抗炎、补液治疗 • 下床适度活动
重点医嘱	**长期医嘱**： • 胃肠外科护理常规 • 三级护理 • 禁食 **临时医嘱**： • 血、尿常规 • 肝肾功能、电解质、凝血功能、血型、RH 因子、感染性疾病筛查、腹部超声、心电图、腹部平片 • 心肌酶谱、胰酶全套、腹部 CT（必要时） • 手术医嘱行急诊手术或签字后行保守抗炎治疗	**长期医嘱**： • 胃肠外科护理常规 • 一级护理 • 禁食水 • 应用覆盖革兰氏阴性杆菌和厌氧菌的广谱抗菌药物等 • 静脉补液 **临时医嘱**： • 适当补液	**长期医嘱**： • 胃肠外科护理常规 • 一级护理 • 禁食水或少许饮水 • 治疗同前 • 静脉补液 **临时医嘱**： • 适当补液 • 伤口换药
主要护理工作	• 协助患者及家属办理入院手续 • 进行入院宣教 • 静脉抽血	• 基本生活和心理护理 • 进行关于腹部术后宣教	• 基本生活和心理护理 • 观察手术后患者病情变化，如有异常及时向医生汇报
病情变异记录	□无 □有，原因： 1. 2.	□无 □有，原因： 1. 2.	□无 □有，原因： 1. 2.
护士签名			
医师签名			

资料来源：武汉大学 2009 级 MBA 学员潘峰的学位论文。

4. 医疗运营趋势

医疗行业正在急剧变革中，新的技术和管理方式对这个古老的行业形成了强烈冲击。主要的运营新趋势有以下几点：

(1) 贵重药品的JIT采购。药品是医院开销比较大的环节，由于有明显的失效期限威胁，药品库存比制造业的材料和零件库存具有更强的时间敏感性，规划和管理更麻烦。通常普通药品使用经济批量采购，按照非相关需求，进行库存和采购管理；贵重药品按需采购，推行JIT（Just In Time）模式，也就是当需要用到某种贵重药品时，由专门机构或人员实施准时供应，不需要库存缓冲。

(2) 计算机辅助诊断（computer-assisted diagnosis）是一种借助专家资料库和软件系统对临床获得的原始症状、检验结果等进行分析和比对，自动提出诊断结论、甚至治疗建议的新医疗技术，在对小孩尤其是新生婴儿的诊断中意义重大，由于小孩一般无法自己报告亲身感受，也经常抗拒外部检测手段，如果能够从外部观察、借助计算机系统进行方向性预判，将极大地提高诊断效率。

(3) 机器人辅助手术。机器人（robot）辅助手术是在微型摄像机的帮助下，利用机器人代替人手完成一些成熟手术。虽然医生依然在现场指挥手术进行，但极大地减少了劳动量，尤其是体力消耗，更能发挥人的智力优势；机器人往往比人手有更大的活动空间和动作角度，动作标准，不受情绪和环境影响。

(4) 远程诊断（remote diagnosis，telemedicine）是计算机和互联网技术发展的成果之一，能够将卫生资源短缺地区的病人信息（例如血压、体温等）通过电子设备提取，并作出诊断，指导远程治疗行为。

【思考与练习】

1. 讨论服务的组成内容和特征。
2. 描述服务设计的一般流程。
3. 描述技术工具对服务设计的作用。
4. 服务流程设计与制造业生产工艺的区别。

【案例】

L商场的服务设计①

L商场是一家合资经营的大型综合性商业企业，1984年在深圳成立。随着我国改革开放的步伐以及深圳经济特区的腾飞，先后在全国各地开设了28家直营连锁百货商场。

目前L商场采用“百货+超市”的业态组合模式，从已经获得的成功经验和市场反应来看，这种业态组合是成功的，它既保持了百货商场的经营风格，又有效融入超市的亲民便民因素，产生了与竞争对手市场定位存在差异的效果。传统的百货商场，并不经营超市或将超市作为附属存在。L商场在国内首创了“百货+超市+X”的业态组合模式，率先提

① 本案例根据武汉大学工商管理专业2004级张健伶的学位论文改编而成。

出并实践社区百货，提高了超市和其他相关业态在百货商场的地位和作用，将超市打造成可与百货共享顾客群体的精致超市，使其与以追求廉价为宗旨的普通超市区别开来。此外，L商场基于不同商圈的顾客差异在商品组合和定位上做适当的调整，使得其定位更符合目标市场。“百货+超市”的业态组合优势明显，既融合百货、超市业态的一些主要要素，并能兼顾购物中心的发展方向，该业态组合可有效适应零售业态的演变。

顾客参与服务传递系统的基本方式包括：实际参与并与服务提供者相互作用；通过电子媒介间接参与；服务的完成完全不需要顾客参与。

具体来说，L商场网上购物自1998年与招商银行合作开通的网上购物业务属于间接的顾客参与，顾客只需要用家庭计算机，通过网站平台即可完成在线订购。而实体店铺中，顾客直接参与服务过程，且与服务提供者间有高交互作用，从而对雇员的人际技能有较高要求。以下从外部、内部、氛围三个方面对设施设计进行分析。

1. 外部

店招颜色对比鲜明醒目，安装高度使其在远处也有很高的能见度。

店招下放置了一排专柜品牌户外巨幅三面翻广告牌，强视觉冲击力增强了购物气氛，传达了品牌信息，为顾客做好了开始百货购物的心理准备。

门面宽广，具有开放感，有助于扩大客流；用玻璃门提高通透性，从卖场外能直接透视场内，防止顾客产生不安情绪，降低购买欲望。

门前有广阔的绿化广场，为商场的大型特卖会或是为主题营销活动搭建舞台提供充足有空面积。此外，绿色属于安静的色彩情感，有助于放松顾客心情，并减少顾客视觉和心理上的疲惫感。

2. 内部

(1) 卖场流动线安排。入口开放畅通，在客流量高的情况下也能保证轻松出入。入口左侧凹式设计用来放置购物车，从而保证入口视觉的通透。

主副通道根据营销目标和商品的布局及陈列设计安排。主力商品放置在主通道，连带和辅助商品放在副通道。比如，入口右侧放置主题堆头“福建食品系列”，能在第一时间吸引顾客的注意力；水果区两副通道之间放置大众水果，则省去顾客的搜寻时间。

市场调查显示，75%的消费者属于随机购买和冲动型购买，因而，增强商品的存在感，吸引顾客更长时间停留可最终实现冲动购买。整体主通道设计从入口到收银台形成闭环，能有效引导顾客按设计的自然走向，浏览卖场的每一个部分，接触尽可能多的商品，消灭死角和盲点，使入店时间和卖场空间得到最高效的利用。

此外，现场充足柔和的灯光和清洁工的及时清洁保证了卖场通道明亮清洁，营造优雅轻松的购物环境，往往使顾客对店内商品产生一种精品、优质的感觉。

(2) 卖场货架布局。卖场货架采用了格子式和岛屿式相结合的布局。

促销产品和需求量大的大众产品布置在营业场所中间，形成各不相连的岛屿。此布局可充分利用营业面积，对岛屿设计（例如用“海南水果节”主题悬挂POP装饰水果区中央的货架）可以装饰和美化营业场所，使环境富于变化，增加消费者的购物兴趣。

而休闲食品、个人护理、日用品、洗浴用品等分区则布置为格子式，货架与通道都呈长方形分段安排，所有货架相互并行或垂直，可以使顾客依同一方向和一系列有秩序地移动。该布局有助于营造一个有效率的氛围；货架的规范化安置帮助顾客轻易识别商品类别和分布特点，便于选购；采用标准化货架可节约成本；简化商品管理及安全保卫工作。

（3）卖场与后场衔接紧密。各仓库分散在卖场，有效覆盖相关分区，同时保障了后场到卖场的商品补给线路最短且减少了各补给线的交叉和共用。

3. 氛围

（1）色彩。在内部环境设计中，色彩用于可创造特定的氛围，既帮助顾客认识商店形象，也能使顾客产生良好的记忆和深刻的思想感觉。

具体来说，生鲜区地面采用绿色石面，绿色马赛克墙壁并镶嵌大方镜，灯罩为绿色的吊灯，使生鲜区整体风格统一，与其他区域截然不同的颜色配置有效地划分了功能区，加强了消费者识别，同时给消费者新鲜、原生态的观感。货架则全部采用黑色，以衬托色彩纷呈的产品，此外，深色背景色传达了认真和专业的感觉。由于重新装修后的生鲜区面积有所缩小，大方镜可起到加强空间纵深的作用。

其他区域采用浅米色地面，白色墙壁，浅灰色货架。一方面色彩柔和温馨，形成亲切宜人的气氛；另一方面，采用中性色可突出衬托商品，防止因补色的影响改变商品的色感。不同的色彩给人不同的远近感，浅灰色货架给人面积扩展变大的错觉，从而改变消费者的视觉印象，给予舒展开阔的良好感觉。

（2）照明。店内照明明亮柔和，使卖场形成愉快的购物环境；展现商品魅力，美化环境；引导顾客入店，方便顾客挑选商品。

（3）声音。普通时段播放轻松柔和且节奏慢的音乐，从而产生欢愉、休闲的气氛，使顾客有一种舒适的心情，放慢节奏，增长在店内流连的时间，在容易疲软的下午则播放较为欢快的音乐来带动情绪，活跃听觉环境。此外，利用广播提示可介绍宣传商品、短期促销、热卖的商品、宣传服务和环保理念。

（4）气味。新鲜面包和熟食的气味可刺激顾客购买，水果的清香则是顾客判断其质量状况的方式之一。另一方面，商场配置了良好的通风系统来消除不良味道。

思考题：完整的服务设计需要考虑哪些问题？分别对顾客的购买行为会产生什么影响？

第六章　产能规划

产能规划是指企业对未来发展所要形成的产能进行合理的布局与投资规划。产能是指企业生产/服务系统在一定时间内可以实现的产品最大产出量/服务顾客的数量。当一个企业决定提供什么产品/服务及相应的竞争策略和生产组织方式等问题后，紧接着就是产能的决策问题，即需要多大的产能才能满足市场对产品/服务的需要。产能过大，投资浪费；产能不足，则难以应对市场需求的波动，很可能失去市场机会。因此，企业经营者必须慎重考虑市场需求情况和本企业产能现状，合理进行产能规划。

第一节　产能概述

一、产能的概念

产能是指在一段时间内能够完成的工作量，即产能是进行工作的速度，而不是已经或将要完成工作的数量。一般说某汽车工厂的产能是15万辆，其隐含的时间一般为一年。在制造业企业，产能通常称为生产能力。在服务业中，产能表现为服务能力，即某一时间段被服务的顾客人数。

考虑产能问题主要从两个方面着手：一是资源的输入，二是产品的输出。实际产能（或称有效产能）取决于生产的最终产品或服务是什么。如一家生产多种产品的企业，在总产能一定的条件下，产品不同则生产情况不同，对应的产量也就不同。因此，要想达到实际产能最大化，还需要合理制订生产计划来优化产能的利用。

二、产能的种类

企业的产能在一定时期内是相对稳定的，但不是固定不变的。随着企业的发展和技术组织条件的变化，产能也会发生变化。根据计算产能时所依据的条件不同，企业的产能可分为设计产能、查定产能和现实产能（计划能力）三种。

1. 设计产能

设计产能是企业基本建设（或技术改造）设计任务书和技术文件中所规定的产能。在确定设计产能时要首先给出年度基础工时，即有效工作时间。

例如，某汽车厂家设计一条新生产线，年产能为15万辆，同时规定年度基础工时为5040小时，对应的设计产能则为29.76辆/小时。

企业建成后，一般要经过一段时间熟悉和掌握生产技术，才能达到设计产能水平。

2. 查定产能

这是指没有设计产能或虽有设计产能，但由于企业的产品方案、协作关系和技术组织条件发生了很大变化，原有设计产能不能反映实际情况，由企业重新调查核定的产能。确定查定产能时，应当以现有固定资产等条件为依据，并考虑采取各种技术组织措施后所能取得的效果。查定产能可作为生产计划人员安排生产计划时的产能依据。

上例企业查定该生产线在投产后，在人机配合默契的条件下可达 30 辆/小时，则查定产能为 30 辆/小时，主生产计划人员安排生产计划时，可按 30 辆/小时作为产能参数来安排生产计划。

3. 现实产能（计划产能）

这是指企业在计划年度内实际可能达到的产能，是根据企业现有的生产条件，并考虑计划年度所有能够实现的各种技术组织措施效果来计算的。计划能力又分为年初能力、年末能力及年平均能力，后者是进行年度计划平衡的依据。

国外把企业的产能划分为潜在能力、现时能力和有效能力三种。潜在能力为管理部门预期在将来可能具有的最高产能。现时能力是指在本预算期内可能实现的产能。有效能力是指在本预算期内已经投入使用的产能。一般潜在能力大于现时能力，现时能力大于或等于有效能力。企业生产经营计划的目标之一，就是使有效能力和现时能力相等，充分利用企业的资源。

上例企业在安排某年生产计划时，预期该年度扣除节假日、设备改造停产日后，考虑加班，全年工时可达到 5880 小时，则该年度的潜在能力为 17.64 万辆 = 5880 小时×30 辆/小时。

第二节　决定产能的因素

以工业企业为例，产能的大小取决于各种因素，如产品品种的多少，产品结构的复杂程度，质量要求，零部件标准化、通用化水平，设备的数量、性能及成套性，工艺方法，工艺装备的成套性，有效生产面积，工厂的专业化水平、生产组织及劳动组织形式，职工的业务技术水平与劳动积极性，等等。从查定产能的角度来考虑，可以归纳为三个基本因素，即生产设备数量（生产面积大小）、设备工作时间总数（生产面积利用时间总数）、设备（生产面积）的生产率定额。

一、生产设备数量与生产面积大小

机器设备是企业固定资产中的主要组成部分。决定产能的设备数量，是指企业所有能够用于生产产品的机器设备数，包括：正在运转的机器设备；正在修理、安装的机器设备；由于生产任务不足或其他不正常原因暂时停用的设备。至于已经确定不能修复和决定报废的设备、不配套的设备、企业备用的设备以及封存待售的设备，不能列入产能计算的范围。

辅助车间所拥有的设备，不能参与企业基本产品产能的计算，而只能用以计算辅助车间的产能。

生产面积的大小，对于计算铸造车间、铆焊车间、装配车间的产能具有重要意义。按照生产面积计算产能时，除了计算车间工作地所占用的面积外，还应考虑用于堆放原材料、毛坯等的辅助面积和运输线路所占用的面积。

二、设备工作时间总数（或生产面积利用时间总数）

设备的工作时间分为制度工作时间和有效工作时间。制度工作时间是指在规定的工作制度下，设备可工作（或利用）的时间数。年制度工作时间的计算公式如下：

$$F_s = (D_y - D_k)f$$

其中，F_s 代表年制度工作时间数；D_y 代表全年日历日数；D_k 代表全年节假日数；f 代表每日制度工作小时数。

全年日历日数减去节假日数，为全年制度工作日数。每日制度工作小时数根据企业的工作班制和设备性质而定，如两班制下每日制度工作时间为16小时。目前在国内特别是汽车制造业，一般不愿意考虑安排三班生产，而是在两班工作的组织方式下，采用激励措施与局部员工替换的方式，延长生产时间，最长每天可达21小时（这样在24小时内有3小时的时间，可充分用于设备维护、计算机数据处理等其他辅助业务），其最大的优势是在市场不景气的时候，不用裁员而通过压缩工作时间降低产量，规避裁员所带来的社会与法律压力问题。

有效工作时间是在制度工作时间中扣除设备修理停歇时间后的工作时间总数，即：

$$F_e = F_s(1 - \varepsilon)$$

其中，F_e 代表设备年有效工作时间数；ε 代表设备修理停工率。

生产面积利用时间总数和设备的有效工作时间总数不同，它没有停工修理的时间损失，应当按制度工作时间来确定。

三、设备（生产面积）的生产率定额

设备（生产面积）的生产率定额可以用产量定额来表示，即单位设备（生产面积）在单位时间内的产量定额。生产率定额也可以用产品的时间定额表示，即制造单位产品的设备台时消耗定额或制造单位产品的生产面积占用时间。

生产率定额受产品品种构成、产品结构复杂性、质量要求、加工工艺、工人业务技术水平等一系列因素的影响，因此是决定产能三个基本因素中最易变化，而且变化幅度较大的因素。计算产能时所用的生产率定额，应当是平均先进的计划定额，以使产能保持先进水平。

根据确定不同产能的要求，生产率定额可以分为设计定额、查定定额和计划定额。设计定额及查定定额是企业在较长时间内应该达到的先进水平的定额。计划定额是企业在计划年度应该达到的平均先进定额。一般而言，计划定额水平低于设计定额和查定定额水平。

计划定额可以在现行定额的基础上，考虑计划增长系数（或计划压缩系数）来确定。

计算计划产量定额的公式为：$\rho_1 = \rho_0(1 + \alpha)$

其中，ρ_1 代表计划产量定额；ρ_0 代表现行产量定额；α 代表产量定额计划增长系数。

计算计划时间定额的公式为：$t_1 = t_0(1 - \beta)$

其中，t_1 代表计划时间；t_0 代表现行时间定额；β 代表时间定额计划压缩系数。

α 与 β 的关系推导如下：

由于 $t_1 = 1/\rho_1$，所以：$t_0(1 - \beta) = 1/[\rho_0(1 + \alpha)]$

由于 $t_0 = 1/\rho_0$，所以：$(1 - \beta) = 1/(1 + \alpha)$

可得下列关系式： $\alpha = \beta/(1 - \beta)$ $\beta = \alpha/(1 + \alpha)$

第三节 产能的计算

一、产能的计量单位

产能以实物指标作为计量单位。产能的实物计量单位有：具体产品、代表产品及假定产品。

(1) 具体产品。在产品品种单一的大量生产企业中，计算产能的生产率定额用该具体产品的时间定额或生产该产品的产量定额。企业的产能即以该具体产品的产量表示。

(2) 代表产品。在多品种生产的企业中，可在结构、工艺和劳动量构成相似的产品中选出代表产品，以生产代表产品的时间定额或产量定额来计算产能，则产能的计量单位即为代表产品。

代表产品一般选用在结构工艺相似的产品中代表企业专业方向，产量与劳动量乘积最大的产品。代表产品与具体产品的产量可通过换算系数进行换算。换算系数为具体产品与代表产品的时间定额的比值，即： $K_i = \sum t_i / \sum t_d$

其中，K_i 代表产品 i 的换算系数；$\sum t_i$ 代表产品 i 的工序时间定额之和(台时)；$\sum t_d$ 代表产品的工序时间定额之和（台时）。

(3) 假定产品。在产品品种较多且各种产品的结构、工艺和劳动量构成差别较大的情况下，不能用代表产品来计算产能，此时可用假定产品作为计量单位。

假定产品是由各种产品按其产量比重构成的一种假想产品。如果企业生产纲领规定生产 A、B、C 三种结构、工艺不相似的产品，其产量分别为 600、300 和 100，即三种产品的产量比重分别为 0.6、0.3 和 0.1，则一个假定产品中含 0.6 个 A 产品、0.3 个 B 产品和 0.1 个 C 产品。

假定产品劳动量定额的计算公式为：$t_J = \sum t_i \theta_i$

其中，t_J 代表单位假定产品的劳动量定额（台时）；t_i 代表产品 i 的时间定额（台时）；θ_i 代表产品 i 的产量比重；n 代表产品品种数。

产品品种繁多而且不稳定的单件小批生产企业，也常采用产品的某种技术参数作为计量单位，如发电设备的功率数。铸造、锻压、金属结构等工厂、车间也常采用重量单位。

二、产能的计算

1. 单台设备及流水线产能的计算和确定

大量生产企业按流水线组织生产时，产能按每条流水线核算。流水线的产能决定于承担每道工序的设备的产能，因此，产能的计算从单台设备开始。单台设备产能的计算公式为：$P_0 = F_e/t$

其中，P_0 代表单台设备产能（台或件）；F_e 代表单台设备计划期（年）内有效工作时间（小时）；t 代表产品的工序时间定额（台时）。

工序由一台设备承担时，单台设备的产能即工序产能；工序由 S 台设备承担时，工序产能为 P_0S。

流水线的产能，在各道工序的产能综合平衡及同期化的基础上确定。

另外要注意，流水线作业效率很高，但并不意味着流水线越长越好。这是因为并不是所有设备的可靠性都是100%，即使流水线单台设备的可靠性达到99%，如流水线有30台设备，则流水线的总体可靠性则0.99的30次方，即可靠性只有74%左右。而事实上汽车制造业的一条流水线的设备数量远大于30台，一般的方式是将流水线分成数段，段与段之间建立一定的工序储备（未完工产品或用于存放未完工产品的存储面积），当上一段流水线发生故障时，不至于直接造成上游或下游的停线。从这一方面考虑，实际生产过程中很难或根本就无法做到“零库存”生产。

在流水线的产能配置上，过去强调产能的“一致性”原则，即上游与下游的设计产能配套相等。目前有一个新的概念，建立“超速能”，即能力建设阶段，上游设计产能要略大于下游产能。其一，当下游故障停线时，为避免中间在制库存过大，可要求上游立即停产，而一旦下游故障解除，为避免中间在制品被拉空，要求上游开足能力加速生产，快速填充中间在制品。其二，从生产经营的总体上考虑，上游的超速能力平时可用于生产备件，用于满足售后服务的需要。

2. 设备组产能的计算

在成批生产及单件小批生产企业，当工段按工艺原则或对象原则组织时，产能的计算通常从设备组开始，构成设备组的基本条件是它们在生产中的互换性，也就是设备组中的任何设备在大体相同的时间内，可以完成分配给设备组加工的任何相同工序，并能达到规定的质量标准。

金属切削机床分组的标准是：机床的用途（工艺工序种类）、机床的规格尺寸、机床的生产率、机床的动力特征和功率、机床的精度等。

锻压设备、铸造设备按设备的种类、用途、加工吨位和生产率等进行分组。

设备组产能的计算公式为：　　　$P = F_e S/t$

其中，P 代表设备组的产能(台或件)；S 代表设备组的设备数量(台)；t 代表制造单位产品（具体产品、代表产品或假定产品）所需该种设备的台时数。

设备组产能的计算公式也可写成：$P = F_e S\rho$

其中，ρ 代表单台设备小时产量定额。

铸造车间熔炼工段熔炼设备的生产率为每小时的铁水产量，而产能应以合格铸件重量表示，因此，熔炼设备的产能公式为：$P_r = F_e S_r \rho_r \alpha$

其中，P_r 代表熔炼设备组的产能(吨)；S_r 代表熔炼设备数(台)；ρ_r 代表熔炼设备小时生产率(吨／小时)；α 代表合格铸件百分率。

下面以金属切削机床为例计算设备组产能。

(1) 以代表产品为计量单位计算设备组产能。设车间生产 A、B、C、D 四种结构、工艺相似的产品，根据产量及劳动量的大小，选定 B 产品为代表产品，其单位产品在铣床上的台时消耗为 5 小时；设铣床组共有 6 台铣床，每台铣床的全年有效工作时间为 4650 小时，则铣床组的产能（以代表产品 B 的产量表示）为：

$$P = F_e S/t = 4650 \times 6/5 = 5580 \text{（台）}$$

将代表产品 B 的产量换算为各具体产品产量的过程及结果如表 6.1 所示。

表 6.1　　　**代表产品换算为具体产品产量的计算过程表**

产品名称	生产纲领（台）	单位产品总劳动量（台时）	产量换算系数	换算为代表产品产量（台）	换算后各产品的产量比重（%）	以代表产品表示的产能（台）	换算为具体产品表示的产能（台）	备注
①	②	③	④	⑤=②×④	⑥ = ⑤/∑⑤	⑦	⑧=⑦×⑥×1/④	⑨
A	2100	20	0.5	1050	0.21		2344	
B	1500	40	1	1500	0.30	5580	1674	代表产品
C	1000	50	1.25	1250	0.25		1116	
D	800	60	1.5	1200	0.24		893	
合计	5400			5000	1.00		6027	

(2) 以假定产品为计量单位计算设备组的产能。设车床组有 15 台车床，生产 A、B、C、D 四种结构、工艺不相似的产品，每台车床全年有效工作时间为 4700 小时，各种产品的计划年产量、单位产品的车床台时消耗定额及以假定产品为计量单位计算车床组产能的

计算过程如表 6.2 所示。

表 6.2　　产能计算过程表

产品名称	计划产量（台）	各产品产量比重	单位产品车床台时消耗定额	单位假定产品车床台时消耗	以假定产品表示的产能	换算成具体产品的产能（台）
①	②	③ = ②/$\sum$②	④	⑤ = $\sum$(④ × ③)	⑥=4700×15/⑤	⑦=⑥×③
A	100	0.25	200	150	470	117
B	80	0.20	270			94
C	160	0.40	100			188
D	60	0.15	40			71
合计	400	1.00				470

3. 工段（车间）产能的计算和确定

在计算设备组产能的基础上，确定工段（车间）的产能。各设备组的产能一般是不相等的，因此确定工段（车间）的产能时，要进行综合平衡工作。通常以主要设备组的产能作为综合平衡的依据。所谓主要设备组，是指完成劳动量比重最大或者贵重而无代用设备的设备组。产能不足的设备组为薄弱环节，要制定消除薄弱环节的措施。

产能取决于生产面积的工段（车间），如地面造型工段、装配工段（车间），其产能按生产面积进行计算。

地面造型工段产能的计算公式为：$P_x = A_x\rho_a$

其中，P_x 代表造型工段的产能(吨)；A_x 代表造型生产面积(平方米)；ρ_a 代表单位造型面积合格铸件年产量（吨/平方米）。

装配工段（车间）的产能可按下式计算：$P_z = F_sA/at$

其中，P_z 代表装配工段(车间) 的产能(台)；F_s 代表计划期(年) 制度工作时间(小时)；A 代表装配工段(车间) 的生产面积(平方米)；a 代表单位产品占用的生产面积(平方米/台)；t 代表单位产品装配时间（小时/台）。

4. 企业产能的确定

企业产能在各车间产能综合平衡的基础上确定。企业产能综合平衡的内容主要包括两个方面：一是各基本生产车间产能的平衡，二是基本生产车间与辅助生产车间及生产服务部门之间产能的平衡。在平衡各基本车间的能力时，首先要确定主要车间，并以主要车间的产能作为平衡的依据。在包括各个工艺阶段的机械工业企业中，通常以机械加工车间为主要车间。

基本车间和辅助车间产能的平衡，一般是以基本车间的产能为基准，核对辅助车间产能协调配合情况。

在确定企业产能的过程中出现能力不平衡情况时，必须制定消除薄弱环节的措施，使企业的产能达到较先进的水平。

第四节 产能计划

一、产能计划

产能计划是指产能的现实及发展计划，通常包括长期计划、中期计划和短期计划。

（1）长期计划，为期 1 年以上，长期计划中涉及的生产性资源需要较长一段时间才能获得，也将在较长一段时间内消耗完毕，如建筑物、设备、物料设施等。长期计划是企业最高层（决策层）关心的问题，需高层管理者的参与和批准。

（2）中期计划，为期半年至 18 个月的计划或季度计划，涉及工厂经理关心的问题，他们必须决定如何以最优方式利用企业的产能以满足预期的需求，尤其是要安排好需求高峰与低谷时期的产能的平衡，以保证既能充分利用产能，又能满足市场需求。

（3）短期计划，小于 1 个月的产能计划。这类产能计划关系到每天或每周的生产调度情况。为消除计划产量与实际产量的矛盾，短期计划需作相应调整。短期产能计划是一线主管（车间级）最关心的事。

二、产能的利用率与产能柔性

1. 产能的利用率

产能的利用率是指设施、设备、人员等产能被利用的平均程度，其基本表达式为：

$$利用率=\frac{平均产出率}{能力}$$

平均产出率和产能必须用相同的单位表示才有意义，如一个汽车厂的产能为年产 30 万辆汽车，平均产出率为 24 万辆，则利用率为 80%。

一个企业的产能利用率达到 100%为最佳吗？通常来说，产能要有一定的富余。这种富余量又被称为产能的缓冲（capacity cushion），用数学式来表达即：

$$产能缓冲=1-利用率$$

产能缓冲量多大为适合呢？

一般来说，在资本密集型企业中，由于设备造价昂贵，产能缓冲量通常较小，小于 10%。服务企业，顾客到达是随机的，从而导致服务台的忙闲不均，如果不设置足够的产能缓冲量以应付顾客到达的高峰，就有可能失去顾客（服务不能存储），因此适当设置缓冲量就更加重要。

对于制造企业，需求的波动在某种程度上可以利用库存来调节，也可以通过加班调节，因此缓冲量可相对小一些，但当需求的不确定性较大，而生产系统资源的灵活性又较小时，较大的缓冲量是必要的。

2. 产能柔性

产能柔性（capacity flexibility）是指（企业）具有迅速提高或降低生产水平，或者迅速地将产能从一种产品（服务）转移到另一种产品（服务）的能力。

这种柔性的实现依赖于企业柔性的生产组织、柔性的生产过程和柔性的操作工人以及利用其他产能的柔性经营战略。

比如，中国汽车市场发展很快，给中国汽车制造业带来了巨大挑战，频繁波动的市场需求要求汽车制造业必须具备“足够”的产能柔性来适应市场的变化。图 6.1 为国内某制造企业在确定本企业产能及安排生产预算时对产能规划的基本思路。

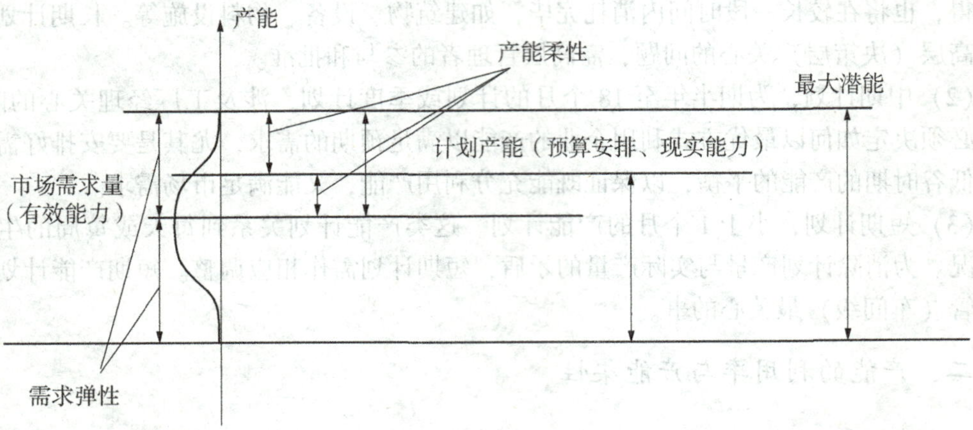

图 6.1　产能柔性

三、产能决策

1. 产能决策步骤

不同的企业在进行产能决策时所采用的方法各不相同，但大多遵循相似的决策步骤，即：（1）预测产能需求；（2）分析现有产能与未来需求产能的差距；（3）确定所需扩大的产能；（4）制订各种可行的能力计划方案；（5）评价每个方案，并从中确定最佳方案。

2. 产能决策方法

产能决策的一种简捷方法是决策树法。决策树法是一种通过图示罗列解题的有关步骤及各步骤发生的条件与结果的方法。它不仅可以帮助人们理解问题，还可以帮助人们解决问题。

决策树由决策节点、机会节点与节点间的分枝连线组成。通常，用方框表示决策节点，用圆圈表示机会节点，从决策点引出的连线表示决策者作出的选择。

在运用决策树法计算期望值时，应从决策树末端起，从后向前，一步步推进到决策树的始端。在向前推进的过程中，应在每一阶段计算事件发生的期望值。但要注意的是，如果所处理问题的计划期较长，计算时应考虑资金的时间价值。下面的例题可以说明如何利用决策树法作出合适的决策。

某公司为其产品生产设计了两个方案。方案1：新建一个大工厂，需投资300万元，可使用10年。方案2：先新建一个小工厂，需投资140万元；若前3年产品销路好，再考虑是否扩建；若扩建，需再投资200万元，可使用7年，每年盈利情况比大建工厂少10万元。根据市场预测，前3年销路好的概率为0.7，销路差的概率为0.3；后7年的情况是：若前3年销路好，则后7年销路好的概率为0.8，差的概率为0.2；若前3年销路差，则后7年销路肯定差。两个方案的损益表如表6.3所示。试建立决策树并帮助该公司找到最佳的决策方案。

表6.3　　对比方案损益表

方　案	投资（万元）	前3年利润（万元/年）		后7年利润（万元/年）	
		销路好　0.7	销路差　0.3	销路好　0.8	销路差　0.2
新建大工厂	300	100	−20	100	−20
新建小工厂 再扩建	140 200	40	30	90	−20

（1）绘制决策树图（见图6.2）。

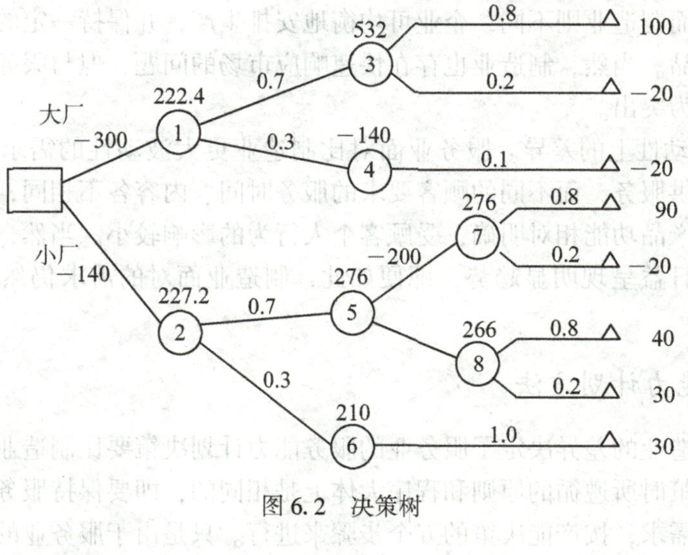

图6.2　决策树

（2）计算各节点的期望值和各方案的综合期望值：

节点③期望值：［100×0.8+（−20）×0.2］×7=532（万元）

节点④期望值：−20×1×7=−140（万元）

节点①期望值：

[100×0.7×（-20）×0.3]×3+532×0.7+（-140）×0.3-300=222.4（万元）

节点⑦期望值：[90×0.8+（-20）×0.2]×7-200=276（万元）

节点⑧期望值：[40×0.8+30×0.2]×7=266（万元）

节点⑥期望值：30×1×7=210（万元）

节点②期望值：[40×0.7+30×0.3]×3+276×0.7+210×0.3-140=227.2（万元）

由上述各节点的期望值可见先建小厂、再扩建的决策方案最优。

第五节　服务能力计划

一、服务业与制造业的差异

决定服务业服务能力的因素与决定制造业产能的因素有许多相似之处，服务能力（服务设施规模）的大小在决定所服务的顾客数量上也同样起至关重要的作用，尽管如此，制造业的产能计划与服务业的服务能力计划之间仍有许多差别。这主要是由于服务业在场所、时间、顾客需求等方面与制造业有明显的不同。

（1）场所上的差异。由于服务本身不能储存和运输，服务场所不能远离顾客，越靠近顾客越好。而制造企业的产品可以通过运输工具传递给顾客，地点设置并非一定要靠近顾客。

（2）时间上的差异。由于服务不能储存，服务过程必须是及时的，否则，顾客就会转移。例如，顾客来到某餐馆就餐，若该餐馆恰好无空位，那么顾客就会离开该餐馆，去寻找别的餐馆。而制造业则不同，企业可均衡地安排生产，并保持一定的库存量，随时按顾客要求提供产品。当然，制造业也存在快速响应市场的问题，但与服务业相比，服务业对时间的要求更为突出。

（3）需求波动性上的差异。服务业面对比制造业更大波动性的需求。由于服务机构直接面对顾客提供服务，而不同的顾客要求的服务时间、内容各不相同，服务的稳定性较低。制造业由于产品功能相对明确，受顾客个人行为的影响较小。当然，制造业产品的个性化和多样化也日益呈现明显趋势，即便如此，制造业面对的需求仍然比服务业的波动性小。

二、服务能力计划方法

服务业与制造业的差异决定了服务业的服务能力计划决策要比制造业的产能计划决策复杂得多，但决策时所遵循的原则和程序大体上是相同的，即要保持服务系统的服务能力能够满足顾客的需求，按产能决策的五个步骤来进行。只是由于服务业的顾客需求具有更大的随机性，在拟订可行方案时，要应用运筹学的排队理论和方法，或采用计算机仿真模型，模拟未来顾客的数量、到达时间、服务时间，进行方案的拟订，然后，对排队或仿真结果进行分析比较，选择最佳方案。有关排队论和计算机仿真知识，请读者参阅有关书籍和文献，在此不赘述。

【思考与练习】

1. 什么是产能？说明设计产能、现实能力、查定产能三者之间的关系。
2. 影响产能的因素有哪些？
3. 什么是产能的具体产品单位、代表产品单位和假定产品单位？
4. 什么是产能利用率？产能利用率达到100%是否最好？
5. 什么是产能的柔性？
6. 扩大产能的基本问题是什么？
7. 服务业与制造业在产能上的主要差异有哪些？
8. 产能计划决策过程的具体步骤有哪些？
9. 决策树有哪些构成要素？利用决策树法进行产能决策的程序及注意的问题是什么？
10. 某公司为其产品生产拟订了两个方案。方案1：投资1800万元，建一个大工厂，使用10年。方案2：先投资960万元，建一个小工厂，若产品销路好，3年后再考虑是否进行扩建；若扩建，则需再投资840万元，可使用7年，每年盈利情况与大工厂相同。根据市场预测，前3年产品销路好的概率为0.7，销路差的概率为0.3；后7年的情况是：若前3年产品销路好，则后7年产品销路好的概率为0.9，销路差的概率为0.1；若前3年产品销路差，则后7年产品销路肯定差。两个方案的损益表如表6.4所示。试建立决策树并帮助该公司找到最佳的决策方案。

表6.4 **对比方案损益表**

方案	投资（万元）	前3年利润（万元/年）		后7年利润（万元/年）	
		销路好 0.7	销路差 0.3	销路好 0.9	销路差 0.1
建大工厂	1800	600	-120	600	-120
建小工厂 再扩建	960 840	240	60	600	-120

第七章 设施选址

在生产/服务能力决策完成之后，接着的问题就是要考虑企业在何处新建生产或服务设施。因为在不同地理位置兴建生产设施或服务设施，其投资的情况是不同的，其运行费用也是有区别的，需要考虑各种因素。本章针对企业设施选址一系列问题进行讨论。

第一节 设施选址的基本问题及其重要性

一、设施选址的基本问题

设施（facility），是指生产/服务系统进行生产/服务所需的设备、场所及辅助设施等硬件的物质实体。设施选址（facility Location）就是指如何运用科学的方法确定企业在何处兴建生产/服务设施，它不仅关系到设施建设的投资和速度，而且在很大程度上决定了今后所提供的产品/服务的成本，具有“先天”的效果。

设施选址的基本问题包括两个层次的决策问题：第一个层次是宏观层次的问题，即选区域，选择什么区域，是内地还是沿海，是我国的东部、中部还是西部，是一个城市的市区还是市郊或其他区域等，这是一个战略性的问题；第二个层次就是定位置，也称定址，即在所选择的区域内，根据区域的具体情况及企业生产经营活动的要求，来确定设施的具体位置。

二、设施选址的重要性

设施选址的重要性可以从投资、运行成本两方面来分析。

（1）投资。建新厂区需要大量的投资，土地的价格、“三通一平”等基建的基础工作与区域的选择有着直接的联系。远离城市中心地段的土地价格，显然要比城市中心的土地价格低，即便是租用土地，租金同样会大大低于城区中心地段的租金。通水、通电、通气及土地平整等费用也是建新厂区的一项重要投资，需要纳入选址的考虑范围之内。

（2）运行成本。选址不仅对初期的设施投资有着重要的影响，同时对今后企业的运行成本也有极为重要的影响。选址远离原材料供应地或产品销售地无疑将加大运输等物流的费用，从而增加产品的成本。对于实施“内迁”或搬迁改造的企业来讲，还意味着完成“内迁”或搬迁改造后必须面对剧增的折旧费用。另外，选址问题如果处理不当，将增加企业的负担，使企业运行费用提高。因为，设施一旦定址，不可能容易地说搬就搬，它必将在今后较长时期内影响企业的生产经营活动，其“先天优劣”可能是导致企业经营成败的重要因素。我国原有许多“三线”企业主要分布在山区，从战略角度来看，无疑有其战略意义，但从经济上分析，显然不利于企业的发展。

第二节 设施选址的影响因素

设施选址的影响因素是多方面的，总体来说这些因素可分为四类：经济因素、政治和政策因素、社会因素、自然因素。

一、经济因素

(1) 运输条件与费用。从供应链的角度来看，物流伴随企业生产经营活动的全过程。因此，原材料、产成品的运输费用是企业产品总成本的组成部分。交通的便利程度、交通工具的运用及企业与供应商和销售商（消费者）的距离远近，是决定运输条件与费用的主要因素。因此，选址时要考虑：

第一，选址要接近原材料供应地。对原材料依赖性较强的企业应考虑尽可能接近原材料供应地，尤其对原材料成本占产品成品比重较大的企业，接近原材料供应地、降低运输费用是选址的重要考虑因素，如水泥厂、钢铁冶炼厂、玻璃厂等企业。

第二，选址要接近消费市场。选址要接近消费市场的目的是节约运费和及时提供服务。通常情况下，对产成品运输不便、产品保质期较短的企业及大多数服务企业，其选址要尽量靠近消费市场，如家具厂、宾馆等。

(2) 劳动力资源及费用。不同地区的劳动力资源情况不同，其工资水平也不相同。因此，企业要考虑的是该区域内能否提供合格的劳动资源及工资水准如何？对于劳动密集企业，人工费用占产品成本的比重较大，因此必须更多地考虑劳动力工资成本因素。发达国家在发展中国家建厂的一个重要原因是发展中国家劳动力成本较低。对于高新技术企业在选址时更多地考虑劳动资源的可获得性，因此，大城市、科技园区、高校、科研院所附近的基地，可作为首选。

(3) 产业群落。产业群落是指某一产业聚集的地区。在该地区大、中、小企业群聚，产业中的上、中、下游企业密布，如果新建的企业属于该产业范畴，则应将新厂址选择在这一区域，其优势一是协作关系容易建立，二是产业发展趋势和动态能迅速把握。如中国的中关村、美国的硅谷、日本的筑波城、服务业的大型专业市场等。

(4) 厂址费用。厂址费用是指企业建厂所处的地域位置和地价的高低，通常情况是：城区地价高，城郊的地价低，农村地价更低。厂址选择要考虑地价的高低，因为它对投资等费用有直接的影响。

二、政治和政策因素

政治因素包括政治局面是否稳定，法制是否健全，税赋水平的高低等。政治因素对在国外建厂的企业来说，是首要的问题。在一个政府不稳定的国家投资建企业，风险是很大的，法制和税制的不稳定性，会导致投资者的利益难以保证，因此政治因素是在国外建厂时必须考虑的且极为重要的因素。

政策因素是指国家和地方政府经济政策、税收政策及其他鼓励或限制产业发展的政策等。如高新技术园区对高新技术企业所采取的优惠政策，地方政府鼓励发展的产业有优惠的税收政策等。因此如果新企业属于政府支持鼓励发展的企业，并又有明确的区域要求，则新企业的定址要充分利用政府的良好政策环境，使企业得到尽快发展。

三、社会因素

社会因素的范围较为广泛，主要包括当地居民的生活习惯、文化教育水平、宗教信仰和生活水平等。

对选址影响因素较大的主要是文化教育水平和生活水平。文化教育水平，往往决定当地劳动力资源水平。文化教育水平较高的地区，较易获得高素质的劳动力资源，因此，如果企业产品的技术含量较高，要求有较高素质的劳动力，则可以考虑在该地区选址。相反，企业的产品是初级产品，在对劳动力素质要求不太高的情况下，选择文化教育水平较低的区域建厂也能满足企业用工要求。某一区域生活水平的高低往往取决于该地区居民收入水平的高低。生活水平较高地区的居民，对收入的要求同样也较高。因此，对企业选址的影响，主要是要考虑利用当地劳动力资源的工资费用。

其他社会因素如居民生活习惯、宗教信仰等因素，也要予以考虑。

四、自然因素

自然因素主要包括气候、水资源状况和地段情况。企业要根据产品的特点，考虑温度、湿度、气压等气候条件，如精密仪器等，对气候要求就比较高；同时气温的高低对工作人员的工作效率和厂房、办公室的建筑设计都有影响。有些企业像造纸、发电厂、化纤厂等，对用水量及水资源的要求较高，因此，这类企业选址要考虑所选地址的水资源情况。有些重型机械产品生产企业，对地面的承重要求较高，因此，要选择地质条件较好的区域建厂。

总之，影响企业设施选择的因素是多方面的，企业在选址决策过程中，要予以综合考虑。通常要在各影响因素间进行权衡和取舍，分清影响因素的主次，抓住关键。

第三节 设施选址的方法

选址问题涉及众多的因素，且各企业的具体情况不同，再加之未来发展的不确定性，因此，寻求一个能涵盖所有因素的选址模型和方法是困难的。作为一个决策者来说，重要的是要树立选址决策过程思维方式，明确需要考虑的因素，在此基础上，分析、判断主要因素和次要因素，通过适当的方案辅助决策，最后在各种可行的方案中进行权衡和取舍。下面介绍几种选址的方法。

一、加权评分法

加权评分法的基本思想是将影响选址的因素，尤其是主要因素一一列出，根据各因素对选址决策的影响程度，确定其相应的权重，进而确定每一因素的取值范围，再根据每一因素对该选址的影响确定其分值，最后加权求和，即将每个选址方案的各因素分值乘以其权重并相加，加权和最大的方案为选址方案，具体计算过程如下例所示。

某企业新建厂区，初步确定了三个厂址 A、B、C，对影响厂址选择的因素主要有 5 项，其权重和评分值见表 7.1。

表 7.1　　加权评分法

序号	选址影响因素	权　重	各选厂址		
			A	B	C
1	原材料供应	0.15	90	80	100
2	水资源条件	0.15	90	90	85
3	劳动力成本	0.2	70	80	85
4	运输、交通条件	0.2	90	80	90
5	土地价格与租金	0.3	90	100	80
合　计		1	86	87.5	86.75

比较 A、B、C 三个选址方案的加权和分值，A 方案：86 分，B 方案：87.5 分，C 方案：86.75 分，B 方案得分最高，选择 B 方案。

加权评分法往往很难判断各因素对选址影响的权重，同时，各因素之间又是相互影响的，而加权评分法则不能反映出这种相互影响，因此，要进一步改进加权评分法。

二、层次分析法

由于选址问题是一个系统问题，可采用系统评价的方法对选址方案进行评价。层次分析法（Analytic Hierarchy Process，AHP）就是一种有效的方法。

层次分析法是美国运筹学家萨迪（C. L. Saaty）20 世纪 70 年代初期提出的一种著名的决策方法。它将一个具有多层次、多属性指标因素的复杂方案的选优决策问题，通过层次序列化和因素重要性的判断及定量计算得到优选方案，是定性与定量相结合的多目标决策技术。由于设施选址根据各评价准则的要求选出最优的地点，运用 AHP 可提高选址的科学性和合理性。

运用 AHP 进行选址决策时，大体有 4 个步骤：

1. 分析选址系统中各因素之间的关系，建立系统的递阶层次结构

在实地调查研究和查核历史资料的基础上，使用层次分析原理，经反复论证，对目标进行逐层分解，使同层次因素的含义互不覆盖，而且相邻上、下层因素之间为递推隶属关系，最后形成如图 7.1 所示的递阶层次结构图。在图中，目标层为选取最优的地址；准则层为评价设施地址优劣的准则，包括经济因素、社会因素、自然因素；指标层即为设施选址时具体考虑的指标因素，在这里我们给出了 13 个指标；方案层为各候选的设施地址。

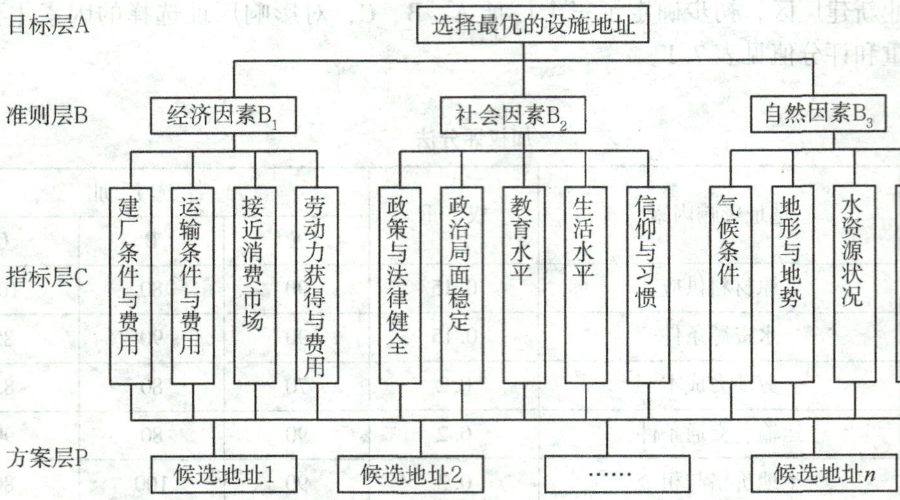

图 7.1　设施选址的递阶层次结构模型

2. 构造比较判断矩阵

按照给出的层次结构模型，两两比较各层，给出其比较判断矩阵。比如基于目标层A，经两两比较后确定出准则层 B 中各因素的相对重要程度，其相对重要的比值便构成了A-B 判断矩阵。同理，可以计算出某一层次的某个因素与它的下一层次各因素两两比较的相对重要程度比值所构成的判断矩阵，如 B_1-C 判断矩阵。A-B 判断矩阵为：

A	B_1	B_2	$\cdots$	B_k
B_1	a_{11}	a_{12}	$\cdots$	a_{1k}
B_2	a_{21}	a_{22}	$\cdots$	a_{2k}
$\vdots$	$\vdots$	$\vdots$	$\vdots$	$\vdots$
B_k	a_{k1}	a_{k2}	$\cdots$	a_{kk}

3. 对各层次判断矩阵进行单排序及一致性检验

通过计算判断矩阵最大特征根及其相应的特征向量来确定矩阵中各因素的排序，并进行一致性检验。计算步骤如下：

（1）计算判断矩阵 $A=(a_{ij})_{n\times n}$ 的每行元素的乘积 M_i：

$$M_i=\prod_{j=1}^{n}a_{ij}\qquad i=1,\ 2,\ \cdots,\ n$$

（2）计算 M_i 的 n 次方根 $\bar{W}_i$：$\bar{W}_i=\sqrt[n]{M_i}\qquad i=1,\ 2,\ \cdots,\ n$

（3）对 $\bar{W}_i$ 归一化，即计算 $W_i=\dfrac{\bar{W}_i}{\sum\limits_{j=1}^{n}\bar{W}_j}$（$i=1,\ 2,\ \cdots,\ n$），则 $W=(W_1,\ W_2,\ \cdots,$

$W_n)^T$，即为所求特征向量的近似值。

（4）计算各判断矩阵最大特征根 λ_{max}：$\lambda_{max} = \sum_{i=1}^{n} \frac{(AW)_i}{nW_i}$

式中，$(AW)_i$ 表示向量 AW 的第 i 个元素。

（5）计算判断矩阵的一致性指标，检验其一致性：

计算一致性指标 CI：$CI = \frac{\lambda_{max} - n}{n-1}$

计算随机一致性比率 CR：$CR = \frac{CI}{RI}$

式中，RI 为判断矩阵 A 的平均随机一致性指标。当 CI≤0.1 时，我们认为判断矩阵的一致性可以接受。

4. 层次总排序及其一致性检验

层次总排序即计算层次结构模型中同一层次所有因素对于最高层次（即目标层）相对重要性的排序权值。这一过程是由最高层次到最低层次（方案层）逐层进行的。若层次 A 包含 n 个因素 A_1，A_2，…，A_n，其层次总排序权值分别为 a_1，a_2，…，a_n，而它的下一层次 B 包含 m 个因素 B_1，B_2，…，B_m，各因素对于上一层次某因素 A_j 的层次单排序权值分别为 b_{1j}，b_{2j}，…，b_{m_j}（当 B_k 与 A_j 无关时，$b_{kj} = 0$），则此时 B 层次总排序权值 $V_B = (V_1, V_2, \cdots, V_m)$，其计算过程见表 7.2。

表 7.2　　**层次 B 的总排序权值计算**

	A_1 A_2 … A_n	B 层总排序权值
	a_1 a_2 … a_n	
B_1	b_{11} b_{12} … b_n	$V_1 = \sum_{j=1}^{n} a_j b_{1i}$
B_2	b_{21} b_{21} … b_{2n}	$V_2 = \sum_{j=1}^{n} a_j b_{2i}$
⋮	⋮	⋮
B_m	b_{m1} b_{m2} … b_{m_n}	$V_m = \sum_{j=1}^{n} a_j b_{mi}$

层次总排序的一致性检验也是由高到低逐层进行的。如果 B 层次相对于 A 层次中某因素 A_j 的单排序一致性指标为 CI_j，相应的随机一致性指标为 RI_j，则 B 层次总排序随机一致性比率为：

$$CR = \frac{\sum_{j=1}^{n} a_j CI_j}{\sum_{j=1}^{n} a_j RI_j}$$

当 CR≤0.1 时，检验通过，否则需重新调整判断矩阵的值。

于是，通过由高到低逐层计算得到最低层（方案层）的总排序权值。由最低层各因素的总排序大小即可确定最优的设施地址。

三、线性规划法

如果说在选址过程中，运输问题是影响选址的重要因素，那么当该企业的原材料或外协件又是由多家供应商提供、生产的产品又分销到不同地点的多供应、多分销点的情况时，通常可用线性规划中的运输问题进行定量分析，求解出最佳的选址方案。线性规划中运输问题的求解，可详见运筹学中的相关内容，本书在此不作详细介绍。

【思考与练习】

1. 为什么要进行设施选址？其意义何在？

2. 设施选址的基本问题是什么？设施选址的影响因素有哪些？设施选址的一般步骤是什么？

3. 根据服务业与制造业的差异，服务业与创造业在设施选址上有哪些不同？

4. 用加权评分法，对 A、B、C 三个选址方案进行选择。权重及评分（满分为 100 分）结果如表 7.3 所示。

表 7.3

序号	选址影响因素	权　重	各选厂址		
			A	B	C
1	原材料供应运输	0.1	85	90	100
2	水资源条件	0.2	70	80	85
3	劳动力成本	0.3	90	85	85
4	产品销售区域的运输	0.1	90	80	80
5	土地价格	0.3	90	80	70

5. 如果在国内任何地方建立一个轿车生产厂，你会选择在哪个地方？为什么？

6. 如果在本城市任何地方建一个中档宾馆，你会选择哪里？为什么？

7. 如果你是一个办公软件公司的经理，你会将企业设在什么地方？为什么？

8. 试用 AHP 方法构造并评价某一选址方案。

【案例】

波塔·普特公司

波塔·普特公司生产和销售船用外装汽油马达。它有三个工厂，其中之一圣路易斯厂已陈旧，另外两个厂——洛杉矶和芝加哥总装配厂最近改建过。主管部门不拟再经营圣路易斯厂，打算新建一个厂，并寻找一个适当的地点。新建的丹佛发货仓库将在两年内开始营业。由于新建的马达总装厂可以成为丹佛仓库主要的马达供应者，所以把这个厂建在那里，可以大大减少发运费用，而这正是波塔·普特公司经营费用中的一个重要组成部分。

在圣路易斯厂所开支的运输费用有两种。首先从明尼阿普利斯和西雅图把总装马达所需用的原材料和部件运到圣路易斯厂，总装完毕之后，圣路易斯厂再将其成品发送到丹佛发货中心。图 7.2 表明了与圣路易斯相关的这三个厂、库的地理位置。表 7.4 简要地列出了在圣路易斯和另外三个厂、库之间每年输送的标准装车数。一个标准装车的输送费用为每吨 10 美分。

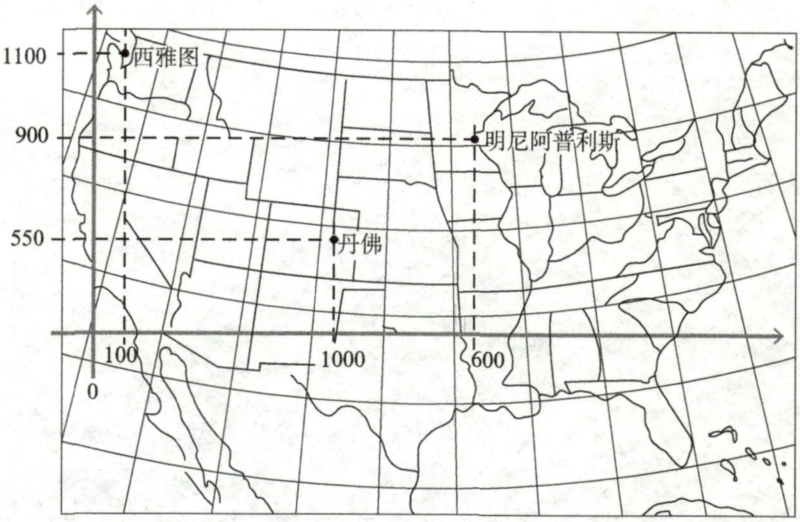

图 7.2　与圣路易斯相关的这三个厂、库的地理位置

表 7.4　　圣路易斯厂和波塔·普特公司的其他几个厂之间货物的运输数量

现　有　厂	每年输送的标准装车数	现有厂的坐标位置	
		X	Y
丹　佛	10000	1000	550
西雅图	8000	100	1100
明尼阿普利斯	4000	1600	900

资料来源：小亚当（Adam Jr, E.E.）、埃伯特（Ebert, R.）:《生产与经营管理》，中国社会科学出版社 1985 年版。

主管部门想找到一个理想的厂址，使每年很高的运输费减少到最低。但与此同时，对于从圣路易斯市拆除 35 年前建立的总装厂却又犹豫不决。波塔·普特公司有经验丰富的职工，他们有许多好的工作方法，并多次改装了总装配线，从这些改进中孕育出了一种复杂的总装作业法，从而有效地生产出优质马达——直至最近整个工厂在技术上变得陈旧。迁厂问题由副总经理负责，他感到应当告诉圣路易斯厂的雇员，他们可能要失业，但到目前为止，他只是和几个经理讨论了这一可能性。当副总经理提出迁厂的想法时，几个经理对此感到沮丧。

思考题：是否迁厂需要考虑哪些因素？根据已知条件求最佳地址。

第八章 设施布置

设施布置（facility layout）是生产系统设计的重要环节。企业在决定向市场提供什么产品或服务及提供的产品数量或服务的规模，进而将采取什么样的生产组织方式和采用什么样的生产技术，需要多大的生产能力，在何处选址等一系列决策之后，接下来的问题是：企业内各设施（生产作业单位）如车间、办公楼及车间内各机器设备的位置、摆放等设施布置的问题。设施布置一旦完成之后，它将在较长的时间内影响企业生产系统的运作效率。本章主要介绍设施布置的基本问题和一般思路，然后对工艺专业化、对象专业化和其他布置类型进行介绍。

第一节 设施布置的问题和思路

一、设施布置设计的意义

许多企业经理都提出一个问题：为什么要进行布置设计？有时候它似乎是很容易的事情，就像把家具搬到空房间一样，按自己的爱好，想怎样布置就怎样布置，直到满意为止。但是在企业中，不论是制造业还是服务业，不论在什么情况下，只要进行布置或重新布置，就会导致时间的损失、设备的闲置和人员的混乱，这是其一；其二，生产系统（或包括企业整体系统）本身设施及布置的好坏、优劣将直接影响以后生产系统的运行效果，可能会导致产品成本较高，从而导致企业利润下降，因此，有人认为系统布置设计的好坏决定了企业系统的“先天”如何，设计得好则“先天”好，企业生产系统运行效益就好，利润也会增大。

二、设施布置的基本问题

设施布置是指在一个给定的设施范围内，合理安排企业内各作业单位相对位置与面积及车间内部各生产单元（或设备）的相互位置。作业单位是指需要占据一定空间的任何物质实体，包括车间、办公楼、仓库，也包括机器设备、工作台、通道、工具架等。对于给定的设施范围，可以是一个厂区，也可以是一个车间、一个办公楼或一个服务设施。

设置的布置决策要解决的问题包括：

(1) 一个企业的设置到底要包括哪些作业单位？显然，这个问题取决于企业的产品、工艺、产品数量、生产组织方式、专业化与协作水平等各种因素。

(2) 整个作业单位需要多大的空间？空间过大，是浪费；空间过小，不能满足企业生产要求。显然，这个问题与产品生产的数量和采用生产技术的水平高低及生产组织方式有关。

(3) 每个作业单位的空间形状如何？即采用矩形、正方形或是其他什么形状。显然，这既与设施范围的空间大小、形状有关，又与产品工艺要求和生产组织方式相联系。

(4) 整个作业单位（单元）在设施范围内的具体位置，这是最终布置决策的结果。

由此可见，这四个基本问题既存在一定的先后顺序，同时又构成一个相互联系的整体。

三、设施布置的影响因素

影响设施布置决策的基本因素有产品、产量、生产技术水平、专业化与协作化水平等。

1. 产品

企业的产品决定了加工工艺过程，而工艺过程的确定则需要相应工艺实现单位，如制造业的机床厂，通常是由铸造车间、机械加工车间、装配车间和喷涂车间构成；服务业，如餐馆，则要有厨房、餐厅、收银等作业单位。

2. 产量

产量与作业单位的构成有十分密切的联系。产量大，各作业单位的数目就多，各作业单位的规模（空间）也大；此外，产量的大小对生产组织方式也有重要影响，大量生产通常采用对象专业化形式，而多品种、小批量生产通常采用工艺专业化形式。这也对作业单位的划分及作业单位间的相互关系产生影响。

3. 生产技术水平

生产技术水平是指企业主要生产装备的技术水平。若装备的技术水平高，自动化程度高，功能全面，则通常会有较高的生产效率，即可以提高单位时间的产出量，还可以替代多台传统的机床设备，如一台数控加工中心可以完成钻、铣、镗等多种工艺的加工，可替代多台普通机床，这也可以节省作业空间，因此，企业生产技术水平直接影响作业单位的大小，影响设施布置。

4. 专业化与协作化水平

专业化与协作化水平对企业作业单位的影响，主要有两方面：一是不同的专业化形式下作业单位的划分及设置不同，从而导致作业单位在构成上不同。工艺专业化生产组织形式通常按产品生产的各个主要工艺过程来划分生产作业单位，如铸造、锻造、机加、热处理等作业单位；而对象专业化生产组织形式通常以某产品或部件组织生产，如汽车厂的底盘车间、车身车间、驾驶室车间等。二是企业生产的协作化水平。协作化水平越高，企业的“大而全、小而全”的现象就会消除，因此，企业往往不需要建立涵盖全部生产工艺过程的作业单位，而是将一些非企业核心生产作业单位的生产活动交由其他专业协作企业来完成，在这种情况下，企业的生产作业单位的数量就可以少设置一些。在社会化大生产高度发达的今天，高度专业化与协作化是社会发展的必然趋势。

5. 其他因素

在设施布置中除考虑上述四个方面的基本因素以外，还应该考虑一些其他因素。也就是说，一个好的设施布置方案，应该能够使设备效率、人员效率尽可能高。为此，还应该考虑以下一些因素：

（1）所需投资。设施布置将在很大程度上决定所要占用的空间、所需的设备以及库存水平，从而决定投资规模。如果产品的产量不大，设施布置人员可能愿意采用工艺对象专业化布置，这样可节省空间，提高设备的利用率，但可能会带来较高的库存水平，因此这其中有一个平衡的问题。如果是对现有的设施布置进行改造，则要考虑所需投资与可能获得的收益相比是否合算。

（2）物料搬运。在考虑各个经济活动单元之间的相对位置时，物流的合理性是一个主要考虑因素，即应该使物流量比较大的单元之间距离尽量短，使相互之间搬运量较大的单元尽量靠近，以便使搬运费用尽可能小，搬运时间尽可能短。曾经有人统计过，在一个企业中，从原材料投入直至产品产出的整个生产周期中，物料只有15%左右的时间是处在加工工位上，其余处在搬运过程中或库存中，搬运成本可达总生产成本的25%~50%。由此可见，物料搬运是生产运作管理中相当重要的一个问题。一个好的设施布置，可使搬运成本大为减少。

（3）柔性。设施布置的柔性一方面是指对生产的变化有一定的适应性，即使变化发生后也仍然能达到令人满意的效果；另一方面是指能够容易地改变设施布置，以适应变化了的情况。因此在一开始设计布置方案时，就需要对未来进行充分预测并考虑到以后的可改造性。

（4）其他。其他还需要考虑的因素有：劳动生产率，在进行设施布置时要注意不同单元操作的难易程度悬殊不宜过大；设备维修，注意不要使空间太狭小，这样会导致设备之间的相对位置不佳；工作环境，如温度、噪音水平、安全性等，均受设施布置的影响；人的情绪，要考虑到是否可使工作人员相互之间能有所交流，是否给予不同单元的人员相同的责任与机会，使他们感到公平，等等。

四、设施布置设计的一般阶段

设施布置设计的一般阶段包括确定位置、总体区划、详细布置、安装实施四个阶段。

（1）阶段Ⅰ：定位置。即确定要进行布置地区的位置。确定位置可能是新厂址，也可能不是新厂址。该阶段要解决的问题是一个新的布置（或重新布置）是否要利用现有面积，或者利用为了布置而腾出来的仓库，或利用新取得的建筑，或者其他可利用的面积。总之，新的布置在该阶段的内容是解决布置所需的位置、场所的问题。

（2）阶段Ⅱ：总体区划。即在确定的位置（区域）情况下，进行总体布局。这时，在每一个主要工作区的总尺寸、彼此之间的关系及外形都已初步大致确定下来的情况下，把基本物流模式和区域划分结合起来进行布置。阶段Ⅱ有时也称为方块布置，或区域划分，或初步区划（初步设计）。

（3）阶段Ⅲ：详细布置。即确定每台具体机器和设备的位置。在此阶段，各作业单位内作业区中每台具体设备的实际位置都要确定下来，公用及服务部门的布置也包括在内。

（4）阶段Ⅳ：安装实施。即施工设计、设备的安装、搬迁等工作。通常该阶段需绘制大量详细的安装图和编制搬迁计划。网络计划技术的应用是这一阶段计划与控制的主要手段。

需要说明一点，从总体上来看，布置设计是按上述四个阶段顺序进行的，但同时存在着并行处理的内容和过程。尤其是作为布置设计小组，在设计工作时，要按并行工程的思想和方法来开展并行设计。即在阶段Ⅰ要考虑阶段Ⅱ的工作内容，在阶段Ⅱ要考虑阶段Ⅲ的内容，如图 8.1 所示。

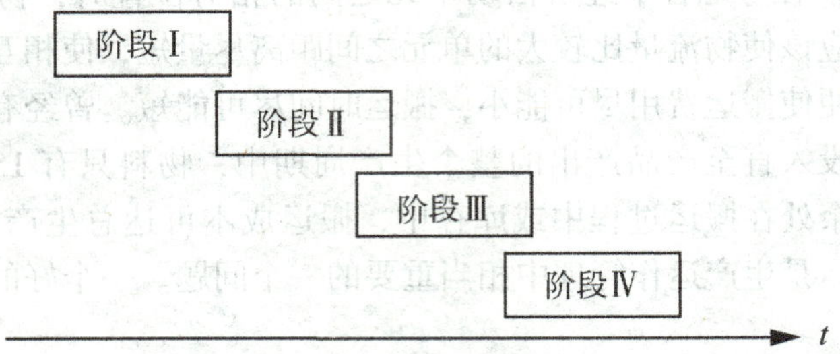

图 8.1　布置设计四个阶段的并行处理过程

这种并行处理有利于各阶段的相互调整，有利于布置设计的科学性和整体性，有利于提高布置设计的工作效率。

五、设施布置的一般思路

设施布局有很多不同类型，也有很多不同方法，但都遵循一般系统布局的思路。系统布置设计（Systematic Layout Planning，SLP）是这一领域的一般布置思路。

1. P、Q、R、S、T 五要素

P（Product），明确生产什么，产品是什么。

Q（Quantity），明确生产数量是多少，能力要有多大。

R（Routing），明确怎样进行生产，采用何种生产方式，工艺过程如何；决定需要多少个部门（或环节），每个部门（或作业单位）需要些什么设施、设备及其相应的关系。

S（Serve），明确要使得这些作业单位能有效地工作，还需要哪些其他辅助部门的支持。

T（Time），明确布置的工作何时开始，何时完成。

五要素中有两个基本要素，一切布置问题都以此为依据。

基本要素 1：产品——产品（或服务）是什么？

基本要素 2：数量——每一种产品（或服务）要制造（提供）多少？

在布置设计中，这两项要素都直接或间接地是一切其他特征或条件的基础。

如果用一把钥匙（见图 8.2）来说明各要素，则上述两个基本要素就位于我们必须握住的钥匙柄。十分明显，如果要进行一个工厂或车间的布置，就一定要有生产某些东西的资料，“某些东西”就是一定数量的某产品。

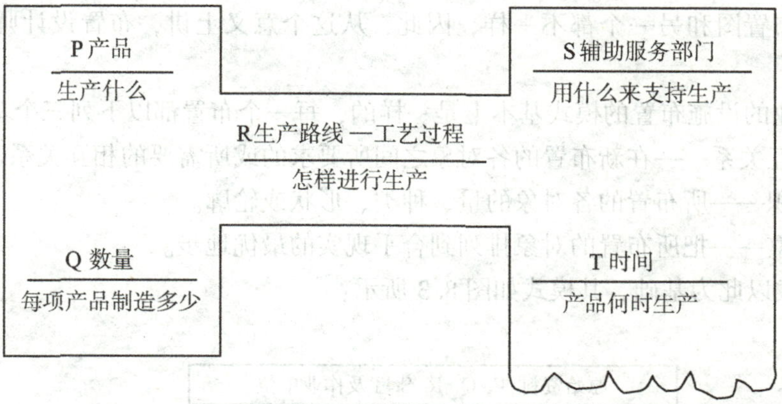

图 8.2　解决布置问题的钥匙——P、Q、R、S、T

有了产品和数量的资料以后，我们还必须知道生产路线（或工艺流程）。生产路线（routing）是指产品或材料是如何制造出来的。生产路线是指工艺过程、设备、工序和它们的先后顺序。

布置中所选用的机器设备是由改变零件形状或材料性质的工序来决定的。与此相仿，工作通过布置区的运行路线是由工序的顺序来决定的，所以工艺过程所涉及的工序及顺序就成为钥匙杆。

加工及装配（称生产作业单位或工作区）的后方是一些辅助服务部门（sever）。从某种意义上讲，它们加强了生产能力，或者说，如果没有它们的足够支持，则生产设备及工人都不能起到应有的作用。

辅助服务部门通常包括公用的附属以及有关的作业单位或职能部门，具体包括机修、工具室、厕所及更衣室、食堂、医护室、车间办公室、仓库等。把这些辅助的面积加在一起，常常比生产部门本身所占的面积还要大。因此，必须给予足够的重视。

解决布置问题这把钥匙的另一个要素是“时间”（time）。时间的意思是“什么时候”，“多长的时间”、“多么经常发生”和“多快”，包括产品将在什么时候生产出来，或者正在设计的布置将在什么时候付诸实现。

上述五个要素之中，对布置设计影响最大的，可能就是时间因素了。每个布置项目都要花一定时间来完成，通常得遵守一个最后的期限。

2. 系统布置设计

系统布置设计人员的劳动产品是布置设计，所以他是一个产品设计者，他的设计是该产品的蓝图及说明书，该产品就是具体的安装布置图。

但布置设计与产品设计之间有一个区别：产品设计工程师通常是创造成批生产的产品说明书和蓝图（是一种大批生产设计），而工厂布置工程师设计的是一个单件产品，因为基本上每个布置图和另一个都不一样，因此，从这个意义上讲，布置设计师更像一个建筑师。

不同行业的设施布置的模式基本上是一样的，每一个布置都以下列三个基础为依据。

（1）相互关系——在新布置的各对象之间所要求的或所需要的相互关系密切程度。

（2）面积——所布置的各对象的量、种类、形状或轮廓。

（3）调整——把所布置的对象排列到合乎现实的最优地步。

SLP 模式以此为基础，其模式如图 8.3 所示：

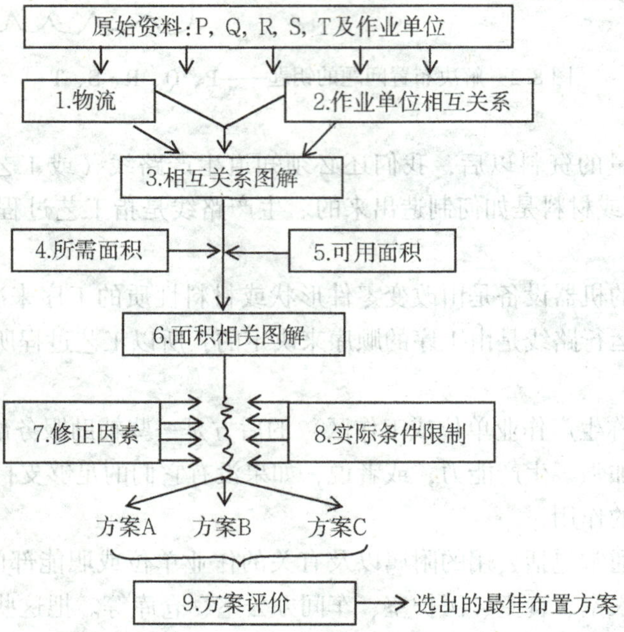

图 8.3 SLP 模式

第二节 工艺专业化布置

一、工艺专业化布置的特点

工艺专业化布置与工艺专业生产组织方式相对应，按工艺专业化原则设置并布置作业单位，如某产品的工艺过程主要由铸造、机械加工、热处理、精密加工、装配、喷漆、包装所组成，且这一过程也反映了各工艺阶段的联系，则企业按工艺专业化原则，可设置上述各环节的生产作业单位，并按其工艺过程，使各作业单位在空间上彼此相互联系，形成一个整体（即布置方案），各作业单位同样也遵循工艺专业化原则，如机械加工车间，把同类加工设备集中在一起，组成相应的机群组来完成相同工艺的加工任务，如图 8.4 所示。

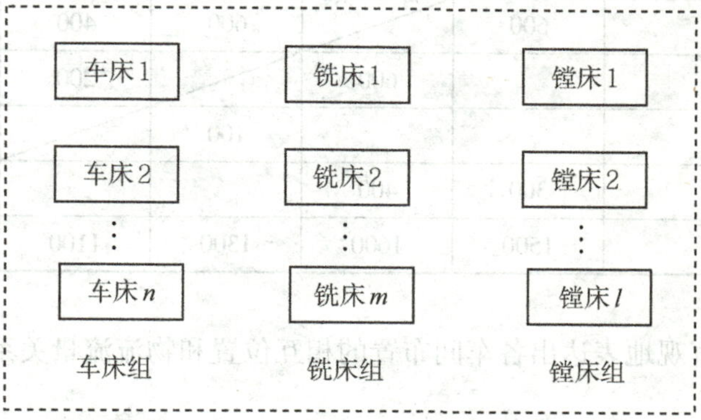

图 8.4　工艺专业化的车间布置图示

二、工艺专业化布置的方法

工艺专业化布局通常考虑在已经知道不同车间之间的物流数量的前提下，寻找合理的车间相对位置编排方案。一般需要做以下分析：

1. 物流分析

物流分析包括确定物料在生产过程中每个必要的工序间移动的最有效顺序以及这些移动的强度或称数量值。

一个有效的流程是指物料在工艺过程内按顺序一直不断向前移动直至完成，没有过多的迂回或倒流。

物流移动顺序的合理化，主要取决于对产品加工工序的分析及加工作业单位加工工序内容的划分。物流流向及强度分析通常运用的方法是从—至表（from-to），通过物流的流向及物流强度的分析，可以确定各作业单位（车间）间的物流强度。现用表 8.1 表示 6 个作业单位（车间）之间的物流流向关系及物流强度。

从—至表表明了各车间之间物流的流向及物流量。需要注意的是，表中每一格中表明的物流量是单方向的物流量，任何两个车间之间的总物流量（强度）是运来和运去之和。如 2 车间与 3 车间之间的物流量（强度）是由 2 车间运到 3 车间的 600 物流量和 3 车间运往 2 车间的 600 物流量之和，即 1200。因此，要满足各车间之间的物流量还需将两车间之间的总物流量（强度）描述出来。

表 8.1　　　　　　　　　某工厂物料运量从—至表

从车间＼至车间	1	2	3	4	5	6	总计
1		600		200	200	400	1400
2			600	400	300		1300
3		600		600	400	400	2000
4			600		200	400	1200
5				100			100
6		300	400				700
总计		1500	1600	1300	1100	1200	

用图 8.5 可以直观地表达出各车间布置的相互位置和物流流量关系。

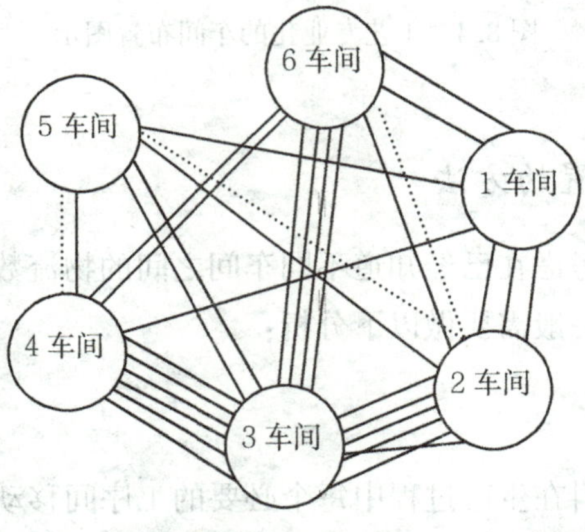

图 8.5　各车间之间物流强度相互关系图

注：线条可表示具体的物流强度值，在此例中，一条实线表示 200 的物流强度，虚线表示 100 的物流强度。

显然，4 车间与 3 车间位置上要紧密相连，2 车间与 3 车间位置上要紧密相连。同时，3 车间与 6 车间、1 车间与 2 车间位置相对也要靠近。

若仅以物流强度的大小来确定各车间的相互位置，则可以进行进一步的工作，即确定各车间的面积，在面积确定之后，可以进行布置设计，即设计出几种布置方案。

2. 生产活动相关图

布置设计的依据不仅是物流关系，还需要考虑其他非物流的影响，如辅助服务部门必须以有机的方式和物流相结合，办公室或职能部门及维修部门常没有固定的物流，但往往与车间需要有方便的联系。因此，这需要我们将非物流与物流相结合。

生产活动相关图法是根据各作业单位之间的紧密程度来进行系统的设施布局。首先用图表示出作业单位之间的关联程度，见图 8.6。关联程度用字母来表示，见表 8.2。

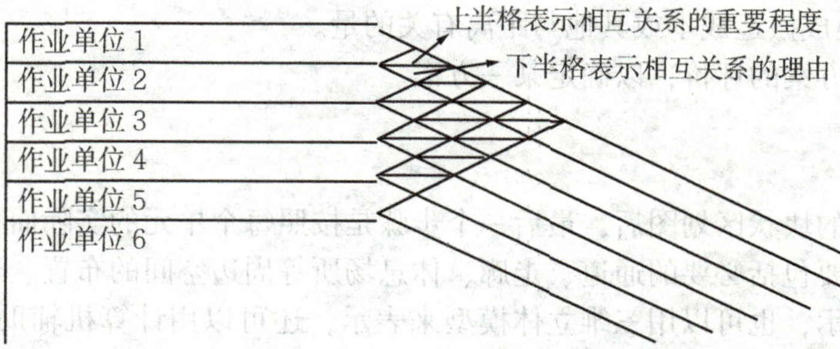

图 8.6　相互关系图

表 8.2　**表示关联程度的字母含义**

字母等级	关　系	字母等级	关　系
A	密切程度、绝对必要靠近	O	一般密切程度
E	特别重要	U	不重要
I	重要的	X	不希望靠近

也可以将关联程度转化为定量的关系来分析，即赋予相应的权重，如 A 为 4，E 为 3 等，见表 8.3。然后，根据关联程度的高低或得分及考虑其他因素来对作业活动进行布置。

表 8.3　**关联程度权重表**

字母等级	线条数	等数值
A	////	4
E	///	3
I	//	2
O	/	1
U		0
X	~~~~~~~~~~~~	-1

3. 方案评价

在进行不同方案的比较时，可以用负荷距离法来进行评价，特别是不同单元之间的物料搬运量、通信联络等因素相对较重要时。例如，可用下式表示总负荷量：

$$LD = \Sigma\Sigma\ l_{ij} \cdot d_{ij}$$

其中，l_{ij}表示单元i与j之间的搬运量；d_{ij}表示单元i与j之间的搬运距离；n表示单元总数。

LD 还可以转换成搬运成本或其他与距离有关的量。

最后，进行各方案的评价，以确定某一方案。

4. 方案优化

当确定了满意的块状区划图后，最后一个步骤是按照每个单元的实际面积与形状作出详细布置，其中还要包括必要的通道、走廊、休息场所等周边空间的布置。这个最终设计可以用平面图来表示，也可以用三维立体模型来表示，还可以用计算机辅助图示来表示，这一步骤也是很重要的，它可以使最高决策者易于直观理解，易于使其他人员发现一些设计人员未曾注意到的问题。通常最后方案要在公司一级的各有关人员中进行讨论方可最后确定，讨论时也需要用这个最终方案，而不是块状区划图。

需要说明的有以下几点：

（1）物流量（强度）确定要结合产品的具体情况并考虑搬运设备的情况。

（2）物流与非物流相结合的权重，要考虑物流与非物流的相对重要性。若物流与非物流量同等重要，则选取 1∶1 的权重；若物流比非物流重要，则选取 1∶0.5；若非物流比物流重要，则选取 0.5∶1 的权重。

（3）作业单位面积的确定，需考虑设备需要面积和辅助面积两部分，辅助面积包括需使用的辅助面积及运输通道、零部件摆放等其他辅助面积。

（4）服务业企业的布置设计也应按照 SLP 模式，只是对象不同而已。

第三节　对象专业化布置

一、对象专业化布置的特点

对象专业化布置与对象专业化组织方式相对应。作业单位（车间）是按产品的不同来划分和设置，每一作业单位通常完成某种产品或部件的全部或大部分加工过程，如机床厂的床头箱车间、床身车间、汽车厂的驾驶室车间等。在这样的作业单位（车间）中，设备是按照某一种或某几种类型相似的产品加工路线或加工顺序顺次排列的，所以常常又将其称为生产线。生产设备布置的关键问题是：要通过加工工艺的分析，使得在生产线上各个环节的加工设备加工同类零件的工时尽可能大致相等或与生产线节拍成整数倍的加工时间，这样就能够提高整个生产线的产出效率，实现混流生产。生产线的形式可以是直线形，也可以是 U 形、S 形等多种形式，在多层厂房的情况下，也可以是上、下层厂房联合组成的生产线。

二、对象专业化布置的方法

对象专业化布置的重要代表是流水线，需要在已经知道产品的生产过程和速度的前提下，考虑封闭厂房内如何设置工作地、设备和人员。下面以单一品种流水线的组织设计为例，说明对象专业化布置需要考虑的问题。

单一品种流水线组织设计的一般内容有：

1. 计算流水线的节拍

节拍是指流水线上连续生产两件同样制品的时间间隔。节拍是组织大量流水生产线的依据。不变流水线多为单一品种，在计划期内只生产一种产品，其节拍的计算公式为：

$$r = \frac{F_e}{N}$$

其中，r 代表流水线的节拍（分/件）；F_e 代表计划期有效工作时间（分）；N 代表计划期产品的产量（件）。

下面给出一个计算实例：某流水线设计日产量为 1000 件，每日制度工作时间为 8 小时，其中上午和下午各用 20 分钟检修设备，废品率为 5%，试计算流水线的节拍。

$$r = \frac{F_0}{N} = \frac{8 \times 60 - 2 \times 20}{1000 \times (1+0.05)} = 0.418 \text{（分/件）}$$

如果 r 很小，且体积重量也很小，不适于按件传递，则可以实行批传递。顺序出产相邻两批同样制品之间的时间间隔就称为节奏。它等于节拍与运输批量的乘积。

$$r_g = r \times n$$

其中，r_g 代表节奏；n 代表批量。

流水线采取按批运输制品时，如果批量较大，虽然可以简化运输工作，但流水线的在制品占用量却要随之增大，所以对劳动量大、制件重量大、价值高的产品应采用较小的运输批量；反之，则应扩大运输的批量。

2. 进行工序同期化

工序同期化是指通过各种可能的技术、组织措施来调整各工作地的单件作业时间，使它们等于流水线的节拍或者与流水线节拍成倍比关系。工序同期化是组织流水线的必要条件，也是提高设备负荷和劳动生产率、缩短生产周期的重要方法。

进行工序同期化的措施有：

（1）提高设备的生产效率，可以通过改装设备、改变设备型号、同时加工几个制件来提高生产效率；

（2）改进工艺装备，采用快速安装卡具、模具，减少装夹零件的辅助时间；

（3）改进工作地布置与操作方法，减少辅助作业时间；

（4）提高工人的工作熟练程度和效率；

（5）详细进行工序的合并与分解，首先将工序分成几部分，然后根据节拍重新组合工序，以达到同期化的要求，这是装配工序同期化的主要方法。

工序同期化以后，可以根据新确定的工序时间来计算各道工序的设备需要量，它可以用下式计算：

$$m_i = t_i / r$$

其中，m_i 代表第 i 道工序所需工作地数(设备台数)；t_i 代表第 i 道工序的单件时间定额（分）包括工人在传送带上取放制品的时间。

一般来说，计算出的设备数不是整数，所取的设备数为大于计算数的邻近整数，若某设备的负荷较大，就应转移部分工序到其他设备上或增加工作时间来减少设备的负荷。

3. 计算工人需要量，合理配备工人

工业流水线、涂装线的工序数确定以后，就可计算流水线上的工人需要量。

（1）以手工劳动和使用手工工具为主的流水线工人需要量可用下式计算：

$$p_i = s_i \cdot g \cdot w_i$$

其中，p_i 代表第 i 道工序工人需要量(人)；g 代表日工作班次；s_i 代表第 i 道工序工作地数；w_i 代表每个工作地同时工作人数（人）。

（2）以设备加工为主的流水线工人需要量可采用下式计算：

$$p = (1 + b) \times 100 \sum_{i=1}^{m} \frac{s_i g}{f_i}$$

其中，b 代表后备工人百分比；f_i 代表第 i 道工序每个工人的设备看管定额；m 代表总工序数。

4. 流水线平面布置设计

流水线的平面设计应当保证零件的运输路线最短，生产工人操作方便，辅助服务部门工作便利，最有效地利用生产面积，并考虑流水线之间的相互衔接，为满足这些要求，在流水线平面布置时应考虑流水线的形式、流水线内工作地的排列方法等问题，生产流水线、自动化流水线的形状有直线形、直角形、开口形、环形等。

流水线内工作地的排列要符合工艺路线，当工序具有两个以上工作地时，要考虑同一工序工作地的排列方法，一般当有两个或两个以上偶数个同类工作地时，要考虑采用双列布置，将它们分列在运输路线的两例，但当一个工人看管多台设备时，要考虑使工人移动的距离尽可能短，流水线的位置涉及各条流水线间的相互关系，要根据加工部件装配所要求的顺序排列，整体布置要认真考虑物料流向问题，从而缩短路线，减少运输工作量，总之，要注意合理、科学地进行流水生产过程空间组织。

5. 流水线标准计划指示图表的制定

标准计划也称为工作指示图表。流水生产的期量标准和各项参数都比较稳定，生产作业计划在各个期间没有多大变化，有可能制订出标准计划，作为生产作业计划的定额标准。

单一对象流水线通常是连续生产流水线，各道工序的生产率十分协调，标准计划的编制比较简单，如图 8.7 所示。图中规定了整个流水线的工作和间断时间。

流水线的内容	小时									每班时间安排		
	1	2	3	4		5	6	7	8	间断次数	间断时间	工作时间（分）
装配过程										2	每次10分	460
加工过程										3	每次10分	450
										6	每次10分	420
										4	每次10分	440

图 8.7　连续流水线工作与间断时间交替程序图

第四节　其他布置方式

工艺专业化和对象专业化是两种基本的布置类型，其他的还有单元式布置、固定位置布置等不同类别。

一、单元式布置

单元式布置是一种混合布置，是指由上述两种基本布置类型混合而成的布置类型，既有工艺布置的含义，又有对象布置的内容。这种布置类型在企业中更为常见，如机床厂的齿轮车间、主轴车间等（见图 8.8），在作业单位（车间）内，混合布置也是广泛存在的，如成组技术加工单元（Group Technology Cell，GTC）、柔性制造单元（Flexible Manufacturing Cell，FMC）等。

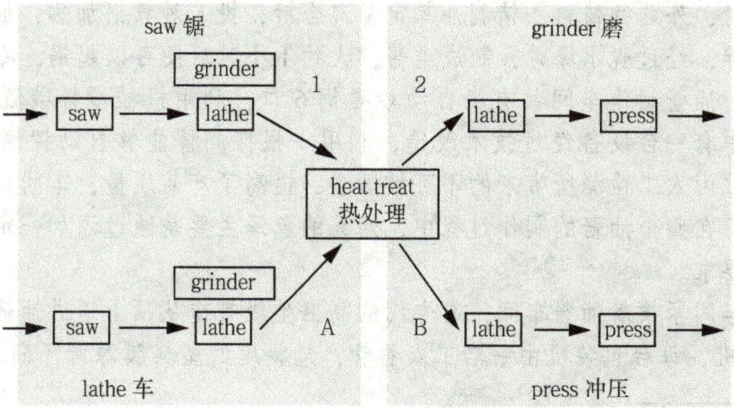

图 8.8　单元式布局

二、固定布置

固定布置是指加工对象固定在一个位置上不移动，人带着工具、设备等在固定地点工作。这种布置方法比较特殊，通常只限于体积和重量都非常大，不易移动的产品，如船舶、飞机、发电机组等。

【思考与练习】

1. 设施布置决策的基本问题是什么？
2. 影响设施布置决策的基本因素有哪些？
3. 什么是工艺专业化布置？什么是对象专业化布置？什么是混合布置？
4. 什么是系统布置设计的“钥匙”？
5. 简述系统布置设计的SLP模式。
6. 简述物流分析方法的基本思想。
7. 简述相关图法的基本思想。

【案例】

D公司方便面生产流程与设施布局①

D公司是一家主要从事方便面开发、生产和销售的大型食品企业，经营区域涵盖相邻三省，其品牌知名度和市场占用率在国内同行业中名列前茅。D公司的方便面生产工厂坐落于A市国家级开发区，厂房设施先进，拥有方便面生产线6条（含碗面生产线一条），月产量210万箱，生产5个系列、13个不同品种的方便面产品。

整个方便面生产分为油酱包和粉包生产、面饼生产、方便面包装等重要过程，分布在三个相对独立的厂房中，见图8.9。

1. 油酱包和粉包的生产

油酱包和粉包的生产采取的是工艺集中布置的原则。其中，油酱料的生产从外部采购进来的新鲜大蒜、生姜、豆豉等农产品开始，经过去皮、清洗、脱水，利用设备切成细末或颗粒状。同时，外购的酱料、精制油等定量混合后，投入炒煮锅加热，加入已粗加工好的生鲜原料搅拌，经过脱水爆香，制成类酱，大约1小时后便可以起锅，冷凝、装桶，送入储藏室冷冻。油酱制作车间共有半自动炒煮锅6口，利用机械搅拌装置进行充分的搅拌、翻炒。其中有一台设备经过技术改造，利用一根探测棒能够自动探测和控制锅内温度，避免了以往由人工检测所带来的不可控因素，提高了产品质量，车间正准备改造其余全部的炒煮锅。在整个油酱的制作过程中，油酱的色泽主要是通过添加一定比例的辣椒红来达到预期的要求。

油酱包装车间紧挨着油酱车间，有专门的高卫生级管道从顶上送进油酱料，车间共有13台液体包装机，每台包装机由一名工人看管，包装用的塑料膜源源不断地从上端输入，

① 本案例由武汉大学2005级MBA学员屈俊超、孙红良在方爱华指导下编写而成。

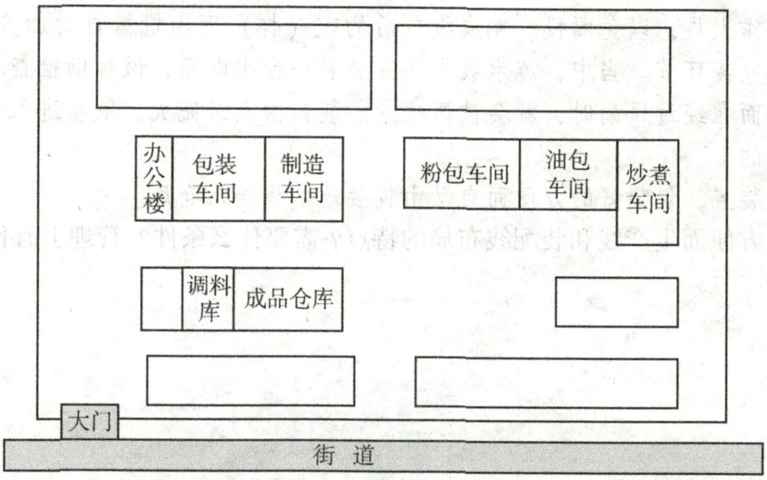

图8.9　方便面工厂平面示意图

一长串的油酱料包持续地生产出来，然后经过剪裁、压力的抽样检测、打包后被送到方便面包装车间。

油酱料包的包装基本能够实现自动化操作，每台机器都采取定岗定位的方式。

2. 面饼制造与方便面包装生产线

面饼的制造与方便面包装采取流水线作业方式。整个车间共有6条生产流水线，其中4条生产袋面，1条生产容器面（碗、杯面），还有1条是袋碗共用生产线。

从倒进面粉一直到一箱一箱的方便面被传送带运往成品仓库，流水线上的主要工艺步骤包括：面粉投放—混合—和面—压延—切丝（直线面）—挤压（花纹面）—蒸煮—烘干—切块—喷淋（营养物质）—油炸—风冷—投味料—塑料纸包装—装箱—入库。

整个生产和包装流水线按工艺顺序依次直铺，从面粉投放开始，按配方要求，与其他辅料混合，在一定的温度和压力下，与适量的水一起和成面团，面团经过复杂的化学和物理反应，从而保证所要求的面饼的口感。面团经机器压延后形成条状面带，依此通过滚刀切割及挤压，形成花纹状面带。切丝后的面带进入密封的蒸煮箱进行蒸煮，烘干后切成块状面饼。在油炸前，还要往面饼上喷洒营养物质，以弥补因油炸而造成营养物质流失。油炸后的面饼成金黄色，通过风冷，干燥后进入下一道工序——包装。整个面饼的生产流水线高度自动化，随着流水线的前进而由机器自动完成。车间也很少有人，除面粉投料是人工操作外，流水线上还特意安排了一个面饼质量检查的工作人员，主要是检查面饼的形状。

袋面的包装流水线在面饼进入流水线时自动分成两例，车间布置呈纺锤型，流水线在两旁，工作人员在中间。随着面饼的流入，工作人员依次检查面饼质量，机器投放酱料包、调味包，经人工检查数量准确后，包装机自动进行薄膜包装。完成包装后的袋面由人工完成装箱，输入纸箱和纸箱封装都是由机器自动完成的。

碗（杯）面的包装与袋面稍有不同，在面饼进入流水线时，由机器自动完成面饼投包，负责酱料包、调味包和刀叉投放的工作人员高高地坐在上面，完成投包工作，通常同时安排多名工作人员，以免漏投。完成投包后的碗（杯）面由机器自动加盖顶盒，密封，然后进入薄膜包装环节。当中，流水线上还安装有一台小电扇，做辅助检查之用，凡是没有投足料的碗面在经过风扇时，就会被风吹走。装箱由人工完成，纸箱进入流水线和封箱是由机器完成的。

通过传输装置，包装好的方便面自动由包装流水线送入仓库。

思考题：方便面生产线和装配线布局的特点？需要什么条件？管理上有什么特点？

第九章 工作设计与工作测量

生产运营系统中，产品的生产是由管理人员根据生产计划通过指挥、协调、控制实现的，更是由工人按照工艺和专业要求通过一系列动作操作完成的。因此，要提高生产经营系统的生产效率和投入产出比，就需根据生产作业的过程对工作岗位、劳动定额、工作测量、激励制度等进行科学的分析、评价和设计。企业要善于运用工作设计技术来合理安排工作，以便在提高企业生产效益的同时，满足工人的需要，并且通过工作测量来设定完成某项工作任务的合理标准和有效的操作方法，为安排工作和激励员工提供一个客观的准绳，还要利用岗位绩效评定和激励工资设计，提升员工的工作积极性和增加他们的成就感。

第一节 工作研究的背景

一、工作研究的含义

工作研究（work study）是指运用系统分析的方法把工作中不合理、不经济、混乱的因素排除掉，寻求更经济、更标准的工作方法，以提高系统的生产率。工作研究所包括的方法技术主要有两大类：方法研究（methods study）和时间研究（time study）。方法研究主要是通过对现行工作方法的过程和动作进行分析，从中发现不合理的动作或过程并加以改善。时间研究的主要内容是进行工作测定和设定工作标准。工作研究中的方法研究和时间研究是相互关联的，方法研究是时间研究的基础、制定工作标准的前提，而工作测定结果又是选择和比较工作方法的依据。

二、工作研究的起源

自亚当·斯密时代后，劳动分工便一直是确定工作岗位内容的主要原则，而且被认为是取得岗位设计最大效果的唯一手段。尽管亚当·斯密并未对分工的具体程度给出任何限定，但这种原则随着科学管理的真正出现，在19世纪末到20世纪上半叶加快了它的发展步伐，尤其是大量生产流水线的出现更是把它推到了极致。

科学管理是在19世纪末的工厂环境中诞生的。当时，工厂工作中直接劳动力占了很大的比例，机械化程度还相当低。因此，人们研究的目光主要集中在生产系统中的人员方面，集中在员工完成一项工作所用的方法及完成这项工作所需的时间方面。

科学管理的集大成者首推美国的弗雷德里克·W. 泰勒。作为科学管理运动的创始人，他开创了工作研究的科学体系。工作中的动作研究和时间研究，曾经是泰勒的主要兴趣所在。在《科学管理原理》(1910）一书中，他指出，人们十分注意自然资源的浪费，如森林、水力、土地等，因为它们是有形的损失，而人力资源的浪费却不大为人们所注意。其实泰勒明白，人力资源是更为重要的资源。泰勒通过大量的研究得出结论，如果企业管理部门用科学的态度来对待工作研究，即挑选合适的人来承担工作，研究出完成工作的最好方法并确切地计算出完成工作所需要的时间，那么人力资源的浪费是可以避免的。

泰勒认识到，要成功实施他的管理理念，要使劳资双方都能从这些概念的应用中得到好处。即要使工人得到高工资的希望与资方降低生产成本的要求成功地结合起来。泰勒认为，这是完全可行的，因为通过基于方法研究和时间研究的科学管理，可以使高工资和低成本的结合变为现实。

三、工作研究的现实意义

提高劳动生产率，增强市场竞争力，是企业所面临的永恒主题。无论是制造业还是服务业，都面临着改进工作方法和提高生产率的问题，尤其是随着技术的不断进步，工作的改进更是永无止境。因此，任何企业都应用工作研究的原理和方法来寻求更好的工作程序和工作方法，这也是中国企业迫切的现实需求。

提高生产率或效率的途径有多种，例如通过购买先进设备、提高劳动强度来实现。工作研究则遵循以内涵方式提高效率的原则，即在既定的工作条件下，不依靠增加投资，不增加工人劳动强度，只通过重新组合生产要素、优化作业过程、改进操作方法、整顿现场秩序等方法，消除各种浪费，节约时间和资源，从而提高产出效率、增加效益、提高生产率。同时，作业规范化、工作标准化，还可使产品质量稳定和提高，人员士气上升。因此，工作研究是企业提高生产率与经济效益的一个有效方法。

工作研究的最终目的是提高生产率，这就需要了解影响生产率的因素，把握提高生产率的要点。从企业内部看，影响生产率的因素有两大类：企业技术因素和工人行为因素。企业技术因素是指企业的技术条件和技术水平，它与生产设备、设施等有密切关系，因而被称为硬因素。而工人的行为因素则是工人的心理需求和感情变化对生产率的影响，它是“人为”因素，是软因素。企业的生产离不开人，企业的一切活动都离不开人。因此，从这种意义上讲，工作研究在考虑人的因素对生产率的影响时，不仅要关注工人的工作环境，如工作的布置、照明强度、通风、温度、色彩等方面的因素，而且还要考虑工人的心理需求。这就需要企业在做岗位设计和工作测量时，充分考虑工作的多样化、丰富化和扩大化，通过工作轮换、环境改变保持工人的工作兴趣，利用精神和薪酬激励提升工人对工作的热情。

第二节　工 作 设 计

一、工作设计的定义

所谓工作设计（job design）是指，在一个组织机构里，为了满足生产或其他活动的需要，确定一个人或一群人工作活动的一种决策过程。工作设计的目的是研究工作如何在企业内部分配，使工作分配能满足组织和技术的要求，并使进行工作的个人的需求得到满足。工作这一术语所包含的范畴如下：

（1）微动作（micro-motion），最小的工作活动，如抓住、放下物体等一些基本的动作。

（2）单元（element），两个以上为动作的集聚体，通常认为是一个完整的动作系列，如物体的拿起、移动和定位。

（3）任务（task），两个或两个单元组成的一项完整的活动，如电路板的布线。

（4）工作（job），某个工人必须完成的一整套任务。一项工作可由单一的任务构成，如汽车装配中将车轮装在汽车上；也可由几项任务组成，如秘书工作的打字、存档和速记。

从图 9.1 中我们可以看出，岗位工作设计需对一系列问题做出决定。由于涉及每个工人或工作小组应该完成的工作，它还面临以下问题：

（1）在工人和工作小组的需要与目标之间以及转换过程的各种要求之间常常存在着固有的冲突。

（2）每个人的性格都具有独特之处，因而工人在完成具体任务时所表现的态度、生理反应和效率等也各具特点。

（3）由于劳动力和工作本身的特点始终在变化，因此传统的工人行为模式和工作研究的各种标准方法的校验都会随时出现问题。

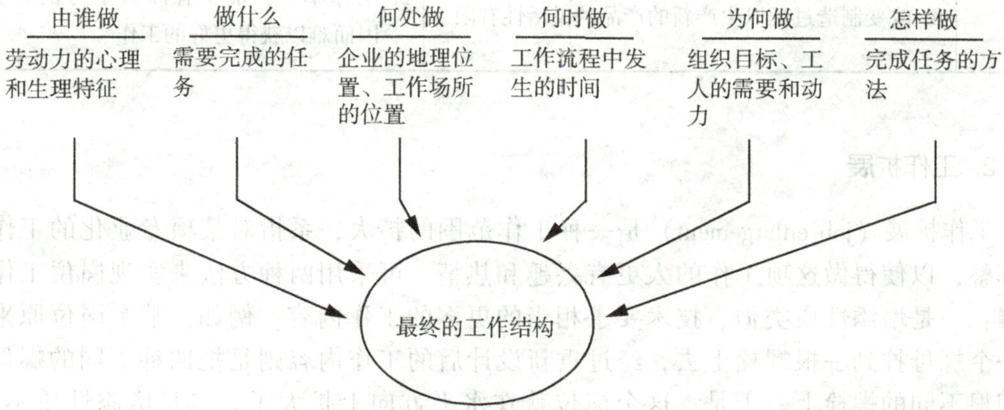

图 9.1 工作设计的内容

二、基于行为因素的工作设计

1. 劳动专业化分工

如表 9.1 所示，劳动专业化分工对工作设计来说，其实是一把双刃剑。一方面，专业化使高速度、低成本的生产成为可能；另一方面，在大规模生产行业中出现的过细的专业化却常常对工人产生严重的有害影响，这种影响又转过来反映到生产系统中，造成生产的不必要的紊乱。最近的研究显示，专业化的不利影响相对于其有利影响在实际中占了主导地位，这比我们过去想象的要普遍得多。但是，如果就因此而反对专业化，显然又过于武断了，也是行不通的。为什么我们不从专业化的好处出发，对传统的岗位工作分配作一些调整呢？

表 9.1 劳动专业化的利弊

	管理方面	工人方面
专业化的好处	1. 能快速地培训劳动力 2. 容易招收新的工人 3. 由于工作单一且重复，故生产率高 4. 由于更换劳动力容易，故可降低工人工资 5. 对工作流程和负荷可以严格控制	1. 对整个产品的生产负的责任较小 2. 脑力劳动相对要少一些
专业化的缺点	1. 由于整个产品不能由一人负责，故产品质量难以控制 2. 工人对于生产线的不满，造成了“隐蔽费用” 3. 工人的期望有限，使改善生产过程的可能性较低 4. 改变制造过程以生产新的产品的灵活性有限	1. 由于工作单调重复，容易产生厌倦感 2. 由于对单项工作贡献小，难以产生满足感 3. 对工作进度几乎没有控制权，因而意志消沉 4. 很少有机会显示自己的创造能力 5. 工作单一，很少有深入学习的机会，因而难以获得更好的工作

2. 工作扩展

工作扩展（job enlargement）是一种工作范围的扩大，系指对某项专业化的工作进行调整，以使得做这项工作的人更有兴趣和热情。可采用两种方法来实现岗位工作的扩展：一是增添性质类似、技术要求相当的更多的工作内容。例如，某个岗位原来是把一个螺母拧到一根螺栓上去，经过重新设计后的工作内容则是把四种不同的螺母拧到四根不同的螺栓上。于是，这个岗位就在水平方向上扩大了。二是增添性质不同、技术要求相当的其他工作内容。如工人可以把两片金属和一片塑胶材料组合在一起，然后用螺栓螺母把它们装配拧紧，最后再去储料地点领取螺母和螺栓。于是这个岗位就在垂直方向扩大了。

如果管理者采取岗位工作扩展的方法，使岗位工作添加更多的内容，可以大大减少岗位过于简单和专业化而造成的诸多不利结果。岗位工作的扩展可以给工人带来如下好处：

（1）多样性。工人有机会参加更多形式的工作，这有利于他们形成多种技能。

（2）工作的一致性。工人有了对一件完整的工作负更多责任的机会。

（3）信息的交流。工人有了更多的与其他员工交流的机会，并能在直线上得到更多的信息资料。

3. 工作丰富化

工作丰富化（job enrichment）是指工作的纵向扩大，即给予工人更多的责任，更多参与决策和管理的机会，它比前述的岗位工作扩展在工作专业化的调整方面更进了一步。比如，对一个在生产第一线的工人，可以让他负责多台机器的操作，并决定机器何时保养，或由他自己保养。工作丰富化是对工作内容和责任层次的基本改变，旨在向工人提供更具挑战性的工作。岗位工作丰富化是对工作责任的垂直深化，它使工人在完成工作的过程中，有机会获得一种成就感、认同感、责任感和自身发展。它也使企业的工作更有成效，如果没有岗位工作丰富化所引发的心理上的满足，想要取得持久的高生产率也是不可能的。赫茨伯格认为，在实行岗位工作丰富化时，应遵循下列几条规则：

（1）增加工作要求。应该以增加责任和提高难度的方式改变工作。

（2）赋予工人更多的责任。在让管理者保留最终决定权的条件下，应该让工人拥有对工作更多的支配权。

（3）反馈。将有关工作业绩的报告定期、及时地直接反馈给员工，而不是反馈给他们的上司。

（4）培训。应该创造有利环境来为员工提供学习机会，以满足他们个人发展的需要。

4. 工作轮换

岗位工作轮换（job rotation）是指定期地轮换工人所做的工作，以便为员工提供更丰富、更多样化的工作内容。这种方法克服了岗位工作专业化所带来的单调和乏味。采用这种方式，工人能够掌握多种工作技能，而且还增加了工作任务分配的灵活性。比如，向一些重要的岗位临时增派人手，派人顶替缺勤的工人等。另外，由于员工经常相互交换工作岗位，增加了大家交流的机会，增强了集体协作的能力，最终使整个生产系统的运作得到改善。

5. 以员工为中心的工作再设计

以员工为中心的岗位工作再设计（employee-centered work redesign）是一个将企业的经营目的与员工对工作的满意程度联系起来的概念。它鼓励员工参与对其岗位工作的再设计，员工可以提出对工作进行某种改变的建议，以使他们的工作更让人满意，同时他们还必须说明这些改变是如何更有利于实现企业的整体目标的。让员工参与岗位工作设计，他们就能更容易地学会改变后的工作内容，因为他们参与了设计过程。企业也不需要花费多大的精力和时间去给工人讲解新岗位的内容和目标。通过这种形式的工作再设计，每个员工的贡献都得到认可，与此同时，也保证了组织使命的有效完成。

6. 工作团队

工作团队强调在工作设计中要促进人的个性的发展，激发人的积极性和劳动效率，能更有效地处理许多生产方面的问题。

在劳动分工专业化的时代，每个人只负责一项完整工作的一部分，如流水线的一道工序、一项作业的某项程序等。与此不同的是，工作团队是由数人组成一个小组，共同负责并完成一个完整的工作。团队可以制定工作的具体进度、工作的方法、分配任务的依据等；可以分配任务，即确定每项任务由谁承担以及何时对任务进行重新分配等；负责协调团队成员之间的关系，促进他们之间的交流和沟通；监督工作的进度，对成员的表现进行某种形式的评价及给予相应的激励。

第三节　工作测量

一、工作测量与工时消耗

1. 工作测量的定义

工作测量，又称时间研究，是测定工作时间定额的各种技术的总称。它是在方法研究的基础上，运用时间测定技术，确定出完成工作所必需的时间定额，以作为企业计划、控制、预算、考核和奖励的基础。工作测定的目的是确定完成一项工作所需的经济合理的时间，并设法消除或减少无效时间和损失时间，以充分利用工时、降低成本和提高劳动生产率。

2. 工作测量的作用

工作测量的作用主要有以下几个方面：

(1) 定量地比较两种或两种以上工作方法的先进程度。

(2) 发现加工费用过大及生产水平下降的原因。

(3) 调整生产中出现的薄弱环节。

(4) 制定新产品、新工艺的标准时间。

(5) 制定标准工时定额，确定企业的生产水平。

(6) 制定标准的衡量制度和方法，更好地实行绩效管理。

(7) 为定员、定额组织生产，优化劳动组合提供依据。

3. 工时消耗的构成

工时消耗是指工人为完成某项工作而消耗的全部时间。我们研究工时消耗的目的，在于确定哪些工时消耗是必要的，哪些是不必要的，以便采取措施改进工作和操作方法，消除不合理的劳动消耗，并为制定合理的标准时间定额创造条件。

工人完成某项工作所消耗的全部时间，按其性质可划分为定额时间和无效时间。

(1) 定额时间。这是指在任务（或产品）设计正确、工艺完善的条件下，完成某项工作必须消耗的时间。它由正常作业时间、布置工作地时间、休息与生理需要时间、准备与结束时间等部分组成。

正常作业时间，是指直接用于完成工作任务、实现工艺过程所消耗的时间，是定额时间中最主要的组成部分。根据在生产中作用的不同，正常作业时间又分为基本作业时间和辅助作业时间。

布置工作地时间，是指在完成工作任务时，工人用于照管工作地，使工作地保持正常工作状态所消耗的时间，如交接班时间、清扫机床时间。

休息与生理需要时间，是指工作过程中工人正常疲劳与生理需要所消耗的时间，如休息时间，饮水、上厕所所花的时间。

准备与结束时间，是指为完成某项工作任务，在工作开始前进行技术和组织准备所消耗的时间以及在工作完毕时为结束工作所耗用的时间。如在工作前用于了解任务、熟悉图纸、调整机器设备的时间；在工作结束后，卸下工具夹、办理工件交验手续所消耗的时间。

（2）无效时间。这是指技术上的缺陷、管理的不善或工人的某种原因所造成的完成工作任务时不必要的时间消耗。它包括非生产工作时间和停工时间两部分。

非生产工作时间，是指工人在完成工作任务期间所做的不必要的或与任务无关的工作所消耗的时间。根据发生的原因，非生产工作时间可分为两类：一类是组织和管理的不善所造成的时间浪费，如因供应的材料不合格造成工人自己寻找材料而浪费的时间；另一类是工人自身的原因所造成的时间损耗，如工人因技术不熟造成工件返修而浪费的时间。

停工时间，是指工人在工作时间内，由于某些原因而不能从事作业而造成的停工所消耗的时间，如停电、机器设备故障所造成的停工，工人迟到、早退、工作时办私事所造成的时间损耗。

综上所述，工时消耗的构成可用图 9.2 来表示。

- 全部工时消耗
  - 定额时间
    - 正常作业时间
      - 基本作业时间
      - 辅助作业时间
    - 布置工作地时间
    - 休息与生理需要时间
    - 准备与结束时间
  - 无效时间
    - 非生产工作时间
    - 停工时间

图 9.2 工时消耗的构成

4. 工时定额

所谓工时定额，是确定工人在标准状态下以正常操作速度完成某项工作所需的时间。这里“标准状态”是指执行工作的人受过良好训练，具有一般体格，身体健康；按标准的操作方法完成指定的工作；现场设备、工具、工作环境等均符合标准条件的要求。因此，工时定额其实就是要确定工人完成某项工作所需的标准时间。

标准时间，即我们前面所讲的工时消耗中的定额时间，它是在正常作业时间的基础上，加上宽放时间求得的。所谓宽放时间是指工人在工作过程中，因工作需要、休息与生理需要，而在正常作业时间以外所增加的消耗时间。宽放时间由布置工作地时间、休息与生理需要时间、准备与结束时间组成。就其“宽放”的性质来讲，宽放时间又可分为：

（1）私事宽放。即工人维持工作舒适及生理需要所消耗的时间，如工作中擦汗、喝水、上厕所等。它主要受温度、湿度、作业条件等因素影响。

（2）疲劳宽放。即恢复工人生理和心理上的疲劳所需的时间。它主要受工作环境、劳动强度、工人体质等因素影响。

（3）延迟宽放。即不可避免的因素所造成的延迟时间，如领取工作单、填写工单，搬运原材料、毛坯，更换工具夹，交验产品，等等。

宽放时间一般用宽放率来表示：$宽放率=\frac{宽放时间}{正常作业时间}\times 100\%$

由此，标准时间可表示为：标准时间=正常作业时间×（1+宽放率）

二、工作测量的方法

工作测量的目的是获得完成某项工作任务所需的标准时间。工作测量通常有如下五种通用的方法：

1. 时间测定法

时间测定又称为时间研究或直接时间研究，它是制造业中使用比较广泛的工作测量方法。时间测定一般用秒表进行，有时也可用定时记录装置或电影摄影分析。时间法的一般程序如下：

（1）制定标准的作业方法。即要使作业的方法标准化，并规定工作场所的平面布置、使用工具及各要素的顺序等。

（2）选择所要研究的操作工人。这个工人应具有标准作业方法的体验和训练，在全体工人中具有相当的代表性。

（3）把作业分解成若干可测量的操作单元或部分，并把每一操作周期（也即观察周期）都发生的操作单元同只是定期发生及随机发生的操作单元分离出来。

比如，我们可以把“用机床加工某种零件”的作业分解成“磨快刀具”、“置零件于卡盘并压紧”、“车削”、“关车与退刀”、“卸下零件”、“车床调整”等六个操作单元。而这些操作单元中，“置零件于卡盘并压紧”每个操作周期都要发生，“磨快刀具”可能定期发生，“机器调整”则可能在随机的时间间隔发生。

（4）记录各个操作单元所需要的实际观察时间。一个操作单元所需要的实际观察时间就为它多次观察时间的平均值。若设 t_{ij} 是操作单元的第 j 次观察时间，如果进行了 n 次观察，则操作单元 i 的实际观察时间 T_i 为：$T_i=\frac{1}{n}\sum_{j=1}^{n}t_{ij}$

（5）计算作业的观察时间。作业的观察时间等于该作业的各个操作单元的实际观察时间之和。若某项作业被分解为 m 个操作单元，则它的观察时间 LT 就为这 m 项操作单元的实际观察时间之和，即：$\mathrm{LT}=\sum_{i=1}^{m}T_i$

（6）对作业的观察时间做实绩评定。实绩评定的目的就是找出能说明操作工人比“正常水平”快或慢的因素。若实绩评定的结果用系数 ER 表示，则作业的正常作业时间 NT 就为作业观察时间与实绩评定系数的乘积，即：NT=LT×ER

比如，如果一个工人在4分钟内完成某项作业，而时间测定人员估计他比正常水平快10%，则正常作业时间就为：4×（1+10%）＝4.4（分钟）。

（7）制定宽放标准，确定标准作业时间。比如在上述的例子中，时间测定人员调查发现，私事宽放占正常作业时间的3%，疲劳宽放占4%，延迟宽放占3%，则宽放率就为：3%+4%+3%＝10%，则由公式标准时间＝正常作业时间×（1+宽放率）便可得到作业的标准时间ST：4.4×（1+10%）＝4.84（分钟）。

以上便是时间测定法的全过程。现举一例来说明其应用。

某公司的会计部门制定账务员的工作标准，对这项工作进行了研究，获得了如表9.2所示的资料，如果宽放时间为20%，实绩评定系数为95%，试确定这项工作的标准时间。

表9.2

	观察时间（分）			
	周　期			
操作单元	1	2	3	4
拿文件袋	0.2	0.3	0.4	0.1
拿账单	0.3	0.4	0.7	0.6
把账单装入文件袋并封好	0.4	0.8	0.5	0.7

（1）计算各操作单元的实际观察时间：

拿文件袋：T_1＝（0.2+0.3+0.4+0.1）÷4＝0.25（分钟）

拿账单：T_2＝（0.3+0.4+0.7+0.6）÷4＝0.5（分钟）

装账单：T_3＝（0.4+0.8+0.5+0.7）÷4＝0.6（分钟）

（2）计算作业的观察时间：

$LT=T_1+T_2+T_3=0.25+0.5+0.6=1.35$（分钟）

（3）计算正常作业时间：

$NT=LT\times ER=1.35\times 0.95=1.2825$（分钟）

（4）计算作业的标准时间：

ST＝正常作业时间×（1+宽放率）＝1.2825×（1+0.2）＝1.539（分钟）

故账务员处理这项工作的标准时间为1.539分钟。

如前所述，在进行时间测定时，应把作业分解为合乎逻辑的操作单元。在进行这种分解时应遵循以下原则：

（1）所分解的每一操作单元的时间长短应当适当，以便能用秒表测定每个单元的时间并记录下来。

（2）如果操作工人与单独运行的设备一起工作，也就是说，操作工人在完成作业时，设备能独立运行，则应将操作工人的动作与设备的动作分解成不同的单元。

（3）把操作工人或设备所造成的任何延误明确地归入各自独立的单元。

在进行时间测定时，我们还要考虑观察的次数，即要使观察的次数恰到好处。在大量的分析和实验的基础上，表 9.3 给出了根据周期时间和每年出现的周期次数所建议的观测次数。

表 9.3　　**进行时间测定时所需要观测次数的指南**

当每个周期的时间大于（小于）	需要研究的最小周期数		
	每年 10000 件以上	1000~10000 件	1000 件以下
8.000	2	1	1
3.000	3	2	1
2.000	4	2	1
1.000	5	3	2
0.800	6	3	2
0.500	8	4	3
0.300	10	5	4
0.200	12	6	5
0.120	15	8	6
0.080	20	10	8
0.050	25	12	10
0.035	30	15	12
0.020	40	20	15
0.012	50	25	20
0.008	60	30	25
0.005	80	40	30
0.003	100	50	40
0.002	120	60	50
0.002 以下	140	80	60

2. 基准资料法

基准资料法是根据以前时间测定所获得的资料来确定新作业的标准时间的方法。它将以前时间测定所获得的数据编入手册或计算机数据库中的表格，这些表格包含若干作业的时间参数以及这些作业则较通用的工序。在确定新作业的标准时间时，便可通过查阅这些数据表中通用作业的参数而获得新作业的相关时间数据。

基准资料法的基本步骤如下：

（1）把新作业分解成基本的操作单元或部分。

（2）在基准资料数据表中查阅每一个相似的操作单元，为这些单元设定正常作业时间。

（3）根据新作业的特性，调整每一个操作单元的作业时间。比如对于“金属切削”的操作单元，可根据新作业中金属的种类、切削工具的尺寸、切削厚度等用一个相应的准则对需要的作业时间进行调整。

（4）将各操作单元的作业时间相加，获得新作业的正常作业时间。

（5）制定宽放时间标准，确定作业标准时间。

3. 预定动作时间标准法

预定动作时间标准法（PMTS）与基准资料法类似，也是利用现存的数据为作业设置标准时间，但它与基准资料法也存在着以下区别：一是这种方法根据基本动作而非操作单元来设置时间，二是它广泛适合于多种手工操作，而基准资料法只适于工厂作业。

PMTS 的基础是秒表时间测定和摄影时间测定，这些测定已经积累了成千上万人所做的基本动作如伸手、抓握、跨步、上举和站立等所花时间的历史数据，这些动作时间又被分解为许多实际的动作要素时间，并算出标准的时间定额，以表格形式公布发表。

PMTS 的具体形式有许多种，常见的有方法时间测定法（MTM）、大量作业测定法（MOST）和工作要素法（WF）。表 9.4 给出了用 MTM 法来确定“整理穿孔卡”作业的标准时间的过程。

表 9.4 **MTM 工作测量**

右手	代号	标准时间（秒）	代号	左手
		14.2	R12D	伸手触到卡片
		3.5	G1B	抓到卡片
		10.6	AP2	用力使卡片离开储存箱
		3.5	T45S	转动卡片
		13.4	M12B	集中眼力观察
把卡片从右手转到左手	G3	5.6		
小计		50.8		小计
		304.8		乘以 6
		5.6	G3	把卡片从左手转到右手
		13.4	M12B	转身到最后一个储存箱
		4.0	D1E	放下一组卡片
		15.0	WP（1）	走回出发点
小计		342.8		小计
错误卡片所需附加时间		3.2		错误卡片所需附加时间
小计		346.0		小计
		51.9		15%的宽放时间
标准时间总计		397.9		标准时间总计

PMTS 的主要好处是可以避免在时间测定时工人反应不正常的现象。此法不会引起工人因神经紧张而放慢或加快工作速度，因为标准时间的制定是离开工作现场而以推理和有规则的方式进行的。这反过来提高了 PMTS 的测量准确度。

4. 工作抽样法

工作抽样法（work sampling）在 20 世纪 50 年代开始得到广泛应用。工作抽样法的独特之处就是不用秒表而得出秒表时间测定的结果。

我们用一个例子来阐明工作抽样法的基本思想。假如我们希望估计一个操作工人或一组工人用于工作的时间和没有用于工作的时间的比率。这时，我们可以通过秒表时间测定来测量工作时间和空闲时间，但这可能需要比较长的时间，而且在测量后，我们还不能确定所研究的这些时间是否“工作”和“空闲”的代表性时间。

现在，我们换用工作抽样法。我们取作业样本做大量的随机观察，在观察时我们只是要确认操作工人是在工作还是处于空闲状态，并且按“工作”和“空闲”分类记录各自发生的次数，而不记录这两种状态的延续时间。于是，分类记录的次数百分比就是工人实际的工作时间和闲空时间的百分比的估计。这便是工作抽样法的基本原理。在这里存在着两个基本假设：

（1）在样本中，观察到的“工作”或“空闲”等状态所发生的次数同这些状态所占用的时间量成比例。

（2）在样本中观察到的“工作”或“空闲”等状态所占用的时间比例，一般说来是这些状态发生时实际所占用的时间比例。

工时抽样是统计抽样在工作测量中的具体应用。工时抽样一般为大样本抽样，即样本数量应大于 30。为了确保工时抽样的准确性和可靠性，需要有足够的观测次数。足够的观测此时有利于提高观测精度，减少抽样误差。但观察次数太多，会耗费不必要的人力和时间，观测次数太少，观测误差又大。因此，需要在既考虑经济原则又满足抽样精度的情况下，确定合理的工时抽样次数。

我们设 p 为观测到的某状态发生率，n 为观测的总次数，m 为状态实际发生的次数，则 p 的估计值为：

$$\hat{p} = \frac{m}{n}$$

标准偏差为：

$$s_p = \sqrt{\frac{\hat{p}(1-\hat{p})}{n}}$$

我们认为样本接近正态分布，现将观测结果的置信度取为 95%，因此，当置信度为 95%时，工作抽样的范围$\pm 2s_p$。设样本的绝对精度为 ε，相对精度为 θ，则：

$$\varepsilon = 2s_p = 2\sqrt{\frac{\hat{p}(1-\hat{p})}{n}} \qquad \theta = \frac{\varepsilon}{p} = 2\sqrt{\frac{1-\hat{p}}{n\hat{p}}}$$

因此，在确定了抽样的精度后，我们便可以确定相应的观测次数，即为：

$$n = \frac{4\hat{p}(1-\hat{p})}{\varepsilon^2} \quad 或 \quad n = \frac{4(1-\hat{p})}{\theta^2 \cdot \hat{p}}$$

在上式中，$\hat{p}$ 是估计值，可以通过事先的资料或预备观察得到。在图 9.3 中，我们给出了在置信度为 95%的情况下，根据各精度（图中的误差是绝对精度）要求所描绘的观察次数曲线。

工时抽样的一般步骤为：

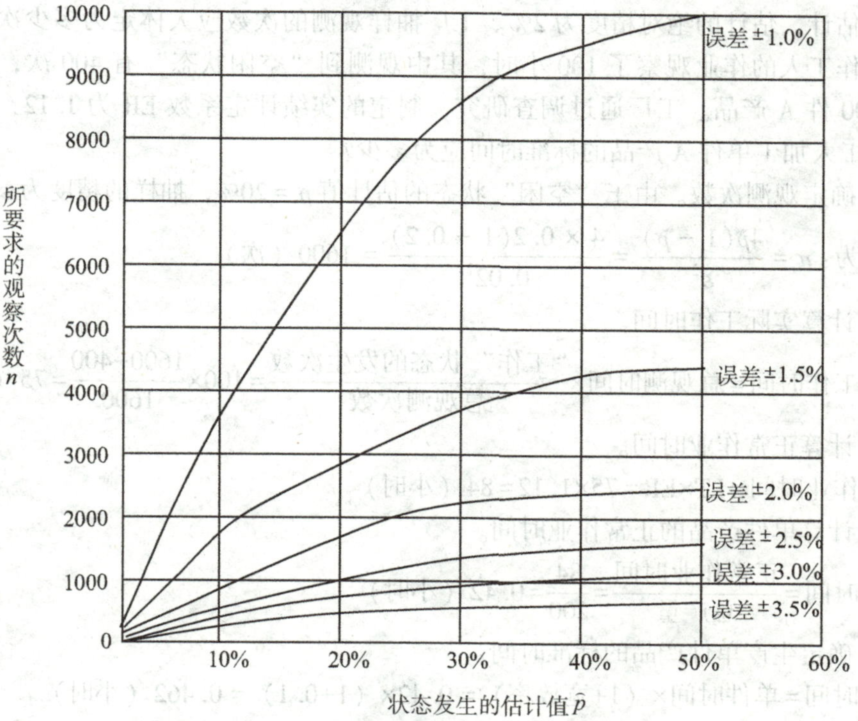

图 9.3　根据各精度要求所描绘的观察次数曲线（置信度为 95%）

(1) 明确抽样的目的和要求。比如，我们进行研究以便确定设备运行、空闲或进行修理的时间所占的百分比。

(2) 明确观察对象和范围，并对所调查的作业进行相应的分类。

(3) 制订详细的工时抽样观测计划。这包括确定巡回观测的次数、观测时刻及观测路线。

在前面，我们已经讲了如何确定抽样的观测次数 n。在观测次数确定以后，我们便可以根据以下的公式确定巡回观测次数 K：$K=\dfrac{n}{m}$

其中，n 代表抽样观测次数；m 代表观测对象数。

观测时刻应该在选定的时间长度内随机的确定，以避免因观测时刻比较特别而造成数据失真。随机确定观测时刻的方法有多种，比如可以借助随机数表确定观测时刻。

(4) 实施抽样观测。根据拟定好的抽样计划，到现场进行观测，获取数据。

(5) 整理分析数据，并验算工时抽样的精度，如果精度未达到事先规定的水平，则继续增加观测次数，直到达到精度要求为止。

(6) 得到最终结果。

现我们举一个利用工时抽样法来确定作业的标准时间的例子。

某工厂要对工人用机床加工 A 产品的作业时间进行研究。根据以往的经验，工人

“空闲”的状态大体占工作时间的20%，现要对工人“空闲”和“工作”的状态做出比较精确的估计，估计的绝对精度为2%。工厂抽样观测的次数应大体定为多少次？如果工厂对某操作工人的作业观察了100小时，其中观测到“空闲状态”有400次，这期间共加工了200件A产品。工厂通过调查研究，制定的实绩评定系数ER为1.12，宽放率为10%。问工人加工单件A产品的标准时间应为多少？

(1) 确定观测次数。由于“空闲”状态的估计值$\hat{p}=20\%$，抽样的精度为$\varepsilon=2\%$，故观测次数为：$n=\dfrac{4\hat{p}(1-\hat{p})}{\varepsilon^2}=\dfrac{4\times 0.2(1-0.2)}{0.02^2}=1600$（次）

(2) 计算实际工作时间。

$$实际工作时间=总观测时间\times\frac{“工作”状态的发生次数}{总观测次数}=100\times\frac{1600-400}{1600}=75（小时）$$

(3) 计算正常作业时间。

正常作业时间=LT×ER=75×1.12=84（小时）

(4) 计算单件产品的正常作业时间。

$$单件时间=\frac{正常作业时间}{总产量}=\frac{84}{200}=0.42（小时）$$

(5) 确定生产单件产品的标准时间。

标准时间=单件时间×（1+宽放率）=0.42×（1+0.1）=0.462（小时）

于是我们便得到工人加工单件A产品的标准时间为0.462小时。

第四节　激励工资制的设计

一、工资激励

1. 工资的含义

就工资的产生来源看，它是对工人付出劳动的经济补偿。从商品经济的意义上讲，它就是工人劳动力使用价值的价格。

通常，对工人的经济补偿包含四项内容：基本工资、奖励工资、附加工资、福利。

基本工资是以员工的劳动强度、劳动熟练程度、工作复杂程度以及责任大小为基准，根据员工完成定额任务（或法定时间）的实际劳动消耗而计付的报酬。它是工人工资的主要部分和计算其他部分数额的基础。

奖励工资是企业对员工超额完成任务以及出色的工作成绩而计付的报酬，其作用在于鼓励人员提高劳动生产率（或工作效率）和工作质量，所以又称“效率工资”或“刺激工资”。它可以是针对员工个人绩效的奖励，也可以是对集体绩效的奖励。奖励薪资强调的是较强的针对性、灵活性和激励性，在奖励政策、形式、范围以及程度上都可根据实际状况不断调整变化。

附加工资是为了补偿和鼓励员工在恶劣工作环境下的劳动而计付的报酬。它有利于吸引劳动者到工作环境脏、苦、险、累的岗位上工作。

福利是为了吸引工人到企业工作或维持企业骨干人员的稳定而支付的一种补充性报酬，包括法定社会保险、带薪休假、优惠住房、免费或折价工作餐、发放的生活用品等，它往往不是采用目前可花费的现金形式支付，多数是实物支付和延期支付。

根据工资包含的内容，可分为狭义工资和广义工资。狭义工资也就是基本工资，它是工作研究的重点内容。广义工资是工人所获得的全部经济补偿，它不仅包含基本工资，而且还包含奖励工资、附加工资、福利等。

2. 工资激励的重要性

在生产运营活动中，人始终是最重要的因素。因此，如何利用相应的工资制度来激励工人的工作积极性和创造性，以提高生产系统的效益，是工作研究的一个重要的组成部分。尽管金钱不一定是最强烈的刺激因素，但在工人的心目中，激励和工资补偿是紧密相关的。许多研究表明工资能够成为加强对工人激励的主要方式。美国的 NSF/NYU 研究小组调查发现，当把给工人的工资同他们的工作绩效联系起来时，对工作的激励就增大，生产的效率就更高，而且工人对自己的岗位工作也就会更加满意。

工作研究推动了工作标准、方法工程和动作分析的普及，也导致了许多经济补偿制度的建立。这些制度的建立在特定的环境里起到了相当好的激励作用。比如早期的霍尔西（Halsey）、罗旺（Rowan）和泰勒（Taylor）的差别计件工资制（different piece rate plan），后来的甘特计件奖金制（Gant Task Bonus System）及爱默生效率奖金制（Emerson Efficiency Bonus System）等。

二、激励工资制的分类

激励工资制一般分成两类，一类是由企业管理部分制定的制度，另一类是有工人参加的参与型工资制度（participative plan）。第一类包括传统的工资制度，主要以时间和单位产量为核定基础。第二类的不同之处在于，工资制的设计和分析的大量工作是由工人委员会来完成的。

1. 管理部门制定的工资制度

如表 9.5 所示，这一类型的制度可分为下面四类：

表 9.5　　由管理部门制定的工资支付制度

制度类别	支付方法
以工时为基础	直接以小时工资、日工资、月工资计算
计件工资	直接计件工资、泰勒差别计件工资、曼彻斯特工资制度
收益分成或奖金	霍尔西制度，罗旺制度，甘特工作任务和奖金制度
间接支付法	养老金制度、保险金总付、年度分红、股票分配

（1）以工时为基础的工资制度。这种工资制度是按工人在某件任务上所花时间的比例关系给工人支付工资。例如，若日工资是60元，某工人一个月工作了20天，则他一个月的工资就为60×20=1200（元）。

（2）计件工资制度。这种制度是严格按照工人的实绩来支付工人的工资的。

直接计件工资制是按完成的产品件数来支付的。如果一个工人每小时完成20件，计件工资为0.3元/件，则他一个小时的工资就为20×0.3=6（元）。

泰勒的差别计件工资制有两种计件标准：低标准和高标准，其目的是鼓励工人增加生产，使产量保持在既定水平之上。比如，假设每日的标准产量是100件，在100件以下的计件工资是0.27元/件，在100件以上的计件工资为0.35元/件。因此，如果一个工人生产了80件，他的工资就为80×0.27=21.6（元）；另外一个工人生产了120件，则他的工资为120×0.35=42（元）。

曼彻斯特工资制则规定了最低限度的日工资。即不论工人干哪一种工作，都保证他可以得到基本工资，如果他达到了规定的产量，则按计件方法来支付他的工资。假如规定工人的基本工资为4元/小时，计件工资为0.4元/件。如果一个工人一天工作了8小时，生产了120件产品。这时，他的工资就应在基本工资8×4=32（元）和计件工资120×0.4=48（元）中取较大的一个。由于计件工资大于基本工资，故工人的工资就应取计件工资，即为48元。

（3）收益分成和奖金制度。这种制度保证基本工资，超过基本工资的部分，由厂方和工人共同分成。

霍尔西制度保证标准工资，然后以1∶1或1∶2的比例来由工人和厂方共同分享超产的部分。罗旺制度与霍尔西制度相似，不同之处在于它支付给工人超产部分的工资率是递减的，而且规定了支付的上限。比如规定超产分成不能超过标准工资的两倍。

测定日工资制度对超产部分的奖励与其他方法类似，但它对工作的测量期限更长一些，如1~3个月。假如企业两个月对工作测量一次，如果一个工人的实绩已被测量出来，就确定了他下两个月的工资标准。下两个月的成绩如何，又决定下下两个月的工资标准，以此类推。这种工资制的好处在于可以使工人的工资保持相对稳定，即使在一段时期内有几天没干好，也可以弥补过去。

（4）间接支付。这种类型的制度多是一些对工人福利的安排，如人们熟悉的养老金制度、各类保险金、安置津贴及额外的休假等。

2. 工人参与型工资制度

为了提高工人的积极性，企业让员工参与到诸如工作方法设计、岗位工作评价、工资标准和产量的评价等一系列影响工人工资的决策中来，于是形成了工人参与型的工资制度。比较有影响的有以下几种：

（1）斯坎伦奖励制度。这种制度主要是为了降低劳动力成本而设计出来的。它以企业内的正常劳动力成本为基准，任何把劳动力成本降低到这一“正常”成本以下的一组工人都会受到奖励。这种制度的成败取决于能否获得工人们的支持在全企业范围内组成工人委员会。成立工人委员会就是要工人们自己在生产作业中找出降低成本的各个领域，并设计或建议改进措施。

（2）恺撒奖励制度。这种制度的做法是，不仅要让工人像斯坎伦奖励制度那样分享劳动力成本的节约，而且分享由于材料和物资成本的降低而得到的节约。比如材料和物资成本节约的32.5%归工人，67.5%归工厂。因此，企业要成立工人委员会，寻找和研究节约成本的方法。尽管被采纳的建议是由个人提出来的，但奖金在整个工作小组或整个企业范围内进行分配。

（3）伊斯特曼·柯达奖励制度。根据这种制度，付给工人的工资保持稳定，取消了传统的工资奖励制度。它要求工人参与讨论个人与部门的目标是什么，这些目标如何实现以及什么是衡量工作绩效的合理尺度。在这种制度下，工资的标准是按由奖励型的较高水平所制定的。由于工人们参与了工作绩效的确定方法和标准制定，他们往往能按较高的效率和标准来生产，而且不需要更多的监督和指导。

三、岗位工资的设计

制定健全、合理的岗位工资制度，是工作研究的重要内容。岗位工资设计必须依据岗位工作设计的原则和工作测量的相关数据进行。它的一般程序如下：

（1）企业工资原则与策略的制定。这是企业工资制度设计的基础，对于工资设计的其他环节起着重要的指导作用。在此基础上，确定对工人进行工资支付方式、报酬的组成比例、拉开差距的标准等。

（2）岗位分析。岗位分析是确定工资制度的基础。企业应结合自己的生产目标，在业务分析和人员分析的基础上，明确部门职能和岗位关系，规范岗位体系，编制企业的岗位体系结构图。

（3）岗位评价。岗位评价有两个目的：一是比较企业内部各个岗位的相对重要性，得出岗位等级序列；二是为进行工资调查建立统一的岗位评估标准，消除不同企业间岗位名称不同，或即使岗位名称相同但实际工作要求和工作内容不同所导致的岗位难度差异，使不同岗位之间具有可比性，为确保工资的公平性奠定基础。它是岗位分析的自然结果，同时又以岗位说明书为依据。岗位评价的方法有许多种，使用比较广泛的是计分比较法、Hay法、CRC法等。

（4）市场工资调查。这主要是解决工资制度的外部公平性问题。工资调查的对象应选择那些与自己有竞争关系的企业或同行业的类似企业。调查的内容应包括工资的增长情况、不同的工资结构对比、不同岗位的工资数据、奖金和福利状况、未来工资的走势等。

（5）确定工资结构。所谓工资结构是指企业的各个岗位的相对价值同实付的工资之间的关系和比例。

（6）确定工资水平。工资水平的确定根据岗位评价的结果、市场调查的资料及企业的经营状况来进行。

（7）工资制度的不断修正。工资制度一经建立，就应严格执行，充分发挥其激励作用。在保持稳定的情况下，还应随着企业经营情况和市场工资水平作出科学的调整。

岗位工资的设计应坚持这样的目标，即既要对工人起到最好的激励作用，提高他们对自己的岗位工作的责任感，又要有助于提高企业的生产效率，推动企业经营目标的实现。

【思考与练习】

1. 什么是工作研究？它的重要意义是什么？

2. 劳动专业化有哪些优缺点？它对岗位工作设计会产生什么影响？

3. 岗位工作设计的要素有哪些？它面临怎样的问题？

4. 试阐述岗位工作扩展、岗位工作丰富化、岗位工作轮换及以员工为中心的岗位工作设计的内涵和区别。

5. 社会技术系统是什么？岗位工作设计时，要坚持怎样的社会技术指导原则？

6. 工作测量的意义是什么？它有哪些方法？

7. 某公司对一项加工某种产品的作业的工时进行研究。这项作业分为4个操作单元，研究人员用工时测定法获得了如表9.6所示的资料。如果这项作业的宽放率为10%，试确定它的标准时间。

表9.6

操作单元序号	观察时间（秒）				实绩评定系数（%）
	周　期				
	1	2	3	4	
A	30		60		95
B	70	50	90	60	120
C	10	30	20	50	90
D	100	80	110	90	110

8. 某保险公司希望做一次工作抽样研究，目的是分析保险营销人员的工作情况，确定他们在与客户直接联系方面所花时间的百分比。过去的经验表明，在40%的工作时间内，营销人员都在通过电话和面谈与客户联系。

(1) 当置信度为95%，绝对精度为3%时，需要多少次观察才能确定营销人员与客户联系的时间百分比？

(2) 如果发现这个百分比是48%，对于问题（1）的抽样规模，你认为满意吗？

9. 研究人员在一周40个小时内，对某项作业进行了抽样调查。他们发现，某工人总共生产了200个零件。而抽样表明，该工人在30%的时间内都没有工作。对他的实绩评定为90%。此类作业的宽放时间为15%。试确定这项作业的标准时间。

10. 工资的具体内容有哪些？你认为对工人激励作用最大的是哪些部分？

11. 管理部门制定的工资制度有哪些类型？

12. 工人参与型工资制度与管理部门制定的工资制度的区别是什么？你认为它适用怎

样的情况？

13. 某工厂的工人基本工资为5元/小时。工厂规定的工人标准日产量为200件。某工人一天工作8小时，生产300件产品，试分析在下列工资制度下，该工人的日工资是多少：(1) 工人可以得到50%的超产收益分成。(2) 100%的奖金支付制度。

第十章 供应链管理

随着全球经济竞争的加剧、信息技术的高度发展和消费者需求的不断变化，当今世界已经由以机器和原材料为特征的工业时代进入了以计算机和信息为特征的信息时代。企业以分工为基础的组织管理模式越来越无法适应激烈的市场竞争，因此企业开始在经营理念和管理模式上的进行深层次的探索。近年来，供应链管理（Supply Chain Management，SCM）作为一种新的管理模式，逐渐引起人们的广泛关注，并逐步在企业管理中得到应用。国际上一些著名的企业如惠普、丰田、IBM、DELL 等公司在供应链实践中取得了巨大的成功，这使人们更加坚信供应链管理是企业适应 21 世纪全球化竞争的一种有效途径和模式。

第一节 供应链管理概述

一、供应链的定义

供应链的概念是逐步发展和完善的。一般认为，供应链的概念是从制造业发展出来的。早期的观点认为供应链是制造企业中的一个内部过程，它是指将采购的原材料和收到的零部件通过生产转换和销售等活动传递到用户的一个过程。传统的供应链概念局限于企业的内部操作，只注重企业的自身利益目标，而忽视了与外部供应链的联系，往往造成企业间的目标冲突。

后来供应链的概念注意了与其他企业的联系以及供应链的外部环境，将其定义为一个“通过链中不同企业的制造、组装、分销、零售等过程将原材料转换成产品，再到最终用户的转换过程”，是更大范围，更为系统的概念。例如，美国的 Stevens 认为“通过增值过程和分销渠道从供应商的供应商到用户的用户的流就是供应链，它开始于供应的源点，结束于消费的终点”。Evens 认为“供应链是通过前馈的信息流和反馈的物料流及信息流，将供应商、制造商、分销商、零售商，直到最终用户连成一个整体的结构模式”。这些定义都注意了企业与企业之间的联系以及供应链的完整性，考虑了供应链中所有成员操作的一致性。

现在，供应链的概念更加注重核心企业的作用，如核心企业与供应商、供应商的供应商乃至与一切前向的关系，与用户、用户的用户及一切后向的关系，如图 10.1 所示，此时对供应链的认识形成了一个网链的概念，像丰田、耐克、尼桑、麦当劳和苹果公司的供应链管理都是从网链的角度来实施的。哈里森（Harrison）进而将供应链定义为：“供应链是执行采购原材料、将它们转换为中间产品和成品，并且将成品销售到用户的功能网链。”这些概念同时强调战略伙伴关系问题，认为供应链中战略伙伴关系很重要，通过建立战略伙伴关系，可以与重要的供应商和用户更有效地开展工作。

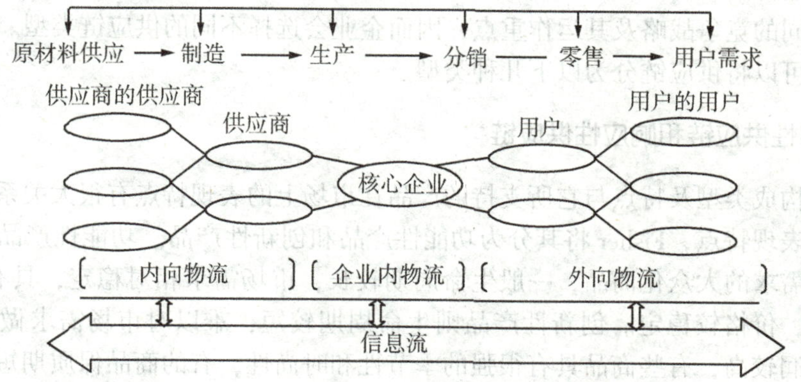

图 10.1 供应链网链结构模型

从图 10.1 中我们可以看到，供应链由所有加盟的节点企业组成，它涵盖了从供应商的供应商到用户的用户之间有关最终产品或服务的形成和交付的一切业务活动，在一个供应链中一般有一个核心企业。节点企业在需求信息的驱动下，通过供应链的职能分工与合作，以物流、信息流和资金流为媒介实现整个供应链的不断增值。

2001 年 8 月 1 日由国家质量技术监督局发布实施的《中华人民共和国国家标准——物流术语》将供应链定义为：生产及流通过程中，涉及将产品或服务提供给最终用户活动的上游与下游企业所形成的网链结构。

最后我们给出一个普遍接受的供应链的定义：供应链是围绕核心企业，通过对信息流、物流、资金流的控制，从采购原材料开始，制成中间产品以及最终产品，最后由销售网络把产品送到消费者手中的功能网链结构模式。

根据前面的几类定义，我们可以从下面几个角度理解供应链的概念：

(1) 供应链是由相关企业所构成的。从广义的角度，供应链包含所有涉及提供给最终消费者产品和服务的企业；从狭义的角度，供应链是指整个产业链中的某一段或有加盟关系的企业。

(2) 供应链是一个网络。这种网络关系主要是指供应链成员间的合作关系和物流、资金流和信息流的流动关系。

(3) 供应链中存在核心企业，该核心企业主导着供应链的构建，可能是制造企业，也可能是零售或其他类型的企业，视该企业在供应链中的具体作用而定。

(4) 供应链活动主要是指物流、资金流和信息流活动。其中，信息要素起着推动供应链运作一体化的前提和基础作用。

(5) 供应链是一条增值链。供应链各成员通过其在供应链上的具体运作，如加工、包装等活动，为供应链增值。

二、供应链的类型

每个企业都是不同的，有不同的寿命周期，提供不同的产品，有不同的市场细分与定位，选择不同的竞争战略及其运作重点，因而企业会选择不同的供应链类型。根据不同的划分标准，可以将供应链分为以下几种类型。

1. 效率性供应链和响应性供应链

供应链构成类型及特点与它所支持的产品在市场上的表现特点有很大关系。根据产品在市场上的表现特点，Fisher 将其分为功能性产品和创新性产品。功能性产品主要是满足消费者日常需求的大众化商品，一般生命周期较长，市场需求相对稳定，具有可预测性，购买频率高，价格较稳定。创新性产品则生命周期较短，难以对市场需求做出准确的预测，商品利润较高，有些商品具有很强的季节性和时尚性，有的商品保质期短。两类产品的特点对比见表 10.1。

表 10.1　**功能性产品与创新性产品特征的比较**

比较项目	功能性产品	创新性产品
需求特征	可预测	不可预测
产品寿命周期	>2 年	3 个月至 1 年
边际收益	5%~20%	20%~60%
产品多样性	低（10~20 种）	高（上百种）
平均预测误差幅度	10%	40%~100%
平均缺货率	1%~2%	10%~25%
平均季末降价比率	几乎为 0	10%~25%
产品的提前期	6 个月至 1 年	1 天至 2 周

在实施供应链管理的时候，应该根据不同的产品特点，选择和设计不同类型的供应链系统。根据功能性产品和创新性产品的不同，人们根据在实践中总结的经验，提出了两种类型的供应链：效率性供应链（efficient supply chain）和响应性供应链（responsive supply chain）。效率性供应链主要体现供应链的物料转换功能，即以最低的成本将原材料转化成零部件、半成品、产品以及在供应链中的运输等；响应性供应链主要体现供应链对市场需求的响应功能，即把产品分配到满足用户需求的市场，对未预知的需求做出快速反应。创新性产品与响应性供应链匹配，功能性产品与效率性供应链匹配（见图 10.2）。两种类型的供应链的比较见表 10.2。

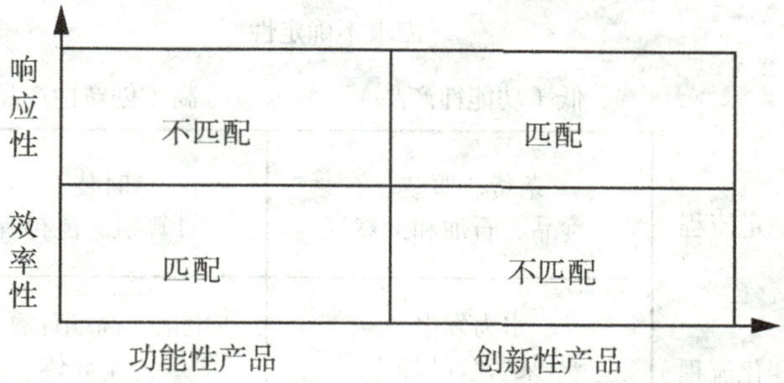

图 10.2 供应链与产品类型的匹配性

表 10.2 **响应性供应链与效率性供应链的比较**

	效率性供应链	响应性供应链
主要目标	需求的可预测性 最低生产成本的有效需求	快速响应不可预测的需求，减少过期库存产品的减价损失
制造过程的重点	维持高平均利用率	消除多余的缓冲能力
库存战略	追求高回报，使通过供应链上的库存最小	消除大量的零部件和产品缓冲库存
提前期	在不增加成本的前提下缩短提前期	采取主动措施缩短提前期
选择供应商的方法	选择的重点是依据成本和质量	选择的重点是依据速度、柔性和质量
产品设计战略	绩效最大、成本最小	使用模块化设计，尽量延迟产品差异化

2. 风险规避供应链和敏捷供应链

效率性供应链和响应性供应链的划分主要是从市场需求变化的角度出发的，重点是供应链如何处理市场需求不确定的运作问题。在实际供应链管理过程中，不仅要处理来自需求端的不确定性问题，而且还要考虑如何处理来自供应端的不确定性问题。在有些情况下，来自供应端的不确定性对整个供应链运作绩效的影响可能更大一些，例如，原煤市场上的供应紧张现象，使以原煤为输入资源的供应链企业都感到前所未有的压力。那些具有较高应变能力的供应链能够及时调整策略渡过难关，而那些不具备应变能力的供应链企业则面临被市场淘汰的局面。图 10.3 是需求不确定性和供应不确定性对某些典型行业影响的示意图。

从供应和需求两个方向不确定性对供应链运作的影响出发，Hau Lee 进一步细分了供应链的类型，如图 10.4 所示。敏捷供应链（agile supply chain）是一种综合能力最强的供应链系统，它能够对来自需求和供应的不确定性作出及时反应，使自己始终能够按运行环境的变化而变化。

供应不确定性 \ 需求不确定性	低（功能性产品）	高（创新性产品）
低（稳定流程）	杂货、服装、食品、石油和天然气	时装、计算机、流行音乐
高（变化流程）	水力发电、某些食品加工	电信、高端计算机、半导体

图 10.3　基于供需不确定性的产品类型

而对于风险规避供应链而言，来自需求端的不确定性较低，来自供应端的不确定性较高，这种供应链需要对来自供应端的不确定性有较强的应变能力。

供应不确定性 \ 需求不确定性	低（功能性产品）	高（创新性产品）
低（稳定流程）	效率性供应链	响应性供应链
高（变化流程）	风险规避供应链	敏捷供应链

图 10.4　基于供给与需求不确定性的供应链类型

3. 持续补货供应链和完全灵活供应链

John Gattorna 对供应链类型做了更全面的划分，将供应链分为持续补货供应链、精益供应链、敏捷供应链和完全灵活供应链。它们的定义、组织结构、流程、绩效评价归纳为表 10.3。

表 10.3　**John Gattorna 的供应链类型比较**

	持续补货供应链	精益供应链	敏捷供应链	完全灵活供应链
定义	需求已知，具有可预见性	需求具有周期性，可预见性强，趋于成熟低风险产品	通常未计划，敌意顾客，需求波动大	需求未知，紧急，例外，突发
组织结构	矩阵结构（顾客经理）	过程结构（过程经理）	模块化结构	群体结构（快速反应部队）

续表

	持续补货供应链	精益供应链	敏捷供应链	完全灵活供应链
流程	标准化，可重现性	标准化过程与产品	流程再造，标准化与模块化结合	情景模拟，应急机制，创新性方法
绩效评价	顾客保持率，忠诚度，关系长度，信息共享度	预测精确性，质量，成本	顾客需求反应速度，首次入市能力	顾客满意度（商业事件），责任，突发事件

不同类型供应链关注的重点不同，精益和敏捷供应链分别重点关注效率和速度，持续补货供应链重点关注顾客关系的保持，完全灵活供应链则重点关注创新性的解决方案（见图 10.5）。

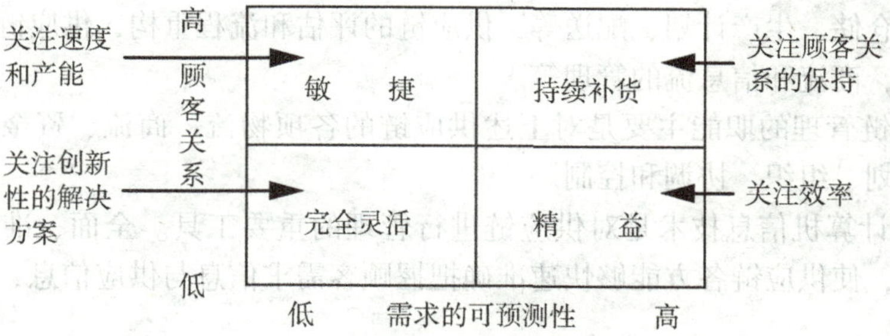

图 10.5　不同供应链关注重点

4. 产品供应链与服务供应链

由于产品与服务的不同特点，可以将供应链分为产品供应链与服务供应链。服务供应链是最近几年较为关注的领域，典型的如物业、旅游、物流服务供应链，其供应链渠道、成员、供需内容、运营模式（推式或拉式）、牛鞭效应影响、协调内容与手段、绩效评价、稳定性等方面都是不同的。

三、供应链管理的含义

供应链管理是围绕供应商与需求商之间的物料流、信息流和资金流所进行的计划与控制过程。供应链管理主要包括计划、合作和控制从供应商到用户的物料和信息。它运用系统集成的思想，从供应链系统整体优化入手，寻求企业间竞争性、优势互补性的组合。将商品供应链上的制造商、供应商、销售商的活动形成有序整体、直接与市场需求衔接，最大限度地减少或消除过剩库存与缺货损失；发挥整合优势，加快产品开发与供货速度，实现敏捷、柔性的生产、供应过程。供应链管理的目标在于提高用户的服务水平和降低总的交易成本，并且寻求两者之间的平衡。

《中华人民共和国国家标准——物流术语》将供应链管理定义为“利用计算机网络技

术全面规划供应链中的商流、物流、信息流、资金流等，并进行计划、组织、协调与控制等”。该定义可作如下理解：供应链管理的范围为企业所在的供应链中的节点和各项商流、物流、信息流和资金流活动，具体职能表现为计划、组织、协调与控制，保证上述职能的完成的重要工具则为现代计算机网络技术，这种对供应链流程与关系的规划和管理是全面的、整体性的。

美国供应链管理协会（2002）给出了一个供应链管理的定义：以提高企业个体和供应链整体的长期绩效为目标，对传统的商务活动进行总体的战略协调、对特定公司内部跨职能部门边界的运作和在供应链成员中跨公司边界的运作进行战术控制的过程。

我们可以从以下几个角度来理解供应链管理：

（1）供应链管理是用集成的思想对供应链中的各项活动进行管理的过程。它运用系统集成的思想，从供应链系统整体优化入手，寻求企业间竞争性、优势互补性的组合。

（2）供应链管理的范围较宽，包括：从最初的供应商到最终的消费者所构成的供应链上各个企业节点和供应链战略合作关系的建立和发展，客户关系管理，供应链上的物流活动如采购、仓储、生产计划、配送等，供应链的评估和流程重构，供应链中的信息平台的构建与维护，商流和信息流的管理等。

（3）供应链管理的职能主要是对上述供应链的各项物流、商流、资金流、信息流等各项活动的计划、组织、协调和控制。

（4）现代计算机信息技术是对供应链进行管理的重要工具。全面、准确和及时的信息沟通与管理，使供应链各方能够快速准确把握顾客需求信息与供应信息，从而实现同步运作。

（5）供应链管理的最终目的在于提高顾客服务水平，降低供应链总成本，并寻求两者间的平衡。具体而言，是通过全面的、整体的、系统的管理，使整个供应链系统协调运作，使商品供应链上的制造商、供应商、销售商的活动形成有序整体，直接与市场需求衔接，从价格、质量、服务、便利性等多方面最好地满足顾客需求，最大限度地减少或消除过剩库存与缺货损失；发挥整合优势，加快产品开发与供货速度，实现敏捷、柔性的生产与供应。

供应链管理的基本思想可归纳为以下几点：

（1）供应链管理最关键的是需要采用集成的思想和方法，而不仅仅是节点企业、技术方法等资源的简单的连接。

（2）系统整体优化观点。传统上企业只注意自身的生产系统，或最多只与直接供应商、直接用户打交道，现代的供应链管理将管理范围延伸到供应链中的每一个节点企业，在整体优化的前提下，寻求自身的局部优化。

（3）信息与知识共享观点。改变以往信息封闭的形势，实行信息流、知识流的共享，最大限度地减少供应链中的信息扭曲现象，以知识、信息共享为基础构筑企业之间的合作。

（4）竞争组合性观点。供应链管理强调企业间的研究开发、产品设计、物料供应、加工制造、市场营销、经营管理等要素，实行竞争性、优势互补性组合，构造功能更强的生产系统。

四、供应链管理的主要内容和关键问题

1. 供应链管理的主要内容

供应链管理的内容广泛，主要包括：

(1) 供应链网络的设计与构建。主要是对供应链的结构等进行设计和选择。在供应链中，根据供应链整体发展的需要，主体企业应对供应链进行整体设计，确定不同的合作关系和集成程度。对于供应链中的具体成员而言，应基于其自身发展战略，选择其所参与或主动构建的供应链网络。当供应链成员对供应链的设计和构想有不同意见时，应由双方或多方协商确定。

(2) 供应链合作伙伴的选择与建立战略合作伙伴关系。供应链成员可在确定了供应链网络的基础上，对供应链成员进行合理选择，最终确定整个供应链成员以及成员间的关系。供应链合作伙伴的选择应在对其进行全面客观评价的基础上进行，并根据供应链各成员的特点对其进行分类，从而建立不同层次的合作关系。对供应链战略合作关系需要从战略角度进行建立和维护，并在长期经营与合作中做适时的调整，以适应市场环境变化。

(3) 供应链客户关系管理。满足顾客需求，提高客户服务水平，是供应链管理的重要目标。供应链成员应围绕顾客需求对供应链进行管理。一方面，企业应遵循现代客户关系管理的理念，明确顾客是企业最重要的资源，增加客户满意度是企业获得长期竞争优势的途径；另一方面，企业应建立相应的客户关系管理系统，多渠道了解客户实时需求，确定客户细分策略，提高客户满意度与忠诚度。

(4) 供应链采购与供应商管理。主要是确定供应链采购战略，对供应商进行选择和管理。对供应链成员而言，客户关系管理是针对其下游成员和最终消费者而言的，而供应商则是相对于其上游企业而言的。企业应根据其供应市场的情况和采购的原材料、零部件等的特点，确定不同的采购战略，并根据供应商的重要程度和贡献能力对供应商进行细分，确定不同的管理战略。

(5) 供应链生产管理。传统生产计划与控制是在对需求进行预测的基础上，根据企业内部流程、资源，针对库存进行生产的管理方式。在供应链管理环境下，生产方式也发生了巨大的变革。一是要从整个供应链的高度对生产进行计划与控制，二是应根据产品特点和市场需求，选择合理的生产战略，如JIT生产、生产外包等。在供应链范围内进行生产和流通资源的优化配置，降低成本，提高生产效率和效益。

(6) 供应链物流管理。具体包括供应链中的客户物流服务、物流需求预测、运输管理、库存及仓储、包装及流通加工、装卸搬运、配送管理、供应链物流信息管理等活动。供应链物流管理是供应链管理的重要组成部分，也是本书的核心内容，具体将在下文论述。

(7) 供应链信息系统与信息管理。充分而有效的信息获取与管理是供应链管理成功的关键条件之一。供应链信息管理主要是根据供应链管理的具体要求，建立开放型的供应

链信息系统，确保供应链成员及时获得消费者信息，保证成员间的信息沟通与共享。供应链成员间应确立统一的信息传输标准，构建多渠道的信息通信网络，并有效运作信息系统，维持信息的及时更新与有效应用。

(8) 供应链资金流的管理。主要是对供应链中的资金流动如利润分配、结算等进行管理。合理的成本分配和利益分配是供应链成员进行合作的前提之一。

(9) 供应链的绩效评价。主要是应用成型的绩效评价工具如财务评价、ABC 法等，根据供应链管理与活动的特点，建立供应链评价指标与体系，对供应链进行评价。通过对供应链的绩效评价，发现缺漏与不足，以便优化、重新构建；建立标杆，作为参照；激励供应链成员努力改进供应链，提高绩效。

(10) 供应链业务流程设计与重组。应用现有的业务流程重组理论与方法，在对供应链进行评价的基础上，基于供应链的时间、成本和绩效等对供应链流程进行重新设计与构建。供应链业务流程的设计与重组是供应链管理的重大变革，应作为重大项目对其进行管理，特别要注意风险管理。

Ketchen (2008) 认为，一个最佳价值的供应链应该是一个具有敏捷性、适应性和联盟功能的供应链，其基本要素包括战略资源、物流管理、关系管理以及信息系统，目标是实现速度、质量、成本、柔性的竞争优势（见图 10.6）。

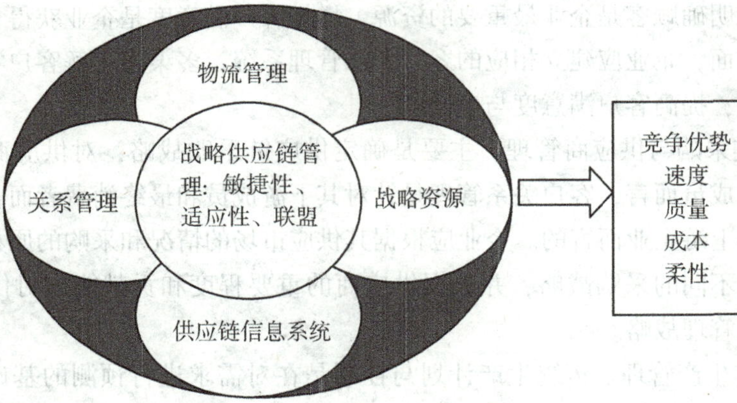

图 10.6 最佳价值供应链的基本要素

资料来源：D. J. Ketchen: Best Value Supply Chains: A Key Competitive Weapon for the 21st Century, *Business Horizons*, 2008, 51 (3).

2. 供应链管理的难点及关键问题

实现全局优化和应对管理的不确定性是供应链管理的难点。之所以难，是因为供应链的复杂性、动态性、成员目标的冲突性以及预测的准确性，供应链运行环境的不确定性、需求的变动性、信息的不对称性等。企业如何才能设计一个供应链体系，使供应链所有成员共同协作实现在一定的服务水平前提下整个供应链系统成本最小或供应链成本一定的情况下提高服务水平，是几乎所有企业面临的挑战。

具体来说，在实施供应链管理中需要注意的关键问题主要如下：

（1）配送网络的重构。配送网络重构是指采用一个或几个制造工厂生产的产品来服务一组或几组在地理位置上分散的渠道商时，当原有的需求模式发生改变或外在条件发生变化后引起的需要对配送网络进行的调整。这可能由现有的几个仓库租赁合同的终止或渠道商的数量发生增减变化等原因引起。

（2）配送战略问题。在供应链管理中配送战略也非常关键。采用直接转运战略、经典配送战略还是直接运输战略？需要多少个转运点？哪种战略更适合供应链中大多数的节点企业？直接转运战略就是指终端渠道由中央仓库供应货物，中央仓库充当供应过程的调节者和来自外部供应商的订货的转运站，而其本身并不保留库存。经典配送战略则是在中央仓库中保留库存。直接运输战略则相对较为简单，它是指把货物直接从供应商运往终端渠道。

（3）供应链集成与战略伙伴。由于供应链本身的动态性以及不同节点企业间存在着相互冲突的目标，对供应链进行集成是相当困难的。但实践表明，对供应链集成不仅是可能的，而且它能够对节点企业的销售业绩和市场份额产生显著的影响作用。集成供应链的关键是什么呢？那就是信息共享与作业计划！显然，什么信息应该共享，如何共享，信息如何影响供应链的设计和作业；在不同节点企业间实施什么层次的集成，可以实施哪些类型的伙伴关系等就成了最为关键的问题。

（4）库存控制问题。库存控制问题包括：一个终端渠道对某一特定产品应该持有多少库存？终端渠道的订货量是否应该大于、小于或等于需求的预测值？终端渠道应该采用多大的库存周转率？终端渠道的目标在于决定在什么点上再订购一批产品以及为了最小化库存订购和保管成本，应订多少产品等。

（5）产品设计。众所周知，有效的产品设计在供应链管理中起着多方面的关键作用。什么时候值得对产品进行设计来减少物流成本或缩短供应链的周期，产品设计是否可以弥补顾客需求的不确定性，为了利用新产品设计，对供应链应该做什么样的修改等这些问题就非常重要。

（6）信息技术和决策支持系统。信息技术是促成有效供应链管理的关键因素。供应链管理的基本问题在于应该传递什么数据，如何进行数据的分析和利用，Internet 的影响是什么，电子商务的作用是什么，信息技术和决策支持系统能否作为企业获得市场竞争优势的主要工具。

（7）顾客价值的衡量。顾客价值是衡量一个企业对于其顾客的贡献大小的指标，这一指标是根据企业提供的全部货物、服务以及无形影响来衡量的。最近几年来这个指标已经取代了质量和顾客满意度等指标。在不同行业中，什么因素决定顾客的价值？顾客价值是如何衡量的？在供应链中，信息技术如何用来增强顾客价值？供应链管理如何作用于顾客价值？

表 10.4 反映了供应链管理的关键问题及其与全局优化、不确定性之间的对应关系。

表 10.4　　供应链管理的关键问题及其与全局优化、不确定性之间的对应关系

	全局优化	管理不确定性
配送网络配置	★	
库存控制		★
供应合同	★	
配送策略	★	★
战略合作伙伴	★	
外包和采购		★
产品设计		★
信息技术	★	★
顾客价值	★	★

资料来源：大卫·辛奇-利维等：《供应链设计与管理》，中国财经出版社 2004 年版，第 8~10 页。

第二节　供应链模型介绍

这一节主要介绍三种供应链模型，每一种模型都将给供应链管理带来不同的发展前景。在这三种模型中，尽管没有一种模型能适合所有的制造供应链，但是供应链模型的组合会形成一个具有敏捷性和能够持续降低库存的更集成的供应链。

一、供应链运作参考模型（SCOR）

SCOR（Supply Chain Operation Reference）是由供应链协会开发支持的，它是一种适合于不同工业领域的供应链运作参考模型。1996 年春，美国波士顿的两个咨询公司 PRTM 和 AMR 为了帮助企业实施供应链管理，牵头成立了供应链协会，并于当年底发布了供应链运作参考模型。

SCOR 是第一个标准的供应链流程参考模型，是供应链的诊断工具，涵盖所有行业。SCOR 使企业间能够准确地交流供应链问题，客观地评测其性能，确定性能改进的目标，并影响今后供应链管理软件的开发。

SCOR 模型按流程定义的详细可分为三个层次，每一层都可用于分析企业供应链的运作。在第三层以下还可以有第四、五、六等更详细的属于各企业所特有的流程描述层次，这些层次中的流程定义不包括在 SCOR 模型中。

SCOR 模型的第一层描述了五个基本流程（如图 10.7 所示）：计划（plan）、采购（source）、生产（make）、发运（deliver）和退货（return）。它定义了供应链运作参考模型的范围和内容，并确定了企业竞争性能目标的基础。企业通过对第一层 SCOR 模型的分析，可根据下列供应链运作性能指标作出基本的战略决策：（1）交付性能，按时或提前完成订单/计划的比率；（2）发运速度，成品库接到订单 24 小时内发运的比率；（3）完成订单性能；（4）订单完成提前期；（5）全部订单完成率；（6）供应链响应时间；（7）

生产的柔性；（8）供应链管理总成本；（9）增值生产率；（10）保修返修成本；（11）资金周转时间；（12）存货供应天数；（13）资金周转次数。

企业不可能在上述所有供应链性能指标上达到最优，因此，合理地选择对企业的成功最为重要的指标来评测其供应链性能极为重要。

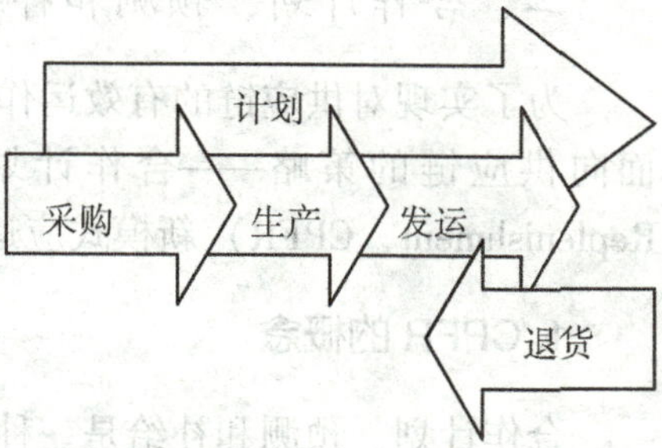

图 10.7　SCOR 第一层流程定义

SCOR 模型的第二层是配置层，由 26 种核心流程类型组成。企业可选用该层中定义的标准流程单元构建其供应链。每一种产品或产品型号都可以有它自己的供应链。图 10.8 描述了 SCOR 模型中第二层的 19 个标准流程元素。

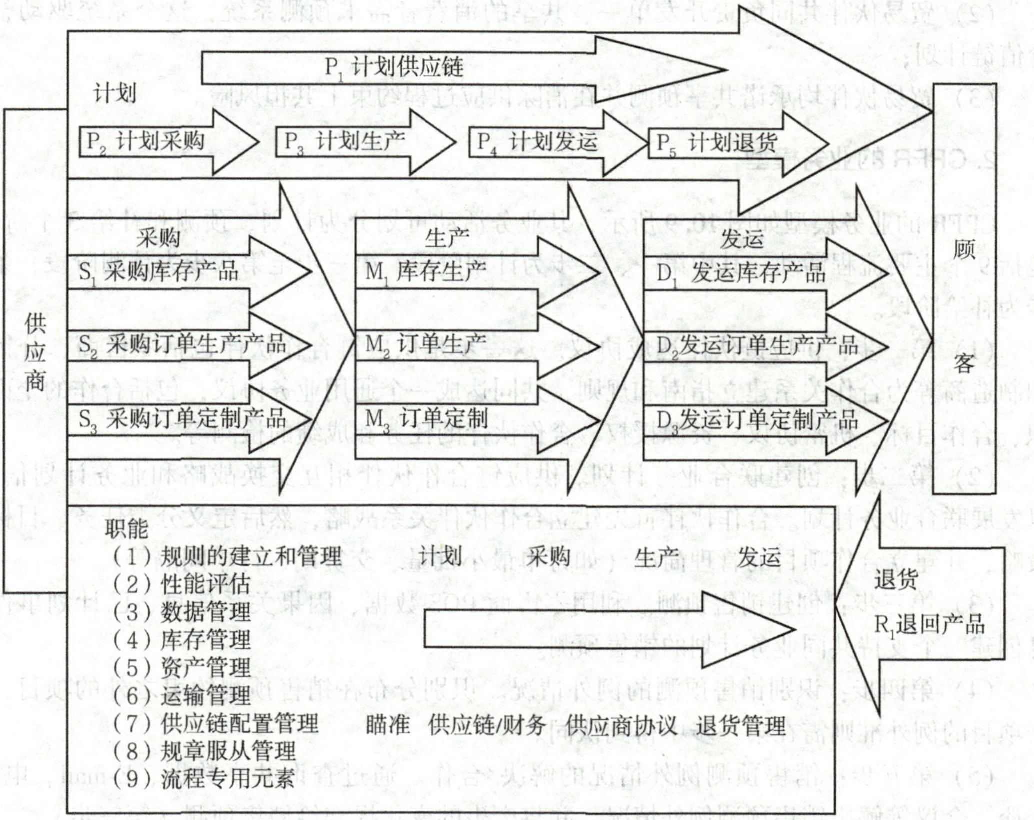

图 10.8　SCOR 第二层流程元素

SCOR 模型的第三层为企业提供了在改善供应链时成功地规划和确定目标所需要的信息。规划的内容包括过程的定义、目标的评验、最佳实施和为达到性能最佳所需要的系统软件能力。企业主要在这一层上调节作业战略。

二、合作计划、预测和补给（CPFR）

为了实现对供应链的有效运作和管理，以及对市场变化的科学预测和快速反应，一种面向供应链的策略——合作计划、预测与补给（Collaborate Planning，Forecasting and Replenishment，CPFR）新模式应运而生，并逐渐成为供应链管理中一个热门的研究问题。

1. CPFR 的概念

合作计划、预测和补给是一种库存管理策略，它应用一系列的处理和技术模型，提供覆盖整个供应链的合作过程，通过共同管理业务过程和共享信息来改善零售商和供应商的伙伴关系、提高预测的准确度，最终达到提高供应链效率、减少库存和提高消费者满意程度的目的。CPFR 有 3 条指导性原则：

（1）贸易伙伴框架结构和运作过程以消费者为中心，并且面向价值链的成功运作；

（2）贸易伙伴共同负责开发单一、共享的消费者需求预测系统，这个系统驱动整个价值链计划；

（3）贸易伙伴均承诺共享预测并在消除供应过程约束上共担风险。

2. CPFR 的业务模型

CPFR 的业务模型如图 10.9 所示，其业务活动可划分为计划、预测和补给 3 个阶段，包括 9 个主要流程活动，其中第一、二步为计划阶段，第三步至第八步为预测阶段，第九步为补给阶段。

（1）第一步：供应链伙伴达成协议。这一步是供应链合作伙伴包括零售商、分销商和制造商等为合作关系建立指南和规则，共同达成一个通用业务协议，包括合作的全面认识、合作目标、机密协议、资源授权、合作伙伴的任务和成绩的检测等。

（2）第二步：创建联合业务计划。供应链合作伙伴相互交换战略和业务计划信息，以发展联合业务计划。合作伙伴首先建立合作伙伴关系战略，然后定义分类任务、目标和策略，并建立合作项目的管理简况（如订单最小批量、交货期、订单间隔等）。

（3）第三步：创建销售预测。利用零售商 POS 数据、因果关系信息、已计划事件信息创建一个支持共同业务计划的销售预测。

（4）第四步：识别销售预测的例外情况。识别分布在销售预测约束之外的项目，每个项目的例外准则需在第一步中得到认同。

（5）第五步：销售预测例外情况的解决/合作。通过查询共享数据、E-mail、电话、交谈、会议等解决销售预测例外情况，并将产生的变化提交给销售预测（第三步）。

（6）第六步：创建订单预测。合并 POS 数据、因果关系信息和库存策略，产生一个支持共享销售预测和共同业务计划的订单预测，提出分时间段的实际需求数量，并通过产品及接收地点反映库存目标。订单预测周期内的短期部分用于产生订单，在冻结预测周期外的长期部分用于计划。

（7）第七步：识别订单预测的例外情况。识别分布在订单预测约束之外的项目，例外准则在第一步已建立。

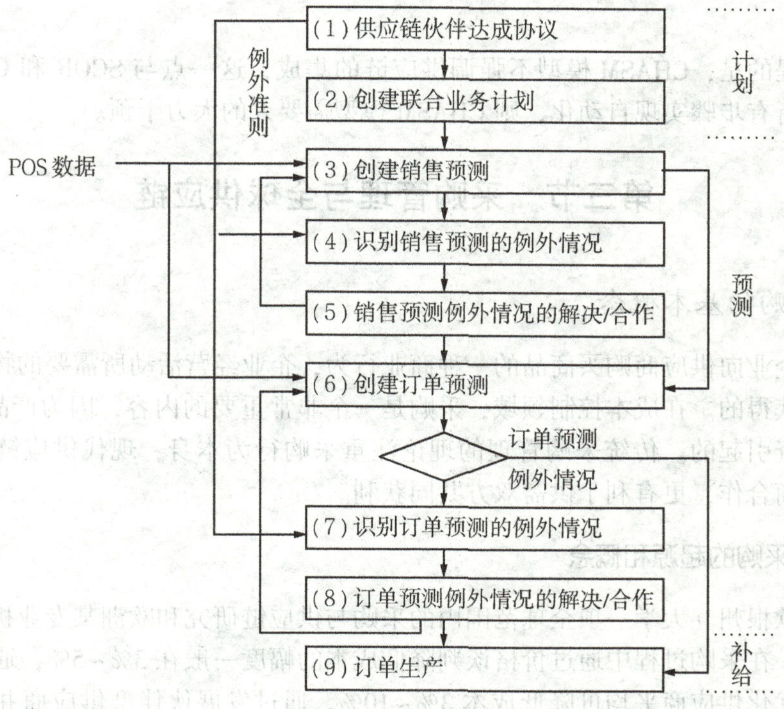

图 10.9 CPFR 业务模型

(8) 第八步：订单预测例外情况的解决/合作。通过查询共享数据、E-mail、电话、交谈、会议等调查研究订单预测例外情况，并将产生的变化提交给订单预测（第六步）。

(9) 第九步：订单产生。将订单预测转换为已承诺的订单，订单产生可由制造厂或分销商根据能力、系统和资源来完成。

上面建立了一个合作伙伴框架结构，可用于创建一个消费者需求的单一预测，协同制造厂和零售商的订单周期，最终建立一个企业间的价值链环境，在获得最大赢利和消费者满意度的同时减少浪费和成本。

三、合作、高速和自适应供应链模型（CHASM）

合作、高速和自适应供应链模型（Collaborative，High-speed，Adaptive Supply-chain Model，CHASM）在原理上仍坚持由 SCOR 和 CPFR 提倡的供应链的许多过程。高层 CHASM 提出了下列几个步骤：

(1) 供应商评估和选择合适的需求源以满足业务目的，评估需求和开展供应、生产和分配预测。制造商在考虑供应约束前提下进行基于用户需求的订单预测。

(2) 为预测到的需求源进行供应商定位、协商、选择和排供应日程、生产和分配。供应商可以生产需求以前的库存。制造商获得所必需的供应源以满足用户需求。

(3) 供应商同制造商合作接受订单、检查库存、协商期限、核查信贷、签订合同等。

(4) 为实际需求源进行供应商定位、协商、选择和安排供应日程、执行供应、生产和分配等。

值得一提的是，CHASM 模型不强调供应链的集成，这一点与 SCOR 和 CPFR 是不同的，如果对所有步骤实现自动化，则 CHASM 模型需要人的大力干预。

第三节 采购管理与全球供应链

一、采购的基本概念

采购是企业向供应商购买商品的一种商业行为，企业经营活动所需要的物质绝大部分是通过采购获得的。在成本控制领域，采购是一个非常重要的内容，因为产品成本的 2/3 是由采购物资引起的。传统采购管理的理论注重采购行为本身，现代供应链理论告诉我们，与供应商合作，更有利于供需双方共同获利。

1. 战略采购的起源和概念

美国密歇根州立大学一项全球范围内的采购与供应链研究和欧洲某专业机构的调查结果同时表明：在采购过程中通过价格谈判降低成本的幅度一般在 3%~5%，通过采购市场调研比较、优化供应商平均可降低成本 3%~10%。通过发展伙伴型供应商并对供应商进行综合改进可降低成本 10%~25%，而供应商早期参与产品开发成本降低可达 10%~50%。由此可见，降低采购成本的最高境界是“上游”采购，将采购作为一项战略活动，在公司战略确定的初期，纳入采购战略和供应商参与与合作可以极大地降低成本。因此实施战略采购是企业削减成本，取得长期竞争优势的必由之路。

1974 年 D. S. Ammer 在《哈佛商业评论》上发表文章，由此产生了战略采购思想的萌芽。他第一次提出采购应该被纳入企业战略管理范畴的思想。这一思想的历史背景是 1973—1974 年阿拉伯石油禁运所造成的石油危机，使企业资源供应在成本、可靠性和可获得性方面发生了极大的变化。Ammer 意识到作为企业成本中心，采购应发挥更战略性的作用。

最先运用战略采购工具并取得成效的是 20 世纪 80 年代的日本汽车制造业企业。日本汽车制造企业通过专注核心竞争力，缩减和优化供应商群体，与保留的供应商建立以信息共享、相互信任为基础的合作关系三个步骤，利用采购杠杆整合供应商资源和能力，获得了竞争力的提升。日本汽车运用战略采购所取得的成功经验启发了西方企业，采购的战略性开始引起世界范围内的关注。

“战略采购”这一名词由著名咨询公司科尔尼于 20 世纪 80 年代首次提出。科尔尼公司致力于战略采购研究和推广工作，帮助企业通过战略采购来改善经营绩效，取得了一系列成功。

1997 年，Carr 和 Smeltzer 首次提出战略采购的定义，将战略采购定义为“计划、实施、控制战略性和操作性采购决策的过程，目的是指导采购部门的所有活动都围绕提高公司能力展开，以实现公司远景计划”。战略采购越来越受到国外学术界和实业界的广泛关注，并取得了大量有价值的研究成果。

采购作为供应链的开端环节，是企业产品增值过程的起点，在企业中有至关重要的作用，其在企业的地位已逐渐由管理职能演变为战略职能。鉴于采购在企业经营中的重要地位，对企业长期战略的实现具有制约和推动作用，应根据企业的总体战略和经营战略，制定企业的采购战略，使企业的采购管理更为深入和系统，以有效支持企业的长期竞争。

本书对战略采购作出如下定义：在平衡企业外部和内部的优劣势基础上，以降低企业和整个供应链的总成本实现企业总体战略为目标，基于对外部供应商的选择和整合，由企业内部质量、设计、工程、制造、市场营销、会计及其他所需各部门协同运作的计划、实施、评价和控制一系列战略性和运作型的采购决策的过程。

战略采购概念有以下的内涵：

（1）采购职能是企业的战略职能，以实现企业总体战略为总目标，采购职能要参与企业的战略规划，服从于企业的整体战略。

（2）战略采购不仅提高企业竞争力，带来企业时间（T）、成本（C）、服务（S）、质量（Q）上的优势，还整合整个供应链，带来供应链效率与效力的提高。

（3）战略采购由供应商和企业共同参与完成，供应商在采购战略的实现中发挥了重要的作用。

（4）战略采购总成本不仅是指采购产品和服务的成本，而且指在整个采购过程中发生的成本，包括发生在采购前的成本，如搜索、选择和评价供应商成本，采购中成本，产品的订货、运货、收货成本和相关的服务成本如采购价格、订单准备和货物运输成本，企业获取产品和服务之后所发生的成本如质量检验成本、退货成本、维护成本等。

2. 采购界面

采购作为一项服务职能，与企业内的其他职能部门及其外部供应商都存在界面。采购是连接企业与其供应商的重要纽带，通过它交换供应商和各职能部门的信息。采购与其他职能部门的相互作用关系如下：

运营单位是外购物料的主要需求源。为了实现质量、数量与运送目标，这些单位与采购部门的密切合作关系至关重要。为提高工作效率，必须及时沟通取消外购、改变规格说明、改变数量或运送时间等信息。

在合同谈判，制定非常规采购的标价，帮助解释定价、产品可靠性与供应商合同等方面，需要法律部门的帮助。

会计部门负责向供应商付款，由于可能享受价格折扣，必须及时通知他们。另外，许多公司的数据处理由会计部门负责，他们保存存货记录、检查发票、监督卖方履约情况等。

设计与工程部门负责准备物料规格说明，与采购部门及时沟通这些规格说明很重要。根据供应商合同，采购部门通常都能与设计人员沟通新产品与材料改进信息，使订货适应新的需求。另外，设计人员与采购人员还可以密切合作，共同确定改变规格说明、设计或材料是否能降低采购成本。

收货部门负责检查运入的外购货物，以确定其是否实现了预定的目标，他们还负责把货物移送到库房。如果送货延迟，必须及时通知采购部门；如果收到货物，必须及时通知会计部门，以便他们对货物进行支付。采购部门与会计部门都必须随时掌握关于供应商持续评价的最新信息。

供应商或卖方只有和采购部门保持联系，才能根据质量、数量与运送情况获得需购物料以及规格说明类型等信息。采购部门必须按照成本、可靠性等为供应商分级。好的供应商关系能使公司在紧急订货、改变订货时获得额外收益，每当改进产品和物料时，供应商也能及时为公司提供信息。

采购界面如图 10.10 所示：

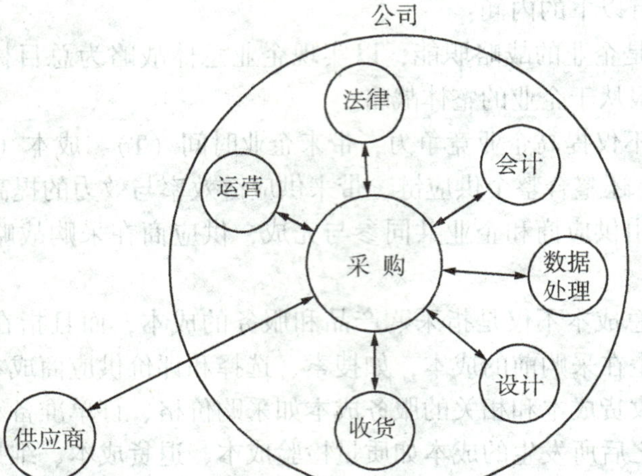

图 10.10　采购与各公司各职能区域以及供应商的界面

3. 采购流程

以下是组成任何一个良好的采购程序的关键因素。尽管这些活动中绝大多数可以用计算机，但现实中许多公司还是用手工处理。采购程序的关键步骤是：

（1）发现需求。任何采购都产生于企业中的某个确切需求。负责具体业务的人应该知道本部门独特的需求：需要什么、需要多少、何时需要。这样，库存部门就会收到这个部门发出的物料需求单。

（2）对需求加以描述，即对所需要的物品、商品或服务的特点和数量准确加以说明。准确地描述所需的物品和服务是采购部门和使用者或跨职能采购团队共同的责任。以下内容应包括在内：日期、编号、申请部门、涉及的金额、对于所需物料本身的完整描述以及所需的数量、物料需要的日期、任何特殊的发送说明、授权申请人的签字。

（3）确定可能的供应商并加以分析。

（4）确定价格和采购条件。确定价格一般有四种途径：商品市场、价目表、供应商报价和价格协商。

（5）拟订并发出采购订单。

(6) 对订单进行跟踪、催货。跟踪是对订单所作的例行追踪，以便确保供应商能够履行其货物发运的承诺；催货是对供应商施加压力，以使其履行最初所做出的发运承诺、提前发运货物或是加快已经延误的订单涉及的货物的发运。

(7) 接受并检验收到的货物。

(8) 结清发票并支付货款。发票对采购方有一定的要求，因而需要仔细处理，一般一式两份，发票上通常有订单编号和每一项物品的单价。

(9) 维护记录。这一工作仅仅是把采购部门与订单有关的文件副本进行汇集和归档，并把其想保存的信息转化为相关的记录。

4. 供应商选择

选择好的供应商能为制造商带来许多益处，相反，供应商选择不当，造成零件或原材料的运送延迟、缺货或残次物品都会为制造商带来严重的不良后果，如中断生产计划、增加存货成本、引发产品的运送延迟等。

在选择供应商时，有许多值得考虑的因素，如表 10.5 所示。在这些因素中，一般企业重点考虑的因素是质量、价格、生产提前期和柔性等。

表 10.5　　选择供应商时应考虑的因素

质量与数量保证	供应商用什么程序进行质量控制和质量保证 质量问题及纠正措施有文件证明吗 为判断和纠正货物不符的原因做过调查工作吗
价　　格	供应商对既定商品组合报价合理吗 供应商愿意协商价格吗 供应商愿意联合起来共同降低成本吗
生产提前期与按时运送	供应商能提供的生产提前期是多少 供应商有什么确保按时运送的程序 供应商有什么证明和纠正运送问题的程序
柔　　性	供应商面临数量、交付时间与产品/服务改变时，灵活性有多大
位　　置	供应商就在附近吗
产品或服务改变	当产品或服务变化时，供应商给出了多少预先通知 关于变化，买方需要投入到什么程度
信誉与财务状况的稳定性	供应商信誉如何 供应商财务状况如何
其　　他	售后服务如何 供应商是否严重地依赖其他买主，使我们承担先满足其他买主需要的风险 供应商是否愿意为购买方建立库存

供应商的选择方法很多，下面我们举一个例子说明其中的一种方法。设某种物品可由三家供应商提供，表 10.6 给出了全部的评估数值和供应商总得分。从最后的综合得分来看，C 供应商的综合得分最高，所以应优先选择 C 供应商。

表 10.6　**供应商评估表**

评估指标 (1)	指标权重 (2)	评估数值 (3)		
		A 供应商	B 供应商	C 供应商
产品质量	9	8	9	7
价格	7	7	6	8
供应能力	7	10	7	8
技术水平	8	7	8	5
可靠性	6	4	7	8
地理位置	2	3	6	9
售后服务	3	4	6	7
综合得分（（2）×（3）后累加）		289	308	302

以上例子虽然非常简单，但如果企业在采购前适当地考虑这些问题，可以大大地降低采购的失误率。

在该方法中，确定各评估指标的权重是非常重要的一步，它是一项既需要经验又需要技术的工作。为了克服主观因素的影响，建议采用层次分析法来选择供应商，由于该方法其他参考资料介绍得比较多，在这里不作介绍。

二、准时采购

1. 准时采购的定义

准时采购又叫 JIT 采购。按照 JIT 原理，一个企业中的所有活动只有当需要进行的时候才进行，即只有在需要的时候，按照需要的量，提供所需要的产品和服务。因此，我们可以把准时采购定义为：在需要的时候（既不提前也不延迟），按照需要的数量，采购企业生产所需要的合格的原材料和外购件。准时采购是准时化生产系统的一个重要部分，它是从准时生产发展而来的，是为了消除库存和不必要的浪费而进行的持续性改进。要进行准时化生产必须有准时的供应，因此准时化采购是准时化管理模式的必然要求。准时采购和传统采购的区别如表 10.7 所示。

2. 准时采购的目的

（1）消除不必要的活动。例如，在准时采购制下，接受活动和来货检查都是不必要的。如果采购人员在选择和发展供应商时是非常有效率的，那么收到货物时就不需要清点数量、检查和测试等过程。为了将工作完成好，采购人员需要其他作业部门的支持。比如，提供准确、确定的生产计划进度表，工程改变时留足充分的交货时间来完成产品以及与供应商建立良好的关系。

表 10.7　　准时采购和传统采购的区别

项　目	准时采购	传统采购
采购批量	小批量频繁送货	大批量送货，频率低
供应商选择	长期合作，很少的供应商	短期合作，供应商较多
供应商评价	质量，交货期，价格	质量，价格，交货期
检查工作	逐渐减少，最后消除	收货、点货、质量验收
协商内容	长期合作、质量和合理价格	获得最低价格
运输	准时送货，买方负责安排	较低的成本，卖方负责安排
文书工作	文书工作较少，需要的是有能力改变交货时间和质量	文书工作量大，改变交货期和质量的采购单多
产品说明	供应商革新、强调性能宽松要求	买方关心设计，供应商没有创新
包装	标准化容器包装	普通包装
信息交流	快速可靠	一般要求

（2）消除厂内存货。如果满足质量标准的物料能够在需要时随时送到，那么实际上不需要原材料存货。只有在供应商不太可靠时，才有必要储存原材料。同样，生产所需的半成品部件可以小批量直接送到需要的部门。减少或消除存货可以暴露生产过程中其他方面的问题，并得到及时纠正，而存货容易掩盖问题。

（3）减少转运存货。在任意时间内，通用汽车半数以上的存货是在工厂间移动的，对于全球性的大公司，比如通用汽车或者本田，这个问题是很重要的，但它也为问题的改善提供了足够的机会。现代的采购部门鼓励供应商将厂设在附近以利于购买后快捷运输，这样就减少了转运中的存货。

（4）质量和信任度提高。减少供应商的数目，以提高供应商的质量和信任度，加强对供应商的长期投入。买卖双方必须建立相互理解和信任，这样就能及时获得数量充足、品质优良的货物，或所谓销售零缺陷产品。当然，运输商和供应系统都必须很出色。

3. 准时采购的实施条件

（1）制造商和供应商战略伙伴关系的建立。要实施准时采购，制造商和供应商必须建立一种长期的互利合作的新型关系，必须相互信任，相互支持，这样才能获得更大的利益。

（2）基础设施的建设。交通设施和通信条件是实施准时采购的重要保证。企业间通用标准的使用对准时采购也至关重要。因而，制造商和供应商都应注重基础设施建设。然而这些条件的改善不仅仅取决于制造商和供应商的努力，政府也必须作出努力来改善交通运输条件、通信条件，制定企业间的通用标准。

（3）供应商的参与。准时采购不单是企业物质采购部门的事，它还需要供应商的参与。供应商的参与不仅体现在准时、按质按量地生产制造商所需的原材料和外购件上，而且还体现在参与制造商的产品开发设计过程中。制造商也应帮助供应商提高产品质量和生产率、降低成本。

（4）实施准时采购的组织。企业必须建立相应的组织来实施准时采购。这一组织不仅包括企业的物资采购部门，还应包括产品设计部门、质量部门、财务部门、生产部门等。企业的高层领导必须从战略高度来考虑准时采购的意义，并加以重视。实施准时采购的组织必须提出实施方案，组织实施，对实施效果进行评价，并进行连续不断的改变。

（5）信息技术的应用。准时采购是建立在有效信息交换的基础上的，信息技术的应用可以保证制造商和供应商之间适时的信息交换。制造商和供应商都必须对信息技术，尤其是电子数据交换（EDI）的应用进行投资。

（6）制造商向供应商提供综合稳定的生产计划和作业数据。综合稳定的生产计划和作业数据可以使供应商及早准备，精心安排其生产，保证准时、按质、按量交货，否则供应商不得不求助于缓冲库存，这无疑增加了供应商的成本。有些供应商在制造商工厂附近建立仓库来满足制造商的准时化采购要求，实质上这不是真正的准时化采购，只是负担的转移。

（7）教育和培训。教育和培训可使制造商和供应商都认识到实施准时采购的意义，并使他们掌握准时采购的技术和标准，以便对准时采购的实施和改进。

三、国际采购

1. 进行国际采购的原因

国际采购最初主要是为降低生产成本而进行的尝试，现在，国际采购已经不只是为降低成本，而是成为获得产品、技术、交货提前期、劳动力和质量的战略手段。

从采购的观点来看，是什么原因促使公司进行国际采购呢？伯劳（Birou）和佛思特（Fawcett）对美国的149家公司进行了调查，他们发现大致有两个原因，一是为了降低价格，二是为了取得在美国得不到的产品。表10.8是他们的调查结果。

表10.8 进行国际采购的原因

进行国际采购的原因	公司百分比（%）
1. 降低进货价格	74
2. 从国外获得国内不能获得的产品	49
3. 公司全球经营的需要	28
4. 从外国供应商那里获取先进的技术	26
5. 从外国供应商那里取得品质更卓越的产品	25
6. 全球竞争的加剧	19
7. 帮助外商发展（国际生产与营销的前兆）	17
8. 减少贸易顺差或满足地方要求	17
9. 从外商那里获得更好的交货与服务	8

资料来源：Laura M. Birou and Stanley E. Fawcett：International Purchasing：Benefits，Requirements and Challenges，*International Journal of Purchasing and Materials Management*，Spring，1993：34.

在伯劳和佛思特调查的149家公司中，有69%~81%的公司采购的是原材料、零部件和设备，只有16%的公司购买外国服务，如表10.9所示。由于国际采购的种类繁多，评价外国供应商更加困难。

表10.9　　**国际采购成本构成**

采购类型	公司百分比（%）
原材料	76
机械与设备	69
零部件	81
服务	16

资料来源：Joseph R. Carter and Ram Narasimhan：Purchasing in the International Marketplace：Implications for Operations，*Journal of Purchasing and Materials Management*，Summer，1990：6-8.

国际采购的成本构成要素包括：单价、国际运输成本、保险费与关税、经纪手续费、信用证、国内运输成本、产品过时的风险成本、不合格品损失、运输损失、仓库保管成本、技术支持费、差旅费。

如果运用得当，国际采购是一个强有力的竞争武器。国际采购要求稳定的生产、简单的设计、元件总数少、部装程度高、质量水平高，国际采购还促成了制造、市场营销和采购人员的国际合作。

2. 进行国际采购的方法

一个公司是怎样开始其国际采购的呢？表10.10列出了直接供应源（自身制造产品或提供服务的公司）和中间商（居于买者和卖者之间的中间人）的有关内容。如果一个公司在直接购买方面没有多少经验，那么通过中间商进入国际市场是一个好方法。如果公司有国际采购经验的话，就最好与直接供应源做生意而不要借助于中间商，因为直接交易不仅价格便宜，而且可以减少沟通上的出错率。

表10.10　　**各种国际流通形式**

		优　点	缺　点
中间商或中间人	1. 批发商 买进再卖出货物，接受订单与付款，承担保证责任，并负责顾客培训	处理文化、商业和技术问题，对有缺陷的产品处理简单	成本最高之一，买方要付给生产商和批发商利润和间接费用；外汇结算，需要信用证条件
	2. 制造商的代理机构 代表供应商接受订单和服务委托，并能提供商务和技术支持	处理文化、商业和技术问题，进货比批发商便宜	外汇结算，遇外国代理公司要信用证条件，不承担保证责任，很少处理有缺陷的产品

续表

		优　点	缺　点
中间商或中间人	3. 经纪人 撮合交易各方收取佣金，服务范围广泛	在中间商中成本最低，服务范围广泛，与该行业有广泛的联系，愿意谈判	对供应商和产品运送及质量保证承担责任少，很少提供技术支持；外汇结算，需要信用证条件
	4. 贸易公司 兼营经纪、代理、批发和项目管理业务	在世界范围内与各种进货渠道都有广泛的接触，经验丰富，业务能力强，语言和文化问题少	成本较高。大多数喜欢在现有市场进行贸易或为新产品开拓市场，不愿意进行简单的调查工作
直接供应源	1. 大型跨国公司 承接大多数国际业务，希望新顾客向顾客所在国自己的批发商或分公司采购	供货能力强，存在规模经济收益，售后服务、培训与保证好，很少有文化和语言障碍	因为其规模大，买方在谈判上很少有影响力，通过其子公司采购也无好处可言
	2. 中型制造商 买方多，国有或私有，大部分有出口经验	在可接受的风险水平下成本低，有长期密切合作的可能	要克服文化和语言上的障碍。外汇结算，需要信用证条件
	3. 小型专业公司 通常为私人所有，业务能力有限，单一工序或服务	成本最低，服务周到且有个性	很可能出现文化和语言上的障碍。买方承担运费和税费
	4. 附属公司 通过投资或收购而拥有的子公司或分承包商	价格不贵，而且质量与交货情况好	通常不愿意接受直接订货，从其支配公司进货要付额外成本

四、全球供应链

1. 全球供应链的概念和模型

随着国际贸易壁垒的倒塌，越来越多的公司扩大了自己的业务，开始向全球业务拓展。以往一件产品生产所涉及的供应商、生产商和销售商都局限在一个国家内，现在随着国际贸易的扩大，这个过程涉及的厂家开始向不同地域扩展，最终冲破国家界限具有全球性，我们把它称为全球供应链（Global Supply Chain，GSC）。

全球供应链的核心思想是：充分利用现代各种先进的科学技术（例如，CIMS、FMS、并行工程、敏捷制造、JIT、OPT、MRPⅡ、ERP 等），采取多个生产基地和销售网点，联合众多企业，组成供应链，并实现供应链企业的优势互补和集成，以降低运输成本、企业营运成本、生产成本以及避免关税壁垒（在国内表现为地方保护主义），联手面对竞争，合理利用资源，尽可能地获得更多的利润。

全球供应链是一条动态的供应链。供应商、制造商、分销商都是一个动态的相对的概念。我们统一把原材料、零配件的提供者称为供应商，把产品的生产者称为制造商，把产品的销售者称为分销商。一个厂家相对于不同对象可以分别被称为供应商、制造商和分销商。

全球供应链可以用一个网状结构模型表示（见图 10.11）。图中的箭线表示供应链的方向，小圆圈表示节点。节点之间存在着物流、信息流和资金流等联系。在理论上，每两个节点间都存在着这样的联系，但这些联系有强有弱。

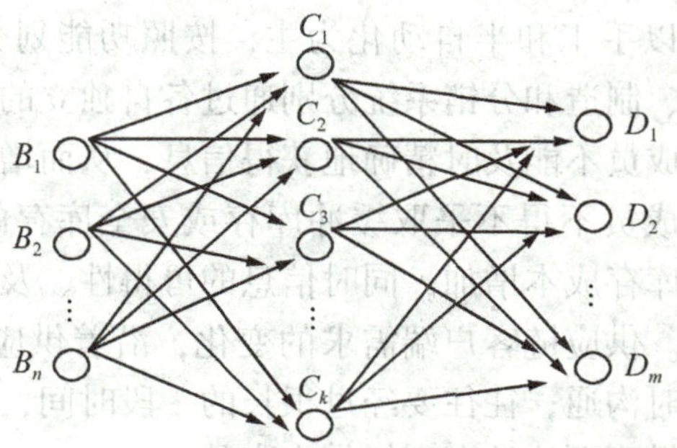

图 10.11　全球供应链网状模型

2. 全球供应链管理面临的挑战

全球供应链的管理是非常困难的，不少大公司在管理中有很多教训：Compaq 公司在销售管理过程中损失 5 亿美元后认为应该“在合适的时间将合适的产品投放合适的地点”；Grocery 公司在物流协调上的浪费高达 300 亿美元，他们认为“以合适的成本管理供应链”太重要了。目前，全球供应链的管理在以下方面面临着挑战：

产品：过长的提前期（订单、顾客服务、新产品等），更多的库存，质量竞争，多变的顾客需求（顾客喜好不同，更加追求个性化），因此通用汽车有 2000 万个不同的组合版本，HP 工作站有 50 万种不同配置方式，佳洁士牙膏在味道方面也有 35 种。

物流：协作问题，服务，合理的库存结构；多节点，多连接和范围经济使得运输管理的复杂性提高，费用和时间占用太大；全球网络的高度复杂性，物流信息流等在全球流动；不同的地理政治区域造成的不同市场结构等都是物流面临的紧迫问题。

协作：通信技术落后，各异的管理文化，相互间信息传递的扭曲（即牛鞭效应，是由于运输延迟、信息延迟及供应复杂性提高等原因以及供应链成员的不断增加，随着时间推移，需求与订货之间产生的差异越来越大）。

市场：产品设计过程要考虑不同市场情况。

另外，个体和整体的冲突、怎样重新理解客户服务及对请求的响应、数据传输的准确性及信息系统的构建、不确定因素的影响、内部客户等也对全球供应链管理提出了挑战。

第四节　供应链管理信息技术支撑体系

一、传统供应链中存在的信息问题

信息是强化供应链竞争力的一个主要因素。供应链管理的效益基于各成员间的协调，而协调的基础又依赖于信息共享。即使是在组织良好的供应链中，由于信息共享不足也会发生分裂和低效率。

传统供应链的问题在于一方面各个成员之间不愿意与他人分享自己的商业信息，另一方面信息的处理方式仍然以手工和半自动化为主，按照功能划分的信息系统像孤立的岛屿，顾客服务、会计核算、制造和分销系统分别通过各自独立的系统，影响了信息的共享性。结果是供应链上各个成员不能及时精确地获得信息，从而增加了作业和计划的不确定性。为此在各个环节上的成员不得不采取缓冲库存或安全库存的方式来适应这种不确定性，使得运作效率降低，库存成本增加，同时信息的可得性、及时性受到影响，因而企业对于市场的需求反应迟缓。供应链客户端需求的变化，沿着供应链向上游逐级放大转移。由于没有和潜在的客户及时沟通，往往要经过很长的一段时间，信息才能反馈到制造商和上游的供应商，所以无法做到更快地向市场供应产品。

二、供应链管理中的信息技术

采用供应链管理策略可以降低成本，缩短提前期，提高服务水平，然而所有这一切都离不开信息技术的应用。因此，现在越来越多的企业开始重视信息技术的应用。以下技术正在供应链管理中得到应用，并使企业获益匪浅。

1. 条形码（barcode）

条形码是由一组有规则的条、空及对应的字符组成的标记，用以表示一定的信息。条码技术是为实现信息的自动扫描录入而设计的。它是实现快速、准确而可靠地采集数据的有效手段。条码技术为人们提供了一种对物流中的物品进行标示和描述的方法，借助自动识别技术、POS 系统、EDI 等现代技术手段，企业可以随时了解有关产品在供应链上的位置，并即时作出反应。条码是实现 POS 系统、EDI、电子商务、供应链管理的技术基础，是物流管理现代化、提高企业管理水平和竞争能力的重要技术手段。由于条码技术具有输入速度快、信息量大、准确度高、成本低、可靠性强等优点，其发展十分迅速。

2. 电子数据交换（EDI）

EDI 技术是指不同企业之间为了提高经营活动的效率在标准化的基础上通过计算机联网进行数据传输和交换的方法。EDI 的目的是通过建立企业间的数据交换网来实现票据处理、数据加工等事务作业的自动化、省力化、及时化和正确化，同时通过有关销售信息和库存信息的共享来实现经营活动的高效化。EDI 的主要功能表现在电子数据传输和交换、传输数据的凭证、文书数据标准格式的转换、安全保密、提供信息查询、提供技术咨询服务、提供信息增值服务等，全球500家大企业都应用EDI系统与它们的主要顾客和供应商交换商业信息。一般而言，EDI系统由四个方面组成：信息传送方式的规定、信息表达方式的规定、系统运行操作的规定、交易业务的规定。这些规定实际上是对这四个方面涉及的内容进行标准化工作，其中最重要的标准化是信息传送方式的标准化和信息表示方式的标准化，信息传送方式的标准化是指为了在不同的计算机之间传送信息对通信线路的类型以及传送控制方式等方面进行决策，具体内容包括通信速度、数据格式、数据长度、检查方法及应用系统界面与数据格式之间相互转换方式的标准化。信息表示方式的标准化是指对应EDI网络传送的业务类型，确定对该业务信息内容的表示方式并使之标准化，内容包括数据代码、信息的格式等方面的标准化。EDI的通信主要采用增值网（VAN）方式，即利用通信公司的通信线路连接分布在不同地点的计算机终端形成的信息传递交换网络。利用EDI可使供应链上的各企业迅速交换信息进而共享信息，大大降低管理成本。

3. 电子订货系统（EOS）

EOS是指企业间利用通信网络（VAN或互联网）和终端设备以在线联结方式进行订货作业和订货信息交换的系统。EOS按应用范围可分为企业内的EOS、零售商与批发商之间的EOS以及零售商、批发商和生产商之间的EOS。其运行方式如下：零售商通过在线联结向总部或生产商发出订单，总部或生产商在汇总、核查订单的基础上，向物流配送中心发出送货订单或向生产单位发出生产订单，物流配送中心则及时向需求点发送货物。EOS能及时准确地交换订货信息，在供应链管理中起到极大作用。首先，EOS可以缩短从接到订单到发出订单的时间，缩短订货商品的交货期，减少商品订单的出错率并节省人力。其次，EOS有利于减少企业的库存水平，提高企业的库存管理效率。最重要的是对于生产厂家来说，通过分析零售商或销售点的商品订货信息，能准确判断畅销商品和滞销商品，有利于根据市场需求调整生产计划或销售计划。

4. 销售时点信息系统（POS）

POS通常被视为是拥有自动信息识别和处理能力的销售时点管理系统，通过销售商品时对商品条形码的扫描，把销售的商品的相关信息立即输入后台的管理信息系统（MIS）中，进而把相应的信息传输给相应的合作伙伴。该系统使制造商能尽快地了解其产品的销售信息以及最终顾客的需求，从而更准确地做好预测，降低库存水平，缩短订货提前期，最终提高整个供应链的效率。

5. 全球卫星定位系统（GPS）

GPS是美国从20世纪70年代开始研制，历时20年，耗资200亿美元，于1994年全面建成，具有在海、陆、空进行全方位实时三维导航与定位能力的新一代卫星导航与定位系统。由于GPS具有全天候、高精度、自动化、高效益等显著特点，GPS技术不仅给测绘领域带来了一场深刻的革命，而且90年代以来，GPS在物流领域得到越来越广泛的应用。在供应链管理中GPS的作用有：运输车辆的定位和跟踪调度，运输船只最佳航程和安全航线的测定、航向的实时调度、监测，铁路运输管理等。

6. 地理信息系统（GIS）

GIS 是 20 世纪 60 年代开始迅速发展起来的地理学研究新成果，是多种学科交叉的产物。它以地理空间数据为基础，采用地理模型分析方法，适时地提供多种空间的和动态的地理信息，是一种为地理研究和地理决策服务的计算机系统。GIS 的基本功能是将表格型数据转换成地理图形显示，然后对显示结果游览、操纵和分析。其显示范围可以从洲际地图到非常详细的街区地图，显示对象包括人口、销售情况、运输路线以及其他内容。

GIS 在供应链管理中的主要应用有：

（1）运输路线选择。用于解决一个起点多个终点的货物运输中，如何选择最短路线、降低物流作业成本，并保证服务质量的问题。

（2）物流网点配置。用于解决寻求最有效的分配货物路径问题，即物流网点布局问题。如将货物从 n 个仓库运往 m 个商店，需要确定由哪个仓库提货给哪个商店运输成本最小。

（3）设施定位模型。用于确定一个或多个设施的位置。组成供应链系统的各个企业或组织的仓库位置与运输路线共同组成了物流网络，如何根据供求的实际需要并结合经济效益等原则，在既定的区域内设立多少个仓库、每个仓库的位置、规模以及仓库间的物流关系等。

可以说，信息技术是供应链的不可缺少的支撑，同时它促进了供应链管理的发展。但对我国而言，供应链管理发展仍处于萌芽阶段，如何运用信息技术提高供应链的效益，真正做到企业运行与市场同步，还需做许多工作。

三、电子商务与供应链管理

在电子商务环境下，由于全球经济一体化的趋势，当前的供应链系统正向全球化、信息化、一体化发展。通过电子商务的应用，供应链中的节点企业能更好地实现信息共享，加强供应链中的联系，使企业提高生产力，为产品提供更高的附加值。

1. 电子商务对供应链的影响

电子商务为供应链管理开辟了一个崭新的世界，它全面采用电脑和网络支持及其客户之间的交易活动，包括产品销售、服务、支持等。

电子商务帮助企业拓展市场，拉近了企业与客户之间的距离。

电子商务促进企业之间的合作，建立企业与客户之间的业务流程的无缝集成，最终达到生产、采购、库存、销售以及财务和人力资源管理的全面集成，令物流、信息流、资金流发挥最大效能，把理想的供应链运作变成现实。

企业在供应链管理中，可以运用 E-mail、电子会议、电子营销、EDI、电子资金转账（EFT）、共享数据库等多种电子商务应用技术来改善对供应、生产、库存、销售的管控，与供应商、分销商和客户建立更快、更方便、更精确的电子化联络方式，实现信息共享和管理决策支持，同时为将来实现端到端的供应链做好准备。基于电子商务的供应链管理组织模型见图 10. 12。

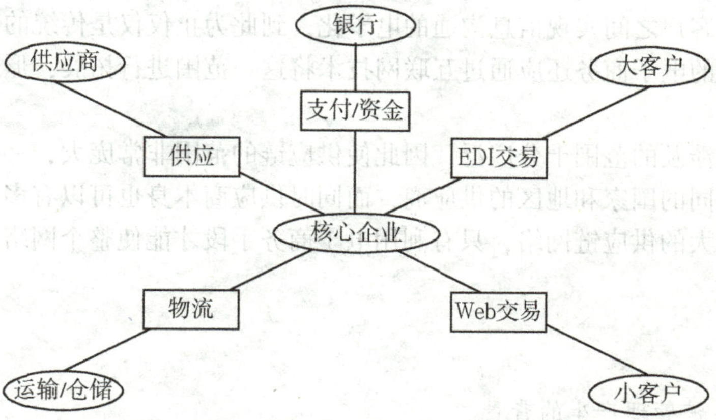

图 10.12　基于电子商务的供应链管理组织模型

2. 将电子商务应用于供应链管理

电子商务平台使得供应链中的核心企业向它的供应商的供应商以及向它的用户的用户进行延伸变得越来越容易，各个节点企业之间通过内部网、外部网、互联网共享数据和决策信息。在使用电子商务手段之后，整个供应链将显示出巨大的活力。因此，将电子商务应用于供应链必然成为未来供应链发展的趋势。图 10.13 为电子商务应用于供应链的示意图。

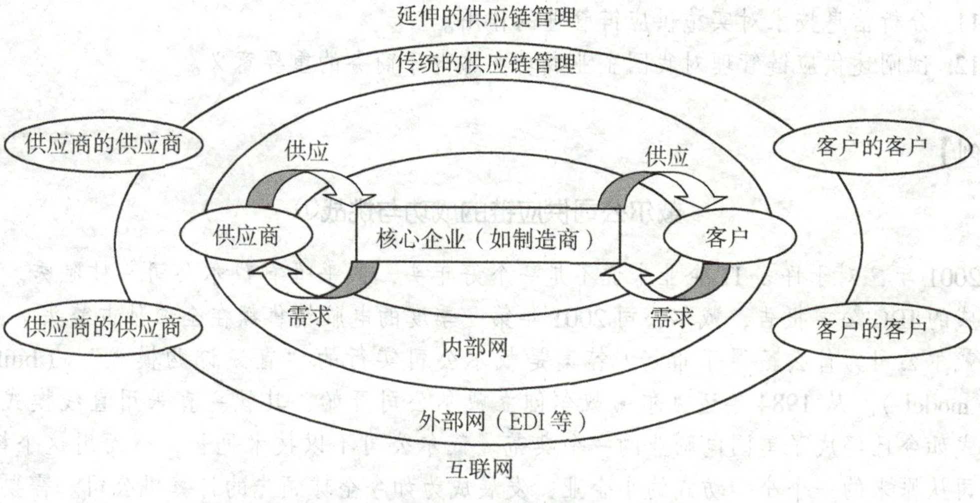

图 10.13　电子商务应用于供应链的示意图

对于供应链中的一个节点来说，它与它的上一级供应商及下一级用户之间的关系都可以简单地分为供应和需求两种关系。在电子商务环境下，供应链中的节点企业首先必须建立自己的内部网（Intranet），使企业内部的工作流程和业务流程实现电子化，然后在通过

EDI等信息技术将各节点企业的内部网进行连接形成外部网（Extranet），使企业与供应商之间以及企业与客户之间实现信息沟通的电子化，到此为止仅仅是传统的供应链管理的范围，完全意义上的电子商务还应通过互联网技术将这一范围进行拓展，形成延伸的供应链管理网络。

互联网所能涉及的范围十分广泛，因此使供应链的范围非常庞大，一个核心企业可以有多个分布在不同的国家和地区的供应商，而同时供应商本身也可以有多个它自己的供应商，针对如此庞大的供应链网络，只有利用电子商务手段才能使整个网络更加有序、高效地运作。

【思考与练习】

1. 分析供应链管理产生的背景。
2. 如何理解供应链和供应链管理的概念？试举出几个我国企业成功实施供应链管理的例子，说明实施供应链管理给企业带来的好处。
3. 供应链有哪些类型？供应链类型与产品、企业竞争战略有何关系？
4. 比较分析本章介绍的三种供应链管理模型的异同点。
5. 你如何理解战略采购？与传统采购有什么区别？
6. 试分析采购部门的职责以及采购部门如何提高采购效率。
7. 公司潜在的合格的供应商要具备哪些条件？如何选择供应商？
8. 分析准时采购的意义及其实施条件。
9. 分析全球采购产生的原因以及在全球范围内如何选择供应商。
10. 如何理解全球供应链？举出几个例子。
11. 分析信息技术对实施供应链管理的作用。
12. 试阐述供应链管理对我国企业成功实施电子商务的重要意义。

【案例】

戴尔公司供应链的成功与挑战①

2001年，对于许多IT企业来说不是一个好年头，似乎唯有戴尔公司一枝独秀。据美国权威的IDC公司报告，戴尔公司2001年第一季度的电脑销售额在全球独占鳌头。

戴尔公司为什么赢得了市场？答案是戴尔公司实行的“直线订购模式”（build-to-order model）。从1984年迈克尔·戴尔创立戴尔公司开始，其就一直采用直线模式，这种模式如今已经成了美国电脑业的一个典范。戴尔公司不以技术见长，然而用这个模式，把公司从原来的一个小作坊式的小企业，发展成为如今全球领先的计算机公司。需要指出的是，直线模式并不等于直销，直线模式的真正核心在于直销背后的一系列包括采购、生产、配送等环节在内的快速反应，直销可以被模仿，但直线模式却是很难被模仿的，这也是为什么戴尔公司能在竞争激烈的电脑市场中保持领先的奥妙所在。

① 根据《IT时代周刊》2007年第11期相关内容整理得到。

物料配送物流成本每年大概要花费公司运营成本的74%，2000年戴尔花在物料上的资金是210亿美元，这笔费用只要下降0.1%，就能带来很大的收益。为了削减物流成本，戴尔在物流管理上下了很大的工夫。

戴尔公司和供应商建有非常严密的网络，每个供应商都通过网络与戴尔公司相联。通过网络，戴尔公司和上游配件制造商组成了一个虚拟企业，在这个虚拟企业中，供应商变成了戴尔公司的一个零件提供部门，相互之间联系紧密。当戴尔公司接到客户从网上发出的购买电脑的订单以后，公司的配置中心会把整张订单分解成一张张的零件采购订单，通过网络发给配件供应商，各个供应商在收到订单以后，马上会组织生产，在指定的期限内发货给戴尔公司，收到零件以后，戴尔公司只需在生产车间进行组装，就可以把成品包装发送。

为什么戴尔供应链优势不再

迈克尔·戴尔曾宣布支持时任首席执行官的凯文·罗林斯，并指出高效运作的供货链和直接销售让公司具备竞争优势，使得这家以他的名字命名的公司在客户服务方面取得了骄人的业绩。但时过境迁！一年后，迈克尔·戴尔从罗林斯手中重新接过公司的控制权，重任公司首席执行官，打算重振这家位于得克萨斯圆石城的市值570亿美元的电脑公司。6月，戴尔便开始通过沃尔玛和山姆会员店来销售其电脑，算是对其传统直销渠道的补充。戴尔电脑为了吸引消费者而推出了一系列彩壳笔记本电脑，包括“深夜蓝”、“火烈鸟粉”、“春天绿”和“咖啡棕”，但是订购这些彩壳的客户通常要等很长时间，因为戴尔公司在颜料生产方面出现了一些问题而造成供货推迟。

戴尔电脑将全球市场占有率第一的宝座拱手让给了惠普电脑后，马上着手内部整改。根据研究机构IDC统计，惠普电脑6月30日第二季度结束时，全球市场占有率达19.3%，而戴尔电脑市场占有率只有16%。

戴尔电脑解决了一些久拖不决的问题。8月17日，戴尔完成了历时一年的财务审计，宣布发现了“为了达到某种财务目标”而造成的“不少会计问题”。因此，戴尔电脑将重新计算过去4年间的财务状况。纽约证交所对戴尔的会计问题调查仍在进行中。戴尔电脑的转型策略是否会奏效，还是个未知数。

困境

以前，戴尔面对的最大挑战是其经营模式的两大支柱：供货链的效率和定制直销模式。但现在，它们不再像以前一样具备竞争优势。惠普电脑的实力早已今非昔比。台湾电脑生产商宏基电脑8月27日宣布收购美国Gateway电脑公司。该起收购案完成后，宏基电脑将成为全球第三大电脑制造商。这些竞争对手正在一步步逼近戴尔公司的供货链。

戴尔公司以前一直未重视对个人客户的开发，这一市场却是近年来信息行业发展和创新最快的部分。7月，复出的首席执行官迈克尔·戴尔在新产品推介会上介绍，公司将会更加注重产品设计，去迎合将高科技产品视为时尚的消费趋势。“我们现在算是涉足时尚业。我们要在这方面再投入一些精力，并将反映在未来产品上”，他说。

对戴尔来说，战略新动向主要包括提高设计水平、扩展零售销售渠道并满足消费者需求，这些都是戴尔以前从未涉足过的领域。沃顿商学院管理学教授尼科拉齐·希格考说：“戴尔电脑已经偏离了其原先的路线。战略重新定位是否意味着戴尔要抛弃原先的成功经验呢？”

渐失的优势

如果产品设计和多销售渠道的战略的确重要，那么戴尔关注供货链的战略将会发生什么样的变化？内塔赛因教授用一系列数字说明供货链给戴尔电脑带来的优势正在不断萎缩。1997年，戴尔电脑和惠普电脑每销售一台成本1000美元的电脑，戴尔的库存成本是10美元，而惠普的库存成本是160美元。到2005年，戴尔的库存成本还是10美元，而惠普的成本已经降到70美元。内塔赛因教授指出，戴尔相对其他品牌电脑的优势更小。另外，戴尔和惠普之间并非具有完全可比性，后者拥有很大规模的打印机业务、咨询业务，还并购了Mercury Interactive和Opsware这样的软件企业。

迎合消费者战略的危险

戴尔某高管在公司博客上透露产品交货延迟，是因为戴尔电脑的颜料出了问题。在戴尔公司的博客上，用户们大发牢骚，抱怨交货推迟和颜料问题。沃顿商学院专家指出，近来的笔记本外壳颜料问题再加上客户服务方面的问题，使得戴尔公司形象严重受损，很难恢复。

戴尔公司当前面对的挑战，“部分反映了戴尔对消费者对戴尔电脑的所思所想缺乏了解”，特尔维施教授指出。“戴尔关注的是中央处理器、硬盘和图像的每秒帧数这些数据，但消费者希望能拥有一台可以在朋友间炫耀，闲时听音乐、看电影并能处理办公事务的电脑。”

为了说明自己的观点，特尔维施教授将苹果电脑网站和戴尔电脑网站做了对比：“如果你选择苹果电脑的PowerBook，它保证你能得到一台超酷的笔记本。当然，你可以选配一些设备，不过那些都是无足轻重的东西。”

希格考教授指出迎合消费者策略的另一风险是客户服务的成本。例如，如果戴尔公司的电脑出现了问题，公司客户最先找的肯定是公司的技术部门。换成消费者，他肯定首先给销售电脑的零售商打电话，这样一来就会增加客服成本。“戴尔正在转移客户群。我有一台戴尔电脑，如果出了问题，我会去找技术部门。随着戴尔的个人客户越来越多，技术部门肯定会接到更多的维修任务。这肯定会拉高成本。”

思考题：

1. 支持戴尔公司竞争优势的关键因素是什么？
2. 为什么其他企业难以模仿戴尔模式？
3. 戴尔公司供应链管理与传统企业供应链管理的主要区别是什么？
4. 为什么戴尔公司在后来的经营中面临困境，其原有供应链优势不复存在？
5. 你认为戴尔公司如何才能走出困境？

第十一章　产销综合计划

在现代企业中，生产经营活动是社会化大生产，它需要调配多种资源，在需要的时候，按需要的量，提供所需的产品和服务，因此想要实现资源的优化配置，获取利益的最大化，就离不开周密的计划。运营计划是生产与运营管理中的一个重要部分。

运营计划是根据需求和企业生产运营能力的限制，对一个生产运营系统的产出品种、产出速度、产出时间、劳动力和设备配置以及库存等问题所预先进行的考虑和安排。本章主要介绍运营计划的含义、内容、种类、制订程序与方法以及产销综合计划的方案和策略。

第一节　运营计划管理

在计划管理下，如果每个员工都出色地完成了自己的任务，整个企业的目标也就实现了。如果没有完善的计划，企业的活动将是杂乱无章的，偏离企业目标，企业经营将会劳而无功。计划管理是个过程，通常包括编制计划、执行计划、检查计划完成情况和拟订改进措施四个阶段。计划管理包括企业生产经营活动的各个方面，如生产、技术、劳资、供应、销售、设备、财务、成本等等。它不仅仅是计划部门的工作，所有其他部门和车间都要通过四个阶段来实行计划管理。

一、企业计划的层次及其相互关系

企业里有各种各样的计划，这些计划是分层次的。一般可以分成战略层计划、战术层计划与作业层计划三个层次。战略层计划涉及产品发展方向、生产发展规模、技术发展水平、新生产设施的建造等。战术层计划是确定在现有资源条件下所从事的生产经营活动应该达到的目标，如产量、品种、产值和利润。作业层计划是确定日常的生产经营活动的安排。三个层次的计划有不同的特点，如表 11.1 所示。由表中可以看出，从战略层到作业层，计划期越来越短，计划的时间越来越细，覆盖的空间范围越来越小，计划内容越来越详细，计划中的不确定性越来越小。

企业战略层计划主要是企业长远发展规划。长远发展规划是十分重要的一种计划，它指导企业的全局，关系到企业的兴衰。战略计划下面最主要的是经营计划（business plan），再往下是各种职能计划。这些职能计划不是孤立的，它们之间有着内在的联系。本书主要讨论的是运营计划。

表 11.1　　不同层次计划的特点

项目	战略层计划	战术层计划	作业层计划
计划期	长（≥5 年）	中（1 年）	短（月、旬、周）
计划的时间单位	粗（年）	中（月、季）	细（工作日、班次、小时、分）
空间范围	企业	工厂	车间、工段、班组
详细程度	高度综合	综合	详细
不确定性	高	中	低
管理层次	企业高层领导	中层，部门领导	低层，车间领导
特点	涉及资源获取	资源利用	日常活动处理

二、运营计划工作概述

1. 运营计划工作的含义

为了实现企业资源的优化配置，获取企业效益的最大化，管理者从以下三个方面寻找机会：寻找适合企业产品的销售机会，以最大限度、最高效率地满足市场需求；寻找盈利机会，通过实现生产成本最低化，使企业在市场竞争中处于更加有利的地位；寻找充足优质的生产资源，最大限度地减少生产资源的闲置和浪费，提高企业产品竞争力。

因此，企业一方面需要为满足客户要求，对企业产品的交货期、品质、成本进行计划；另一方面又需要为企业自身获得适当的利益，对企业生产中的材料、人员、机器设备的准备、分配及使用进行详尽的计划。这样便催生了运营计划工作。

运营计划，即运营系统运行计划工作，是指从满足市场需求出发，依据经营目标的要求，科学确定计划期内运营系统产品的出产量和相应资源的投入量以及生产进度和生产方式，以便以最低的成本按规定的质量和期限向客户交货的思想谋划活动。

在理解这一定义时需要注意以下四个特点：

（1）时间：运营计划工作通常在正式生产行为开始之前进行，从而能够对生产工作进行纲领性的指导。

（2）依据：为了保证运营计划与生产工作间的协调一致，运营计划工作必须根据相应时期的订货数量或市场需求进行预测。

（3）约束条件：运营计划工作受到企业生产方式、生产地点、生产期限的约束。

（4）规划对象：运营计划工作通过对企业生产产品的品种、规格、数量的具体规划，实现企业资源的优化配置。

2. 运营计划工作的内容

企业运营计划工作，是对企业生产的每种产品的生产数量的总体规划，即对制造过程中，各工厂、部门、生产线对所应生产的产品或零部件进行数量要求、进度要求，决定产品（或零配件）的标准存量水平、生产进度计划和作业安排，决定生产所需材料用量及交付时期的材料计划（分析单位产成品占用的零件数量、材质、规律、性能，确定各种材料的基本需求量和库存量，根据生产进度和采购期限，确定订货点），计算生产所需的总负荷，确定可靠的机器设备及附件需求量，估算生产成本等一系列规划工作的综合。

简而言之，运营计划工作就是在回答四个问题：生产什么东西？生产多少？在哪里生产？什么时候完成？例如，对汽配行业的一种凸轮制订运营计划，首先确定产品名称或代号：A908 轮胎；其次，对产品的数量或重量进行规划，因客户订单需要 5000 只，实际生产应考虑到报废，需要投产 5200 只，方能保证 5000 只的交货量；随后，确定生产该产品的部门、单位，包括：铸造、锻压、车床、铣床、高频淬火、磨床、清洗等；最后，确定生产的期间以及产品的交货期，假如客户订单的交货期要求在本月的 20 号，那么公司应在 20 号之前完成生产，以确保客户能按期收货。

运营计划工作的作业安排工作主要包括：

（1）确定加工顺序和加工内容；

（2）确定生产作业的程序及其使用的零部件；

（3）确定各生产环节、单元所需的生产人员数量；

（4）确定各生产环节、单元所需的机器设备；

（5）确定各生产单元的作业时间、定额标准；

（6）确定经济加工批量；

（7）确定零部件自制或外购、外协的数量时间；

（8）确定产品生产各作业的开始与完工时间。

3. 运营计划工作的结构与种类

运营计划是企业经营计划的重要组成部分，是企业对生产任务作出的统筹安排，是企业组织生产运营活动的依据。

从系统的观点来看，运营计划是一个系统，不仅可以从时限上把运营计划分成长期计划、中期计划和短期计划三种类型，而且还可从组织结构的对应关系上，将运营计划分成战略层、管理层和作业层三个计划层次，每一层次都有特定的内容。图 11. 1 就是运营计划系统的一般结构图。

由图 11. 1 可以看出，生产年计划工作从范围大小来看主要分为三种类型：

（1）长期运营计划（long-range planning）。长期运营计划是企业战略计划的重要组成部分，是由企业最高决策层制订的计划，计划期一般为 3~5 年。它是根据企业经营发展战略的要求，对有关产品发展方向、生产发展规模、技术发展水平、生产能力水平、新设施的建造和生产组织结构的改革等方面所作出的规划与决策。

（2）中期运营计划（intermediate-range planning）。中期运营计划又称为年度运营计划，是企业中层管理部门制订的计划。它是根据企业的经营目标、利润计划、销售计划的要求，确定现有条件下在计划年度内实现的生产目标，如品种、产量、质量、产值、利润、交货期等。具体表现为运营计划、总体能力计划和产品出产进度计划。

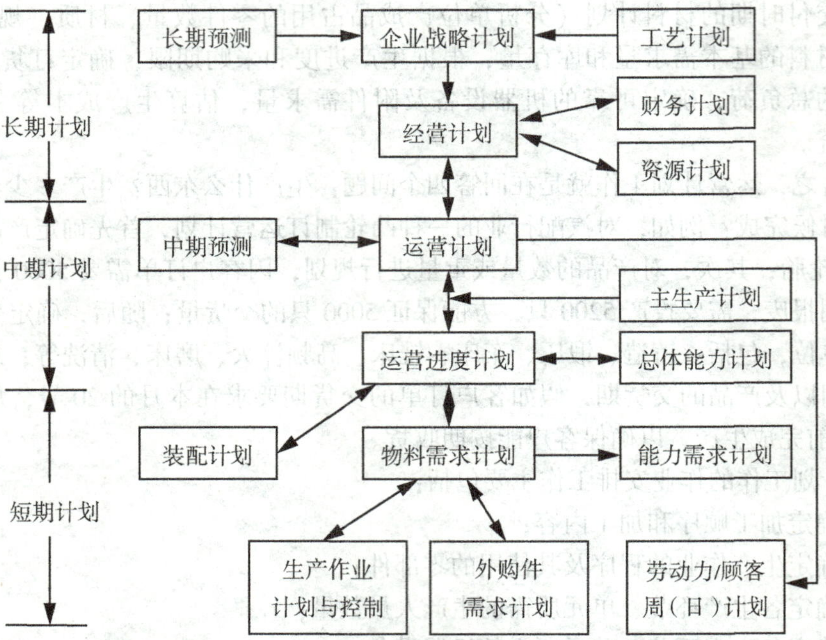

图 11.1　运营计划系统的一般结构图

（3）短期运营计划（short-range planning）。短期运营计划是年度运营计划的继续和具体化，是由执行部门编制的作业计划。它具体确定日常生产运营活动的内容，常以主运营计划、物料需求计划、能力需求计划和生产作业计划等来表示。

从计划时间长短和对象来看，运营计划还可以分为产销综合计划（生产计划大纲）、主生产计划（产品产出进度计划）、月份总装配计划等。

产销综合计划（sales and operations planning），即生产计划大纲，规定企业在计划年度内的生产目标，是用一系列指标来规定企业在品种、质量、产量和产值等方面应达到的水平。

主生产计划（master production schedule），即产品出产进度计划，是将生产计划大纲具体化为按产品品种规格来规定的年度分月的产量计划。这种计划一般每隔半年编制一次，也可以按更短的时间周期进行滚动更新。产品出产进度计划的生产能力核算和平衡都是粗略的，只分车间，或按设备大组（大类）的总台时与人员的总工时去检查和校核生产能力，故属于粗能力需求计划。当然，也要检查其他资源的供应能力，如原材料、能源、外购配件、运输等的供需平衡情况。

月份总装配计划是最终产品的短期出产进度计划。它根据零件的工艺路线和工时定额，来预计各工作中心（设备组）在各时间周期中应提供的生产能力数量，经过与实有能力的平衡，编制出车间的生产作业计划。车间内的作业计划工作中包括作业分派、调度和生产进度的监控与统计工作，对外购的物料则编制物资供应计划，并对其实施进行控制。

4. 运营计划工作的指标体系

运营计划的主要指标有品种、产量、质量、产值和出产期。

(1) 品种指标，是企业在计划期内出产的产品品名、型号、规格和种类数，它涉及“生产什么”的决策。确定品种指标是编制运营计划的首要问题，关系到企业的生存和发展。

(2) 产量指标，是企业在计划期内出产的合格产品的数量，它涉及“生产多少”的决策，关系到企业能获得多少利润。产量可以用台、件、吨表示。对于品种、规格很多的系列产品，也可用主要技术参数计量，如拖拉机用马力、电动机用千瓦等。

(3) 质量指标，是企业在计划期内产品质量应达到的水平，常采用统计指标来衡量，如一等品率、合格品率、废品率、返修率等。

(4) 产值指标，是用货币表示的产量指标，能综合反映企业生产经营活动成果，以便不同行业比较。根据具体内容与作用不同，分为商品产值、总产值与净产值三种。

(5) 出产期，是为了保证按期交货确定的产品出产期限，正确地决定出产期很重要。因为出产期太紧，保证不了按期交货，会给用户带来损失，也给企业的信誉带来损失；出产期太松，不利于争取顾客，还会造成生产能力浪费。

三、运营计划的制订程序与方法

1. 制订运营计划的要求

制订运营计划必须遵循预见性、可行性、严肃性和富有弹性、系统性和连续性、有效性等基本要求。

预见性，是指制订的运营计划能够对之后的生产运营工作起到指导作用。

可行性，是指运营计划的制订需要考虑各种设备能力与人力资源，能够保证计划的进行。

严肃性和富有弹性，是指运营计划必须具有规范性、制度性，不能轻易改变，重视计划过程中的信誉，尊重计划的权威，不得朝令夕改；另外，必须考虑到可能出现的意外、偏差，在计划与现实出现重大冲突时要适当调整反馈，体现出计划的灵活性。

系统性和连续性，是指运营计划的制订要考虑到运营系统内外的各环节、各因素，不能脱离企业整体环境。

有效性，是指最终运营计划的确定，需要在多种可行性方案中寻找最优方案，以保证计划有效。

2. 制订运营计划的一般步骤

制订运营计划的一般步骤如图 11.2 所示。

(1) 阐述目标，确定目标。通常根据企业的经营计划的目标来确定，是一个形成并界定问题的过程。在这个过程中，首先确定计划的总目标，随后对总目标进行分解，得到相互关联的多个分目标，最后，对分目标进行优先排序，保证计划的思路清晰。

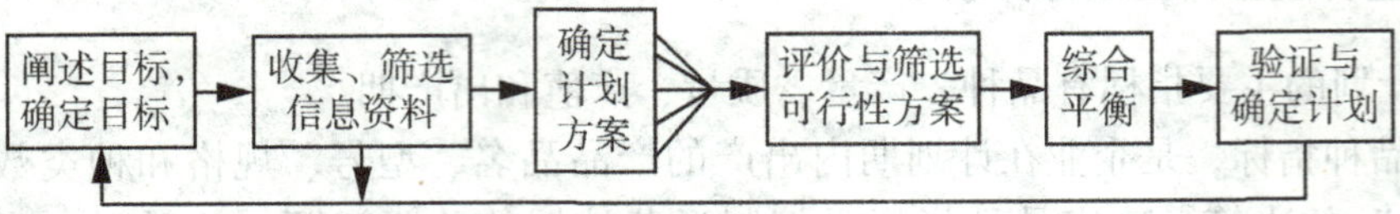

图 11.2 制订计划的一般步骤

（2）收集、筛选信息资料。图 11.3 列示了运营计划环境的内外部主要影响因素。其中，市场需求包括合同订购量、市场预测量和来自某些层面的“指令量”。外部供应能力包括外部在人力、物资、资金、技术以及外协等方面所能提供的保证。从某种意义上讲，内外部因素分析实质上是“需要”与“可能”的分析。

从内外部得到的信息与资料是计划成功的重要保证，这些信息或资料拥有系统、准确、及时、经济的特点，能够帮助企业在计划的实施过程中不断做出正确的判断。

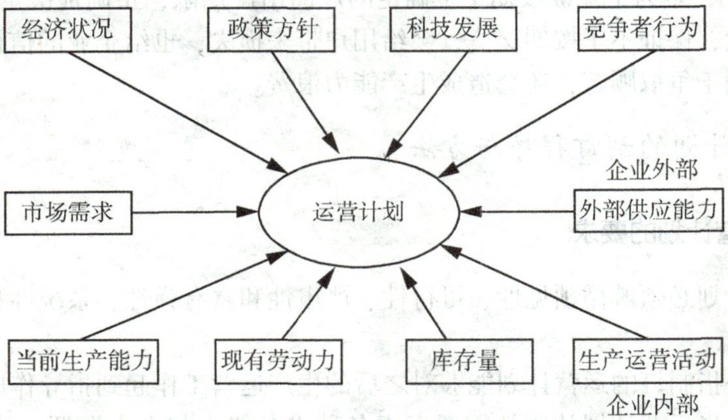

图 11.3 运营计划环境的主要影响因素

（3）确定计划方案。确定计划方案，可以通过经验法，借鉴以往的经验或文献资料中的传统方法，直接运用到新的计划中指导工作的进行；也可以通过建立数学模型，使计划内容更加紧密地贴合企业实际，同时也能够更加理性地规划生产内容。

（4）评价并筛选可行性方案。根据不同的需求和不同的出发点，计划的制订可能得出多个不同的计划方案。在制订运营计划时便需要对多个计划进行详细的筛选，得到最优方案。在建立运营系统运行的计划模型后，对运营计划资料进行分析和整理，拟订可能性方案，选取最适合计划目标的方案，筛选出最优计划。

（5）综合平衡。运营计划需要和企业生产过程中的其他计划进行平衡，实现运营计划的系统性。同销售计划的平衡，需要注重以销定产，对完工期、数量、质量、品种进行分析平衡；同生产能力的平衡，主要考虑设备负荷、生产面积；同劳动力的平衡，应重视劳动力的数量、技术水平结构、工时定额；根据物资供应计划，在订货提前期、采购数量、合理储备上需要实现平衡；同科技力量的平衡，主要考虑生产技术准备工作、图纸、工艺、工装；最后，还要在资金方面实现成本计划、利润计划的平衡。

（6）验证与确定计划。计划的实施需要及时的反馈和验证，这需要企业检验计划草案的前提假设及其结论，从而能够正式敲定计划方案并下达方案，实现运营计划的功能。

3. 制订运营计划的方法

制订运营计划主要有两种方法：传统的经验方法与现代数学计划法。前者包括调查研究法、会议方法、指标推算法（定额法等）、综合平衡法。现代数学计划法运用数学模型对运营系统的基本运行情况进行模拟，测定各要素间的依存关系和发展趋势，如投入产出模型、线性规划、网络计划法、回归分析等。

在编制长期计划时，常用"滚动计划法"。滚动计划法是编制企业计划的重要方法。企业在制订计划时，可根据这一特点，不断地把近期的计划定得具体细致一些，把远期的计划定得粗略一些，这就是滚动计划法的思想，如图 11.4 所示，企业在执行非常具体的 2014 年计划的同时，着手修订 2015 年、2016 年、2017 年的计划：把原来比较细致的 2015 年的计划修订为具体计划，把原来较粗略的 2016 年的计划修订得较细一些，制订出新的 2017 年的粗略计划。如此类推下去，使企业在执行计划中，不断修订原计划和制订新计划。

滚动计划具有远近结合、近细远粗等特点，提高了计划的灵活性和预见性，增大了计划的可行性。这种方法特别适用于企业长远计划的制订。

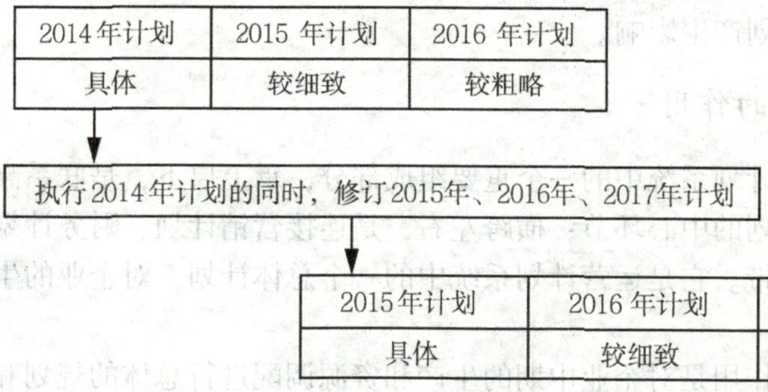

图 11.4 滚动计划法示意图

第二节 产销综合计划的构成

一、产销综合计划的概念和特点

产销综合计划又叫总量计划（aggregate production planning），是指在一定的计划期限（一般是 6~18 个月）内，以充分利用现有可用的生产能力资源为前提，确定各期（通常是 1 个月）的总产量（或总外包生产量，包括人力资源使用量和库存量），以适应需求变动的综合性计划。

产销综合计划的目标在于寻求生产率、劳动力人数和当期库存水平的最优组合。

产销综合计划的主要特点如下：

（1）它以"总量"来表示现有可用资源的生产可能性，即以公共单位对所有不同产品进行计量、累计、加总，而不涉及具体产品的种类和数量。

所谓的"总量"，是以公共单位表示的数量。公共单位选择的适当与否直接影响着产销综合计划应用效果的好坏，不同行业、不同企业可能有着不同的选择，如钢铁冶炼企业用"吨"、炼油厂用"公升"、机械加工厂用"工作小时"。

（2）它并不具体规定每一品种的生产数量、生产时间以及每一车间人员的具体任务，而是按以下方式对产品、时间和人员作出安排。

①产品。按产品的需求特性、加工特性、所需人员和设备的相似性等，将产品综合为几大系列，以产品系列为单位来制订总体计划。例如，涤纶厂按需求特性将涤纶纤维分为短纤维和长纤维两大系列，服装厂按产品需求特性将服装分为男装和女装两大系列。

②时间。总体计划的计划期通常是年，计划期内使用的计划时间单位是月或季。

③人员。可用不同方式安排。例如，有的按产品系列，有的按产品工艺特点和所需技能。不过，通常要考虑需求变化所引起的人员数量变动，决定是采用加班还是招聘等。

（3）它帮助企业适应市场需求。市场需求总是变动的，而运营系统却期盼均衡稳定，所以运营计划的重点和难点，便是如何规划适应市场需求的最优生产能力，运营计划的效果取决于计划的预测能力。

（4）它是动态的。由于企业内部各期的生产活动是相互关联的，前期的生产决策和安排将会对后期的运营计划产生影响。

二、产销综合计划的作用

产销综合计划是企业计划系统中的一个重要组成部分，承上启下，是联系高层长期战略计划与基层短期战术计划的中心环节；横跨左右，是连接营销计划、财务计划、供应计划、人事计划等的主要纽带。它是运营计划系统中的一个总体计划，对企业的生产经营活动起着总的指导作用。

产销综合计划的主要作用是对企业中期的生产和资源调配进行总体的规划和指导。

另外，产销综合计划也是主生产计划制订的依据，只有确定较为准确的产销综合计划，才能对生产活动进行具体安排。

三、产销综合计划的环境构成

（1）计划期限。产销综合计划的期限或计划期，是指计划所跨的时间长度。通常以1年（12个月）为一个计划期。

（2）可控因素。产销综合计划的可控因素，是指那些企业在计划期内可以选择并可改变其数量水平的生产资源。其实质是确定各可控因素的最优组合方式。主要有：人员数量、工作时间（正常和加班）、库存量、外包生产量、有限变动固定资产的生产能力等。

（3）相关费用。产销综合计划的相关费用，是指那些由可控因素选择而产生的，并随其数量水平的变化而变化的费用。主要有：正常工资、加班工资、生产费用（除工资外）、生产率改变费用、录用或辞退人力费用、库存或延期交货费用、外包生产费用等。

第三节　产销综合计划的策略

一、产销综合计划的纯方案

我们知道产品的市场需求预测是企业编制生产经营计划的依据。需要说明的是预测的需求并不一定等于生产需求，市场需求的变动是绝对的，而企业内部组织生产又要求均衡。

产销综合计划方案，一般分为两种类型：纯方案，即研究处理非均匀需求的策略，是指仅考虑一个可控因素而产生的计划方案；混合方案，则是对各个可控因素进行适当组合并形成的方案，也是若干个纯方案的组合。以下介绍几种常用的纯方案：

（1）改变库存水平。就是通过库存来调节生产，而维持生产率和工人数量不变。如图 11.5 所示，当需求不足时，由于生产率不变，库存量就会上升。当需求过大时，将消耗库存来满足需要，库存就会减少。这种策略可以不必按最高生产负荷配备生产能力，节约固定资产投资，是处理非均匀需求常用的策略。

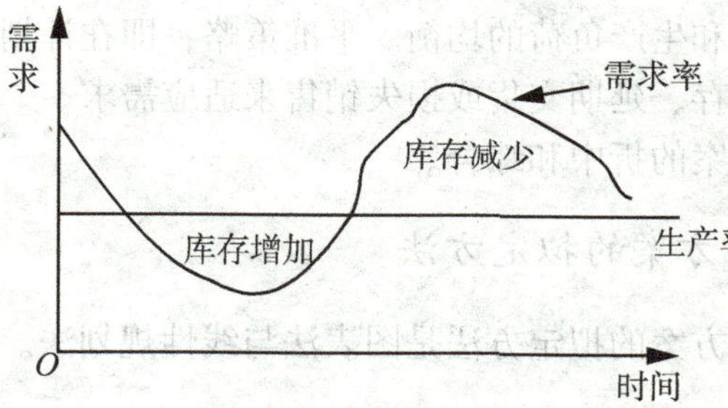

图 11.5　通过改变库存水平来吸收需求波动

（2）改变工人数量。就是在需求量大时多雇工人，在需求量小时裁减工人。这种做法不一定永远可行。对技术要求高的工种一般不能采取这种策略，因技术工人不可能随时雇到。另外，工人队伍不稳定会引起产品质量下降和一系列的管理问题。

（3）改变工作时间。在保持恒定的人力数量条件下，改变工作时间的长短，以改变生产率，使生产率与需求率保持一致。需求高时加班生产，需求低时则按正常工作时间生产或暂停生产，因为，加班或停工的时间非常有限，所以，该方案有时只能满足小部分的需求变化。

（4）外包。在需求超过企业自有的生产能力时，把部分生产任务外包给其他企业完成，以相对扩大生产能力，满足过大的需求。

（5）使用临时工人。在非技术性劳动方面，使用临时工人，以应急时所需。由于技术要求的限制，所用临时工人的范围和数量都是相当有限的，他们的生产熟练程度也较低。

（6）延迟交货。接受订单，但不按期提供订货或服务，虽可能保有一定数量的用户或需求，但也可能付出较多的违约金，甚至在未来失去原有的用户。所以，延迟交货的数量和时间一般是非常有限的。

（7）影响需求。需求低时，通过广告或降价促销、派人推销、加强服务等办法来诱发更多的需求，使需求与已有的生产能力相一致。

（8）生产反季节产品。部分企业拥有足够的生产能力，便能够根据不同季节的特点，生产不同的产品，减少生产波动，降低运营风险，提高企业效益。

二、产销综合计划的常用策略

1. 追逐策略

追逐策略是企业产销综合计划的常用策略，它是在计划时间范围内，通过调节生产速率或人员水平，以适应需求的一种运营计划策略。在追逐策略下，企业不使用调节库存或部分开工的方式将整个企业看做一个整体进行规划。这种策略有多种应用方法，如聘用或解聘工人、加班加点、外协等。

2. 平准策略（均衡策略）

“平准”就是要求生产运营平稳地、均衡地进行。平准化不仅要达到产量上的均衡，而且还要保证品种、工时和生产负荷的均衡。平准策略，即在计划期内保持生产速率和人员水平不变，使用调节库存、延期交货或损失销售来适应需求。

其他类型就是以上方案的折中和综合。

三、产销综合计划方案的拟定方法

常用的产销综合计划方案的拟定方法是图表法与线性规划法。

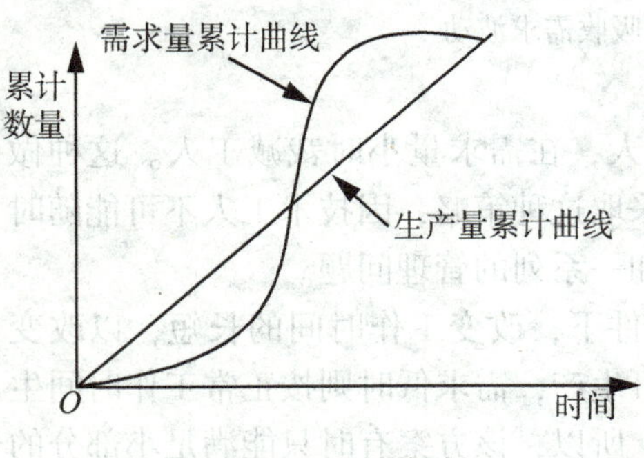

图 11.6　图表法

1. 图表法

图表法是指用作图和制表的技术拟定计划方案的方法，见图 11.6。它的主要计划思路是：

（1）绘制累计生产曲线。

（2）草拟一种可行方案，制作相应表格并在表上计算该方案的生产量、库存量以及各相关费用和总相关费用。

（3）作图，绘制该方案的生产累计曲线。

（4）优化可行方案，调整可行方案中不同的可控因素，力求降低总相关费用，直到得到一个较满意的方案为止。

2. 线性规划法

线性规划法是指用线性规划原理，建立约束条件，通过求解目标函数得到最优解或较优解实现总量规划的一种方法。如果相关费用函数是线性的，产销综合计划问题可转化为线性规划问题，即在市场需求、生产能力（正常、加班、外包最大生产能力）、库存能力以及非负条件的约束下，求相关费用总和最小时的各期生产率（正常、加班、外包生产量）和库存量的线性规划问题。

举例说明：某生产吉普车的小型制造企业，近年来开始采用产销综合计划的方式进行运营计划，将预测的市场需求转化为生产需求，如表 11.2 所示。该产品每件需 20 小时加工，工人每天工作 8 小时。招收工人需广告费、考试费和培养费，折合雇一个工人需 500 元，裁减一个工人需付解雇费 250 元。假设生产中无废品和返工。为了应对需求波动，有 1000 件产品作为安全库存。单位维持库存费为 40 元/（件·月）。设每年的需求类型相同。因此，在计划年度开始时的工人数等于计划年度结束时的工人数，与此相应，库存量也近似相等。

现比较仅改变工人数量的追逐策略（策略 1）与仅改变库存水平的平准策略（策略 2）两种不同策略的费用差异。

表 11.2　　　　　　　　　　预测的需要量

（1）月份	（2）预计月生产需求量（件）	（3）累计需求量（件）	（4）每月正常工作日数（天）	（5）累计正常工作日数（天）
1	1000	1000	21	21
2	1300	2300	22	43
3	1400	3700	22	65
4	1700	5400	21	86
5	1800	7200	23	109
6	2100	9300	21	130
7	2200	11500	21	151
8	1500	13000	20	171
9	1800	14800	20	191
10	1200	16000	20	211
11	1000	17000	19	230
12	900	17900	22	252

（1）仅改变工人数量的追逐策略。采取这种纯策略需假定随时可以雇到工人，具体计算见表 11.3。

表 11.3　　仅改变工人数量的策略

(1) 月份	(2) 预计生产月需求量（件）	(3) 所需生产时间（小时）20×（2）	(4) 月生产天数	(5) 每人每月生产小时 8×（4）	(6) 需工人数（3）÷（5）	(7) 月初增加工人数	(8) 月初裁减工人数	(9) 变更费 500×（7）或 250×（8）
1	1000	20000	21	168	119		81	20250
2	1300	26000	22	176	148	29		14500
3	1400	28000	22	176	159	11		5500
4	1700	34000	21	168	202	43		21500
5	1800	36000	23	184	196		6	1500
6	2100	42000	21	168	250	54		27000
7	2200	44000	21	168	262	12		6000
8	1500	30000	20	160	188		74	18500
9	1800	36000	20	160	225	37		18500
10	1200	24000	20	160	150		75	18750
11	1000	20000	19	152	132		18	4500
12	900	18000	22	176	102		30	7500
总计	17900	358000	252	—	—	186	284	164000

维持 1000 件安全库存的费用：1000×40×12＝480000（元）

总费用：480000+164000＝644000（元）

（2）仅改变库存水平的平准策略 。这种策略需允许晚交货（back-ordering）。由于 252 天内需生产 17900 件产品，则平均每个工作日生产 71. 03 件，需 71. 03×20＝1420. 6（小时），每天需工人 1420. 6÷8≈178（人），则每天平均生产 178×8÷20＝71. 2（件）。仅改变库存水平的策略如表 11. 4 所示。总费用为 442720 元。

表 11. 4　　仅改变库存水平的策略

(1) 月份	(2) 累计生产天数	(3) 累计产量（件）（2）×71. 2	(4) 累计生产需求（件）	(5) 月末库存（件）（3）－（4）+1000	(6) 维持库存费（元）40×（月初库存量+月末库存量）/2
1	21	1495	1000	1495	49900
2	43	3061	2300	1761	65120
3	65	4628	3700	1928	73780
4	86	6123	5400	1723	73020

续表

(1) 月份	(2) 累计生产天数	(3) 累计产量（件） （2）×71.2	(4) 累计生产需求（件）	(5) 月末库存（件） （3）－（4）+1000	(6) 维持库存费（元）40×（月初库存量+月末库存量）/2
5	109	7760	7200	1560	65660
6	130	9256	9300	956	50320
7	151	10751	11500	251	24140
8	171	12175	13000	175	8520
9	191	13599	14800	−201	−520
10	211	15023	16000	23	3560
11	230	16376	17000	376	7980
12	252	17942	17900	1042	28360
总计					449840

【思考与练习】

1. 什么是运营计划？企业为何要制订运营计划？

2. 叙述运营计划的层次及内容和运营计划的主要指标。

3. 何谓滚动式计划方法？它有什么优点？

4. 产销综合计划的纯方案有哪些类型？

5. 为某企业制订运营计划并计算年成本，需求预测为秋季10000件，冬季8000件，春季7000件，夏季12000件。秋季期初库存为500件。秋季期初现有工人30人，计划使用在夏初雇用、夏末解聘的临时工。已与工会达成协议，如果加班是防止季末出现缺货的必需手段，便可让正式工在冬、春季加班，但秋季不能加班。相关成本是：每名临时工雇用费100元，解聘费200元/人，库存成本5元/（件·季），推迟交货成本10元/件，正常人工成本5元/小时，加班人工成本8元/小时，假定生产率为0.5件/（工人·小时），每天工作8小时，每季节工作60天。

6. 制订2—5月的运营计划。2—3月可按需求预测量生产，4—5月可利用加班，但必须保持工人人数的固定，即3月份聘用的工人人数直至5月份不能发生变化，且政府规定，4—5月加班不能超过5000小时（2—3月无加班）。若需求大于供给则推迟交货。1月1日有1000名工人。需求预测如下：2月80000件，3月64000件，4月100000件，5月40000件。生产率为4件/（工人·小时），8小时/天，20天/月。设1月1日库存为0。费用为：雇用，50元/人；解聘，70元/人；库存成本，10元/（件·月）；正常人工成本，10元/小时；加班人工成本，15元/小时；推迟交货成本，20元/件。计算计划的总成本。

7. 为下一年制订运营计划。需求预测，春季20000件；夏季10000件；秋季，15000件；

冬季，18000件。春季期初有70名工人、1000件存货。工会规定每年只能在夏季期初解聘工人一次。可在夏季末雇用新工人以便秋季开始正常生产，解聘与雇用工人人数应分别使夏、秋季生产水平等于需求预测。成本：雇用，100元/人；解聘，200元/人；库存保管，20元/件·季；推迟交货，8元/件；正常人工成本，10元/小时；加班人工成本，15元/小时。生产率：0.5件/（工人·小时），8小时/天，50天/季。请计算总成本。

【案例】

杜洛公司①

杜洛公司是美国最大的家用油漆制造商之一。它的产销处遍布美国和加拿大各地。其中，最大的产销处之一"东部分厂"，设在纽约。

由于油漆生意的季节性、周期性以及工业界的剧烈价格竞争，杜洛公司经常面临着如何适应时起时落的需求和降低营业费用的问题。杜洛公司东部分厂经理西蒙斯在最近一次职工大会上说："我们总是处在顾此失彼的困境之中。销售部门每月送给我们一份逐月都有变化的需求预测表。假定我们的生产计划与需求保持平衡，那么生产就会像公园里游玩的滑行铁道那样时高时低，结果，不是由于保持职工人数不变而要付出加班费用，就是随着我们生产的增减而要雇用或解雇我们的职员。可以肯定，工会将会对此大吵大闹。另一方面，如果我们的生产不随需求变动而维持平衡，那么，在需求上升之前，我们就必须积累大量的库存。这种做法也将给我们带来很多困难，每天在我们库房里增加额外的存货是要花钱的，不仅仓库要花钱，保管、记账以及损耗都是要花钱的。此外，还将占用一大笔资金，这是财务人员所不愿意看到的事情。不久，总公司就会指责你了。不管你怎样都无法取胜，这种情况就像是在抛硬币，正面你赢，反面我输。"

西蒙斯为了证明他的看法，拿出一份今天刚从销售处送来的备忘录，里面附有最近预测的明年12个月的销售额（见表11.5），西蒙斯挥动着这份备忘录继续说："看看这些数字，你们就会明白我的意思，我们可以看到，今后12个月的销售额将在44万~75万加仑上下波动。我当然很不愿意，把明年的生产计划安排得表面上好看，而生产费用很大。同事们，你们有什么好主意？"

西蒙斯讲完了关于安排今后12个月生产计划所面临的两难困境之后，杜洛公司生产运作部的职员、最近在东部某大学获得工商管理硕士学位的斯马特表示："西蒙斯，如果把你想完成的目标和掌握的整套费用数据明确地交给我，我想我能够提出一项减轻困难的计划。"

斯马特回忆起在生产运作管理课程中，他曾经搞过一项解决类似问题的实例。在那个实例中，学生们拿到了一整套关于费用和销售的预测数字，然后要求他们就下述问题作出一个系统决定：为了要在年底实现尽可能最低的累计费用总额，每月需要生产多少单位？每月需要雇用多少人？

西蒙斯说："好极了，斯马特，我真心希望你能做出一些成绩，使我们摆脱困境。我

---

① 资料来源：罗伯特·E. 麦克加拉：《美国现代企业管理案例》，中国友谊出版公司1986年版。

想会计室里有你所需要的大部分数据。我所关心的是年底的最低费用数字，假使你能提出某种办法使我们在总的费用方面显得不错，其他问题我就不大发愁了。”斯马特问：“可是，对工会怎么办？我们要不要考虑一下解雇人员的津贴或者在某一时候重新雇用他们的问题？”西蒙斯道：“好吧，我们无论如何在这方面要付出代价的。”斯马特说：“既然如此，我先调查一下费用数据再说。”说罢，他直奔会计室而去。

斯马特花了几天的工夫，去寻找一些与生产计划有关的费用数据，他发现有四项费用是必须认真考虑的，即正规的工资费用、加班费用、增雇和解雇人员费用以及维持库存的费用，虽然另外还有一般管理费用和原料费用，但从总的意义上讲，它们同生产部门的决定是无关的。表 11.6 是加班费用一览表。表 11.7 是正规的工资费用、增雇和解雇人员费用以及维持库存的费用。

表 11.5　**明年各月销售量预测**　单位：千加仑

月份	1	2	3	4	5	6	7	8	9	10	11	12
销售量	730	470	570	560	460	590	580	440	450	750	450	630

表 11.6　**加班费用表**　单位：美元

产量（千加仑）＼人数	60	70	80	90	100	110	120
100							
200							
300							
350	1079						
400	4335	812					
450	8591	3934	563				
500	13847	8056	3551	331			
550	20103	13178	7539	3185	118		
600	27359	19300	12527	7039	2838		
650	35615	26422	18515	11893	6558	2508	
700	44874	35544	25503	17747	11278	6094	2197
750	55127	43666	33491	24601	16998	10680	5649
800	66383	53788	42479	32455	23718	16266	10101
850	78639	64910	52467	41309	31438	22852	15553
900	91895	77032	63455	51163	40158	30438	22005
950	106151	90154	75443	62017	49878	39024	29457
1000	121407	104276	88431	73871	60598	48610	37909

表 11.7　**正常工资、录用或辞退、存货费用**

正常工资费用		增雇或解雇费用	
月人数（人）	月正常工资（美元）	月增或解雇数（人）	月增或解雇费用（美元）
10	3400	1	64
20	6800	2	257
30	10200	3	579
40	13600	4	1029
50	17000	5	1086
60	20400	6	2315
70	23800	7	3151
80	27200	8	4115
90	30600	9	5208
100	34000	10	6430
110	37400	15	14468
120	40800	20	25720

存货费用	
月末库存量（千加仑）	月库存费用（美元）
-200	22308
-150	18224
-100	14553
-50	11294
0	8448
50	6014
100	3993
150	2384
200	1188
250	404
300	33
350	74
400	528
450	1349
500	2673
550	4363
600	6468
650	8984
700	11913
750	15254
800	19088

正常工资费用：表中说明，每人每月平均的工资费用为 340 美元，不包括加班费。

增雇和解雇费用：增雇和解雇费用包括诸如改组费用、训练费用、录用费用和离职费用等，按平均数字计算，增雇与解雇的费用是一样的。这些费用（见表 11.7）表明，增雇和解雇应当在几个月的一段时间里逐步地进行，因为无论在哪个月里增雇三四个以上的人员都是相当费钱的。

加班费用：从表 11.6 中可以看出，譬如说 90 个工人不需要加班可以生产 45.9 万加仑，如果生产不及此数，就会有空闲时间，平均每人每月不需要加班可以生产 5000 加仑。

90个工人生产50万加仑，就需要331美元的加班费。

库存费用：表11.7表明，库存量超过了32万加仑，库存的支付费用就要相应增大；脱销的情况出现后，延期交货就会增加，因此，对延期交货的费用作一估计，说明在库存不足增加的情况下，相应的费用会显著增加。负库存也就是延期交货的总量。就节省费用而言，最适度的库存为32万加仑。

斯马特还指出，估计明年1月1日在职人员为75人，而在今年12月31日年终结算时，手头库存的油漆为28万加仑。

思考题：如果你是斯马特，你拟订的生产计划将是怎样的？

第十二章　物料需求计划

随着计算机技术与相关科技的发展和普及，管理者日益认识到信息技术的重要性，逐渐采用新的管理方法和技术组织生产，发展了能确保原材料、劳动及时到达和日程紧凑的物料需求计划（MRP）系统以及能协调企业各种资源并保证企业供产销财务各环节有效衔接的制造资源计划（MRPⅡ），直到能统一规划企业所有领域并保证供应链有效运作的企业资源计划（ERP）。

大量连续生产系统，尤其是加工装配型行业较多采用 MRP/ERP 系统，本章特地将 MRP 的基本计算思路作为大量连续生产系统的计划方法予以介绍。

第一节　大量连续生产系统及其计划的特点

大量生产具有生产效率高、产品质量好、工人劳动熟练程度高、作业计划简单、生产成本低等优点。大量生产的生产管理重点是物料供应、设备维修、工人出勤管理和质量控制。

一、大量连续生产系统的特点

（1）设施专业化、自动化，生产数量很大，而品种只有几种，或在同一工作地重复同一工作的频率很高，这类生产过程就是大量生产。大量生产中工序划分细，每个工作地固定完成一道或少数几道工序，生产条件稳定。由于工作地专业化程度高，所以广泛采用专用、自动化生产设备。标准件厂、大型汽车制造厂、冶金、炼油、基础化工等企业的生产过程都属于这一生产类型。

（2）在制品多层次。这类生产的任务是企业根据对市场需要的预测确定的，产品是面向广大用户的共同需要设计的（多是标准化产品），其生产数量是估计的。如家用电器、冰激凌等，这些产品的顾客定制程度很低，可以大批量生产，需要从原材料、零配件、部件到产成品的多层次库存随实际订单进行周转。

二、大量连续生产系统计划工作的特点

（1）大量连续生产系统一般为备货型生产，不按照单个订单设置生产计划的完工期。由于是大量连续性生产，生产不能间断，产品生产出来以后，直接进入成品仓库储存，顾客可直接从成品库提货，故一般无严格的交货期设置问题。

（2）大量连续生产计划工作的核心内容是确定品种和产量。有了品种和产量就可以计算产值，而对产品的需求一般是可以预测的，产品的价格也是事先确定的。一般是标准产品，适于大量生产。

（3）统一计划，综合安排。由于大量连续生产系统产量大，品种少，生产比较平稳，变化较小，故其生产计划也应保持相对的稳定性，厂部的总量计划及基层车间的生产作业计划均保持一定稳定性，一般不会因为品种和产量的改变而频繁变动。

（4）逐级分解，分散执行。大量连续生产系统的计划从总量计划（产销综合计划）开始逐步分解，先产生主生产计划（见图 12.1），再分解成为物料需求计划，才具有可操作性。

Aggregate Production Plan for Cars
总量计划（单位：辆）

Month　月	1	2
Car　汽车	200	220

Master Production Schedule for Car Models
主生产计划（单位：辆）

Week　周次	W1	W2	W3	W4	W1	W2	W3	W4
Model A　豪华型	50				30		20	
Model B　普通型		30	40	30	30	20	40	30
Model C　简易型			20	30		30		20

图 12.1　从总量计划分解出主生产计划

综上，大量连续生产的品种少、产量大、生产的重复程度高，这些基本特征使它在设计、工艺、生产组织和生产管理方面形成了优势。

大量连续生产在设计上具有一次性，并形成标准图纸。重复生产时，图纸只需作小的修改甚至不修改，从而设计工作量大为减少，设计质量也得到不断改进。设计图纸变化小，相应工艺文件的变化也小；标准的工艺保证了工艺质量，使工艺工作量大为减少，大大缩短了工艺准备周期。由于生产重复程度高，可设计专用、高效的工艺装备，制定精确的物料消耗定额。

大量连续生产分工细，工作地专业化程度高，工人可按标准操作方法作业，每项作业都有标准的工时定额，同时可以采用专用高效设备组织流水生产，从而大大提高了生产效率；产品品种和数量的稳定，也使企业能够与供应商建立起可靠的协作关系，进一步使产品质量和交货期得到保障。

以上特征决定了大量连续生产类型的管理工作相对简单，从而使生产管理人员有充裕的时间对管理精益求精。

第二节　MRP 的计划思路

我们都知道，按需求的来源不同，企业内部的物料可分为独立需求和相关需求两种类型。MRP 的基本任务是：（1）从最终产品的生产计划（独立需求）导出相关物料（原材料、零部件等）的需求量和需求时间（相关需求）；（2）根据物料的需求时间和生产（订货）周期来确定其开始生产（订货）的时间。

一、MRP 的输入和输出

基本 MRP 的依据是：主生产计划（MPS）、物料清单（BOM）、库存信息。

1. MRP 输入

MRP 管理信息系统的输入信息主要包括以下几项：

（1）已经确定的主生产计划。这是 MRP 的主驱动力，MRP 将提供发放新订单、调整作业优先顺序以及分配生产能力所需的信息，目的都是实施主生产计划（MPS）。

（2）库存记录。库存记录将如实、及时、准确地记载和随时更新库存管理的各种信息，包括进货情况、出货情况、到货日期的更改、有误的库存信息的更正、订单取消情况、不合格品退货情况、库存品损耗情况等。正确的库存记录是制定正确可行的 MRP 的前提。

（3）物料清单（BOM）。MRP 要从关于最终产品的 MPS 导出这些产品的物料需求量和需求时间，首先必须确定最终产品与各种物料之间的相关关系。这种信息由 BOM 来提供，而 BOM 的信息又是来自于工艺设计部门、破坏性试验等。这些需求独立于 MPS 所反映的最终产品的需求，因此需要单独输入这样的需求信息，见图 12.2。

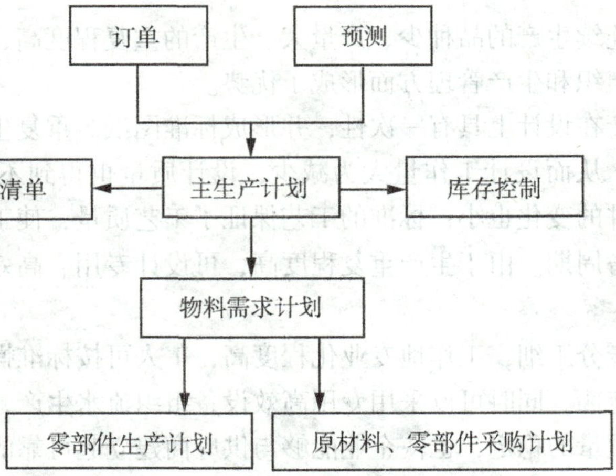

图 12.2　MRP 的输入和输出逻辑图

2. MRP 输出

MRP 管理信息系统的输出结果主要包括两项：（1）对各种物料的具体需求，包括需求量和需求时间；（2）订单的发出时间。这些结果被称为措施提示信息。

MRP 记录的计算是针对 BOM 中的每一项进行的，这些记录的汇总就表示当前的物料需求信息，然后计划人员根据这些信息做出发放新订单、催促执行订单等决定。实际上，计划人员并不需要浏览 MRP 的全部计算结果，只需要关注那些需要引起他们注意的物料项，浏览这些物料项的 MPS 记录即可。

二、MRP 的简易思路

下面结合实例说明 MRP 运算的核心逻辑步骤，它代表大量连续生产系统中普遍的计划任务分解思路。

已知某公司产品 X 的产品结构和零件、部件的生产提前期（如图 12.3、表 12.1 所示），产品 X 在第十周的需求量为 95 件（包括 80 件订单和 15 件市场预测数量），请排出产品 X 及其零件、部件的生产任务计划。

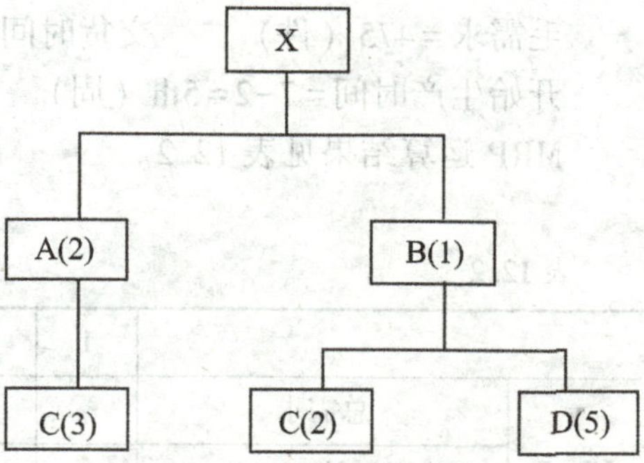

图 12.3 产品 X 结构图

表 12.1 物料的生产提前期

物料	X	A	B	C	D
提前期（周）	2	3	1	2	2

（1）产品 X：提前期=2（周）

毛需求=95（件） 交货时间=10th（周）

开始生产时间=交货时间-提前期（提前期）=10-2=8th（周）

零件 A 的毛需求=95×2 =190（件） 零件 B 的毛需求=95×1=95（件）

零件 A 的交货时间=8th（周） 零件 B 的交货时间=8th（周）

（2）零件 A：提前期=3（周）

毛需求 =190（件） 交货时间=8th（周）

开始生产时间=8-3=5th（周）

零件 C 的毛需求①=190×3=570（件）

零件 C 的交货时间=5th（周）

（3）零件 B：提前期=1（周）

毛需求=95（件） 交货时间=8th（周）

开始生产时间=8-1=7th（周）

零件 C 的毛需求②=95×2=190（件）

零件 C 的交货期=7th（周）

（4）零件 C：提前期=2（周）

毛需求①=570（件） 交货时间=5th（周） 毛需求②=190（件） 交货时间=7th（周） 开始生产时间=5-2=3th（周） 开始生产时间=7-2=5th（周）

(5) 零件 D：提前期=2（周）

毛需求=475（件）　　交货时间=7th（周）

开始生产时间=7-2=5th（周）

MRP 运算结果见表 12.2。

表 12.2　　**MRP 运算结果**　　单位：件

		1	2	3	4	5	6	7	8	9	10
X LT=2	总需求										95
	计划订单（送出）								95		
A LT=3	总需求								190		
	计划订单（送出）					190					
B LT=1	总需求								95		
	计划订单（送出）							95			
C LT=2	总需求					570		190			
	计划订单（送出）			570		190					
D LT=2	总需求							475			
	计划订单（送出）					475					

三、MRP 的完整思路

如果情况再复杂一些，增加备件需求和库存数据，基本计算思路不变，只需要在计算过程中加上备件、减去库存即可。

已知某公司产品 X 的产品结构和零件、部件的库存与生产提前期（如图 12.3、表 12.3 所示），产品 X 在第十周的需求量为 95 件（包括 80 件订单和 15 件市场预测数量），部分备件的需求见表 12.4。请排出产品 X 及其零件、部件的生产计划。

表 12.3　　**物料的生产提前期和现有库存数量**

物料	现有库存（件）	提前期（周）
X	50	2
A	75	3
B	25	1
C	10	2
D	20	2

表 12.4　　**备件需求时间和数量**

备件	1	2	3	4	5	6	7	8	9	10
A									12	
B							7			
C								10		
D						15				

（1）产品 X：提前期 = 2（周）　现有库存 = 50（件）

毛需求 = 95（件）　　交货时间 = 10th（周）

净需求 = 毛需求 − 现有库存 = 95 − 50 = 45（件）

开始生产时间 = 交货时间 − 提前期（提前期）= 10 − 2 = 8th（周）

零件 A 的毛需求 = 45×2 = 90（件）　　零件 B 的毛需求 = 45×1 = 45（件）

零件 A 的交货时间 = 8th（周）　　零件 B 的交货时间 = 8th（周）

（2）零件 A：提前期 = 3（周）　现有库存 = 75（件）

毛需求① = 90（件）　交货时间 = 8th（周）　毛需求② = 12（件）　交货时间 = 9th（周）

净需求① = 90 − 现有库存 = 90 − 75 = 15（件）　净需求② = 12 − 现有库存 = 12 − 0 = 12（件）

库存被用完，现在库存为零。

开始生产时间 = 8 − 3 = 5th（周）　　开始生产时间 = 9 − 3 = 6th（周）

零件 C 的毛需求 = 15×3 = 45（件）　　零件 C 的毛需求 = 12×3 = 36（件）

零件 C 的交货时间 = 5th（周）　　零件 C 的交货时间 = 6th（周）

（3）零件 B：提前期 = 1（周）　现有库存 = 25（件）

毛需求① = 7（件）　交货时间 = 7th（周）　毛需求② = 45（件）　交货时间 = 8th（周）

净需求① = 7 − 现有库存 = 0　　净需求② = 45 − 现有库存 = 45 − 18 = 27（件）

库存被用去了 7 件，现在库存为：25 − 7 = 18（件）

开始生产时间（无）　　开始生产时间 = 8 − 1 = 7th（周）

零件 C 的毛需求 = 27×2 = 54（件）

零件 C 的交货期 = 7th（周）

零件 D 的毛需求 = 27×5 = 135（件）

零件 D 的交货期 = 7th（周）

（4）零件 C：提前期 = 2（周）　现有库存 = 10（件）

毛需求① = 45（件）　交货时间 = 5th（周）　毛需求② = 36（件）　交货时间 = 6th（周）

净需求① = 45 − 现有库存 = 45 − 10 = 35（件）　净需求② = 36 − 现有库存 = 36 − 0 = 36（件）

库存被用完，现在库存为零。

开始生产时间=5-2=3rd（周）　　开始生产时间=6-2=4th（周）

毛需求③=54（件）　交货时间=7th（周）　　毛需求④=10（件）　交货时间=8th（周）

净需求③=54-现有库存=54-0=54（件）　　净需求④=10-现有库存=10-0=10（件）

开始生产时间=7-2=5th（周）　　开始生产时间=8-2=6th（周）

（5）零件 D：提前期=2（周）　　现有库存=20（件）

毛需求①=15（件）　交货时间=6th（周）　　毛需求②=135（件）　交货时间=7th（周）

净需求①=15-现有库存=0　　净需求②=135-现有库存 =135-5 =130（件）

库存被用去 15 件，现在库存为：20-15 =5（件）

开始生产时间（无）　　开始生产时间=7-2=5th（周）

结果见表 12.5。

表 12.5　**MRP 的完整计算结果**　单位：件

		1	2	3	4	5	6	7	8	9	10
X LT=2	总需求										95
	现有库存=50	50	50	50	50	50	50	50	50	50	50
	净需求										45
	计划订单（收到）										45
	计划订单（送出）								45		
A LT=3	总需求								90	12	
	现有库存=75	75	75	75	75	75	75	75	75	0	
	净需求								15	12	
	计划订单（收到）								15	12	
	计划订单（送出）					15	12				
B LT=1	总需求							7	45		
	现有库存=25	25	25	25	25	25	25	25	18		
	净需求							0	27		
	计划订单（收到）							0	27		
	计划订单（送出）						0	27			
C LT=2	总需求					45	36	54	10		
	现有库存=10	10	10	10	10	10	0	0	0		
	净需求					35	36	54	10		
	计划订单（收到）					35	36	54	10		
	计划订单（送出）			35	36	54	10				

续表

		1	2	3	4	5	6	7	8	9	10
D LT=2	总需求						15	135			
	现有库存=20	20	20	20	20	20	20	5			
	净需求						0	130			
	计划订单（收到）						0	130			
	计划订单（送出）				0	130					

第三节　CRP 和 ERP 的计划思路

MRP 仅仅解决了生产任务的分解问题，没有考虑是否有产能保证计划的可行性。于是基本的 MRP 软件就逐步升级到闭环 MRP、MRPⅡ、ERP 等。

一、能力需求计划（CRP）

1. 资源需求计划与能力需求计划

在闭环 MRP 系统中，把关键工作中心的负荷与能力平衡的计划称为资源需求计划（resource requirement planning），或称为粗能力计划，它的计划对象为独立需求件，主要面向的是主生产计划；把全部工作中心的负荷平衡称为能力需求计划（capacity requirement planning），或称为详细能力计划，而它的计划对象为相关需求件，主要面向的是车间。由于 MRP 和 MPS 之间存在内在的联系，所以资源需求计划与能力需求计划之间也是一脉相承的，而后者正是在前者的基础上进行计算的。

2. 能力需求计划的依据

（1）工作中心，是各种生产或加工能力单元和成本计算单元的统称。对工作中心统一用工时来量化其能力的大小。

（2）工作日历，是用于编制计划的特殊形式的日历，它是由普通日历除去每周双休日、假日、停工和其他不生产的日子，并将日期表示为顺序形式而形成的。

（3）工艺路线，是一种反映制造某项“物料”加工方法及加工次序的文件。它说明加工和装配的工序顺序、每道工序使用的工作中心、各项时间定额、外协工序的时间和费用等。

（4）由 MRP 输出的零部件作业计划。

3. 能力需求计划的计算思路

闭环 MRP 的基本目标是满足客户和市场的需求，因此在编制计划时，总是先不考虑能力约束而优先保证计划需求，然后再进行能力计划。经过多次反复运算，调整核实，才转入下一个阶段。能力需求计划的运算过程就是把物料需求计划订单换算成能力需求数量，生成能力需求报表。

当然，在计划时段中也有可能出现能力需求超负荷或低负荷的情况。闭环 MRP 能力计划通常是通过报表的形式（直方图是常用工具）向计划人员报告，现在的软件包还可以进行能力负荷的自动平衡，也可以提供调整建议，然后由计划人员人工完成。这个过程可能对原有的 MRP 结果进行时间和数量上的前后移动（见图 12.4）。

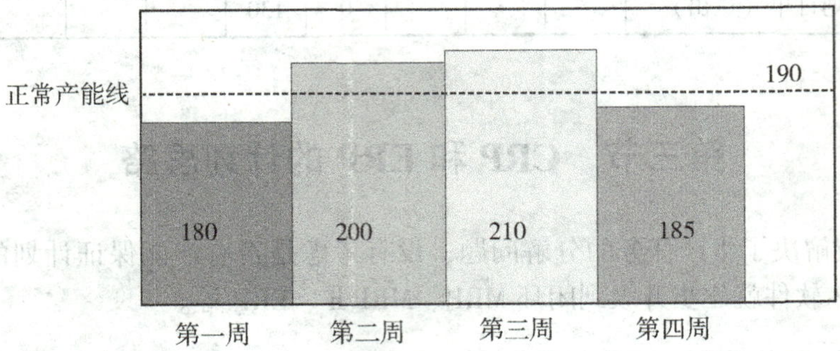

图 12.4　产能与负荷对比

二、企业资源计划

从 20 世纪 80 年代起，世界经济格局发生了重大的变化，企业资源计划（Enterprise Resource Planning，ERP）也就随之产生。与 MRPⅡ相比，ERP 更加面向全球市场，功能更为强大，所管理的企业资源更多，覆盖面更宽。它是站在全球市场环境下，从全局角度对企业经营与生产进行计划的方式；是制造企业的综合集成经营系统。

企业资源计划系统，是指建立在信息技术基础上，以系统化的管理思想，为企业决策层及员工提供决策运行手段的管理平台。ERP 系统集信息技术与先进的管理思想于一身，成为现代企业的运行模式，反映时代对企业合理调配资源、最大化地创造社会财富的要求，成为企业在信息时代生存、发展的基石。

由于各个厂家产品的风格与侧重点不尽相同，其 ERP 产品的模块结构也相差较大。这里我们将以典型的生产企业为例来介绍 ERP 的功能模块。在企业中，一般的管理主要包括三方面的内容：生产控制（计划、制造）、物流管理（分销、采购、库存管理）和财务管理（会计核算、财务管理）。这三大系统本身就是集成体，它们互相之间有相应的接口，能够很好地整合在一起对企业进行管理。随着企业对人力资源管理越来越重视，越来越多的 ERP 厂商将人力资源管理纳入了 ERP 系统并成为一个重要组成部分。

1. 财务管理模块

企业中，清晰分明的财务管理是极其重要的。所以，在 ERP 整个方案中它是不可或缺的一部分。ERP 中的财务模块与一般的财务软件不同，作为 ERP 系统中的一部分，它和系统的其他模块有相应的接口，能够相互集成。比如：它可将由生产活动、采购活动输入的信息自动计入财务模块生成总账、会计报表，取消了输入凭证烦琐的过程，几乎完全替代以往传统的手工操作。一般的 ERP 软件的财务部分分为会计核算与财务管理两大块。

（1）会计核算。会计核算主要是记录、核算、反映和分析资金在企业经济活动中的变动过程及其结果。它由总账、应收账、应付账、现金、固定资产、多币制、工资、成本等部分构成。

（2）财务管理。财务管理主要是基于会计核算的数据，再加以分析，从而进行相应的预测、管理和控制活动。它侧重于财务计划、控制、分析和预测。

2. 生产控制管理模块

这一部分是 ERP 系统的核心所在，它将企业的整个生产过程有机地结合在一起，使得企业能够有效地降低库存，提高效率，同时各个原本分散的生产流程的自动连接，也使生产流程能够前后连贯地进行，而不会出现生产脱节，耽误生产交货时间。主要内容包括：主生产计划、物料需求计划、能力需求计划、车间控制、制造标准等。

3. 物流管理模块

（1）分销管理。销售的管理是从产品的销售计划开始，对其销售产品、销售地区、销售客户各种信息的管理和统计，并可对销售数量、金额、利润、绩效、客户服务做出全面的分析，这样在分销管理模块中大致有三方面的功能：客户信息管理和服务、销售订单管理、销售统计与分析。

（2）库存控制。用来控制存储物料的数量，以保证稳定的物流支持正常的生产，又最小限度地占用资金。它是一种相关的、动态的及真实的库存控制系统，能够满足相关部门的需求，随时间变化动态地调整库存，精确地反映库存现状。

（3）采购管理。确定合理的订货量、优秀的供应商和保持最佳的安全储备，能够随时提供订购、验收的信息，跟踪和催促对外采购或委外加工的物料，保证货物及时到达。建立供应商的档案，用最新的成本信息来调整库存的成本。

4. 人力资源管理模块

以往的 ERP 系统基本上是以生产制造及销售过程（供应链）为中心的。因此，长期以来一直把与制造资源有关的资源作为企业的核心资源来进行管理。但近年来，企业内部的人力资源开始越来越受到企业的关注，被视为企业的资源之本。在这种情况下，人力资源管理作为一个独立的模块被加入 ERP，和 ERP 中的财务、生产系统组成了一个高效的、具有高度集成性的企业资源系统。它与传统方式下的人事管理有着根本的不同。内容包括：人力资源规划的辅助决策、招聘管理、工资核算、工时管理、差旅核算。

【附录】

MRP/ERP 的常用软件介绍

1. 用友 ERP-U8

用友 ERP-U8 涵盖财务会计、供应链、生产制造、管理会计、人力资源、集团应用、决策支持、OA、网络分销、连锁零售和企业应用集成等部分：

供应链部分主要包括合同管理、采购管理、委外管理、售前分析、销售管理、出口管理、库存管理、质量管理、存货核算、WEB 购销存、GSP 质量管理等模块，主要功能在于增加预测的准确性，减少库存，提高发货供货能力；减少工作流程周期，提高生产效率，降低供应链成本；减少总体采购成本，缩短生产周期，加快市场响应速度。

合同管理主要满足用户对合同进行管理，包括对合同资料、合同变更、合同查询方面的管理、后续的结算、收款、核销等一系列的业务处理、后续的控制与提示管理等。合同管理可以单独使用，也可以与采购管理、销售管理、应付款管理、应收款管理、资金管理集成使用。

采购管理对采购业务的全部流程进行管理，提供请购、订货、到货、入库、开票、采购结算的完整采购流程，用户可以根据实际情况进行采购流程的定制。可以处理普通采购、受托代销、直运业务 3 种业务类型，提供必有订单的业务模式。

售前分析包括 ATP 模拟运算和模拟报价两部分功能。

ATP 模拟运算主要实现企业在销售前对可交付的产品量（ATP 可用量）进行模拟，以分析销售占用对企业整体业务的影响。

模拟报价主要实现制造企业在销售前对产品报价进行模拟，特别是对于新品的销售，可组建模拟 BOM（可以通过拷贝类似产品的 BOM 及工时资料实现），进行成本分析，并加上合理的利润额之后，给出合理的报价。当生产完毕，进行成本会计处理之后，可以将实际成本与模拟成本进行比较。

委外管理系统用于满足工业企业中的委外管理需求，帮助用户对委外业务的全部流程进行管理，提供委外订单下达、委外材料出库、委外到货、委外入库、委外材料核销、委外开票、委外结算等完整委外业务流程的管理。

销售管理提供报价、订货、发货、开票的完整销售流程，支持普通销售、委托代销、分期收款、直运、零售、销售调拨等多种类型的销售业务，并可对销售价格和信用进行实时监控。用户可根据实际情况对系统进行定制，构建自己的销售业务管理平台。支持普通销售、委托代销、直运业务、分期收款 4 种销售业务类型，支持必有订单的业务模式。

库存管理着重实现工商企业库存管理方面的需求，覆盖目前工业、商业的大部分库存管理工作，能够满足采购入库、销售出库、产成品入库、材料出库、其他出入库、盘点管理等业务需要，提供仓库货位管理、批次管理、保质期管理、出库跟踪、入库管理、可用量管理等全面的业务应用，及时动态掌握各种库存存货信息，提供各种储备分析，便于企业进行存货的控制，从而避免材料积压占用资金，或材料短缺影响生产。

质量管理以统计质量管理为基本思想，以过程管理为宗旨，确立预防为主，帮助企业建立全过程的、系统的、规范的、持续改进的质量管理体系。质量管理与采购管理、委外管理、库存管理、生产订单、车间管理、销售管理集成应用，帮助企业实现质量检验、质量监控、质量分析和质量评估的全过程质量管理。

存货核算可分为工业版存货核算与商业版存货核算。存货核算是从资金的角度管理存货的出入库业务，主要用于核算企业的入库成本、出库成本、结余成本，反映和监督存货的收发、领退和保管情况，反映和监督存货资金的占用情况，与“成本系统”集成，可为成本核算提供材料采购成本，同时获得成本系统计算的产成品单位成本；与“总账系统”集成，可以将单据生成的凭证传递到总账系统，实现财务业务一体化。

GSP 质量管理在功能架构、业务处理、业务流程的设计上完全遵循最新国家药品质量管理规范标准及相关政策，涵盖了 GSP 标准所要求的所有业务记录、文档、单据、表格，并实现质量管理程序、企业管理制度及文件管理的规范化、无纸化。

WEB 进销存系统是用友公司根据手工进销存业务的处理流程，利用计算机技术，开发 WEB 应用，来实现采购管理、销售管理和库存管理业务；WEB 进销存适合所有具有进销存业务的工商企事业单位，并且已经使用用友 ERP-U870 中的采购管理、销售管理、库存管理。

2. SAP R/3 ERP 系统

SAP 公司是 ERP 思想的倡导者，成立于 1972 年，总部设在德国南部的 Walldorf。SAP 主打产品 R/3 是用于分布式客户机/服务器环境的标准 ERP 软件，主要功能模块包括：销售和分销、物料管理、生产计划、质量管理、工厂维修、人力资源、工业方案、办公室和通信、项目系统、资产管理、控制、财务会计，见图 12.5。

R/3 支持的生产经营类型是：按订单生产、批量生产、合同生产、离散型、复杂设计生产、按库存生产、流程型，其用户主要分布在航空航天、汽车、化工、消费品、电器设备、电子、食品饮料等行业。

MRP 的主要功能是保证物料的可用量，即它被用于为内部目的以及销售和分销而采购或生产需求数量。这个过程包含库存监控，特别是用于采购和生产的订货建议。在这个过程中，系统试图达到一方面服务层次最优化但同时在另一方面成本和资金占用最小化之间的平衡。

MRP 控制者负责所有作业，指定类型、数量和需求时间，他必须计算何时为订货建议创建多少数量以满足这些需求。为了计算数量，他需要知道库存、库存预留和库存订单的所有信息；为了计算日期，他也需要知道提前期和采购时间的信息；为了计算订货建议量，MRP 控制者必须为每个物料定义适当的 MRP 过程和批量过程。

如果一个物料是自制的，系统通过展开 BOM 来计算相关需求，或生产成品或部件所需的组件数量。如果存在物料短缺，在每个 BOM 层创建计划订单以满足需求。一旦系统完成计算数量和日期，这些计划元素就被转换成准确的采购元素：它们被转换成自制的生产订单和外部采购的采购订单。自制物料的订单处理通过生产订单控制。生产订单包含它自己的排产过程、能力计划和状态管理，通过单个生产订单来执行成本会计。外部采购的物料触发采购过程。在这种情况下，必须选择合适的供应商，或必须提出草案协议，通过生产或外部采购而可用的数量被放置在库存中并通过库存管理进行管理。

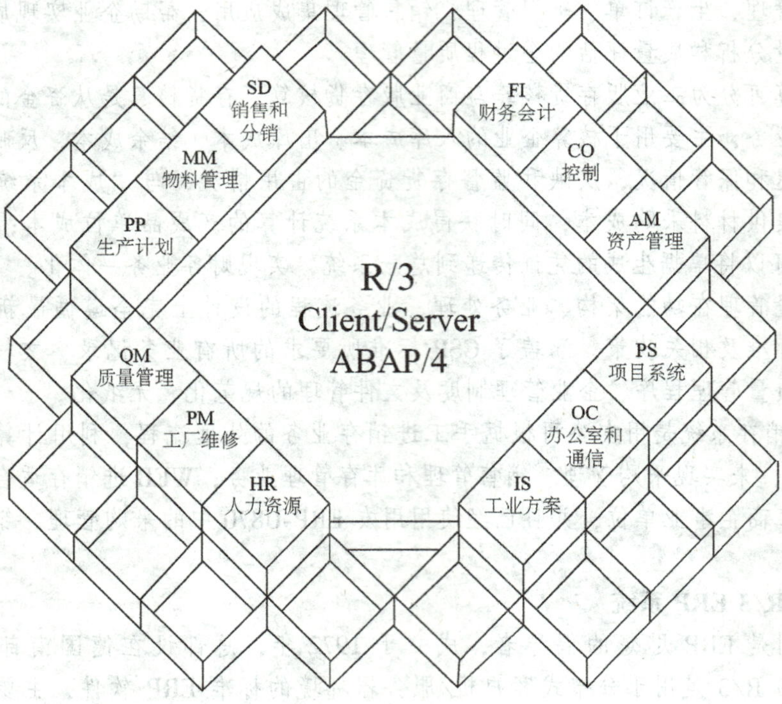

图 12.5

物料需求计划的目的是确保正确的物料能及时和在所需的数量上是可用的。在 R/3 系统中计划运行有两个主要目的：保证物料的可用量并同时避免过量的库存。为了确定物料短缺的情况并在计划运行中创建合适的采购元素，这意味 MRP 控制者必须在物料的监控中花较少的时间。为此，系统创建注意以通知 MRP 控制者关键部分和例外情况，以便他能迅速地再处理自动计划运行的结果。

以下功能对物料需求计划是可用的：总计划和单项计划、净改变计划和再生计划、物料计划过程（MRP 和基于消耗的计划）、批量确定过程、处理订货建议的易使用功能、具有计划订单的装配订单、覆盖范围（日供应）、不连续的零部件、使用替代和代用零部件、直接采购和直接生产（汇总订单）、评估计划结果的易使用功能、例外消息和计划调整检查、能力计划、可用量检查和拖欠订单处理、单层和多层溯源、销售订单的单项计划、计划可配套产品、基于事件的 MRP 多工厂/地点计划。

【思考与练习】

1. 什么是大量连续生产？简述其基本特征。
2. 大量连续生产系统的作业形式及其组织设计步骤是什么？
3. MRP 系统由哪几个部分构成？各自包含哪些信息？
4. ERP 的管理思想是什么？和 MRP Ⅱ 有哪些方面的区别？
5. MRP Ⅱ 的管理模式有哪些特点？

6. 以下是自行车的产品结构树，请根据提前期和产品需求量，计算各个产品及相应部件的需求量。

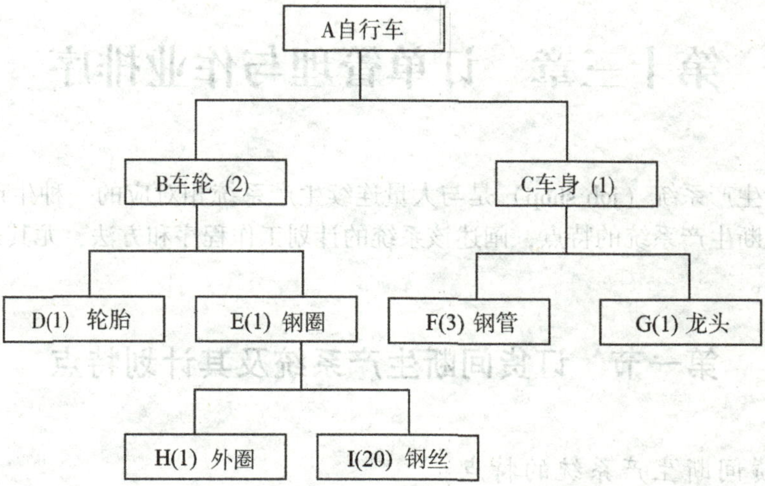

	A 自行车	B 车轮	C 车身	D 轮胎	E 钢圈	F 钢管	G 龙头	H 外圈	I 钢丝
提前期	1 天	2 天	1 天	3 天	4 天	2 天	1 天	1 天	1 天

需求量 50 A　日期 10 天

第十三章 订单管理与作业排序

订货间断生产系统（job shop）是与大量连续生产系统相对应的一种生产类型。本章将按照订货间断生产系统的特点，阐述该系统的计划工作程序和方法，尤其是订单管理和作业排序问题。

第一节 订货间断生产系统及其计划特点

一、订货间断生产系统的特点

1. 成批生产

成批生产的主要特点是：

（1）批量的大小取决于作业更换时间（又称为设备调整时间）的长短。作业更换时间越短，批量就可以越小。

（2）批量大小影响在制品的库存量。批量越小，在制品数量就越小。

（3）批量大小影响生产周期。批量越小，生产周期就可以越短。因此，减小批量可以缩短生产周期和减少在制品，而减小批量的关键是缩短作业更换时间。

成批生产的生产管理重点是：（1）缩短作业更换时间；（2）确定经济批量；（3）控制零部件数量与成品装配数量的比例；（4）逐步改变生产过程组织，实现准流水生产。

现在，单纯的大量生产和单纯的单件生产都比较少，一般都是成批生产。成批生产由于范围很广，可细分成“大批生产”、“中批生产”和“小批生产”三种。

由于大批生产与大量生产的特点相近，所以习惯上合称“大量大批生产”。同样，小批生产的特点与单件生产相近，习惯上合称“单件小批生产”。有的企业生产的产品品种繁多，批量大小的差别也很大，习惯上也称“多品种中小批量生产”。

2. 订单生产

这类生产的任务是根据顾客的订单确定的。产品和服务按用户的特殊要求设计，有明确的交货期，如专用软件开发、时装定制等。这类生产由于先订单后生产，无需大量储存成品，没有销售风险。但根据顾客订单制造产品或提供服务比运用库存满足顾客的需求需要更长的时间，因此如何缩短生产周期、保证按时交货是这种生产类型的管理重点。

对服务行业而言，这个概念也可称为按单作业。如管理咨询公司承接了一个市场策划的单子，它就要按订单的要求开展市场调查、市场分析、方案设计、方案测评等工作，并按期向雇主提交高质量的策划方案。口碑和信誉是服务企业的生命，因此，保证如期完成高质量的服务是按单作业的管理重点。

二、订货间断生产系统与大量连续生产系统生产的区别

以前，对生产计划与控制方法的研究大多以大量连续型生产为对象，认为大量连续型生产与订货间断型生产的计划与控制方法是一样的。其实不然，例如用线性规划方法优化产品组合，适合大量连续型生产，但一般不能用于订单型生产。原因就是客户不一定按工厂事先优化的结果来订货。表 13.1 列出了它们的主要区别。

表 13.1　　**大量连续与订货间断型生产的主要区别**

项　目	备货型生产（MTS）	订货型生产（MTO）
产　品	标准产品	按用户要求生产，无标准产品，大量的变型产品与新产品
对产品的需求	可以预测	难以预测
价　格	事先确定	订货时确定
交货期	不重要，由成品库随时供货	很重要，订货时决定
设　备	多采用专用高效设备	多采用通用设备
人　员	专业化人员	需多种操作技能

三、订货间断生产计划工作特点

（1）按订单安排计划。这是由订货间断生产类型的性质决定的。这种系统是生产出不同种类产品和数量来满足顾客的需要，因此，计划必须是按订单要求予以安排。为了做好计划工作，首先要加强对订单需求的预测，以便对一年（或一段时间）的订单需求量作一个概略的估计；其次要大力组织订单，尽量在计划期前及早得到客户的订货单，或者与客户签订较长期的订货合同，争取更多的固定客户，把订单组织与管理工作纳入计划工作的范围。

（2）“近细远粗”，及时调整。由于不可能将整个计划期订单完全落实，对长期的和后几期的计划只能作粗略的安排，对近期的、已接受订单的短期计划作详细安排。随着时间推移，陆续接到订单，及时调整计划。

（3）“上粗下细”，给基层较大的计划自主权。在厂部总量计划控制下，着重加强车间或加工中心、工段的计划工作，赋予它们较大的计划自主权。例如，厂部只按照订单和交货期的要求，下达车间或加工中心任务。至于各项订单加工的顺序，具体安排加工地点和加工日期则由车间或加工中心自主筹划。

（4）把任务委派和作业排序作为计划的重要组成部分和计划安排的重要手段。订货间断生产不可能在总量计划中作详细安排。因此，计划的主要工作就是把接到的订单分解

落实到有关车间或加工中心，调整各部门的负荷量。各车间或加工中心的计划工作主要是分派各工段、机床任务，对各项订单进行作业排序，尽可能按交货期完成任务。

(5) 分批计划，综合安排。每项订单都要看做单独一批，分批单独进行安排。但是，各项订单在品种、规格、数量、交货期等方面，有些是接近的，有些差别很大，有的在加工安排、交货期限上相互冲突。因此，在计划安排上，既要把每项订单分批安排，又要把所接到的全部订单在总体上予以综合考虑。既要尽可能使每项订单能按期完成，减少延误时间，又要考虑设备的负荷能力，达到可能低的加工费用。在分配任务和加工顺序上，往往经过多次排序，提出多个方案，才能得到满意的决策。

四、订货间断生产系统的产销综合计划

单件小批生产是典型的订货型生产，其特点是按用户订单的要求，生产规格、质量、价格、交货期不同的专用产品。对于单件小批生产，由于订单的到达是随机的，用户的订单是陆续随机到达，所以在确定下一年度的生产计划大纲时，企业可能还没有拿到足够的订单，无法对全年的任务作统筹安排。企业要通过市场预测来规划全年的任务。因此这里的生产计划大纲，不是真正意义上的计划，而是一种规划，生产部门不能据此编制各级生产作业计划。各个产品的生产进度计划和车间、工段的作业计划，必须在合同签订以后根据订单的具体要求，一项项产品分别制订。尽管如此，制订年度生产计划大纲对于单件小批订货生产类型仍是必要的和十分重要的。它的作用在于：

(1) 根据市场预测和各种资源条件的分析，可以拟订一个比较合理的经过优化的生产计划方案。

(2) 生产计划大纲是企业年度经营计划的重要组成部分。编制年度生产计划大纲，进行生产、销售、劳力、物资、财务等各方面的协调与综合平衡，并进行多方案比较，可实现计划的优化。

1. 订单决策

实质性的计划工作是从订单开始的。是否接受订单是较复杂的决策。其决策过程见图13.1。用户订单一般包括订单的产品型号、规格、技术要求、数量、交货时间 D_c 和价格 P_c。在顾客心里可能还有一个最高可接受的价格 $P_{c\max}$ 和最迟的交货时间 $D_{c\max}$。超过此限，顾客将另寻生产厂家。

对于生产企业来说，它会根据顾客所订的产品和对产品性能的特殊要求以及市场行情，运用它的报价系统（计算机和人工的）给出一个正常价格 P 和最低可接受价格 $P_{\min}$，也会根据现有任务情况、生产能力和生产技术准备周期、产品制造周期，通过交货期设置系统（计算机和人工的）设置一个正常条件下的交货期和赶工情况下最早的交货期 $D_{\min}$。

在品种、数量等其他条件都满足的情况下，显然，当 $P_c \geqslant P$ 和 $D_c \geqslant D$ 时，订单一定会被接受。接受的订单将列入产品出产计划。当 $P_{\min} > P_{c\max}$ 或 $D_{\min} > D_{c\max}$，订单一定会被拒绝。若不是这两种情况，就会出现很复杂的局面，需经双方协商解决。其结果是可能接受，也可能拒绝。较紧的交货期和较高的价格，或者较松的交货期和较低的价格，都可能成交。符合企业产品优化组合的订单可能以较低价格成交，不符合企业产品优化组合的订

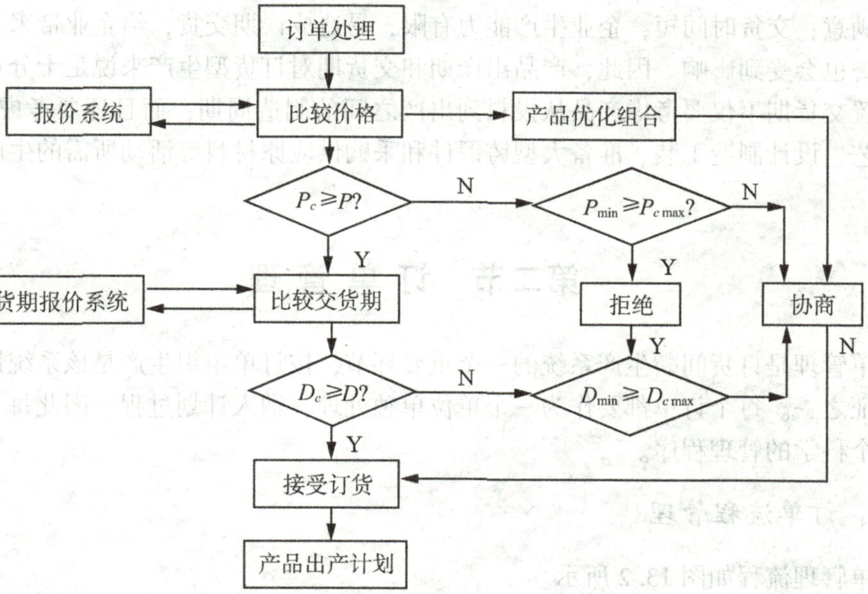

图 13.1　订单决策过程

单可能以较高价格成交。

从接受订单决策过程可以看出，品种、数量、价格与交货期的确定对 MTO 企业十分重要。

2. 品种、价格与交货期的确定

(1) 品种和数量的确定。订货型生产在选择产品品种时可采用象限法或收入盈亏法，在确定各产品的产量方案时可采用线性规划、多目标规划法。

(2) 价格的确定。确定产品价格的方法有很多，其中主要有成本加成定价法和市场导向法。

成本加成定价法是最常见的一种定价方法。它是以全部成本（变动成本加固定成本）作为定价的基础的，所以也称全部成本定价法。按照这种定价方法，产品的价格分三步来确定：

第一步：估计单位产品的变动成本（如直接材料费、直接人工费等）。

第二步：估计固定费用，然后按照标准产量（一般为生产能力的 2/3 至 4/5），把固定费用分摊到单位产品上去，求出全部成本。

第三步：在全部成本上加上按目标利润率计算的利润额，即得出价格。

市场导向法是按市场行情定价，扣除目标利润和税金后，估算出成本控制范围，使成本不超过某一限度并尽可能小。

其他定价方法还有很多，如差别定价法、增量分析法等，企业可依据不同情况分别应用，在此不一一列举。

(3) 交货期的确定。正确设置交货期是保证按期交货的前提条件。交货时间长，顾客会不满意；交货时间短，企业生产能力有限，易造成误期交货，给企业带来不必要的损失，信誉也会受到影响。因此，产品出产期和交货期对订货型生产来说是十分重要的。

设置交货期不仅要考虑产品从投料到出产之间的制造周期，而且还要考虑包括设计、编制工艺、设计制造工装、准备大型铸锻件和采购供应原材料等活动所需的生产技术准备周期。

第二节　订 单 管 理

订单管理是订货间断生产系统的一个重要环节，按订单组织生产是该系统计划工作的主要特征之一。每个订单都要作为一个单位单独处理，纳入计划过程。因此每个订单都必须有一个科学的管理程序。

一、订单流程管理

订单管理流程如图 13.2 所示。

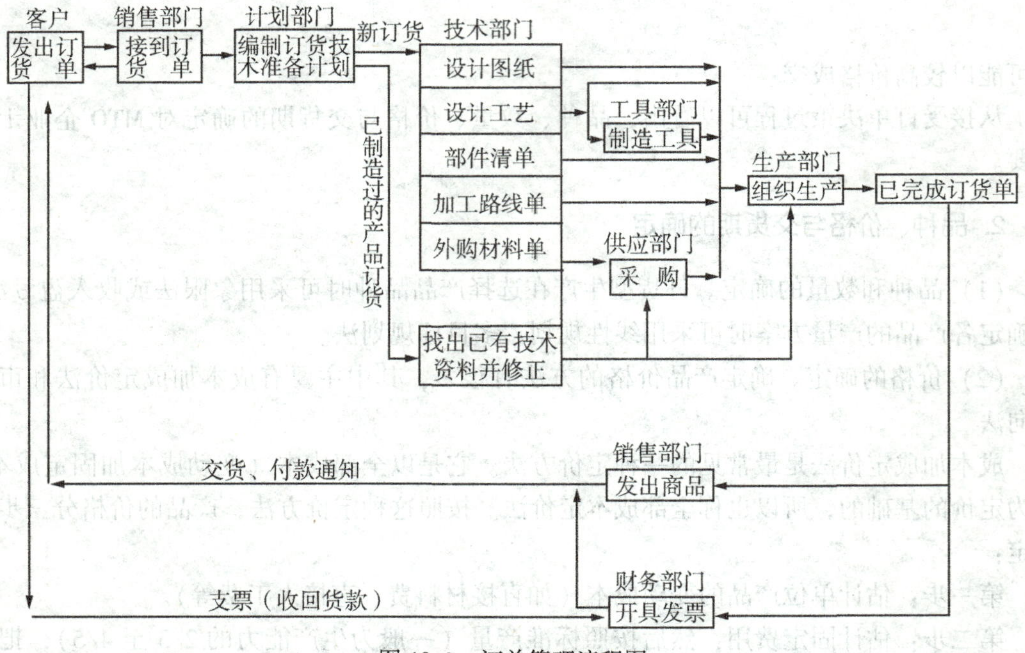

图 13.2　订单管理流程图

从图中可以看出，对每项订单都要实行跟单管理。销售部门接到客户的订单后首先将副本交给综合计划部门，计划部门根据是新订单还是原已生产过的老订单，编制每项订单的技术准备计划，会同技术部门共同研究。技术部门根据订单要求，有的需要进行图纸设计、工艺设备，列出零部件和外购材料清单，编制工艺路线单等。如果是老订单就找出原有技术档案，加以修正后采用。然后工具部门借此制造工装，供应部门进行采购。这些准备工作做好后，才交给生产部门，安排具体计划组织生产。生产部门完成订单后，再跟单交给销售部门，开具发票发货，直至收回货款为止。在没有收回货款前，该项订单还不能算结束。

二、订单进度计划

订单进度计划又叫订单生产周期进度计划，它是按照一般进度图的概念，利用甘特图进行编制，规定出该项订单的完工时间，以及每个阶段（包括技术准备、加工制造、材料采购、总装发运等）的投入和产出的时间。图 13.3 为某装配产品订单周期进度图。

每个订单都要作为一个独立单位，单独编制订单计划，即使已经生产过的熟悉产品也要单独编制，以便下一步委派任务、计算负荷量和进行作业排序，跟踪控制，才能保证按期完成订单任务。

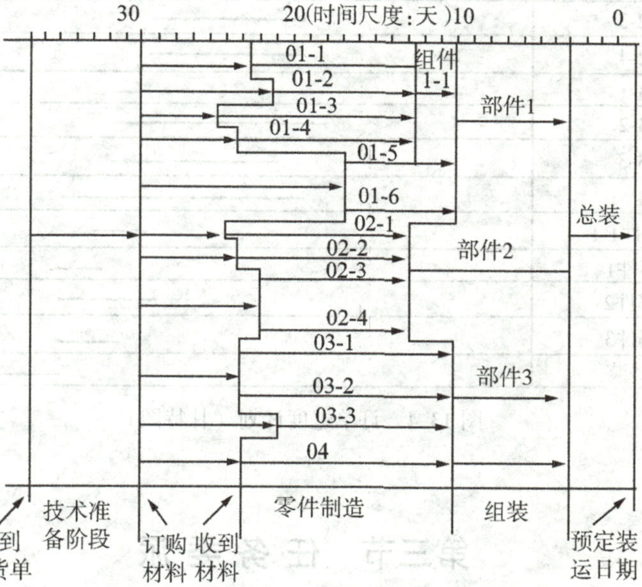

图 13.3 装配产品订单周期进度图（甘特图）

从图 13.3 中可以看出，最后装配应提前 5 天开始；部件 1、部件 2、部件 3 和零件 04，要 5 天组装完成；零件 01-1，01-2，01-3，01-4 要在 11 天前加工完毕；零件 01-1 要在 21 天前投入加工，并收到材料，以此类推。但要注意，从接到订货单开始到交货只有 35 天时间，从技术准备、订购材料到加工装配各环节要相互衔接，并在交货期内完成。

上述计划只是分析了订单周期进度，还要利用甘特图编制出该项订单中各项工作和各种零部件加工的起始时间，如图 13.4 所示。从图中可以择出有关任务，委派给有关部门、车间或加工中心，并确定其负荷量。在委派任务中，如果发现负荷过重，可以进行适当调整，改变进度计划。

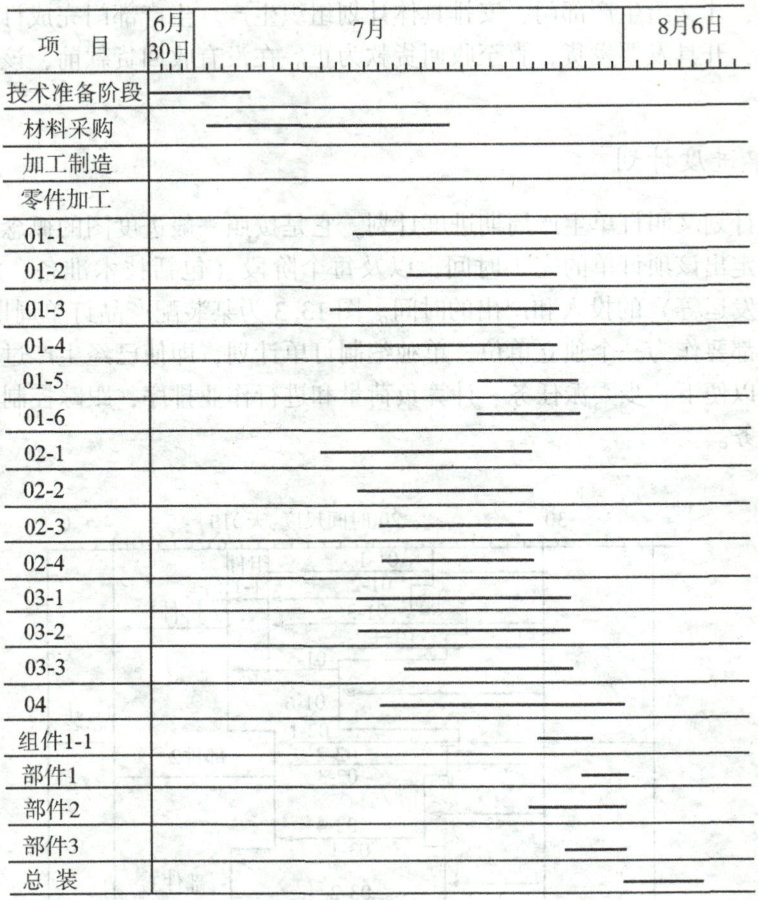

图 13.4　订单进度计划（甘特图）

第三节　任务委派

任务委派就是根据订单进度计划，把订单任务分解落实到有关的车间或加工中心，再逐一落实到工段，直至机床（工作地）。由于订货间断型生产系统大多属于工艺专业化，在一个生产单位中，可集中同种类型的设备、同工种的工人。这样，就存在一个将任务分配给哪台设备，才能使整个生产单位的设备负荷更均匀、加工时间少、费用最低的问题。

任务委派与负荷量的确定是同时的，当某一任务委派给某生产单位或某台设备时，就增加了该生产单位或该设备的负荷量。当某单位或生产设备在某段时间内负荷已饱满时，就不能再委派任务了，就要把订单委派给另一些任务不多、负荷有余的生产单位或设备，或是采取一些扩大生产能力的策略，尽量使任务委派与负荷量相平衡。

委派任务和确定负荷量一般可用甘特图法进行。在甘特图上要表明各车间已安排的订单和已接受的负荷量，如图 13.5 所示。

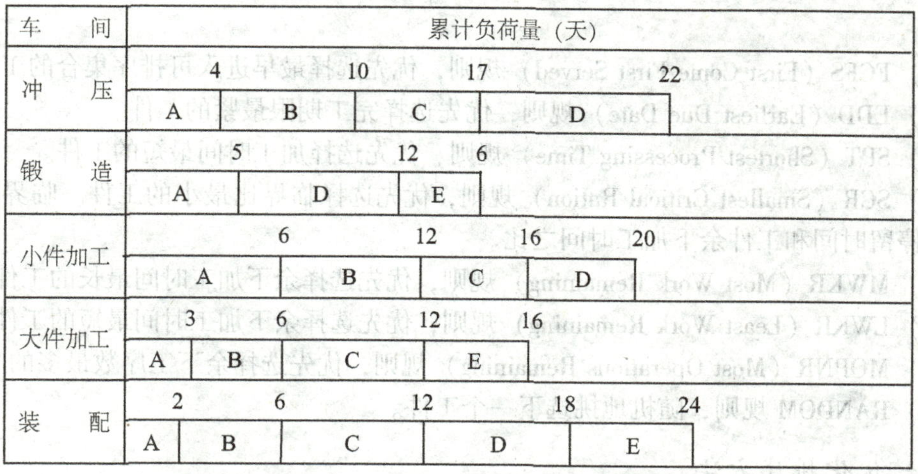

图 13.5　委派任务和确定负荷量甘特图

图中，A、B、C、D、E 是订货单编号，如从某一个月开始看，冲压车间已有四项订单，已有 22 天的负荷量。如果一个月只有 22 天工作日，则负荷量已饱满，在该月就不能再接受订单。锻造、小件和大件加工的负荷仍有余力，但装配已经超负荷。假如 E 项订单可延至下期交货，则问题不大。否则就要采取措施如加班，才能使负荷平衡。

在委派任务中，特别是车间把任务委派给工段和机床，常常有几种类型的工艺设备可以完成同种工艺。它们的效率和成本对于不同的零件工艺加工是不同的，因而就有一个如何择优分配问题，使总的效率最佳或成本最低。这可以运用线性规划求解。

第四节　作业排序

管理人员在编制作业计划时经常遇到这样一种情况：有几项不同的任务，如几种不同的工件，要在一台或一组设备上加工，每种工件都有各自的加工时间和要求完成的时间（即交货期）。由于这些工件不能同时在同一台设备上加工，而只能按一定的顺序依次加工，所以管理人员首先要解决的一个问题就是如何安排这些工件的加工顺序，这就是作业排序问题。即具体确定每台设备、每个人员每天的工作任务和工件在每台设备上的加工顺序，这一过程就称为作业排序。作业排序要解决先加工哪个工件，后加工哪个工件的加工顺序问题，还要解决同一设备上不同工件的加工顺序问题。

作业排序的目标具体包括：（1）满足交货日期；（2）极小化提前期；（3）极小化准备时间或成本；（4）极小化在制品库存；（5）极大化设备或劳动力的利用。

一、作业排序的优先规划

一般来说，一个工作地可选择的下一个工件会有多种，因此，按什么样的准则来选择，对排序方案的优劣有很大影响。为了得到所希望的排序方案，需要借助一些优先顺序规则。运用这些优先规则可以决定下一项应进行的工作。下面是在实际中常用的优先顺序规则：

（1）FCFS（First Come First Served）规则，优先选择最早进入可排序集合的工件。

（2）EDD（Earliest Due Date）规则，优先选择完工期限最紧的工件。

（3）SPT（Shortest Processing Time）规则，优先选择加工时间最短的工件。

（4）SCR（Smallest Critical Ration）规则，优先选择临界比最小的工件。临界比为工件允许停留时间和工件余下加工时间之比。

（5）MWKR（Most Work Remaining）规则，优先选择余下加工时间最长的工件。

（6）LWKR（Least Work Remaining）规则，优先选择余下加工时间最短的工件。

（7）MOPNR（Most Operations Remaining）规则，优先选择余下工序数最多的工件。

（8）RANDOM 规则，随机地挑选下一个工件。

二、优化排序方法

排序问题通常表述为有 n 项生产任务，在 m 个设备（生产单位）上加工，可分为两大类：(1) 流水型 $m \times n$ 排序问题，指有 n 项任务，在 m 个设备（生产单位）上加工，所有任务的工艺顺序均相同，有 $n!$ 个排序方案。(2) 非流水型排序问题，指有 n 项任务，在 m 个设备（生产单位）上加工，所有任务的工艺顺序不同，有 $(n!)^m$ 个排序方案。

1. n 个作业单台机床的排序

一台设备有 n 项任务，如何安排可以取得较好的经济效益？其衡量效益的指标有：完成任务的时间总和最短，按期交货的作业项目最多，任务总的拖期天数最少。这些目标不可能同时达到，根据任务的需要，以单项目标作为优先原则进行作业排序。

某文件复印公司为商业区的律师事务所提供复印服务。本周开始，有 5 位顾客提交了他们的订单。原始排序数据如表 13.2 所示：

表 13.2　　　　单位：天

订单（以到达的顺序）	加工时间	交货期
A	3	5
B	4	6
C	2	7
D	6	9
E	1	2

所有的订单都要使用唯一的一台彩色复印机，主管必须决定 5 个订单的加工顺序，评价标准是流程时间最短。

方案 1：　FCFS 规则。利用 FCFS 规则，其流程时间的结果如表 13.3 所示。

表 13.3　　**FCFS 排序**　　单位：天

加工顺序	加工时间	交货期	流程时间
A	3	5	0+3=3
B	4	6	3+4=7
C	2	7	7+2=9
D	6	9	9+6=15
E	1	2	15+1=16

总流程时间=3+7+9+15+16=50（天）　　平均流程时间=50/5=10（天）

将每个订单的交货期与其流程时间相比较，发现只有 A 订单能按时交货。订单 B、C、D 和 E 将会延期交货，延期时间分别为 1、2、6、14 天。每个订单平均延期（0+1+2+6+14）/5=4.6（天）。

方案 2：SPT 规则。SPT 规则以加工时间最短的订单为最高优先级。其流程时间预计如表 13.4 所示：

表 13.4　　**SPT 排序**　　单位：天

加工顺序	加工时间	交货期	流程时间
E	1	2	0+1=1
C	2	7	1+2=3
A	3	5	3+3=6
B	4	6	6+4=10
D	6	9	10+6=16

总流程时间=1+3+6+10+16=36（天）　　平均流程时间=36/5=7.5（天）

SPT 规则的平均流程时间比 FCFS 规则的平均流程时间短。另外，订单 E 和 C 将在交货日期前完成，订单 A 仅延期 1 天。每个订单平均延期时间为（0+0+1+4+7）/5=2.4（天）。

很明显，此例中 SPT 比其余的规则都好，但情况总是这样吗？答案是肯定的。另外，从数学上可以证明，在 $n/1$ 情况下，用其他的评价准则，如等待时间均值和完成时间均值最小，SPT 规则也是最优方案。

2. *n* 项任务两台机床的排序

跟 $n/1$ 情况一样，根据一定的评价标准存在一种最优的解决方案。这种方法称为约翰逊（Johnson）规则或方法。约翰逊规则包含下列几个步骤：

（1）列出每个作业在两台机床上的作业时间。

（2）选择最短的作业时间。

（3）如果最短的作业时间来自第一台机床，则首先进行这个作业；如果最短的作业时间来自第二台机床，则该作业最后进行。

（4）对剩余的作业重复进行步骤（2）和（3），直到排序完成。

对于 n 个作业两台机床的排序，我们可以用 4 个作业在两台机床上排序来说明这个程序。

第一步：列作业时间，见表 13.5。

表 13.5　　　　单位：天

作业	在第一台机床上的作业时间	在第二台机床上的作业时间
A	3	2
B	6	8
C	5	6
D	7	4

第二步和第三步：选择最短的作业时间并作标记。作业 A 在第二台机床上的作业时间最短，首先进行安排，并最后加工（一旦作了标记，就没必要再对作业 A 排序了）。

第四步：重复第二步和第三步，直到排序完成。在剩余的作业中选择最短的作业时间。作业 D 在第二台机床上的作业时间次短，因此作业 D 倒数第二加工。作业 A 是最后一个加工。现在不再对作业 A 和 D 排序。在剩余的作业中，作业 C 在第一台机床上的作业时间最短，所以 C 第一个加工。现在只留下作业 B，其在第一台机床上的作业时间最短，这样，按照第三步，这项作业将在所剩的作业中第一个加工或者说在全部作业中第二个加工。作业 C 已排在第一位。

总之，该方案的加工顺序是 C→B→D→A，最短的流程时间为 25 天，同时总闲置时间和平均闲置时间也是最短的。最终的排序结果如图 13.6 所示。

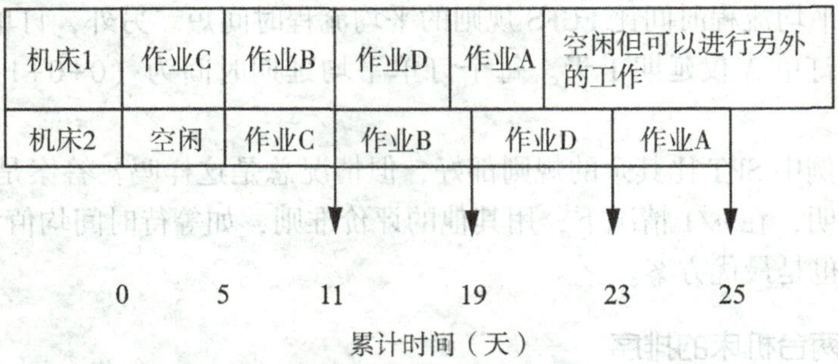

图 13.6　运用约翰逊规则的最优作业排序

以上步骤使得这些作业从开始到结束的时间最短。这样排序的另一个结果是两台机床同时工作的时间最长，这使得完成作业所需的总作业时间最短。

约翰逊法经扩展，已经得到了 $n/3$ 情况的最优排序方案。当流水车间排序问题的规模超过 $n/3$ 时（通常情况是这样），想利用这种分析方法得到最优方案是不可能的。其原因在于，即使作业任务可以以静态方式到达第一台机床，排序问题也会变成动态的。

3. n 个作业两台机床的排序

对于多个工件、两台以上机床的流水车间排序问题，到目前为止，只有几种多个工件、3 台机床的特殊类型的问题找到了有效算法。而对于一般的 n 个工件、m 台机床（$m>3$）的流水车间排序问题，虽然可以用分支定输法保证得到最优解，但随着问题规模的扩大，计算量相当大，甚至连计算机也难以求解，故无法应用于实际生产之中。此外，还需要考虑经济性，如果求最优解所付出的代价超过了这个最优解所带来的好处，则得不偿失。为了做到求解的最优性与经济性的统一，人们提出了多种启发式算法，以便以较小的计算量得到足够好的结果，因而在生产实际中较实用。

第五节 服务业的作业安排

服务业的作业安排，一般来说有两种基本的排序方式：将顾客需求分配到服务能力的不同时间段内；将服务人员安排到顾客需求的不同时段内。下面分别讨论：

一、安排顾客需求

这种方式就是根据不同时间内可利用的服务能力来给顾客排序。在这种方式下，服务能力保持一定，通常有三种方法被使用：预约、预订和排队。

（1）预约。一个预约系统给予顾客特定的服务时间。这种方法的优点在于及时的顾客服务和服务人员的高效率。医生、律师和汽车修理厂是使用预约系统提供服务的典型例子。

（2）预订。预订系统类似于预约系统，但它通常被用于顾客接受服务时需占据或使用相关的服务设施的情况。例如，顾客预订旅馆房间、火车或飞机座位。这种方式通常要求预付一定款额，可减少约好不来的问题。

（3）排队。一种为顾客排序的不太准确的方法是允许需求积压，让顾客排队等待。餐馆、银行、零售商店、理发店等通常使用这种方式。

二、安排服务人员

服务作业排序的另一种方法是将服务人员安排到顾客需求的不同时间段内。当需要快速响应顾客需求且需求总量大致可以预测时，通常使用这种方法。在这种情况下，可通过服务负荷。采用这种方式的典型例子有：邮局营业员、护士、警察的工作日以及休息日的安排；一天营业 14 小时、一周 7 天都营业的商店的人员安排等。

在我国大多数服务行业普遍实行每周五日工作制，员工们都希望能有连续两天的休息日。这里介绍一种方法，能制订一个计划，使得有两天连续休息日的五日制工人数量最少。这是一个两步式程序：

第一步：为需要分配工人的每一天指派第一名工人。简单重复这一步直到满足每一天的需求数（这给我们提供了一个追踪每日工人需求数的简便方法）。正数意味着工人已被分配在那一天工作。

第一个工人有可能被分配到全部七天中，因此用圆圈将需要工人数最少的连续两天圈住。这两天可以被考虑作为第一个工人的休息日。所圈的最小的一对数中的最大的那个数应等于或小于其他对中最大的数。这就保证对工人需求量最大的工作日能分配到工人（星期一和星期日尽管在日期排列中处于两个相对末端，但可以选作两个连续日）。万一出现相同的两个最小数对，难以取舍时，选相邻的工作日中需求工人数最少的一对作为休息日。这个相邻工作日可能在这一对的前面也有可能在其后边。如果还存在这种难以取舍的情况，选择这些可选数对中的第一对。不要再用进一步的打破平衡的方法，比如第二最小相邻日，那样太麻烦。

第二步：对于第二个工人，从未画圈的正数的每一天中减去1，然后将减完以后的数写到第二个工人这一行中。这表明这些工作日可少要一个工人，因为第一个工人已被分配给这些工作日。

对第二个工人、第三个工人等可重复以上两步骤，直到计划完成，不再需要工人。

举例说明：休息日计划安排见表13.6。

表13.6

	所需工人数						
	星期一	星期二	星期三	星期四	星期五	星期六	星期日
	4	3	4	2	3	1	2
工人1	4	3	4	2	3	1	2
工人2	3	2	3	1	2	1	2
工人3	2	1	2	0	2	1	1
工人4	1	0	1	0	1	1	1
工人5	0	0	1	0	0	0	0

该问题包含5个工人，共有19个工作日。

该计划的结果是工人1被安排在周六、周日休息，工人2在周五、周六休息，工人3在周六、周日休息，工人4在周二、周三休息，工人5仅在周三工作，因为其他工作日不再需要工人了。请注意，工人3和工人4在周四也不上班。

【思考与练习】

1. 单件小批生产的产品是否一定是订单生产的专用产品？订货生产的专用产品是否必然是单件小批生产？

2. 单件小批订货生产类型的生产作业计划工作有哪些特征？

3. 单件小批生产的专用产品中的通用零件应采用哪种生产组织形式？

4. 单件小批订货生产型企业制订年度生产计划大纲有什么作用？

5. 试述备货生产型、订货生产型与订货装配型企业的主要区别。

6. 某会计师事务所想使其最大审核人数为5人，而且还要满足其人员需要以及每周休息两天的政策。其需求如下。这个想法能实现吗？计划应是什么样的？

需求（从周一到周日）：3，2，3，5，4，3，4。

7. 工件A、B、C、D、E必须以一定的顺序（例如工序Ⅰ在先，工序Ⅱ在后）通过工序Ⅰ和工序Ⅱ，工序Ⅰ、工序Ⅱ所需时间见表13.7。用约翰逊规则确定最优排序，使总需求时间最小。

表13.7　　单位：天

工件	工序Ⅰ所需的时间	工序Ⅱ所需的时间
A	4	5
B	16	14
C	8	7
D	12	11
E	3	9

8. 表13.8为要排序工件的有关情况，这些工件需在一台机床上加工。

表13.8　　单位：天

工件	加工时间	交货日期
A	4	20
B	12	30
C	2	15
D	11	16
E	10	18
F	3	5
G	6	9

（1）先到先服务（FCFS）排序结果是什么？

（2）最短作业时间（SOT）排序结果是什么？

（3）剩余松弛时间（STR）排序结果是什么？

（4）最早交货日期（EDD）排序结果是什么？

（5）以上排序的流程时间均值各是什么？

【案例】

王裁缝的难题①

王裁缝是某服装厂的退休工人，因技术水平高，经常被人请去做技术指导。时间一长，经不起别人劝说，就自己开了家小服装店，虽然生意十分红火，但也令王裁缝非常烦恼。原因是来的人太多，他自己根本赶不出来。表 13.9 是他今天的顾客情况。其中，任务 A、B、C、D、E 是他给顾客所要求内容的编号，分别对应于普通西装、礼服、裙子、高级西装、西装短裤等；时间（天）是他干每一件活儿的工作时间；交货期是顾客要求的交货时间。

表 13.9

序号	任务	时间（天）	交货期（天）
1	A	3	5
2	B	4	6
3	C	2	7
4	D	6	9
5	E	1	2

按照正常的工作时间，王裁缝根本不可能按期完成这些工作，表 13.10 是他老伴为他做出的几种选择：

表 13.10　　单位：天

选择方式	准则	总加工时间	平均加工时间	平均延迟时间
1	FCFS	50	10	4.6
2	SOT	36	7.2	2.4
3	EDD	39	7.8	2.4
4	LCFS	46	9.2	4.0
5	STR	43	8.6	3.2

① 资料来源：陈福军：《生产与运作管理》，中国人民大学出版社 2000 年版。

其中，准则中字母的含义如下：FCFS 代表 First-Come，First-Serve，即先到先服务；SOT 代表 Shortest Operating Time，即最短加工时间；EDD 代表 Earliest Due Date，即最早到期先服务；LCFS 代表 Last-Come，First-Serve，即后到先服务；STR 代表 Slack Time Remaining（距交货期日期-加工时间）。

除此以外，他老伴还反复叮咛他对一些老邻居和街道主任的活儿一定要提前做（Preferred Customer Order，PCO）。这使王裁缝在为难的情况下，又增加了几分气愤。

思考题：王裁缝到底应该怎样选择呢？你能为王裁缝提出更好的建议吗？

第十四章 网络计划方法

从生产管理角度，项目属于单件生产，但它又不同于一般的单件生产。本章主要从项目管理的角度，介绍项目和项目管理的含义及特点，讨论项目管理的目标和内容，重点阐述项目的计划管理和网络计划方法。

第一节 项目管理概述

项目是一种特殊的生产系统，但与一般的工厂在生产计划、组织和控制等方面有许多相同或类似的地方。

一、项目及项目管理

1. 项目的概念

什么叫项目？项目是这样一种一次性的工作，它应当在规定的时间内，由为此专门组织起来的人员完成；它应有一个明确的预期目标，还要有明确的可利用资源范围，需要运用多种学科的知识来解决问题，没有或很少有以往的经验可以借鉴。

项目可以是建造一栋大楼、一座工厂或一座大水坝，也可以是解决某个研究课题，例如研制一种新药，设计、制造一种新型设备或产品，如一种新型计算机。

2. 项目管理及其特点

与项目的概念相对应，项目管理可以说是在一个确定的时间范围内，为了完成一个既定的目标，并通过特殊形式的临时性组织运行机制，通过有效的计划、组织、领导与控制，充分利用既定的有限资源的一种系统管理方法。

上述定义中的“确定的时间范围”应该是相对短期的，但不同的项目中所谓“相对短期”的概念并不完全相同。例如一种新产品的研制开发可以是半年至两三年，工业建设项目可能是3~5年，而一座发电厂的建设期可能更长。

项目管理具有以下基本特点：

（1）项目管理是一项复杂的工作。项目管理工作跨越多个组织，需要运用多种学科的知识来解决问题。

（2）项目管理具有创造性。项目具有一次性的特点，既要承担风险，又必须发挥创造性。

（3）项目有其寿命周期。项目管理的本质是计划和控制一次性的工作，在规定期限内达到预定目标。一旦目标满足，项目就失去其存在的意义而解体。因此，项目具有一种可预知的寿命周期。

(4) 项目管理需要集权领导和建立专门的项目组织。项目的复杂性随其范围不同变化很大。项目越复杂，其所包括或涉及的学科、技术种类也越多。

二、现代企业中的项目管理

虽然项目管理是从开发和生产大型、高费用、进度要求严格的复杂系统中发展起来的，主要用于航空、航天、国防和建筑工业等，但随着项目管理技术的发展，人们对它的有效性和有益性的认识也越来越深，特别是计算机辅助项目管理软件的推广应用，使项目管理方法在现代企业中得到了越来越广泛的应用，具体表现在以下几个方面：

(1) 产品研发。项目管理本身不能开发出新产品，但它能为研究和开发新产品或新的服务品种创造更好的工作条件，使之更容易、更快地取得成功。产品研究开发过程中，项目计划、资源配置、进度安排等均可运用项目管理方法来运作。

(2) 软件系统开发。一个企业在引进或开发计算机辅助设计、计算机辅助工艺计划、制造资源计划等软件系统时，需要生产、设计、工艺、计划、财务、人事等不同方面的专业人员来协同工作，要协调好这些横向联系，提高运作效率，就可以采用项目管理的原理和方法。

(3) 设备大修。企业设备大修工程对企业的影响是很大的，例如汽车厂，其流水线生产一定的时间后，就有必要进行停产大修，显然停产的时间越短越好。要缩短这个工期，使用项目管理是个好办法。可先选定一个大修工程的项目负责人，拟订详细的大修计划以及详细的关键路线图，准备好所需的工具设备以及材料、零件等，按项目管理的要求来运作。

(4) 单件生产。企业生产的不少产品是一次性单件生产，产品要根据用户的特殊需求来设计、制造，并按订货合同规定的交货期交付产品。例如，远洋货轮、电站锅炉、超大型计算机等，这类产品的订货面临较大的风险，常常要用项目管理的方式来进行生产。

总之，在现代企业中，随着竞争的加剧，项目管理有着越来越广泛的应用。计算机辅助项目管理软件的日益成熟，也使企业使用项目管理方法的难度显著下降，效益明显上升。

第二节 网络计划方法

一、网络计划方法的产生

网络计划方法是项目计划管理的重要方法。

20 世纪 50 年代中期，美国杜邦（Dupont）公司与兰德（Sperry Rand）公司致力于项目管理规划技术的研究，开发了一种名为关键路线法（CPM）的项目规划系统。CPM 是一个数学模型，它根据单个任务的工期和依赖关系计算整个项目的工期，并标示哪些任务是关键任务。这一方法于 1957 年首先用于一个价值一千多万美元的化工厂建设工程，取得了良好的效果。这种模型是当今项目管理软件使用的根本方法。

计划评审技术（PERT）是1958年美国海军部武器局的特别计划室提出的一种计划评审技术，它是一种双代号非肯定型网络分析方法，采用概率统计计算期望的工期，属于概率型网络计划方法。该方法首先应用于制订美国海军北极星导弹研制计划，使北极星导弹的研制工作在时间（提前两年）和成本控制方面取得显著效果，因此美国三军和航空航天局在各自管辖的计划工作中全面推广了这项技术。20世纪60年代，有42万人参加的耗资400亿美元的“阿波罗”载人登月计划，也是利用这种方法进行计划、组织与管理的。

CPM和PERT这两种方法都是用非常直观的网络图来表示项目各活动先后逻辑关系的，通过计算网络中各项时间参数，确定关键活动与关键路线，利用时差不断调整与优化网络，以求得最短周期；把成本和资源问题考虑进去后，就可以求得综合优化的项目计划方案。由于上述两种方法是建立在网络模型的基础上，并且主要用于计划的编制和控制，国外又称它们为网络计划技术。

二、网络计划技术的优点

（1）能有效实行重点管理。网络计划技术能明确而具体地指出整个工程的关键工序，便于调动现有人力、物力和财力，突出重点，保证整个工程如期完工。

（2）能真正实现复杂问题简单化。像三峡工程这样的超大型工程如何确定工期、如何安排生产进度等问题非常复杂，但是，若采用网络计划技术，就可将这一超大型工程分解为成千上万的子工程、孙子工程，即把这一个复杂的工程分解为许许多多简单的小工程，复杂的大工程通过完成这些简单的小工程迎刃而解。

（3）便于统筹安排。一个大型工程由若干小工程构成，这些小工程在时间和工艺上互相联系、互相影响，并且可能分属于不同部门，网络计划技术促进各部门之间的有效配合，保证复杂工程如期完工。

（4）可把对无形资源（如时间）和有形资源（人、财、物）的管理结合起来，实现无形资源和有形资源的合理替代。

三、网络计划技术的步骤

网络计划技术应用的基本步骤为：

（1）明确目标，分解任务。首先，要明确待上项目，包括所上项目的工作量、技术、经济和工期等方面的要求；其次，要将待上项目分解为一系列小项目或工序（活动）。分解的原则是根据要求确定粗细，从上到下逐步细化。表14.1是某建筑企业为某房地产公司建一座写字楼的项目分解表。

（2）绘制网络图。绘制网络图就是根据绘制网络图的规则把项目各工序的逻辑关系反映在图上。

（3）计算网络时间。包括工序时间的估计、事项时间参数和工序时间参数的计算及时差的计算。

表 14.1　　某房地产公司写字楼的 PERT 网络

工序代号	工　序　名	紧前工序	预计时间（天）
A	审批	—	60
B	打地脚	A	36
C	砌　墙	B	84
D	建造楼板	C	36
E	装铝合金窗	C	18
F	搭屋顶	C	18
G	安装水电	D、E、F	30
H	调试电梯	G	30
I	铺地板和墙面砖	D	24
J	内部装饰	I、H	18
K	交接验收	J	6

（4）网络优化。包括寻找最短工期、成本最低的工期等。

四、网络图

1. 网络图的组成

网络图由圆圈、箭线与箭线连成的路线组成。圆圈是两条或两条以上箭线的交叉点，称为节点。网络图分为节点式（以节点表示活动）和箭线式（以箭线表示活动）两大类。这里仅介绍后者。

网络图的箭线和圆圈分别代表项目的活动和事项。所以，也可以说网络图由活动、事项以及路线三个部分组成，见图 14.1。

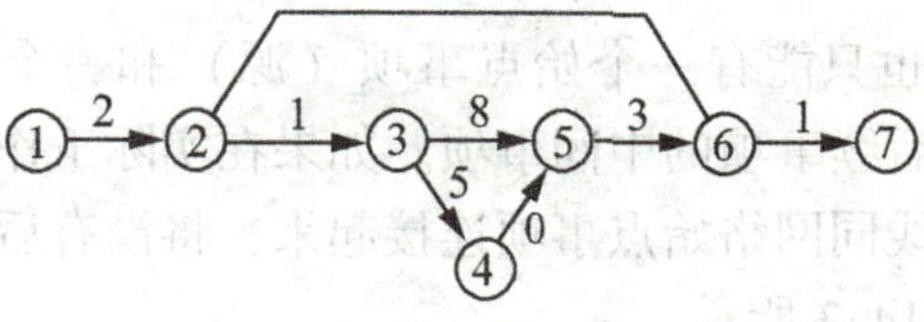

图 14.1　网络图

（1）活动。活动是指一项需要消耗一定的资源（人力、物力、财力），经过一定时间才能完成的具体工作。活动用箭线表示，如箭线的箭尾节点编号和箭头节点编号分别为 i，j，则该项活动可用（i，j）表示，i，j 分别表示活动的开始和完成。箭线上的数字表示该活动所需的时间。在没有时间坐标的网络图中，箭线的长短与活动所需时间无关。

图中虚箭线表示一种虚活动，它是一种作业时间为零的活动。它不消耗资源，也不占用时间，其作用是表示前后活动之间的逻辑关系，便于人或计算机进行识别计算。

（2）事项。事项是指活动开始或完成的时刻，它由节点表示。它不消耗资源，也不占用时间和空间。每个网络图中必定有一个始节点和终节点，分别表示项目的开始和结束。介于始点和终点之间的事项叫中间事项，所有中间事项都既表示前一项活动的结束，又表示后一项活动的开始。

（3）路线。路线是指从网络始点事项开始，顺着箭线方向连续不断地到终点事项为止的一个序列。在一个网络图中，可能有很多条路线，如图 14.1 中，①—②—③—⑤—⑥—⑦是一条路线，①—②—⑥—⑦也是一条路线。路线中各项活动的作业时间之和就是该路线的作业时间，其中作业时间最长的路线叫做“关键路线”，它决定完成网络图上所有工作所必需的时间，即该项目的完工周期。

2. 网络图绘制的规则

网络图的绘制应遵守下列规则：

（1）网络图是有向图，图中不能出现回路。

（2）活动与箭线一一对应，每项活动在网络图上必须有也只能有连接两点的一根箭线表示。

（3）两个相邻点间只允许有一条箭线直接相连，平行活动可引入虚线活动，以保证这一原则不被破坏（见图 14.2）。

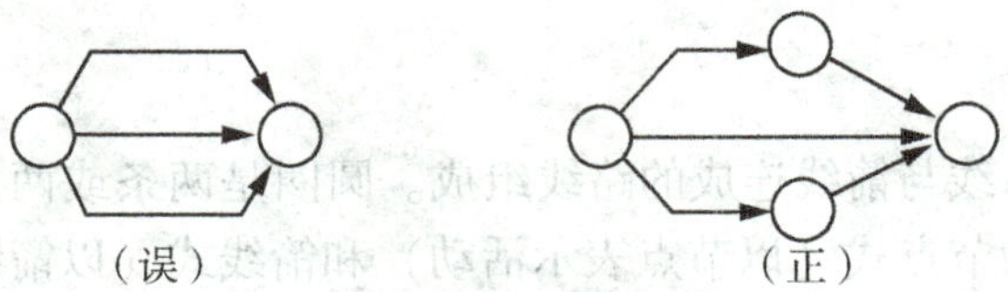
（误）　　（正）

图 14.2　平行活动的表示法

（4）箭线必须从一个节点开始，到另一个节点结束，不能从一条箭线中间引出其他箭线。

（5）每个网络图必须也只能有一个始点事项（源）和一个终点事项（汇）。不允许出现没有先行事项或没有后续事项的中间事项。如果在实际工作中发生这种情况，应将没有先行事项的节点用虚箭线同网络始点事项连接起来，将没有后续事项的节点用虚箭线同终点事项连接起来，如图 14.3 所示。

（6）箭首编号要大于箭尾的编号。根据以上规则，可绘制如图 14.4 所示的网络图。

3. 工序时间的估计

工序时间是指某一项工序（或工作）的具体作业时间，是网络计划技术中最基本的数据。其计量单位可以是月、周、日、小时。工序时间的估计一般由工程技术人员进行。如果某工序有现成的工时定额，则可直接把工时定额看做该工序时间；如果某工序没有现成的工时定额，则需要有经验的工程技术人员测算和估计，以下述公式计算该工序时间：

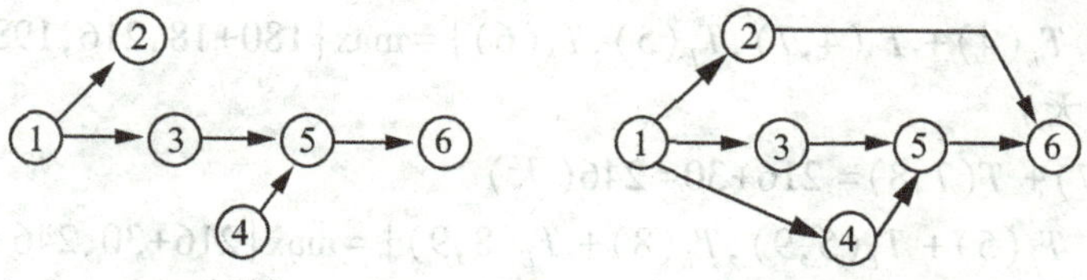

图 14.3　网络图中保证只有一个源一个汇的绘图方法

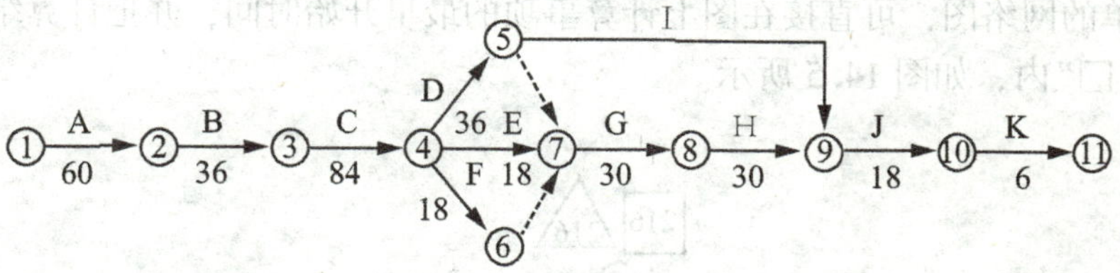

图 14.4　某房地产公司写字楼的网络

$$T=\frac{a+4m+b}{6}$$

其中，a 为乐观的工序完工时间；b 为悲观的工序完工时间；m 为最可能完工的时间；T 为工序时间。

五、网络时间参数计算

1. 事项时间参数

事项的时间参数包括事项的最早开始时间、事项的最迟结束时间。

(1) 事项的最早开始时间，是指从该节点开始的各项活动最早可能开始工作的时刻，等于从始点到该事项最长线路的路长，一般用 T_E (j) 表示。

T_E (j) 的计算从网络图的始点事项开始，沿立脚点箭线方向逐个节点进行计算，并规定始点事项最早开始时间为零；箭头所指的事项（以后简称箭头事项）的最早开始时间等于箭尾事项的最早开始时间加上箭线代表工序的作业时间；如果有几个箭线同时指向某节点，则该节点的最早开始时间等于箭尾节点的最早开始时间加上箭线的作业时间的最大值。计算公式为：

$$T_E(j)=\max\{T_E(i)+T(i,j)\}\qquad T_E(1)=0$$

图 14.5 中各节点的最早开始时间的计算如下：

$T_E(1)=0$

$T_E(2)=T_E(1)+T(1,2)=0+60=60$(天)

$T_E(3)=T_E(2)+T(2,3)=60+36=96$(天)

$T_E(4)=T_E(3)+T(3,4)=96+84=180$(天)

$T_E(5)=T_E(4)+T(4,5)=180+36=216$(天)

$T_E(6)=T_E(4)+T(5,6)=180+18=198$(天)

$T_E(7)=\max\{T_E(4)+T(4,7),T_E(5),T_E(6)\}=\max\{180+18,216,198\}$
$=216$(天)

$T_E(8)=T_E(7)+T(7,8)=216+30=246$(天)

$T_E(9)=\max\{T_E(5)+T_E(5,9),T_E(8)+T_E(8,9)\}=\max\{216+30,246+30\}$
$=276$(天)

$T_E(10)=T_E(9)+T_E(9,10)=276+18=294$(天)

$T_E(11)=T_E(10)+T_E(10,11)=294+6=300$(天)

对于简单的网络图，可直接在图上计算事项的最早开始时间，并把计算结果填入相应事项旁边的"□"内，如图 14.5 所示。

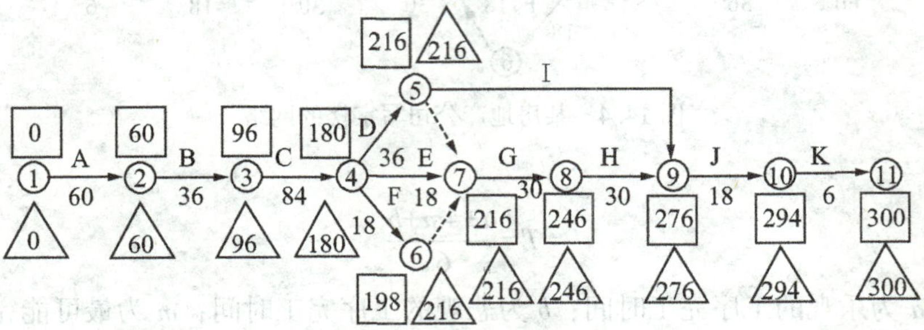

图 14.5　网络图中各事项时间参数

(2)事项的最迟结束时间，是指以该节点为结束的各项工序最迟必须完工的时刻。如果此刻不能完工，就会影响从该节点开始的各工序如期开始，用 $T_L(i)$ 表示。

$T_L(i)$ 的计算从终点事项开始，沿着逆箭头方向逐个节点计算。规定终点事项的最迟结束时间等于其最早开始时间；箭尾事项的最迟结束时间等于箭头事项的最迟结束时间减去工序作业时间；如果同时有几个箭线出自某事项，则该事项的最迟结束时间等于箭头事项最迟结束时间减去工序作业时间的最小者。计算公式如下：

$$T_L(i)=\min\{T_L(i)-T_L(i,\ j)\}$$

图 14.5 中各事项的最迟结束时间的计算如下：

$T_L(11)=T_E(11)=300$(天)

$T_L(10)=T_L(11)-T_L(10,\ 11)=300-6=294$(天)

$T_L(9)=T_L(10)-T_L(9,\ 10)=294-18=276$(天)

$T_L(8)=T_L(9)-T_L(8,\ 9)=276-30=246$(天)

$T_L(7)=T_L(8)-T_L(7,\ 8)=246-30=216$(天)

$T_L(6)=T_L(7)-T_L(6,\ 7)=216$(天)

$T_L(5)=\min\{T_L(9)-T_L(5,\ 9),\ \ T_L(7)-T_L(5,\ 7)\}$
$=\min\{270-30,\ 216-0\}=216$(天)

$T_L(4)=\min\{T_L(5)-T_L(4,\ 5),\ \ T_L(7)-T_L(4,\ 7),\ \ T_L(6)-T_L(4,\ 6)\}$
$=\min\{216-36,\ 216-18,\ 216-18\}=180$(天)

$T_L(3)=T_L(4)-T_L(3,4)=180-84=96$(天)

$T_L(2)=T_L(3)-T_L(2,3)=96-36=60$(天)

$T_L(1)=T_L(2)-T_L(1,2)=60-60=0$(天)

对于结构简单的网络图，可直接在图上计算事项的最迟结束时间，并把计算结果填入相应事项旁边的“△”内(见图14.5)。

2. 工序时间参数

工序时间参数有4个：工序的最早开始时间和最早结束时间、工序的最迟开始时间和最迟结束时间。

(1)工序的最早开始时间。某一工序必须等它的所有紧前工序完工以后才能开始，这一开始的时间值称为该工序的最早开始时间。工序的最早开始时间用ES(i,j)表示，它等于箭尾事项的最早开始时间，即：ES$(i,j)=T_E(i)$

(2)工序的最早结束时间。某一工序的最早结束时间是指该工序必须等它紧前各工序完工后，其自身才完工的时间，一般用EF(i,j)表示，它等于该工作的最早开始时间加上其作业时间，即：

$$\mathrm{EF}(i,j)=\mathrm{ES}(i,j)+T(i,j)$$

(3)工序的最迟结束时间。某一工序的最迟结束时间是指为了不影响紧后各工序如期开工而最迟完工的时间。如果该工作不能在这一时间完成，必然会影响紧后工序的如期开工。工序的最迟结束时间用LF(i,j)表示，它等于箭头事项的最迟结束时间，即：

$$\mathrm{LF}(i,j)=T_L(j)$$

(4)工序的最迟开始时间。某项工序的最迟开始时间是指在不影响其紧后各工序按时开始，该工序最迟开始的时间，常用LS(i,j)表示。它等于工序最迟结束时间减去其作业时间，即：

$$\mathrm{LS}(i,j)=\mathrm{LF}(i,j)-T(i,j)$$

3. 工序时差

工序的时差包括总时差和分时差。

某工序的总时差是指在不影响整个项目如期完工的条件下，该工序工期可推迟机动时间，用TF(i,j)表示。它等于该工序的最迟结束时间，减去最早结束时间，或等于该工序的最迟开始时间减去最早开始时间，即：

$$\mathrm{TF}(i,j)=\mathrm{LS}(i,j)-\mathrm{ES}(i,j)=\mathrm{LF}(i,j)-\mathrm{EF}(i,j)$$

总时差为零的工序连接起来的线路是关键线路。总时差越大，说明工序的机动时间越大，安排的余地越大。关键线路上的工序的总时差为零，工序的机动时间为零，工序没有机动余地。总时差的计算可根据公式在表格上进行，如表14.2所示。

分时差是指在不影响紧后工序如期开工的条件下，某一工序的完工期可推迟的时间。一般用FF(i,j)表示。它等于该工序的紧后工序的最早开始时间减本工序的最早结束时间，即：

$$\mathrm{FF}(i,j)=\mathrm{ES}(i,k)-\mathrm{EF}(i,j)=T_E(i,j)-\mathrm{EF}(i,j)\qquad i<j<k$$

分时差的计算可根据公式在表格上进行，如表14.2所示。

表 14.2　　工序时间参数和时差的计算　　单位:天

工序名称	事项编号	作业时间	工序最早开始与结束时间		工序最迟开始与结束时间		总时差	分时差
	$i\to j$	$(T(i,j))$	ES	EF	LS	LF	$TF(i,j)$	$FF(i,j)$
A	1→2	60	0	60	0	60	0	0
B	2→3	36	60	96	60	96	0	0
C	3→4	84	96	180	96	180	0	0
D	4→5	36	180	216	180	216	0	0
E	4→7	18	180	198	198	216	18	18
F	4→6	18	180	198	198	216	18	0
G	7→8	30	216	246	216	246	0	0
H	8→9	30	246	276	246	276	0	0
I	5→9	24	216	240	252	276	36	36
J	9→10	18	276	294	276	294	0	0
K	10→11	6	294	300	294	300	0	0

第三节　网络计划优化

网络计划优化，就是在满足一定条件下，利用时差来平衡时间、资源与费用三者的关系，寻求工期最短、费用最低、资源利用最好的网络计划过程。下面从两个方面谈网络计划的优化，即：时间—资源优化和时间—成本优化。

1. 时间—资源优化

这里所说的资源包括人力、物力以及财力。资源常常是影响项目进度的主要因素。在一定条件下，增加投入的资源，可以加快项目进度，缩短工期；减少资源，则会延缓项目进度，拉长工期。资源有保证，网络计划才能落实。资源利用得好，分配合理，就能带来好的经济效益。所以制订网络计划时必须把时间进度与资源情况很好地结合起来。要达到时间一定资源优化，寻求最短工期。其主要途径有：

(1) 抓住关键路线，缩短关键活动的作业时间。例如，采取改进作业方法或改进工艺方案、合理划分工作任务、改进工艺装备等技术措施。

(2) 采取组织措施，在作业方法或工艺流程允许的条件下，对关键路线上的各项关键活动组织平行或交叉作业。合理调配工程技术人员或生产工人，尽量缩短各项活动的作业时间。

(3) 利用时差，从非关键活动上抽调部分人力、物力，集中于关键活动，缩短关键活动的时间。

2. 时间—费用优化

这是综合考虑工期与费用两者之间的关系，寻求以最低的项目总费用获得最佳工期的一种方法。

项目费用可分为直接费用和间接费用。直接费用是指人工、材料、能源等与各项活动直接有关的费用。间接费用是指管理费用、销售费用等其他费用。这两种费用与工期的关系，一般来说，缩短工期会引起直接费用增加和间接费用的减少，而延长工期会引起直接费用的减少和间接费用的增加。图 14.6 表示费用与工期之间的一般关系。这种关系在实际中也可能呈曲线形式。

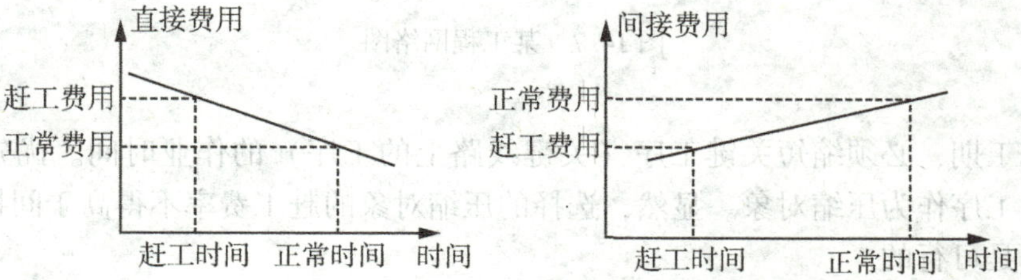

图 14.6　工期与费用的关系

使得项目费用最低的完工时间，称为最低费用日程。编制网络计划时，设法找出一个缩短项目周期的方案，使得为完成项目任务所需的总费用最低，这就是寻求最低费用日程的思路。

某工程由七道工序构成，有关资料如表 14.3 所示。该工程间接费用为每周 1000 元，在正常作业时间下，人力、物力投入的直接费用为 40000 元。试确定成本最低的完工期。

表 14.3　　　　　　　　　　**某工程资料**

工序名称	紧前工序	作业时间（周）		直接费用（千元）		赶工费用（千元/周）
		正常	赶工	正常	赶工	$=\dfrac{\text{增加的直接费用}}{\text{压缩工期}}$
A	—	6	5	5	7	2
B	A	3	1	4	5	0.5
C	A	8	4	6	9	0.75
D	B	4	3	3	5	2
E	B	5	3	8	11	1.5
F	C、D	7	4	10	12	0.66
G	E、F	2	1	4	6	2

绘制网络图，如图 14.7 所示，并计算各事项的时间参数。该工程关键线路为A — C — F — G，工期为 23 周。正常完工期的总费用为：

总费用=直接费用+间接费用=40000+1000×23=63000（元）

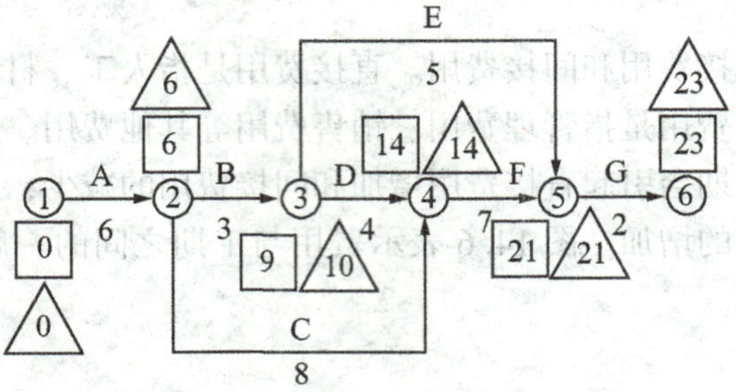

图 14.7 某工程网络图

要缩短工期，必须缩短关键工序（关键线路上的工序）的作业时间。优先选择赶工费率最低的工序作为压缩对象。显然，选择的压缩对象的赶工费率不得高于间接费用，并且在技术上是可行的。

关键线路 A—C—F—G 中，F 的赶工费率最低，应选择它作为压缩对象。在技术上，它只能缩短 3 周。通过压缩 F 工序 3 周，关键线路缩短了 3 周。工程费用节约额为：

节约额=间接费用节约额-直接费用增加额=3×1000-3×666=1002（元）

缩短 F 之后，网络图中的有关时间参数和关键线路都可能改变，图 14.8 是图 14.7 调整的结果。关键线路仍为A—C—F—G。要缩短工期，仍然只能在关键线路寻找压缩对象，从技术上看，F 已不能再压缩，只能在 A、C、G 三道工序上进行，由于 A 和 G 工序的赶工费率高于 1000 元，故在经济上不可行，只能压缩 C 工序。C 工序在技术上可压缩 4 周，但从经济角度看，只能压缩 1 周，因为压缩 1 周以后，出现了两条不同的关键线路，如图 14.9 所示，A—B—D—F—G 和 A—C—F—G 都变成了关键线路。

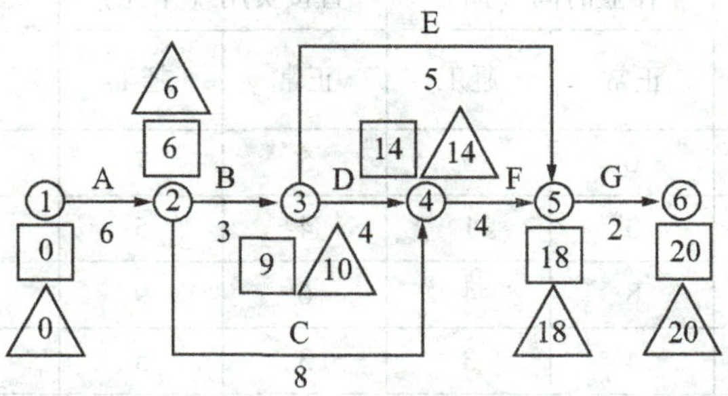

图 14.8 缩短 F 之后的网络图

C 和 B — D 构成了平行工序，要缩短工期，必须同时缩短 C 的工期和 B — D 的工期，而同时缩短这两条工期的最低赶工费率=500+750=1250（元），大于间接费用，因而不合

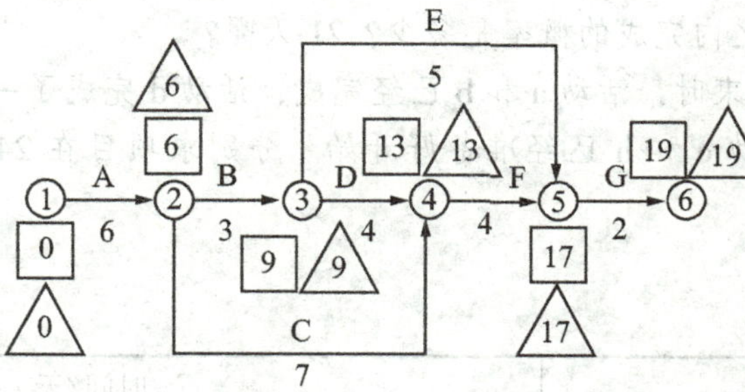

图 14.9　调整 F、G 之后的网络图

理。C 工序缩短一周节约的费用 = 1000−1×750 = 250（元），工期最后缩短到 19 周，此时的工程总费用为：

工程总费用 = 正常完工期的总费用−缩短工期节约的费用

= 63000−1000−250 = 61750（元）

【思考与练习】

1. 表 14.4 是即将开始进行的某项目的相关信息。你作为项目经理，为了按时完成项目会关注哪些活动？请解释。

表 14.4

活动	前序活动	时间估计/天
a	b	15
b	c，d	12
c	e	6
d	结束	5
e	结束	3
f	g，h	8
g	i	8
h	i	9
i	结束	7
i	k	14
k	结束	6

2. 3 名刚毕业的大学生合伙成立了一家广告公司，他们的第一个项目所包含的活动如表 14.5 所示。要求：

（1）画出网络图。

（2）项目在24天之内完成的概率是多少？21天呢？

（3）假设第7天结束时，活动a和b已经完成，活动d完成了一半。活动d的估计完成时间是5、6、7。活动c和h已经准备好开始。分别求项目在24天和21天内完成的概率。

表14.5

活动	前序	时间/天		
		乐观	最可能	悲观
a	c	5	6	7
b	h	8	8	11
c	e	6	8	11
d	f	9	12	15
e	结束	5	6	9
f	g	5	6	7
g	结束	2	3	7
h	i	4	4	5
i	结束	5	7	8

3. 某特别工作组项目经理计划组建一个穹顶体育场，并希望能在下一个大学生足球赛季之前完工。在审查了建造工作时间估计之后，他发现为确保项目在赛季开始前完成，必须进行一定数量的赶工工作。时间与成本估计如表14.6所示，请你制定出成本最小的使项目长度缩短5周的赶工进度安排。

表14.6

活动	前序活动	正常时间/周	赶工成本（元）	
			第一周	第二周
a	b	12	15000	20000
b	k	114	10000	10000
c	d，e，f	10	5000	5000
d	g	17	20000	21000
e	h	18	16000	18000
f	i	12	12000	15000

续表

活动	前序活动	正常时间/周	赶工成本（元）	
			第一周	第二周
g	m	15	24000	24000
h	n，p	8	—	—
i	j	7	30000	—
j	p	12	25000	25000
k	结束	9	10000	10000
m	结束	3	—	—
n	结束	11	40000	—
p	结束	8	200000	20000

【案例】

深圳大奖赛能如期举行吗?①

9月10日9点30分，公司会议室里围坐了一圈人，面色凝重。原来一早赛事执行总监接到老板的电话："今年的赛事举办合同市长昨天已经签署了，你们可以开始行动了！"总监9点到达公司便召开执行团队紧急会议。

"大家都知道联合会今年分配给深圳站的日期是11月5日，错过了这个时间，我们今年的比赛就不用做了。我知道现在才通知大家行动，筹备难度不小，但大家都是久经沙场的元老了，这次虽然紧急，但也不至于全摆这种脸色吧！"总监试图缓和现场的气氛。

"从今天开始算起，距离正式的比赛只有55天。场地问题是最大的问题，因大运会征用，加上填海区的地质塌陷，整个区域需要重新填平，虽然区政府承诺为比赛重整场地，但工期问题没办法保证，正常工期为35天，最少也要25天，我们可以30天完成。完成后还得预留3~7天的时间给赛事联合会的技术官员来验收场地，如果不出意外4天可以完成验收，但实话说不知道留给后续工作组的时间是否足够。"场地工程师小熊语气中透着忧虑。

"是的，装载比赛物资的货柜也不能老停在海关码头，但要进场又必须等场地平整完成，围场区规划出来。当然，只要围场区规划出来，货柜进场加摆放1天便可完成，最多不超过3天，就按2天计算吧。另外，还有比赛用油，虽然现在可以联系供应商，但是区域没有规划好，油料不可能进场，但只要保证比赛前3天进场就OK了，谈判加进场分装3~5天可以完成，算4天吧。同时，消防安保要一起进场。"物流主管Steve说道。

"消防、安保、保洁由区政府安排，联络及分派8~25天能完成，通常15天，之后按

① 本案例是在武汉大学方爱华副教授指导下，由武汉大学2010级深圳MBA学员陈洁编写。

各岗位需要的时间分配上岗，这个问题不大。”负责政府联络的小王回应。

品牌经理 Jack 说：“赛场广告的内容我们马上可以与赞助商和客户核实确认，根据往年的经验，大部分 20 天能确定，也不排除临时变动的，通常赛前 7 天我们就不接受变更了；但场地平整工程后期我们才可以去规划围场和外场围栏，按正常工期计算，场地平整 20 天左右我们可以开始进行，但因为今年配合大运会，很多广告位的设施被拆毁，所以我们重新规划、测量和定制材料并安装需要 15~25 天时间，赶一赶 18 天应该能完成。”

后勤保障组组长老王一脸不满。“场地不规划好，我们帐篷怎么进，搭哪里都是问题，还有移动厕所怎么摆？水、电怎么接？绿化怎么做？”“场地好了你们的速度还是很快的，去年台风时你们不就是表现超级棒么？两天内又拆又搭，连区长都称赞你们有效率。”总监试图缓和老王的不满情绪。“那不是人干的活，工人们都快累死了。不过帐篷供应商和移动厕所供应商今年都得重新谈判，待会就约新报价的两家供应商先来谈谈看吧。5~10 天能确定合同，按 7 天算吧。安装就必须等场地规划出来之后才能进行了，4~8 天能完成所有基础设施的安装，让工人加加班，6 天可以完成。”

“志愿者招募如果今天去联络各行政部门，3 天左右应该能拿到批复。以往都是 2~5 个工作日。之后便可以与本市各高校团委和义工联联络，启动招募。整个过程需要 7~20 天，14 天左右应该能完成基本数量的志愿者招募。但之后需要 1~5 天的培训，按 3 天算吧。这样才能保证一般岗位的志愿者要求，比如说接待、语言服务等。而且我们需要 4 辆 50 座的大巴负责运送这些志愿者。”志愿者招募组组长小昭说道。

后勤组组长 Sean 立马接着道：“酒店、车辆今天都可以去谈，但必须是确定要做我们才可以签合同。”总监回答道：“老板下午来公司，会给大家一个明确的指示。”Sean 点头，然后继续说：“那么确定酒店和车辆大概需要 10~20 天，15 天应该可以完成。”

接待组组长 Linda 接过话说：“还是按照往年惯例先确定酒店和房间吧，这样我们才能排房、排车。名单确认需要 18 天，快的话 10 天，慢的话就得一个月了。总有临时增加的名单，所以需要预留一定数量的机动房间和车辆。”

“对，酒店不确定我们接待晚宴和送别晚宴也没办法筹备。”活动组组长也着急地说。“而且我们还要联络宴会策划公司做创意演示和物料准备，没有 25 天根本完成不了。往年我们都是用差不多 40 天时间来准备，就算最小型的一个宴会，也用了我们 15 天的准备时间。最重要的开幕式活动，必须等赛场内的主席台搭建完成后才能布置现场，1~3 天可以完成，算 2 天。按照惯例今年还是前期给我们组 5 名志愿者做筹备工作，活动当日再安排 10 名做现场引导和服务吧。”

“媒体注册也必须立即启动，注册通知 3 天完成，2~7 天算我们的正常工作周期；两周后确定基本的媒体名单，提供给接待组安排酒店和车辆。往年这个工作我们启动得早，时间充裕，7~20 天算合理的时间周期了。另外，宣传我们平时一直在做，正式的比赛开始时间我们也是随时在等通知。如果定下来门票印制需要 5~8 天，6 天左右应该可以开售。还有市政广告，需要 10 天申报，7~12 个工作日办理；拿到审批同意书才可以通知物料供应商印制市政宣传的物料，1~4 天可以完成，以前试过 2 天完成的。再有，安排工人安装大概需要 2~5 个晚上，看今年审批的范围和路段了，通常 3 个晚上能完成。”宣传部部长也提出了自己的要求。

“OK，品牌部争取在25天内完成所有的宣传物料设计工作。今年只有给部门多申请点奖金了，容易的物料5天就够了，可复杂的物料，40天都有可能，有得班加了。”Jack握拳做发誓状。

“嗯，看来大家的士气慢慢上来了。”总监看着黑板上列的一组数字，忍不住点点头，自言自语地说。

思考题：使用PERT分析，估算2011年深圳站大奖赛准备工作按时完成的概率。

第十五章　物流与库存管理

第一节　物流及其运作模式

一、物流与物流管理概述

1. 物流的概念

1979 年，我国物资工作者代表团参加了在日本举行的第三届国际物流会议，并在回国以后的报告和研究中直接使用了日本的“物流”一词。随着交流的不断深入和相关研究的进展，国内学者也对西方的物流理论进行了大量的学习和研究，我国的“物流”现在逐渐成为等同于“后勤”（logistics）的一个概念。

2001 年 4 月我国颁布了第一个关于物流的国家标准——《中华人民共和国国家标准——物流术语》。在国家标准中，物流的定义为物品从供应地向接受地的实体流动过程，根据实际需要，将运输、储存、装卸、搬运、包装、流通加工、配送、信息处理等基本功能有机结合，并明确对应的英文为 Logistics。

物流的发展经历了多个阶段，在认识上逐步提高，从传统物流到现代供应链物流，具体见表 15.1。

表 15.1　　物流的发展历程

阶　段	时　期	物 流 概 念
物流概念的产生阶段	20 世纪初到 20 世纪 50 年代	物流是销售活动中所伴随的物质资料从产地到消费地的种种企业活动，包括服务过程
分销物流阶段和现代物流萌芽阶段	20 世纪 50 年代到 80 年代中期	物流是以对原材料、半成品及成品从产地到消费地的有效移动进行计划、实施和统管为目的而将两种或三种以上活动的集成。这些活动包括但不局限于顾客服务、需求预测、流通信息、库存管理、装卸、接受订货、零件供应并提供服务、工厂及仓库选址、采购、包装、废弃物回收处理、退货业务、搬运和运输、仓库保管等

续表

阶　段	时　期	物流概念
现代物流学（logistics）阶段	20世纪80年代中期到90年代中期	所谓物流，就是为了满足顾客需要而对原材料、半成品、成品及其相关信息从产地到消费地有效率或有效益的移动和保管进行计划、实施、统管的过程。这些活动包括但不局限于顾客服务、搬运及运输、仓库保管、工厂和仓库选址、库存管理、接受订货、流通信息、采购、装卸、零件供应并提供服务、废弃物回收处理、包装、退货业务、需求预测等
供应链管理阶段	20世纪90年代至今	物流是供应链管理过程的一部分，以满足客户需要为目的，对产品、服务和相关信息从起始点到消费点的正反向流动和储存进行计划、执行和控制以使其更加有效率和效益

物流既是企业的一项战略性管理职能，又是一个复杂的行业，涉及面很广，对企业、区域、国民经济发展都起着重要的作用。物流既可以是企业物流，也可以是第三方物流、区域物流、国际物流；物流的基本活动包括运输、储存、装卸搬运、包装、流通加工、配送、信息处理等。物流业的构成见图15.1。

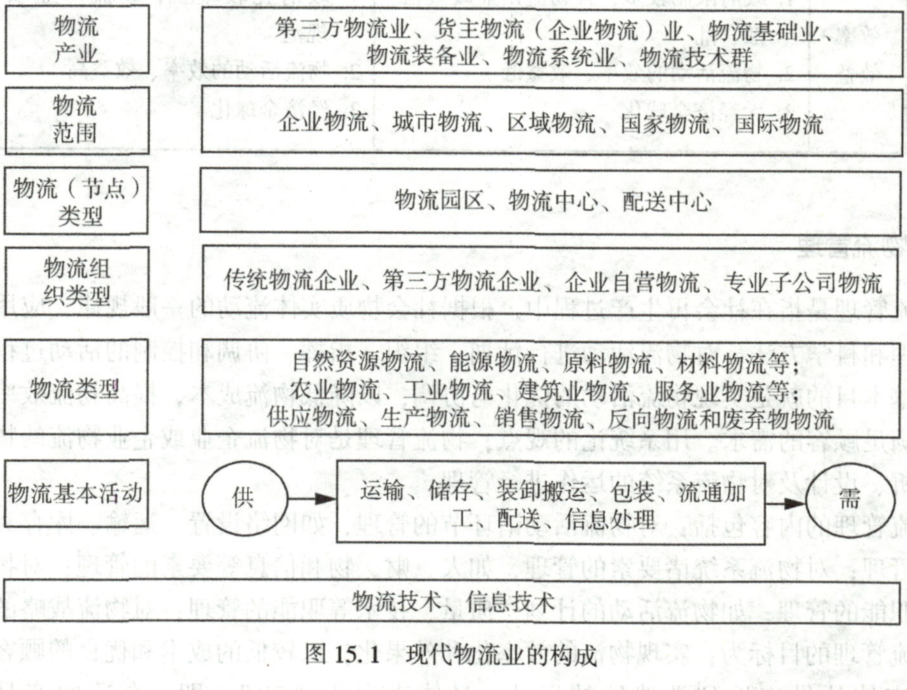

图15.1　现代物流业的构成

物流被称为“第三利润源泉”，是企业获得竞争优势的重要途径。现代物流与传统物流有着根本的区别，其比较见表15.2。

表15.2　　传统物流与现代物流比较

层面		传统物流	现代物流
管理理念层面		对业务的局部支持	整体上追求最优
运作层面	服务	1. 物流基础设施落后，服务能力低 2. 以提供单项或多项物流服务为主 3. 从事有限地区、部门的物流服务 4. 服务质量不高，难以满足现代物流需要	1. 物流基础设施先进，服务能力强 2. 物流企业以提供综合物流服务为主 3. 可实现跨部门、跨区域的物流服务 4. 服务质量高，能满足现代物流需要
	管理	1. 从事单项的物流管理，无法控制整个物流链 2. 以物流自理为主	1. 从事综合物流管理，对供应链实施全面控制 2. 以第三方物流为主
	技术	1. 运作时以半机械、半手工作业为主 2. 缺乏外部网络信息整合及EDI联系 3. 技术分散、单一 4. 有限的或无先进的信息技术	1. 运作时机械化、自动化程度高 2. 采用网络信息整合系统，信息技术先进 3. 大量采用综合技术（物流与信息、控制、管理等一体化）
	效率效益	1. 政府限制较多，且物流产业政策松、散、乱 2. 物流活动的效率、效益低 3. 无经济全球化	1. 政府比较重视，物流产业政策合理规范 2. 物流活动的效率、效益高 3. 经济全球化

2. 物流管理

物流管理是指在社会再生产过程中，根据社会物质实体流动的一般规律，应用管理的基本原理和科学方法，对物流活动进行计划、组织、指挥、协调和控制的活动过程。物流管理的基本目的就是实现物流活动的优化与协调，以降低物流成本，提高物流效率和经济效益，满足顾客的需求。用系统论的观点，物流管理是对物流企业或企业物流的物流系统进行分析、设计及对物流系统的运作进行管理。

物流管理的内容包括：对物流活动诸环节的管理，如网络设置、运输、库存和包装等环节的管理；对物流系统诸要素的管理，如人、财、物和信息等要素的管理；对物流活动中具体职能的管理，如物流活动的计划、质量、技术等职能的管理；对物流战略的管理。

物流管理的目标为：实现物流的效率化和效果化，以较低的成本和优良的顾客服务完成商品实体从供应地到消费地的运动，具体表现为"7R"，即：合适的产品（right product）、合适的质量（right quality）、合适的数量（right quantity）、合适的时间（right time）、合适的地点（right place）、合适的印象（right impression）、合适的价格（right price)。主要解决以下问题:

(1) 向顾客提供什么产品或服务——服务对象。需要对物流（服务）市场需求进行分析。

(2) 以何种方式服务顾客——物流系统设计（仓库选址、分布与容量，运输能力的大小、方式、工具，搬运设备，分拣、流通加工、包装，等等)。

(3) 如何适时、适量、适当成本、适当质量向适当地点的顾客提供物流服务——物流系统运作（物流路线、计划、调度、控制、客户服务)。

二、物流运作模式

1. 传统自营物流模式

传统自营物流模式（第一/二方物流模式)，是指企业自身拥有物流的运输、仓储、配送等功能，在进销存业务过程中只存在供方和需方的物流活动，供需双方按照交易协商、合同规则各自进行运输配送以及安排货物的存放保管等物流活动（见图 15.2)。主要包括两种模式：第一方物流是需求方为采购而进行的仓储、货运物流，如赴产地采购、自行运回商品。第二方物流是供应方为了提供商品而进行的仓储、货运物流，如供应商送货上门。

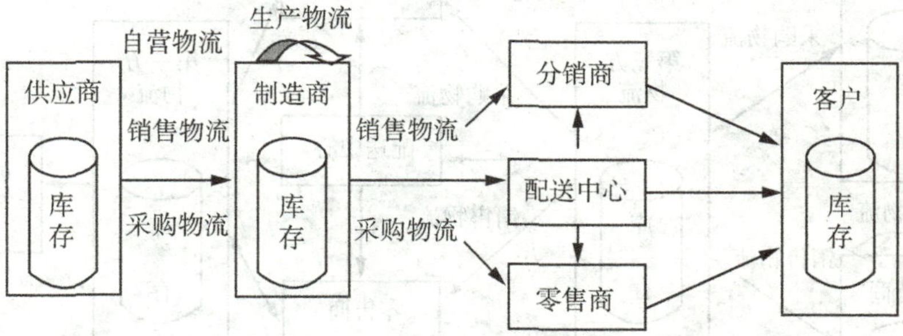

图 15.2　供应链中传统自营物流运作模式

2. 功能性外包物流模式

功能性外包物流模式是基于传统运输、仓储等功能的企业或部门分别承包供需双方一系列的物流工作、任务或者功能的一种外包型物流运作模式（见图 15.3)。

这种模式介于自营物流与现代第三方物流之间，通常以生产商或经销商为中心，物流部门/企业几乎不需专门添置设备和业务训练，只完成承包服务，不介入企业的生产和销售计划，管理过程相对简单。目前我国大多数物流业务就是这种模式，实际上这种方式比传统的运输、仓储业并没有走多远。

3. 第三方物流模式

第三方物流运作模式是指由物流的供方、需方之外的专业化或综合化的物流企业以契

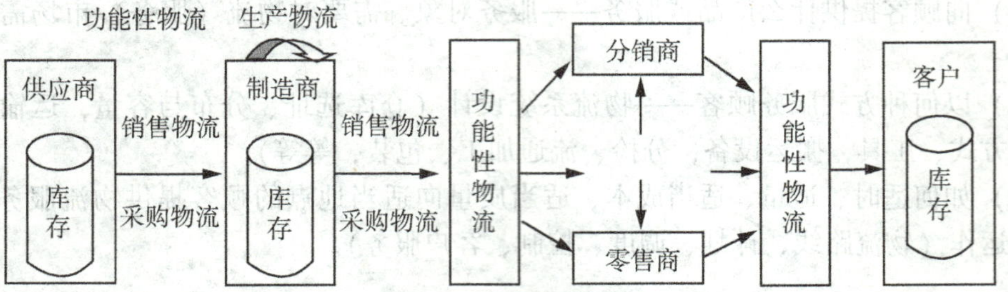

图 15.3 供应链功能性外包物流运作模式

约合同的形式经由第三方物流网络向供需双方提供全部或部分物流服务的业务模式（见图 15.4）。第三方物流企业通常实际拥有物流资源实体（无论是自有或通过租赁），通过帮助供需双方把货物从总供应地运输到需求地来谋取利润。第三方物流的出现源于企业战略核心竞争力发展观点和外包理论的成熟，使企业能更好地配置自身的资源实现产品的生产和销售，因此第三方物流在早期是面向单个企业发展的，虽然第三方物流企业同时服务于多个客户，但是每个客户都是以一个单独的实体来对待。

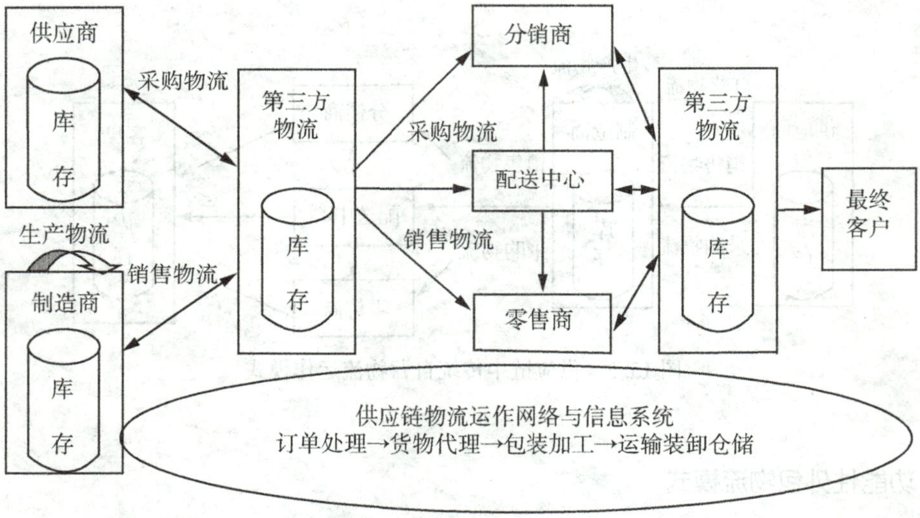

图 15.4 供应链中现代第三方物流运作模式

综合的第三方物流项目必须进行整体网络设计，包括信息中心的系统功能设计以及配送中心的选址流程设计等。例如，在实施供应链最基本功能的层次上，一个第三方物流可以通过确定和安排一批货物的最佳运输方式来增加价值；在最复杂的层次上，第三方物流可以与整个制造企业的供应链完全集成在一起。在这种情况下，第三方物流为制造企业设计、协调和实施供应链策略，通过提供增值信息服务来帮助客户更好地管理其核心能力，并能通过利用第三方物流来降低物流费用。

4. 第四方物流模式

随着时间的推移，第三方物流的概念正在不断变化之中，许多物流企业开始放弃物质意义上的供应链业务，而更加依赖于供应商管理库存（VMI）、延期、仓库监管和供应商关系管理等方面的复杂功能。第三方物流提供商自我认识的不确定性以及客户需求的多样化促使物流服务发生从自营物流到第三方物流再到第四方物流的逐步转变。比如有些第三方物流分化成为能够提供全面供应链物流解决方案的物流服务商，通常被称为第四方物流。第四方物流和第三方物流是截然不同的。第四方物流是有领导力量的侧重于业务流程外包的中立物流服务商，它通过对整个供应链的影响力，解决物流信息共享、社会物流资源充分利用等问题，向客户提供可评价的、持续不断的客户价值（见图 15.5）。John Gattorna（1998）指出："如果说第三方物流已被现代商业模式所接受，那么第四方物流则是应对现代供应链挑战所提出的一个全新的解决方案，它能够使企业最大限度地获得多方面的利益。"

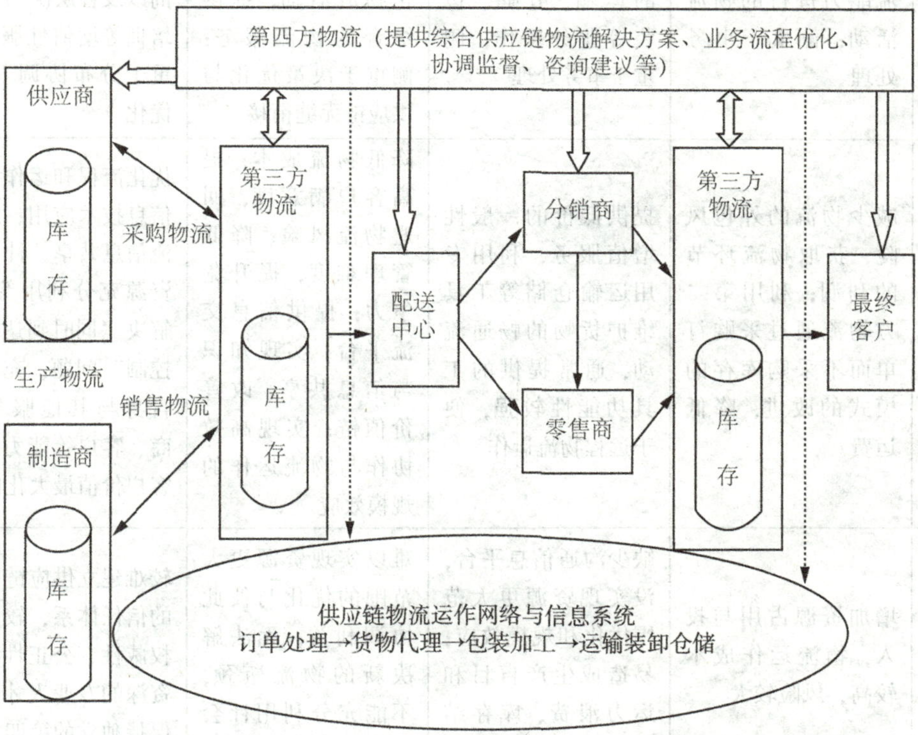

图 15.5 第四方物流运作模式

虽然上述的四个模式分别代表了物流发展的四个阶段，但是仍然在现代供应链物流的实际业务中同时存在。因此通过对这几种模式进行比较分析，我们可以清楚地了解供应链物流控制模式的发展历程，也说明第四方物流控制模式是供应链物流发展的必然趋势。以上的四种物流控制模式各有自己的特点和优势，表 15.3 对这四种物流控制模式的主体、适用范围、重点功能、主要优点及缺点和发展方向进行了比较。

表 15.3　**供应链中物流运作的四种模式的比较分析**

项目＼类别	自营物流模式	功能性外包模式	第三方物流模式	第四方物流模式
主体	供需双方自身	功能性外包第三方	独立的第三方物流	第四方物流服务商
适用范围	物流经营能力强的企业	没有物流能力的中小企业或需跨地区的远程运输、仓储、加工等企业	物流为非核心能力的制造商或分销商等供应链环节	快速客户响应的供应链，需要进行国际物流运作的供应链，整个社会供应链
重点功能	供需双方为销售、采购而利用自身物流能力进行的物流活动；侧重于事务处理	物流服务商仅仅完成企业物流过程中的运输、仓储、包装等业务操作；侧重于事务处理	负责从供货商开始的运输、仓储、库存等个性化、专业化物流活动，提供综合的物流服务；侧重于决策优化与供应链无缝衔接	提供综合供应链解决方案整合、调配、优化供应链资源，物流规划咨询以及各层次物流人才培训等增值性服务；侧重于分布协调、决策/优化
主要优点	减少物流的外包风险，获取物流环节的利润；利用第二方物流通过采购订单而不采购库存的模式的改进，降低运费	提供低价的一般性增值服务，利用专用运输仓储等工具维护货物的畅通流动，通常提供的工具功能性较强，便于远程物流运作	降低物流成本，提高客户满意度，回避物流风险、降低管理难度，提升竞争力；提供信息交流平台，实现知识与信息共享、改善价值链；实现高效协作与物流运作的规模效应	优化流程和运作，重视信息技术应用；解决物流信息共享、社会物流资源充分利用等问题；解决“同时到达、在前控制”问题；充分利用自身与其他服务提供商、客户等能力，提供客户价值最大化的服务
主要缺点	增加资源占用与投入，物流运作成本较高，风险较大	缺少沟通信息平台，没实现资源更大范围优化和规模效应；易造成生产盲目和运力浪费、库存结构不合理	难以实现资源更大范围的优化与彼此协调利益；无法解决新的物流瓶颈，不能充分利用社会资源	较难建立供应链成员间的信任体系，较难保持权威性、公正性，需要资深的专业人才，难以保持独立的第四方立场
发展方向	将物流资产重组，由成本费用中心转为利润中心	向专业化的第三方物流发展，解决某特殊领域内的物流运作活动	通过扩张改造、兼并联合等方式建造综合集中高效的物流服务体系	建立独立公正的权威机构，逐渐与第三方物流融合，提供一体化供应链物流服务

资料来源：供应链中的物流控制模式与机制研究，www.vsharing.com/k/scm/2004-9/482988.html.

第二节 企业物资管理

从静态的角度看，企业物流管理表现为企业物资管理。物资是企业从事生产经营活动的物质基础和条件。企业要进行生产经营活动，除了必要的人员、资金、信息等资源外，还必须拥有一定的物资。在日常生产工作中，通常按物资在生产经营中的作用将其划分为主要原材料、辅助原材料、燃料、动力、配件等，也可按物资的自然属性将其划分为金属材料、化工材料、木材、机电设备等。

企业物资越雄厚，管理得越好，生产水平就越高，竞争力就越强。因此，物资管理是企业管理的重要组成部分。具体而言，企业物资管理是对企业生产经营活动所需各种物资的采购、供应、储备、使用等进行计划、组织和控制的活动。企业物资管理的基本原则是围绕企业生产经营的方向和目标，管好、用好企业的物力资源，充分发挥其效能，提高企业的劳动效率和经济效益。具体体现在三个方面：第一，应用现代科学技术成果和管理方法，对现有物质技术条件加以改造和提高，促进技术进步；第二，加强定额管理，节约物资使用，降低消耗，减少费用，提高企业经济效益；第三，适应企业发展，不断调整，改善和提高物资管理工作，以更好地为企业的生产经营活动服务。

企业物资管理的主要内容有：物资定额管理、物资的供应和采购管理、库存管理等。

一、物资定额管理

定额管理是企业物资管理的一项主要工作，也是编制和执行物资供应计划的主要依据之一。物资定额管理包括物资消耗定额管理和物资储备定额管理。

1. 物资消耗定额管理

企业生产经营的过程，从一定意义上说，也就是各种物资使用和消耗的过程。物资消耗水平是反映企业生产技术和经营管理水平的重要标志。在我国，工业企业的物资耗费一般要占产品成本的70%以上。控制物资消耗能使有限的物资得到合理的利用，直接关系到企业生产经营成果的大小，决定着企业经济效益的高低。

企业产品制造中的物资消耗标准，是以单位产品或单位工作量物资消耗定额的形式表现的。物资消耗定额是指在一定的技术和组织条件下，制造单位产品和完成单位工作量所规定的必须消耗的某种物资数量标准。物资消耗一般由三部分构成：

（1）构成产品（或零件）净重的物资消耗，即经检验合格的产品（或零件）中构成产品实体的物资净重。

（2）工艺性物资损耗，即在加工准备和加工过程中，工艺技术上的原因使原材料形状或性能发生改变而产生的不可避免的损耗，如机械加工过程中产生的切削、下料中产生的切口、锯口和加工余量等。

（3）非工艺物资损耗，指非工艺技术原因造成的损耗。如废品、丢失、变质等造成的损耗，一般是由工作中的缺点造成的。

通常将产品净重与工艺性物资消耗之和称为工艺消耗定额。它是从工艺角度规定的完成单位产品（或工作量）所必需的合理的物资消耗标准。

$$\text{单位产品（或零件）工艺性消耗定额}=\text{单位产品（或零件）净重}+\text{各种工艺性损耗的净重总和}$$

虽然非工艺性物资损耗一般是由于工作中的缺点造成的，但在一定的生产技术条件下，部分非工艺性物资损耗又的确难以避免。为了保证生产需要，确保供应，就需要在工艺性消耗定额的基础之上，加上合理的非工艺性耗损，称之为物资供应定额。非工艺性耗损一般是根据物资供应系数来确定的。它是单位产品的非工艺性损耗与工艺损耗定额的比率。在实际工作中，此系数可按有关统计资料来确定。

$$\text{物资供应定额}=\text{工艺消耗定额}\times（1+\text{物资供应系数}）$$

企业物资消耗定额的管理，归根结底是要设法降低物资的消耗。根据物资消耗的构成和相关影响因素，可以从改进生产技术和加强管理两个方面着手进行物资消耗的控制。

首先，从改进生产技术方面来看有以下几个方面：

（1）改进产品设计。在保证和提高产品质量的前提下，改进产品设计，改革产品结构，设计出重量轻、体积小、功能高的产品，就能从根本上节约物资耗用，因而是控制物资消耗量最积极、最主要的途径。

（2）采用新工艺、新技术。采用新工艺、新技术是降低物资消耗的重要途径。工艺性耗损在生产过程中是不可避免的，但损失量的大小则与生产工艺水平直接相关。因此，通过改进和采取新的生产工艺，相对减少工艺耗损是完全可能的。目前，机械加工业中钢材的平均利用率为50%~60%，每年有大量的钢材变成切屑和废料。实践证明，如果采用无切削加工的冷冲、冷拉、冷轧、冷搓、冷挤、冷压、热冲、热轧、精密铸选、爆炸成型等新工艺，可以大大提高物资利用率。

（3）正确选材，套裁下料。所需物资的品种、规格和材质，必须符合技术标准，并具有良好的工艺性。耗用的材料应积极争取定尺、定幅供应，减少料头、料尾损耗，提高材料利用率。

其次，从加强管理来看，可通过以下途径和方法来控制物资消耗：

（1）建立健全严格的责任制度。物资消耗水平受到企业各个环节工作质量的影响，只有各部门、各生产环节各司其职，才能做好物资消耗的控制工作。因此，必须建立健全严格的责任制度，在厂部统一领导下，实行归口分片，分级管理。

（2）实行限额领料制度，对物资单耗实行日常控制。限额领料制，即按照规定的限额领取（发放）材料。实行这种方法，可以及时反映材料消耗定额和领用限额的执行情况，掌握单位产品耗用量的变化动态，有效控制物资的消耗。

（3）对物资消耗定额执行情况，及时检查、分析。通过对材料的有效利用程度和定额完成情况进行检查和分析，总结经验，查明问题，采取措施，予以解决，使实际物资消耗控制在定额范围之内。

2. 物资储备定额管理

物资储备定额，是指在一定管理条件下，为保证企业生产经营活动正常进行所必需的、经济合理的物资储备量标准。企业要进行正常的生产经营活动，就必须有一定的物资储备。物资储备量过高，会占用大量资金，影响资金周转速度，而且大量、长期的物资储备还会造成物资损耗，增加保管费用。物资储备量过低，又难以保证供应。因此，应本着保证生产、厉行节约的原则，制定科学合理的储备定额，在确保生产正常进行的前提下，尽可能减少企业的物资储备。

物资储备定额包括经常储备定额和保险储备定额，有的企业由于物资的采购、运输或生产具有季节性，还需制定季节储备定额。

（1）经常储备定额的制定。经常储备是企业在两次物资购进的间隔期间，为保证日常生产需要而建立的物资储备。经常储备定额取决于平均每日需要量、供应间隔天数、验收天数和生产前准备天数几个因素。其计算公式如下：

$$\text{经常储备定额} = (\text{平均供应间隔天数}+\text{平均验收天数}+\text{生产前准备天数})\times\text{平均每日需要量}$$

平均供应间隔天数，一般是根据上期统计资料来确定。其计算公式如下：

$$\text{平均供应间隔天数} = \frac{\sum \text{每次入库数量} \times \text{每次进货间隔天数}}{\sum \text{每次入库数量}}$$

平均验收天数是指每批物资到货后至验收完毕平均所需时间。生产前准备天数是指物资投入生产前所需整理、烘干、混匀等所需时间。平均每日需要量可以根据某种物资计划期内需要总量除以计划日历天数求得。

（2）保险储备定额的制定。保险储备是为防止因交货拖延、运输误期、检验后不符合要求等意外造成供应中断而建立的一种后备性物资储备。保险储备定额的制定，先要计算平均误期天数，其计算公式是：

$$\text{平均误期天数} = \frac{\sum(\text{每次误期的进货间隔天数} - \text{平均供应间隔天数}) \times \text{每次误期的进货数量}}{\sum \text{每次误期的进货数量}}$$

把平均误期天数作为保险储备天数来制定储备定额，其计算公式如下：

$$\text{保险储备定额} = \text{保险储备天数} \times \text{平均每日需要量}$$

（3）季节储备定额的制定。季节储备是企业为适应生产的季节性或运输的季节性的特点，在季节期间所建立的物资储备。如农产品原材料的进货要受农业生产季节的影响，冬季河流封冰造成航运中断等。季节储备定额要根据形成季节储备的各种具体情况而制定出季节储备天数，再结合平均每日需要量来确定。其计算公式如下：

$$\text{季节储备定额} = \text{季节储备天数} \times \text{平均每日需要量}$$

上述储备定额的计算一般是按个别物资和类别物资分别进行的。在实际管理工作中，物资储备定额是物资管理的基础，其主要有以下四个方面的作用：

（1）物资储备定额是编制物资供应计划的主要依据之一。物资计划中的储备量指标主要是根据储备定额确定的。只有当物资需求用量和储备量指标确定以后，才能进一步确定物资采购和组织物资流通的其他各项指标。

（2）物资储备定额是管理物资库存量的指标。有了储备定额，才能经常掌握和监督库存动态，督促合理采购，加速物资周转，既保证生产需要，又避免物资积压。

（3）物资储备定额是确定物资仓库面积的依据。仓库的设计、改建及内部布置等，都必须依据物资库存量来确定。

（4）物资储备定额是核定企业流动资金定额的重要依据之一。物资储备资金一般在企业的流动资金中占有很大比重，因此，储备定额的高低，直接影响流动资金周转的快慢和企业经营管理的好坏。

二、物资供应和采购管理

1. 物资供应计划

物资供应计划是企业组织订货和向市场采购物资的依据。正确制订物资供应计划，对于加强物资管理，保证生产需要，加速资金周转，降低流通费用，提高企业的经济效益，具有十分重要的意义。编制物资供应计划的主要内容包括：确定各种物资的需要量，确定计划期初和期末的库存量，进行综合平衡。

（1）物资需要量的确定。物资需要量是在分别核算产品生产、维修、新产品试制、劳动保护等各项需用物资的基础上，分类别、品种、规格加以汇总确定的。确定物资需要量的方法主要有直接计算法和间接计算法两种。

直接计算法又称为定额计算法，是根据计算任务、物资消耗定额等因素来确定物资需要量的方法。其计算公式是：

$$某种物资需要量=计划产量×单位产品工艺消耗定额×（1+供应系数）$$

$$供应系数=\frac{非工艺性损耗量}{物资消耗定额}$$

间接计算法是按一定比例、系数来确定物资需要量的方法。这种方法适用于某些不能准确制定消耗定额的用料。其计算公式是：

$$\text{某种物资需用量}=\frac{\text{上期该种物资}}{\text{实际耗用量}}\times\frac{\text{计划期产值(或产量等)}}{\text{上期产值(或产量等)}}\times(1-\text{计划期物资消耗降低率})$$

（2）计划期的期初库存和期末库存的确定。随着企业计划期的生产任务、技术水平和供应条件的变化以及组织管理工作的改进，计划期的期初库存和期末库存也往往发生变化。因此，即使物资需求量不变，物资的采购量也会发生相应的增减。当期初库存量大于期末库存量时，物资的采购量就可以相应减少；反之则要增加。

$$期初库存量=编制计划时的实际库存量+预计期初前的到货量-预计期初前的耗用量$$

计划期期末库存量，一般可根据经常储备量和保险储备量之和，结合计划期期末物资供应情况及下一年度期初的生产任务来确定。

（3）物资计划的综合平衡。在确定了各种物资的需要量和期初、期末库存后，就可以对物资的需用量和资源量、需用量和进货时间、需用量和运输能力、需用量和储存能力、需用量和资金以及物资的品种规格进行综合平衡，汇总编制物资供应计划，并据以制订物资采购计划。

实际工作中，物资供应计划一般包括三部分，即物资核算表、待购物资表和文字说明：

（1）物资核算表，主要是对计划期所需要的物资进行核算（包括产品直接用料和间接用料），主要内容包括计划期任务量、物资消耗定额、物资消耗的统计资料。不同用途的物资适用于不同的核算表格式，如表 15.4、表 15.5 所示。

表 15.4 年生产用料物资核算表

填报单位： 年 月 日

物资名称	计量单位	上年预计消耗		计划期初预计库存	计划需要量							期末储备量	其他收入来源	计划需要量	备注
		合计	其中1–9日实耗		合计	生产	维修	技改	基建	科研	其他				
甲	乙	（1）	（2）	（3）	（4）	（5）	（6）	（7）	（8）	（9）	（10）	（11）	（12）	（13）	（14）

注：表中各栏关系：（4）=（5）+（6）+（7）+（8）+（9）+（10）

（13）=（4）+（11）-（12）-（3）

表 15.5

产品名称： 填报部门：

物品名称	单位	20××年实际			20××年计划			备注
		产量	定额	消耗	产量	定额	消耗	

（2）待购物资表，是企业在确定了计划期物资需用量、计划期期初库存量、计划期期末储备量的基础上着手编制的。物资核算表是待购物资表的基础，见表 15.6。

表 15.6 待购物资表

序号	物资名称	规格	单位	产品名称	计划期需用量	计划期末储备量	计划期初库存量（3）		物资待购量
							预计库存量	期货量	
					（1）	（2）	（4）	（5）	（6）

注：表中各栏关系：（6）=（1）+（2）-（3） （3）=（4）+（5）

(3) 文字说明，主要是反映数字无法反映的情况，供企业决策层了解情况、审查计划、平衡分配。主要包括：上期计划执行情况，有何经验教训；计划期的生产计划状况和物资需求状况；本期计划编制的特点；技术经济论证说明；对部分数字的解释；对决策层的建议和要求。

2. 物资采购管理

物资采购计划确定后，就要据以组织物资的订货和采购工作。物资采购工作主要包括：确定采购方式，签订订货合同并对合同的执行进行管理。

在市场经济条件下，企业的采购具有很大的灵活性，可以有多种采购方式。企业经常使用的采购形式有以下几种：

(1) 现货与期货。现货买卖，是指签订合同后的一两个营业日内办理实物交割的买卖方式。现货买卖灵活性大、选择性强，能减少流通环节，节约流通时间，降低库存储备，还能适应需要的变化，利于资金的周转。期货买卖，是指在签订合同时规定一个日期作为以后交割货物的日期的买卖方式。期货购买适于需用量大、消耗规律明显的物资，企业可以预先作出安排、制订计划、筹集资金，这样可以加强物资供需的计划性，密切供需关系。

(2) 一家采购与多家采购。一家采购有利于货源稳定，质量规格对路，还可以降低采购费用，但失去了与其他供货单位比较的机会，一旦该供货单位出现问题，受影响就很大。多家采购是将同一物资分多家采购，虽然将增加采购费用，但有利于利用竞争条件对供货单位进行比较。对于企业来说，经常是先采用多家采购，其后选择最合适的一家作为长期供货单位。

(3) 向生产企业购买和向供销企业购买。对市场采购物资中一些大量的、重要的物资，可直接向生产企业购买，建立稳定的供需关系，按时、按质、按量供应。这种方式可以降低费用，价格也比较便宜，可满足某些特殊要求。企业需要的零星用料、紧缺用料，由于供销企业网点分布广掌握资源多，并可就近及时供货，向供销企业采购比较适宜。

(4) 供需双方互相采购。任何工业企业既是消费者，也是供应者，企业的某些产品在企业之间是可以互相进行采购的，这对双方都有很大好处，如供需关系较稳定，采购成本低，节约销售费用，减轻利息负担，购销之间可以获得良好的经济平衡等。但是这种方式也有一些缺点，如限制自由选择，价格可能不很合适，产品质量及服务水平会受一定影响等。总的来说，利大于弊，所以常常被采用。

(5) 通信采购。当今社会，通信手段十分发达，为企业采购提供了便利。对一些容易采购到和经常使用的物资，可通过电话、传真、因特网等手段直接与生产企业建立联系。这种方式手续简便、迅速及时、服务周到，是市场经济条件下采购工作的发展方向。

订货合同的签订是采购活动中重要的一个环节。订货合同是供需双方签订的规定双方权利和义务的经济契约。订货合同的主要内容包括：物资的名称、数量、质量、规格与型号；物资的价格与结算方式；物资的交货日期、交货地点、运输方式与包装；物资的验收方式；违约责任；等等。订货合同关系到供应计划的落实和供需的衔接，因此，内容必须准确，符合国家有关法律规定。

合同签订后，应与物资采购计划的内容逐项检查核对，核对无误后再进行整理。可以按物资的大类、品种、规格、型号依次排列，也可按供货单位分类，再依次按品种、规格、型号、排列。将排列好的合同装订成册，并设立合同登记簿和登记卡。合同的副本应分别由企业的财务、仓库等部门保管，作为办理货款结算、准备接货验收和入库保管的依据。

对合同的执行情况要及时总结，可以通过合同完成率和按时交货率来分析。合同完成率是已完成合同数占总合同数的比率，通过这个指标可以考察合同的全面履行情况。按时交货率是按时交货的数量占总订货数量的比率，通过这项指标的分析，对供货单位信守合同、履行情况作出评价，以便选择供货单位。通过对合同的总结，可以总结合同执行中的经验，处理违约责任，及时发现和解决存在的问题，提高企业订货合同的管理水平。

三、库存管理

为了保证企业生产平稳不间断地运行，必须有一定量的库存。库存从狭义的角度而言，是指为了保证生产不间断地、均衡地进行而在仓库中存储的物资。从广义而言，由于物资转化过程中各个状态间时间差的存在，物资在不同状态间转化时必然存在着闲置状态，这种处于闲置状态的物资就是库存。

在企业中库存是无处不有的，而且是不可避免的。如果要彻底消除库存，实现无库存生产，就必然要求转化过程的各个环节能力平衡，而且要绝对的协调，因为任何环节的停工或出问题都将导致该环节或其他环节所加工的物资闲置下来，进而导致库存的产生。由于影响任一环节工作状态的因素很多，要百分之百地在每个环节避免因为各种因素引起的“不协调”是不可能的，所以库存也是不可避免的。企业中库存的存在可以保证各生产环节的相互独立性，降低整个生产过程的刚性。不至于一个环节中断而导致整个过程中断，对不确定事件起缓冲作用，使生产安排具有更大的灵活性。

仅就库存在生产中的作用而言，库存越多越好。但是就财务角度而言，库存必须有所限制。处于闲置状态的物资本身并不产生财富，同时还要占用流动资金，并增加资金周转时间；占用仓库或生产面积，又增加工作量；长期存放还会变质损耗，造成浪费。因此，必须对库存进行控制，既能保证生产的连续性，又能合理使用流动资金。

企业的库存系统一般有四种形式：

(1) 等级库存系统，指系统只有一个存储点来满足生产经营的需要。这是一种最简单的库存系统，如图 15.6 所示。

(2) 并联库存系统，指系统由多个储存点所组成，同时满足同一种需要，如图 15.7 所示。

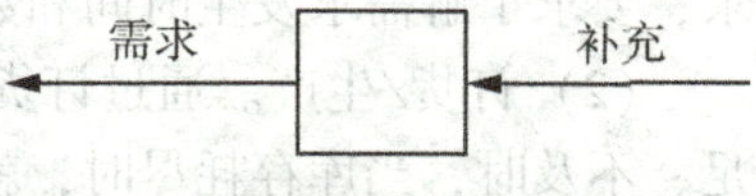

图 15.6　等级库存系统示意图

(3) 串联库存系统，指系统由多级存储点组成，每一级逐一地为下一级服务，直到满足最终的需求，如图 15.8 所示。

(4) 混合库存系统，指系统由并联和串联两种形式组成，最后满足同一需求，这是一种比较复杂的库存系统，如图 15.9 所示。

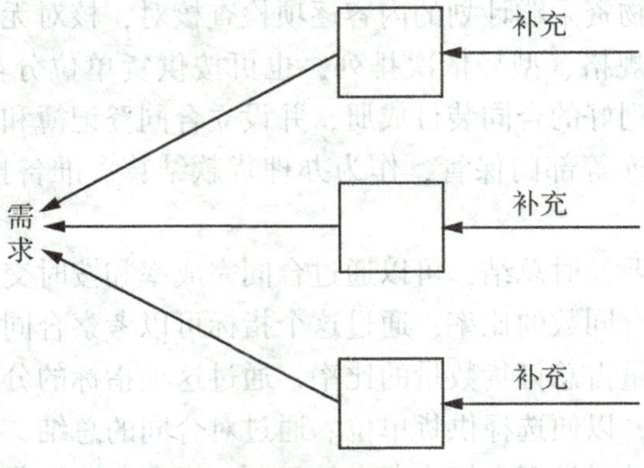

图 15.7 并联库存系统示意图

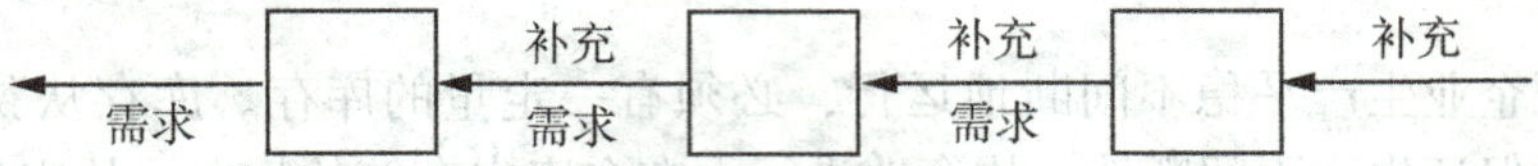

图 15.8 串联库存系统示意图

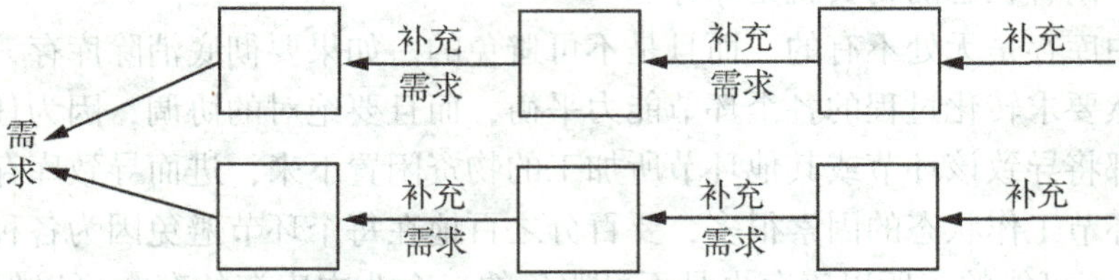

图 15.9 混合库存系统示意图

从库存控制的目的看，库存决策有需求、订货/生产、库存费用和库存策略四个要素。

（1）需求。库存首先是为了满足需求，根据需求的时间特征，可将需求分为连续性需求和间断性需求。在连续性需求中，需求随着时间连续地发生，因而库存也连续地减少；在间断性需求中，需求是间断发生的，因而库存呈阶梯式的减少。根据需求发生时刻和数量的可预见性，可将需求分为确定性需求和随机性需求。在确定性需求中，需求发生的时间和数量是确定的。如生产中物料的相关性需求，或在合同环境中对商品的需求，一般是确定性需求；在随机性需求中，需求发生的时间和数量是不确定的。如在非合同环境中对产品或商品的独立性需求，很难在事先知道需求发生的时间及数量。对于随机性需求，要求了解需求发生时间和数量的统计规律性。

（2）订货/生产。通过订货或生产来补充因需求而减少的库存。没有补充，或补充不足、不及时，当库存耗尽时，就无法满足新的需求。从开始订货到物品入库需要经历一段时间。这段时间可以分为两部分。前一部分为开始订货到开始补充为止的时间。这部分时间如从订货后何时开始补充的角度看，称为拖后时间；如从为了按时补充需要何时订货的角度看，称为提前时间。在同一库存中，拖后时间和提前时间是一致的，只是观察的角度不同而已。在实际库存问题中，如果拖后时间很短，则可以忽略，拖后时间为零，此时可以认为补充能立即开始。如拖后时间较长，则它可能是确定性的，也可能是随机性的。后一部分为开始补充到补充完毕为止的时间。这部分时间如果很短，即所订物品一次集中到货，则可以忽略不计；这部分时间也可能很长，则有确定的和随机的之分。

（3）库存费用。在库存控制中，在满足需要前提下，常以费用作为标准来评价和优选库存策略。库存费用可以分为存储费用、订货费、生产费、缺货费等，其构成和属性大致如下：

①存储费用。这项费用主要用于维持库存活动，包括：仓库使用费、物资保管费用、物资损坏变质损失、投资的机会成本等等，它一般和物资库存数量和时间成正比。显然，为了降低这部分费用，应该采用较少库存量和经常地小批量补充的策略。

②订货费。向外采购物资的费用，包括两部分：一是订购费用，如手续费、差旅费等，它与订货次数有关，而和订货数量无关；二是物资进货成本，如货款、运费等，它与订货数量有关。

③生产费。企业自己制造库存物资的费用，也包括两类：一是装置调整费用，如组织或调整生产线的有关费用，它和组织生产的次数有关，而和每次生产的数量无关；二是与生产的数量有关的费用，如原材料和零配件成本、直接加工费用等。

④缺货费。库存不能满足需求而造成的损失。如失去销售机会的损失、定工待料的损失、延期交货的额外支出、对需方的损失赔偿等。当不允许缺货时，可将缺货费用作无穷大处理。

（4）库存策略。所谓库存策略，是指决定什么情况下对库存进行补充以及补充多少数量的策略。下面是一些比较常见的库存策略：

①t 循环策略：不论实际的库存状态如何，总是每隔一个固定的时间 t，补充一个固定的库存量 Q。

②（t，S）策略：每隔一个固定的时间 t 补充一次，补充数量以补足一个固定的最大库存量 S 为准。因此，每次补充的数量是不固定的，要视实际库存量而定。例如当库存余额为 I 时，则补充数量 $Q=S-I$。

③（s，S）策略：设库存余额为 I，若 $I>s$，则不对库存进行补充，若 $I\leqslant s$，则对库存量进行补充，补充数量为 $Q=S-I$，补充后的存储量达到最大库存量 S。s 称为订货点。在很多情况下，实际库存量需要通过盘点才能得知。若每隔一个固定的时间 t 盘点一次，得知库存量为 I，然后根据 I 是否超过订货点 s，决定是否订货，订多少货，这样的策略称为（t，s，S）策略。（s，S）策略在随机型需求库存控制中有广泛的使用，俗称双堆法。

在下一节，我们将对几种具体的库存控制模型进行讨论。

第三节 库存模式

在企业的实际生产管理中，有一些库存管理方法得到了普遍的运用。本节我们着重介绍几种常见的库存模式。

一、ABC分类法

ABC分类法的指导思想是20/80原则。所谓20/80原则，简单地说是20%的因素带来80%的结果。例如，20%的产品带来80%的利润，20%的客户提供80%的订单等。此处的20%和80%并不是绝对的，它只是作为一种统计规律，指少量的因素带来了大量的结果。ABC分类法正是在20/80原则的指导下，对物资进行分类，以针对占用大量资金的少数物资，加强控制和管理；而对占少量资金的大多数物资，施加较松的控制和管理。一般将物资分为A、B、C三类。A类物资品种较少，而占用资金的比重很大；B类物资品种比A类多，而占用资金比A类少；C类物资品种很多，而占用资金比重很少。在一般情况下，A、B、C三类物资品种和占用资金的比例如表15.7所示。

表15.7 **ABC分类示意表**

物资分类	占全部品种的百分比	占用全部储备资金的百分比
A	10%~15%	75%~80%
B	20%~30%	15%~20%
C	60%~65%	5%~10%
合计	100%	100%

对库存物资进行ABC分析，大致有以下几个步骤：

(1) 计算每一种库存物资在一定时间内的资金占用量。

(2) 按占用资金数额的大小，排列品种序列，并计算出每一种物资品种占总额的比例。

(3) 计算累计品种数、累计品种百分数、累计占用资金数和累计占用资金百分数，绘制ABC分析表，按ABC比例进行分类。

(4) 以累计品种百分数为横坐标，累计占用资金百分数为纵坐标，按ABC分析表所列示的对应关系，在坐标图上取点，并连接各点成曲线，绘制成ABC分析图。

(5) 确定重点控制对象的控制方法。根据ABC分析结果，再权衡管理力量与经济效益，对三类对象进行有区别的控制。A类物资应尽可能严加控制，经常检查，精确地确定订货量和订货点，最大限度地节约和减少资金占用。B类物资一般可适当控制，根据供应条件和订购力量，适当延长订购周期减少订购次数。C类物资尽可能简单控制，一般可集中大量订货，以较高的库存来节约订购费用。

ABC分类法可用于所有类型与形态的库存。但是，此法主要以库存资金数量为基础进行分类，没有反映库存品种对利润的贡献、供货紧迫性等方面的指标。有时，C类库存所造成的缺货条件、缺货损失也可能是致命的。因此，应用ABC分类法时应加以注意。

二、定量控制法

这种方法也称为连续观测库存控制法或订货点法。其工作原理是：连续不断地监测库

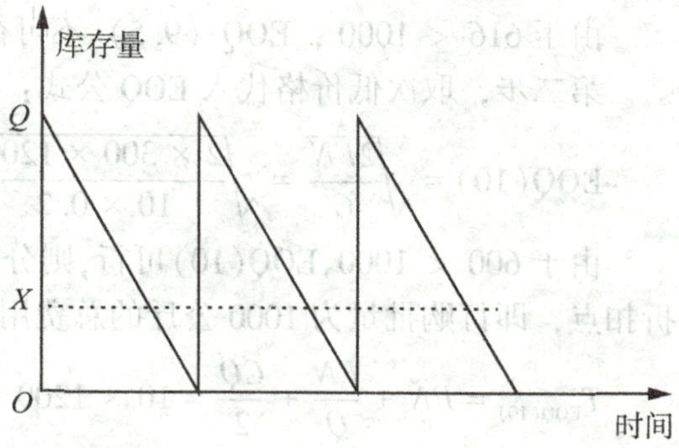

图 15.10 定量存储控制模型

存余量的变化，当库存下降到某个预定数值时，就向供应商发出固定批量的订货请求，经过一段备运时间，订货到达。假设需求稳定，其模型如图 15.10 所示。图中 X 点为补充库存的重新订货点，每次的订货量为 Q。

为了实现这种补充过程，需要事先确定订货点 X 和定货量 Q。由于需求是稳定的，所以有：

订货点 X = 单位时间需求量 × 备运时间

订货批量可以选择经济订货批量（EOQ），方法如下：设单位时间的需求量为 D；集中到货，即补充时间为零；单位库存费用为 C；不许缺货，单位缺货费用为无穷大；订货费用为 F；货物单价为 P；订货量为 Q；计划期总需求量为 N，则有：

订货次数 $=\dfrac{N}{Q}$　　平均库存费用 $=\dfrac{C\times Q}{2}$　　平均库存 $=\dfrac{Q}{2}$

订货费用 $=\dfrac{F\times N}{Q}$　　库存物品价格 $=P\times N$

总费用 = 库存物品价格 + 订货费用 + 平均库存费用 $=PN+\dfrac{FN}{Q}+\dfrac{CQ}{2}$

总费用是订货批量 Q 的函数，对 Q 求导，令函数为 0，得下式：

$$-\frac{FN}{Q^2}+\frac{C}{2}=0$$

解得经济订购批量为：　$Q^*=\sqrt{\dfrac{2FN}{C}}$

在实际的经济生活中，当物资订购数量达到某一定额时，往往可享受价格折扣优惠。此时，EOQ 必须将折扣因素考虑进来，具体的步骤如下：

(1) 取最低价格代入基本 EOQ 公式求出 EOQ。若 EOQ 可行，EOQ 即最优订货批量，否则进行下一步。

(2) 取次低价格代入基本 EOQ 公式求出 EOQ。如果 EOQ 可行，计算订货量为 EOQ 时的总成本和所有大于 EOQ 的数量折扣点所对应的总成本，其中最小的总成本所对应的数量就是最优订货量。

(3) 如果 EOQ 不可行，重复步骤 (2) 直到找到一个可行的 EOQ 为止。

某公司每年需某种物资 (N) 为 1200 千克，平均每次定购费用 (A) 为 300 元，年保管费率 (K) 为 20%，物资单价 (P) 为 10 元，当订购费用达到 1000 千克时，单价可降为 9.5 元。

第一步，当 $P=9.5$ 元时：$C=KP=1.9$（元）

则：$\text{EOQ}(9.5)=\sqrt{\dfrac{2FN}{C}}=\sqrt{\dfrac{2\times 300\times 1200}{1.9}}=616$（千克）

由于 616 < 1000，EOQ（9.5）不可行，还要进行第二步计算。

第二步，取次低价格代入 EOQ 公式：

$$EOQ(10)=\sqrt{\frac{2FN}{C}}=\sqrt{\frac{2\times300\times1200}{10\times0.2}}=600(\text{千克})$$

由于 600 < 1000，EOQ(10)可行，则分别计算 EOQ(10)总费用和大于 EOQ(10)的数量折扣点，即订购批量为 1000 公斤的总费用：

$$T_{EOQ(10)}=PN+\frac{FN}{Q}+\frac{CQ}{2}=10\times1200+\frac{300\times1200}{600}+\frac{10\times0.2\times600}{2}=13200(\text{元})$$

$$T_{1000}=PN+\frac{FN}{Q}+\frac{CQ}{2}=9.5\times1200+\frac{300\times1200}{1000}+\frac{9.5\times0.2\times1000}{2}=12710(\text{元})$$

由于 12710<13200，所以将经济订购批量扩大到 1000 公斤是有利的。

上述模型的条件中，需求是均匀的，而实际生产中，需求往往是不均匀的，此时应该建立保险库存以防止缺货损失。

三、定期控制法

这种方法也称为定期观测库存控制法或订货间隔法。此法无固定的订货点，也无固定的订货量，但有固定的订货周期 T。每次订货根据一定规则将库存补充到目标量 S。目标库存量 S 和订货周期 T 是事先确定的主要参数。其中 S 的确定主要考虑为库存设置一个控制限额。订货量由以下规则确定：

设订货时的实际库存为 I，则：若 $I>S$，则不订货；若 $I<S$，则订货，订货量 $Q=S-I+R$，R 为备运时间内预计的消耗量。

这种控制方式只需在规定订货的时间检查库存，省去了许多库存检查工作，减少了工作量；缺点是如果某时期需要量突然增大，可能发生缺货，所以这种方式主要用于重要性较低的物资。

四、考虑缺货和补充时间的库存模型

上述库存控制模型均不考虑缺货，且物资补充时间极短。现在介绍三种考虑缺货和补充时间因素的库存控制模型。

1. 允许缺货，补充时间较长的库存控制模型

这种模型有如下几条假设前提条件：

(1)需求是连续均匀的，即假定需求速度 D 为常数。

(2)补充库存需要一定时间。不考虑拖后时间，只考虑生产时间。即一旦有需求，订货马上发出，生产立刻开始，库存也开始得到补充，但生产过程需要一定时间。同时设生产是连续均匀的，生产速度 E 为常数，且 $E>D$。

(3)单位物品在单位时间内的库存费为 C_1，单位缺货费(每种物品每延迟交货一个单位时间的赔偿费)为 C_2，一次订购费为 F。不考虑货物价值。

在此条件下的库存状态如图 15.11 所示。

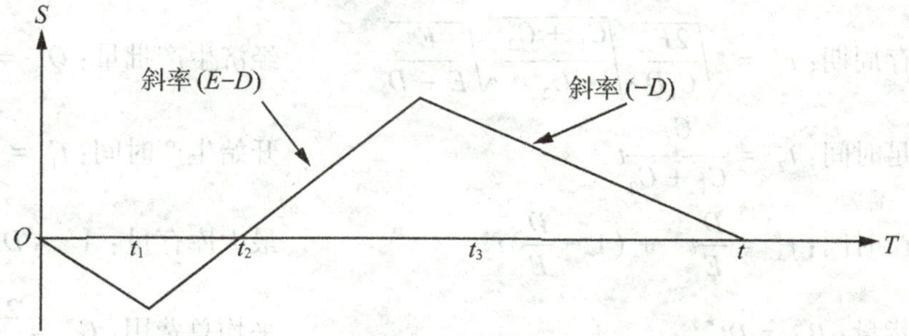

图 15.11　允许缺货，补充时间较长模型

EOQ 公式推导如下：[0, t] 为一个库存周期，t_1 时刻开始生产，t_3 时刻结束生产；[0 , t_2] 时间内库存为零，t_1 时达到最大缺货量 B；[t_1, t_2] 时间内产量一方面以速度 D 满足需求，另一方面以速度($E-D$) 弥补[0 , t_1] 时间内的缺货，至 t_2 时刻补货完毕；[t_2, t_3] 时间内，库存一方面以速度 D 满足需求，另一方面以速度($E-D$) 增加库存，至 t_3 时刻生产停止，达到最大库存量 A；[t_3, t] 时间内，以库存满足需求，库存以速度 D 减少，至 t 时刻库存降为零，进入下一个库存周期。

根据库存状态图，首先可以导出 [0, t] 时间内的平均总费用，然后确定最优库存策略。

从[0 , t_1] 看，最大缺货量 $B = D t_1$；从[t_1, t_2] 看，最大缺货量 $B=(E-D)(t_2-t_1)$，故有 $Dt_1=(E-D)(t_2-t_1)$，解得：

$$t_1=\frac{(E-D)}{E}t_2 \tag{15-1}$$

从 [t_2, t_3] 看，最大库存量 $A=(E-D)(t_3-t_2)$，从[t_3, t] 看，最大库存量 $A=D(t-t_3)$，故有 $(E-D)(t_3-t_2)=D(t-t_3)$，解得：

$$t_3-t_2=\frac{D}{E}(t-t_2) \tag{15-2}$$

在 [0, t] 时间内，库存发生在[t_2, t] 区间，平均库存量为 $0.5(E-D)(t_3-t_2)$；平均缺货量为 $0.5Dt_1$。

库存费为 $\frac{1}{2}C_1(E-D)(t_3-t_2)(t-t_2)$，缺货费为 $\frac{1}{2}C_2Dt_1t_2$，订购费为：F，故 [0, t]时间内平均总费用：

$$C(t,\ t_2)=\frac{1}{t}\left[\frac{1}{2}C_1(E-D)(t_3-t_2)(t-t_2)+\frac{1}{2}C_2Dt_1t_2+F\right] \tag{15-3}$$

将式(15.1)和式(15.2)代入，整理后解得方程组：

$$\begin{cases}\dfrac{\partial C(t,t_2)}{\partial t}=0\\[2ex]\dfrac{\partial C(t,t_2)}{\partial t_2}=0\end{cases}$$

可以求得模型的最优库存策略的各参数值为：

最优库存周期：$t^{*}=\sqrt{\frac{2F}{C_1 D}}\sqrt{\frac{C_1+C_2}{C_2}}\sqrt{\frac{E}{E-D}}$　　经济生产批量：$Q^{*}=Dt^{*}$

缺货补足时间：$t_2^{*}=\frac{C_1}{C_1+C_2}t^{*}$　　开始生产时间：$t_1^{*}=\frac{E-D}{E}t_2^{*}$

结束生产时间：$t_3^{*}=\frac{D}{E}t^{*}+(1-\frac{D}{E})t_2^{*}$　　最大库存量：$A^{*}=D(t^{*}-t_3^{*})$

最大缺货量：$B^{*}=Dt_1^{*}$　　平均总费用：$C^{*}=\frac{2F}{t^{*}}$

在实际应用时，为了方便生产过程的组织，应当在保证需求动态平衡的基础上，对最优库存策略各参数作出适当的调整。一般来说，平均费用关于最优库存策略的微小变化并不敏感，所以，最优库存策略的适当调整并不会显著影响其最优性。

2. 不允许缺货，补充时间较长的库存控制模型

在此条件下的库存状态如图 15.12 所示。模型的最优库存策略只要将允许缺货补充时间较长的模型的允许缺货条件去掉就可以直接导出。

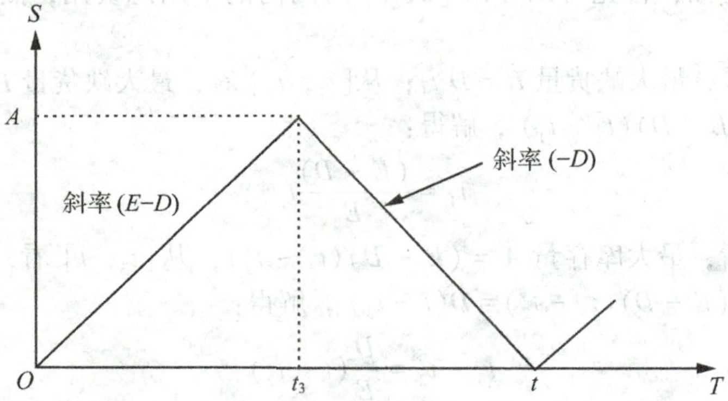

图 15.12　不允许缺货，补充时间较长的库存控制模型

最优库存各参数为：

最优库存周期：$t^{*}=\sqrt{\frac{2FE}{C_1 D(E-D)}}$　　经济生产批量：$Q^{*}=Dt^{*}$

结束生产时间：$t_3^{*}=\frac{D}{E}t^{*}$　　最大库存量：$A^{*}=D(t^{*}-t_3^{*})=\frac{D(E-D)}{E}t^{*}$

平均总费用：$C^{*}=\frac{2F}{t^{*}}$

3. 允许缺货，补充时间极短的库存控制模型

在允许缺货补充时间较长的模型中，取消补充需要一定时间的条件，就成为本模型。

因此，它的库存状态图和最优库存策略也可以从上述模型中直接导出。

最优库存策略各参数为：

最优库存周期：$t^* = \sqrt{\dfrac{2F(C_1 + C_2)}{C_1 C_2 D}}$　　经济生产批量：$Q^* = Dt^*$

生产时间：$t_p^* = t_1 = t_2 = t_3 = \dfrac{C_1}{C_1 + C_2} t^*$　　最大库存量：$A^* = \dfrac{C_2 D}{C_1 + C_2} t^*$

最大缺货量：$B^* = \dfrac{C_1 D}{C_1 + C_2} t^*$　　平均总费用：$C^* = \dfrac{2F}{t^*}$

一个库存问题是否允许缺货或补充是否需要时间，完全取决于对实际问题的处理角度，不存在绝对意义上的不允许缺货或补充不需要时间。如果缺货引起的后果或损失十分严重，则从管理的角度应当提出不允许缺货的建模要求，否则，可视为允许缺货的情况。至于缺货损失的估计，应当力求全面和精确。如果补充需要的时间相对库存周期是微不足道的，则可考虑补充不需要时间的假设条件，否则，需要考虑补充时间。

以上介绍的若干决策模型，是库存控制中最基本、最简单的模型，也是库存控制定量研究的基础，实际中的库存问题没有那样理想化，例如：需求率和补充率往往不是常数；库容、资金、一次订购的数量可能会有种种限制；在制造业的多级库存系统中，各级之间的库存相互影响，各级库存的补充成本、库存费用、满足需求所产生的效应是不同的；库存策略的评价准则可能不只是费用最小化，因而构成一个多目标库存决策问题；实际库存量可能需要盘点后才知道，而盘点工作要花费时间和费用；缺货损失往往难以精确计算，可能要用一个随机变量来表达……

一般来说，越接近实际，库存问题就越复杂，对问题的数学描述和对模型的数学求解都会发生困难。大量研究表明，现代决策技术的许多方法是解决库存问题的有用工具。不过在使用中必须清楚地了解模型的假设条件，不顾这些假设条件随便套用模型，是不可取的。

第四节　库存管理新模式

一、供应商管理库存（VMI）

在传统的供销关系中，供应商、分销商和零售商均要进行计划和管理。供应商执行配送需求计划，分销商和零售商需要执行物料需求计划，同样，购买方制作购买订单，分销商和零售商制作销售订单。这样，他们就存在一系列共有的问题。供应商方面的主要问题是国际生产商的备货期较长，以及来自分销商和大的零售商的订货有较大的不确定性。对分销商来说，主要问题是存货较高，及供应商提供服务的水平不稳定，经常会出现交货延迟等问题。

1. VMI（Vendor-Management Inventory）的概念

关于VMI的定义，国外有学者认为：“VMI是一种在用户和供应商之间的合作性策略，以对双方来说都是最低的成本优化产品的可获性，在一个共同的目标框架下由供应商管理库存，这样的目标框架被经常性监督和修正，以产生一种连续改进的环境。”我国的国标定义是：“供应商等上游企业基于其下游客户的生产经营和库存信息，对下游客户的库存进行管理与控制。”

在VMI模式中，供应商在用户（批发商、零售商）的允许下设立库存，确定库存水平和补给策略，拥有库存控制权，即将用户的库存决策权代理给供应商，由供应商代理分销商或批发商行使库存决策的权力，打破了传统的条块分割的库存管理模式，以系统的、集成的管理思想进行库存管理，使供应商可以与其用户共享需求变化的透明性，减少了需求扭曲带来的较高库存，使供应链系统能够获得同步化的运作。它是一种供应链集成化运作的决策代理模式。

VMI策略的关键措施体现在如下几个原则中：

（1）合作性原则：合作双方需要相互信任与信息共享，都要有较好的合作精神，才能够相互保持长期的合作。

（2）互惠原则：VMI并不是单方面的库存转嫁给上游企业，而是致力于降低总体库存，降低成本，合作双方都能够从长期合作中得到好处。

（3）框架协议原则。VMI的实施，需要设计一个合理的、互惠互利的合作协议框架，明确各自的责任及义务，实施的细节内容、流程等，达成一致的目标。

（4）持续改进与创新原则。合作双方要不断对库存控制系统、流程、信息交流沟通方式等进行改进和创新。

精心设计与开发的VMI系统，不仅可以降低供应链总体库存水平和成本，实现供应链的可视化，而且还有利于改善顾客服务水平，提高顾客满意度和相互之间的信任度。

2. VMI的实施方法

实施VMI策略，要改变订单的处理方式，采用现代信息技术和条码技术，如EDI/Internet、ID代码、条码、条码应用标示符等。建立基于标准的托付订单处理模式。首先供应商和批发商一起确定供应商的订单业务处理过程所需要的信息和库存控制参数；然后建立一种订单的处理标准模式，如EDI标准报文；最后把订货、交货和票据处理各个业务功能集成在供应商一边。

库存状态透明性（对供应商）是实施供应商管理用户库存的关键。供应商能够随时跟踪和检查到销售商的库存状态，从而快速地响应市场的需求变化，对企业的生产（供应）状态做出相应的调整。为此需要建立一种能够使供应商和用户（分销、批发商）的库存信息系统透明联结的方法。

VMI被证明是比较先进的库存管理办法。VMI由上游企业拥有和管理库存，下游企业只需要帮助上游企业制订计划，从而下游企业实现零库存，上游企业库存大幅度减小，但VMI也有以下局限性：

（1）VMI中供应商和零售商协作水平有限；

（2）VMI对于企业间的信任要求较高；

（3）VMI中的框架协议虽然是双方协定，但供应商处于主导地位，决策过程中缺乏足够的协商，难免造成失误；

(4) VMI 的实施减少了库存总费用，但在 VMI 系统中，库存费用、运输费用和意外损失（如物品毁坏）不是由用户承担，而是由供应商承担。由此可见，VMI 实际上是对传统库存控制策略进行“责任倒置”后的一种库存管理方法，这无疑加大了供应商的风险。

二、联合库存管理（JMI）

JMI（Jointed-Management Inventory）是一种在 VMI 的基础上发展起来的上游企业和下游企业权利责任平衡和风险共担的库存管理模式。JMI 体现了战略供应商联盟的新型企业合作关系，强调了供应链企业之间双方的互利合作关系。

JMI 把供应链系统管理集成为上游和下游两个协调管理中心，是提高供应链的同步化程度的一种有效方法，它强调供应链中各个节点共同参与，共同制订库存计划，使供应链过程中的每个库存管理者都从相互之间的协调性考虑，保持供应链各个节点之间的库存管理者对需求的预期保持一致，从而消除了由于供应链环节之间的不确定性和需求信息扭曲现象导致的供应链的库存波动。

同时，在供应链中实施合理的风险、成本与效益平衡机制，建立合理的库存管理风险的预防和分担机制、合理的库存成本与运输成本分担机制和与风险成本相对应的利益分配机制，在进行有效激励的同时，避免供需双方的短视行为及供应链局部最优现象的出现。通过协调管理中心，供需双方共享需求信息，因而起到了提高供应链运作稳定性的作用。

供应链联合库存管理有两种模式：

(1) 集中库存模式。各个供应商将零部件直接存入核心企业的原材料库中，变分散库存为核心企业的集中库存。集中库存要求供应商按照核心企业的订单或订货看板组织生产，当产品完成时，立即以小批量多频次的配送方式直接送到核心企业的仓库中补充库存。在这种模式下，库存管理的重点在于核心企业根据生产的需要，保持合理的库存量，既能满足需要，又要使库存总成本最小。

(2) 准时化库存模式。供应商和核心企业都不设立库存，核心企业实行无库存的生产方式。此时供应商直接向核心企业的生产线上以连续小批量多频次的方式补充货物，并与之实行同步生产、同步供货，从而实现“在需要的时候把所需要品种和数量的原材料送到需要的地点”的操作模式。这种准时化供货模式，由于完全取消了库存，所以效率最高、成本最低。但是对供应商和核心企业的运作标准化、配合程度、协作精神要求也高，操作过程要求也严格，而且二者的空间距离不能太远。

联合库存管理是解决供应链系统中独立库存模式导致的需求放大现象，大大改善供应链的供应水平和运作效率，提高供应链同步化程度的一种有效方法。实行联合库存管理，建立适应新形势的物资供应运行机制，应是供应链库存管理发展趋势。当然，联合库存管理中企业间的系统集成目前还比较困难，急需进一步的改进完善。

三、协同式库存管理模式（CPFR）

CPFR（Collaborative Planning Forecasting &Replenishment）是一种协同式的供应链库存管理技术，建立在 JMI 和 VMI 的最佳分级实践基础上，同时改进了二者缺乏供应链集成等缺点，能同时降低分销商的存货量，增加供应商的销售量。它应用一系列处理过程和技术模型，覆盖整个供应链合作过程，通过共同管理业务过程和共享信息来改善分销商和供应商的伙伴关系，提高预测的准确度，最终达到提高供应链效率、降低库存和提高客户满意度的目的。

CPFR 的最大优势是能及时准确地预测由各项促销措施或异常变化带来的销售高峰和波动，从而使分销商和供应商都做好充分的准备，赢得主动。CPFR 采取了多赢的原则，始终从全局的观点出发，制定统一的管理目标以及实施方案，以库存管理为核心，兼顾供应链上其他方面的管理。因此，CPFR 更有利于实现伙伴间更广泛深入的合作，帮助形成面向客户的合作框架、基于销售报告的生产计划，进而消除供应链过程约束等（见图 15.13）。

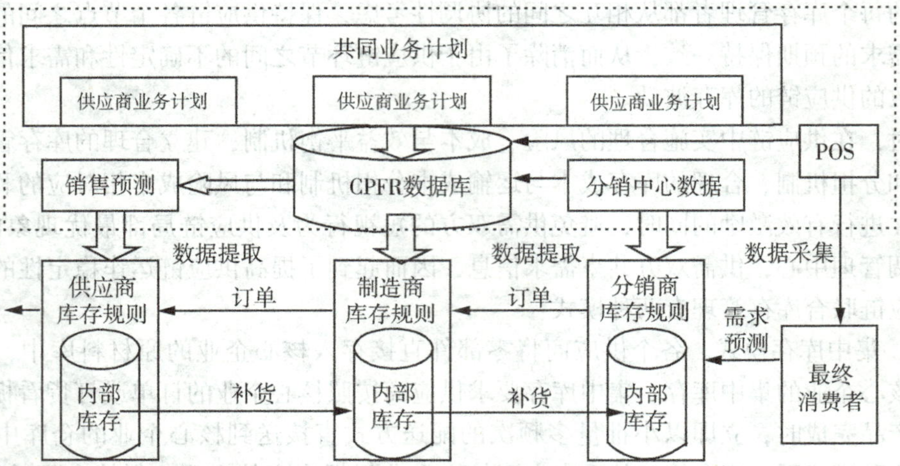

图 15.13　协同式库存管理模式

实施 CPFR 最重要的在于供应链合作伙伴之间的相互信任关系、各组织内部结构和文化的转变、先进的信息系统的保障。供应链成员之间只有形成良好的信任关系，才能使协同计划预测和补货成为可能，最终达到无缝联结，形成供应链中的强大的竞争优势。从本质上来说 CPFR 形成的是拉式供应链，通过对消费者需求的掌握进行共同预测，并使信息在供应链中快速传递来更好更快地满足消费者需求，同时又能够降低总成本。这中间就伴随着企业业务流程的重新构造，以保证组织对外界环境的敏感性。不管是柔性制造的需要，还是与供应链合作伙伴间的协作，都要求进行业务流程的重新构造。组织结构的改变并不能保证组织内部的运行完全顺畅，达到信息和人力资源的优化，最重要的是要逐步形成开放的相互协作的文化，鼓励创新，共同承担责任，将 CPFR 理念广泛传播。没有先进的信息系统就无法使信息在供应链内部顺畅及时地传递，协调预测计划和补货就是空想。良好的信息系统及时搜集销售信息并迅速传递，利用优化的预测模型进行预测生产计划安排，组织好配送，才能最大限度地减少总成本，提高供应链效率。

四、多级库存控制

多级库存优化控制是对供应链资源的全局性优化控制方法，它是在单级库存控制的基础上形成的。多级库存控制的方法有以下两种：

（1）中心化策略。中心化控制策略是将库存中心放在核心企业，由核心企业对供应链系统进行控制，协调上游企业与下游企业的库存活动，这样，核心企业也成了供应链上的数据交换中心，担负着数据的集成与协调功能。在多级库存控制策略中，可采用“级库存”取代“点库存”来解决需求放大现象这个问题。在一个销售系统中，每一阶段或层次称为一级。系统每一阶段或层次的库存等于该级本库存加上所有下游库存。采用级库存控制策略后，每个库存点不但要检查本级库存点的库存数据，而且还要检查其下游需求方的库存数据。级库存控制策略的库存决策，是基于对其下游企业的库存状态掌握的基础上的，因此完全避免了信息扭曲现象。

（2）非中心化策略。非中心化控制策略是各个库存点独立地采取各自的库存策略。它把供应链的库存控制分为三个成本归结中心，即制造商成本中心、分销商成本中心和零售商成本中心。各个中心根据自己的库存成本最优化原则制定库存控制策略，订货点的确定可完全按照单点库存的订货策略进行。非中心化控制策略在管理上比较简单，使企业根据自己的情况独立地做出决策，有利于发挥企业的自主性和灵活性。

在考虑多级库存控制问题时，不仅要决定采用中心化策略还是非中心化策略，还要考虑供应链的层级，即库存更多是在供应链的上游还是下游。主要取决于三个参数：数量、变动和成本。

一般而言，产品的需求越高，就越应该将产品储存在供应链较低的层级，即在靠近顾客的地方维持较高的库存，这样可以多频次地满足顾客需求；反之，需求低的产品则最好储存在供应链的较高层级（如分销中心），这样可以获得集中的好处。

产品需求的变动越大，预测难度越大，就越应该储存在供应链较高的层级，以增强集中的效果，降低安全库存。

产品成本越高，也应该储存在供应链的较高层级。当其他因素相同时，集中能够带来的成本节约对于昂贵产品比便宜产品会更多。

Wallace J. Hopp 提出一个多层级库存选址原理：在一个多产品、多层级供应链里，当目标是以最小的库存投资来实现高水平的客户服务时，低需求量、高需求变动以及高成本的产品应当在中心（高）层级储存，而高需求量、低需求变动以及低成本的产品应当在本地（低）层级储存。①

当然，多级库存控制原理只给我们提供了一个基本的原则，它并不能提供确切的量化指导，因为除了要考虑需求量、需求变动及成本因素外，还有很多因素影响库存决策，如供应商送货时间、不同层级库存之间运输时间、顾客的期望水平等。

① Wallace J. Hopp 著，徐捷等译：《供应链管理：获得竞争优势的科学方法》，机械工业出版社 2009 年版，第 162 页。

五、第三方物流集成管理库存

第三方物流（TPL）是供应链集成的一种手段。TPL也叫做物流服务提供商（LSP），它为客户提供各种服务，如产品运输、订单选择、库存管理等，起到了供应商和客户之间联系的桥梁作用。第三方物流服务由一些大的公共仓储公司通过提供更多的附加服务演变而来，另外一种产生形式由一些制造企业的运输和分销部门演变而来。把库存管理的部分功能委托给第三方物流服务商进行管理，可以使企业更加集中精力于自己的核心业务，提高竞争力。

事实证明，第三方物流是一种实现物流供应链集成的有效方法和策略，它借助于自身的行业地位和专业服务水平，使企业之间的物流活动更加经济和高效化。比如，在某些情况下，多品种小批量生产的供应链必须是小批量采购、小批量运输，这就提高了货物的供应频率，而运输频率的增加就要增加运输费用，如果由第三方物流提供一种集成运输模式，可使供应链的小批量库存补给变得更为经济。同时，第三方物流一流的物流咨询，广泛的市场信息使企业能获得更准确的需求信息，面向协调中心的第三方物流不但使供应与需求双方都取消了各自独立的库存，而且提供的需求信息更为准确，提供的库存管理服务更为经济和可靠，大大增加了供应链的敏捷性和协调性，改善供应链的客户服务水平和运作效率。

【思考与练习】

1. 什么是物流？它与供应链有何区别和联系？
2. 物流有哪些运作模式？
3. 常用的库存管理方法有哪些？其各自有什么缺点？
4. 相关需求和独立需求有什么区别？各自又有哪些特点？
5. ABC方法应用中的约束条件有哪些？
6. 企业实施经济定购批量方法应从哪几个方面做起？实际运用中有无简便操作方式？
7. 供应链环境下，库存管理有哪些新的模式？

【案例】

伊利集团的物流创新①

众所周知，作为全国资源型的龙头企业，伊利集团的产品分为液态奶、冷饮和奶粉三大类，其产品流通绝大部分归属于冷链物流范畴。在国内冷链运输标准缺失、冷链物流受社会环境约束的条件下，伊利物流如何运作？伊利集团一直保持沉默，使其蒙上了一层神秘色彩。

兵分两路

数年前，伊利集团产品运输全部从内蒙古向外输送，运作方式耗时耗力。随着其在各

① 资料来源：http：//www.cflp.org.cn。

地工厂建设完毕，大大节省了运输成本，提高了物流效率，进一步保证了产品的质量和新鲜度。伊利集团新闻发言人介绍，伊利集团拥有国内乳品行业最完整、最丰富的产品线，销售地域宽广，具体运输方式包括海洋运输、铁路集装箱、冰保车、机保车、集装箱五定班列运输、公路运输、铁海联运、公海联运以及行包发运等。他介绍说，伊利的物流配送近年来一直是领先行业，具体运作方式在不同区域视产品特点不同而定。

以伊利液态奶产品为例，其物流有两大特点：货量大，多种运输方式并存。由于奶制品对产品新鲜度、实时性和安全性要求极高，市场对产品的可追溯性要求也非常严格。目前，伊利集团对社会物流资源进行了有效整合调度。

伊利液态奶事业部"兵分两路"进行物流配送。一方面从工厂直接送达客户；另一方面则在全国重点城市布局分仓，通过分仓配送满足中小客户的需求。例如，伊利集团在武汉设立分仓，通过五定班列、车皮、零散集装箱等方式直接将产品运输到分仓，然后各分仓再按照客户所处的位置以铁路中转或公路配送到客户的手中。

该发言人指出，冷链运输是保证产品质量的关键，是消费者拿到产品前的重要环节。因此，伊利在这方面一向不惜成本，对于承运商有着特别严格的管理规定和考核标准。

伊利集团冷饮事业部销售订单中心经理赵峰告诉记者，公司的物流配送全部交由第三方物流公司运作。部门在对第三方物流公司进行统一招标时，往往要审定对方的资质，要求具备一定的运输能力和资金周转能力。同时，冷链物流的特殊性也对物流供应商的人员素质提出高要求。

赵峰表示，对于承运商而言，运量大意味着回报大，伊利集团的销售规模使其具备了整体优势，并因此实现挑选承运商的可能。拿冷饮事业部来说，-18℃的低温条件是最起码的要求，承运商都能达到。另外，对于整个配送过程的恒温要求，伊利集团自有一套体系进行控制。比如，进行相应的数据采集和跟踪管理，不定期对第三方物流公司进行评估等，达不到要求者就出局。

据赵峰估计，由于伊利的冷饮销量每年平均增幅超过30%，行业发展速度较快，因此总体上来说，每年新加入的承运商要比被淘汰的数量多。尽管如此，公司每年还是会有大约15%的承运商由于各种原因出局。

不同事业部对承运商的要求不一。据伊利集团酸奶事业部的王玉国透露，他们部门对配送环节保质保量的要求特别高。如对配送的温度、湿度和卫生条件要求非常严格。同时，对于车辆是否符合管理规定，他们一方面安排运输管理人员在装、卸货和运输环节加强控制，另一方面将这些内容归入对承运商的考核制度。

事实上，由于我国冷藏硬件设备严重不足，因此，即便是伊利集团这样的大企业，也时常听到第三方物流公司抱怨冷藏车辆资源紧张。

"我们的运力能满足自身客户的销量增长就不错了，公司战略政策首先是保住手里的客户，其次是发展其他业务。"服务于多家外企的北京某冷链物流公司总经理告诉记者，"与伊利、蒙牛等国内著名品牌以量取胜不一样，我们目前服务的外资品牌具有更高的附加值。"

"织网"计划

伊利集团的"织网"计划，是一个通过战略布局调整降低物流成本的典型案例。所谓“织网”计划，其核心就是实现生产、销售以及市场的一体化运作，并对每个市场进行精耕细作。

目前，伊利集团已在全国十多个销售大区设立了现代化乳业生产基地。在这样的布局条件下，伊利在四川、山东、安徽、湖北等地的生产基地不仅可以供给本区域内的市场需求，还可以供应周边地区，从而形成一个庞大的网络体系，大大降低了物流成本，同时也大大增强了对食品安全的保障。

近年来，由于伊利集团物流量的逐年增加，原有的运输资源已经对产品流通产生了制约。自2005年开始，伊利集团新增三种物流运作方式，也就是海洋运输、五定班列和分仓建立。

海洋运输特点是远距离、运量大，但效率较低，并且受地域限制。目前，伊利集团在广东、海南、香港、澳门等市场已经全面引入海洋运输形式，目前已占据大约15%的比例，承担了非常重要的一部分运输任务。

随着伊利集团的市场逐步向内陆和西部延伸，拓展铁路运力势在必行。于是，在铁道部中铁集装箱总公司的大力支持下，伊利集团五定班列也正式开通。这种方式增大了铁路运输能力，有力保障并弥补了原有铁路运力的不足。现在，伊利集团已经开通了呼和浩特市至广州、成都、上海、宁波，包头至广州、上海，东北至武汉、长沙，以及巴盟至成都等一系列五定班列，为伊利集团的物流系统提供了极大的保障。其中，五定班列的运量已经占到整个伊利集团运量的55%，成为伊利物流名副其实的中坚力量。

伊利集团分仓的建立则弥补了中小型客户的需求，极大地开拓了旗、县级市场，增加了伊利集团的市场份额及销售收入，对整个销售市场起到了积极的补充和调剂作用，成为不可或缺的一部分。

目前，伊利集团物流成本占整个集团成本体系的比例为6.5%左右，与前些年相比有了明显降低。但是，由于生产成本不断提高等因素，近年来，伊利集团的物流成本也呈现出回升的趋势。“降低物流成本，关键在于创新。”伊利集团相关负责人表示，“在保证食品安全的前提下，通过产业布局调整和提高物流技术来降低物流成本，已经成为我们面临的一项新任务。”伊利集团董事长潘刚极其重视物流管理。他指出：“物流作为衔接生产和销售的中间环节，是未来销售市场原动力，其在企业发展中的积极作用不可小觑。具体的物流运作模式应随机应变，根据不同产品种类制定出合适方案，并且要切实可行的保证食品安全。”

伊利集团对物流工作的重视，体现在人力资源保障和组织架构的完善两个方面。首先，该公司对人才流失控制得非常好。伊利集团除了给予工作人员法定的福利外，还提供额外具有竞争力的福利待遇。同时，伊利还为员工提供双轨晋升制，充分调动员工的潜能，从而成为企业发展最好的助推器。其次，伊利集团一直保持着环境、组织和战略的动态适应，以实现企业持续发展。正如物流形式的不断变迁一样，伊利集团的组织结构也在发生着细微的调整和变化。

关于伊利集团物流管理的下一步规划，该公司新闻发言人表示，作为企业，应该考虑的重要问题是如何用物流服务赢得市场，增加市场占有率和收益。今后，伊利集团将进一步“两手抓”物流工作。“一手”要使物流成为销售实力的具体体现，为市场提供及时、安全、快捷的服务；“另一手”则不断探索新的物流模式，尽快发挥分仓作用，实现客户和产品之间“零”距离。

思考题：

1. 伊利集团采用了哪些物流运作方式？
2. 伊利集团的物流创新表现在哪些方面？
3. 伊利集团的物流创新对其他企业有何启示？

第十六章　全员生产保全与现场改善

设备是一个企业物质系统的重要组成部分，是企业生产经营的重要物质保证与技术支持，也是现场管理和改善的对象。本章介绍以日本企业为代表的全员生产保全与现场改善的活动。

第一节　设备管理概述

所谓设备管理，是指根据企业的生产经营目标，通过一系列技术的、经济的和组织的措施对设备全寿命周期的物质运动形态和价值运动形态进行综合管理的全部活动。设备管理是一种技术性很强的管理活动。设备管理水平的高低，直接影响生产系统的正常运行、生产成本的高低及产品与服务的质量，进而影响企业的经营绩效，因此，加强企业的设备管理对企业有着非常重要的意义。

一、设备管理发展阶段简介

设备管理的发展是随着生产力水平、技术进步、管理水平以及人们认识水平的发展而发展的，它与管理学的发展是同步的。从总体上看，设备管理的发展经历了以下几个阶段：

1. 事后维修阶段

事后维修是早期用于企业设备管理的主要方式。该阶段的主要特点是：设备或机器出了故障才进行修理，坏了才修，不坏不修，以事后修理为主。这种维修方式由于修理时间、修理内容等的局限性经常会影响生产计划的正常进行，造成生产的停顿，影响生产的连续性，打乱生产计划，而且由于现代技术进步速度的加快，这种事后维修的管理方式已很难适应现代社会化大生产的需要。

2. 预防维修阶段

预防性维修的思想是由美国、前苏联在20世纪20—30年代提出的。预防性维修是指由事后维修转变为定期预防性维修，它强调采用适当的方法和措施尽可能早地发现设备的隐患，将预防与修理结合起来，减少设备维修对生产造成的影响，从而保证设备的正常运行。美国称其为预防维修制，前苏联称其为计划维修制，我国也称之为计划维修制。

3. 设备的综合管理阶段

前两个设备管理阶段统称为传统的设备管理阶段，主要以维修为中心，是一种较片面的、封闭式的设备管理阶段，存在着很大的局限性。因此，现代意义上的设备管理——设备综合管理应运而生。它产生于20世纪70年代，这种设备管理方式的特点、基本内容、任务等内容将在下节予以详细讨论。

二、设备的磨损理论与故障规律

设备在使用过程中，有其固有的一般磨损规律和故障规律。认识其规律对于设备的合理使用与维修保养是十分必要的。

1. 设备的磨损理论

设备在使用过程中肯定会发生各种各样的磨损，这是无庸置疑的；设备即使不使用处于闲置状态，也会发生磨损。一般来说，设备的磨损可分为两种，一是有形磨损，二是无形磨损。

(1) 设备的有形磨损。设备的有形磨损也称物质磨损，它是指设备在使用过程或放置过程中发生的、可以通过感官察觉的、看得见的、实体的磨损。具体又可分为：使用磨损和自然磨损。

使用磨损是指设备在使用过程中，因摩擦、应力及化学作用等的影响，使设备实体发生的磨损。这种磨损会使：①设备形状、尺寸发生变化；②设备的性能、公差、精度降低；③零部件损坏、变形；④生产率下降、影响产品质量；⑤引发设备故障；⑥具有安全隐患。

自然磨损则不是由于设备的使用引起的，而是外界自然的作用而导致设备的磨损，如老化、腐蚀等。其常见的表现是：①生锈、腐蚀；②性能、精度下降；③生产率降低。

通常，设备的使用磨损与使用时间和使用强度有关，而自然磨损与闲置时间和保管条件有关。另外，设备的有形磨损有一部分是可以通过修理消除的，另一部分是不能通过修理消除的，但二者之间并没有明确的界限。

无论是哪种有形磨损，均会使设备贬值。所以，在设备使用中，首先要了解设备的两种有形磨损规律。由于这两种有形磨损的作用，设备的磨损程度与时间存在一定的规律，我们称之为设备磨损曲线（如图16.1所示）。

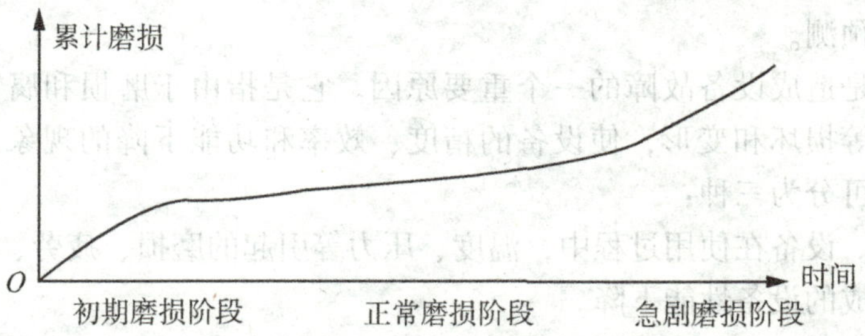

图16.1 设备磨损曲线

在图16.1中，我们可将磨损分为三个阶段：

第一阶段是开始的快速上升阶段，称为初期磨损阶段。在该阶段，设备磨损速度较快，时间跨度较短。因此，要加强设备的维护和保养，缩短磨合期。

第二阶段是一个较平缓、磨损较小、时间持续较长的阶段，可称为正常磨损阶段。在该阶段，只要精心维护，合理使用设备，就可以最大限度地发挥设备的效能。

第三阶段是设备在较长时期的使用后，会出现磨损急剧增长的阶段，这是不以人的意志为转移的规律。我们只能在进入这一阶段以前，加强设备的维修与保养，尽可能延长第二阶段的时间。我们将第二阶段进入第三阶段的转折点称为设备的最佳修理点。

（2）设备的无形磨损。设备在使用或闲置过程中的有形磨损是外在的，看得见的。除此之外，设备还存在无形磨损，它虽然并不表现为设备实体的磨损，但仍然可使设备贬值。设备的无形磨损又分两种情况：

第一种无形磨损，是指由于技术的进步，制造设备的技术工艺不断改进，生产效率不断提高，生产原来同样的产品的成本大大下降，使设备贬值。也就是说，购置同样结构与功能的设备价格大大下降。这种无形磨损并没有使设备的功能下降，但其价值发生贬值。

第二种无形磨损，是指由于技术进步，市场上出现了比原来设备性能更好、精度更高、功能更完善的设备，从而使原有设备在技术上相对落后，缺乏竞争能力。

这两种无形磨损综合起来，就会加速设备的贬值，所以，要给予充分重视，有计划地对设备进行更新。

2. 设备的故障规律

（1）设备的故障与劣化。设备在使用过程中由于磨损，不可避免地会出现各种各样的故障。所谓故障，是指设备在使用过程中由于磨损或操作使用等方面的原因，设备暂时失去规定的功能而不能投入正常使用的现象。设备故障的出现虽然带有一定的随机性，但也有其一定的规律性。研究、认识这种规律，对于减少设备故障、加强设备管理是十分重要的。设备的故障通常分为两种：

一种被称为突发故障或损坏故障，即突然发生的、难以预料的、随机性的故障。这种故障的发生，会对企业生产造成较大损失，也可能极大地损坏生产设备的功能。

另一种被称为劣化故障，它是指设备在使用过程中由于性能逐渐劣化、设备机能慢慢降低而引起的故障。这类故障从总体上看，是带有一定规律性和趋势性的，设备管理人员可以进行适当的预测。

设备的劣化是造成设备故障的一个重要原因。它是指由于磨损和腐蚀造成设备的耗损、冲击、疲劳等损坏和变形，使设备的精度、效率和功能下降的现象。按其产生的原因，设备的劣化可分为三种：

①使用劣化。设备在使用过程中，温度、压力等引起的磨损、疲劳、变形以及原材料等方面的原因造成的设备性能下降。

②自然老化。无论设备是否使用，随着时间的推移，由于受到自然因素的影响，设备的材料产生老化、变形。

③灾害性劣化。意外性灾害或不可抗拒性灾害所造成的设备损伤，使设备性能下降。

（2）设备的故障规律曲线。设备故障的发生，是有一定规律性的。其故障规律可以用“浴盆曲线”来加以描述（见图 16.2）。

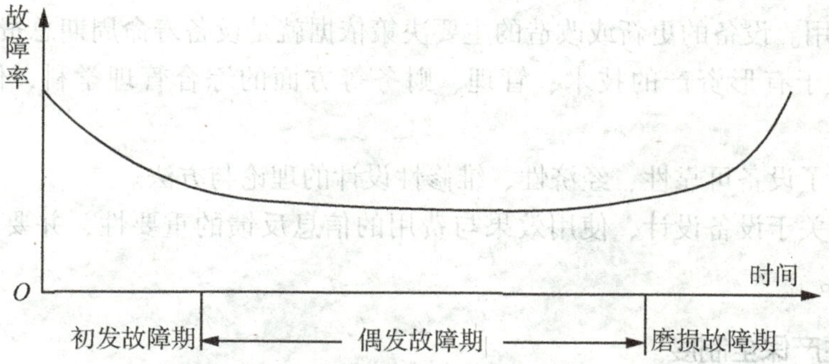

图 16.2 设备的故障规律曲线

从图 16.2 可见，设备故障率与时间的关系可分为三个阶段：

第一阶段为初发故障期阶段。其特点是故障发生率由高到低，逐渐进入偶发故障期。出现这种现象的原因可能是：①设计质量有问题；②制造质量有问题；③材料缺陷；④搬运安装或操作不当。为了降低初期故障率，应慎重搬运与安装设备，精心调试与试运行，细心操作，排除故障隐患。

第二阶段称为故障偶发期阶段。该阶段设备已处于正常运行，故障率较低而且比较稳定，但故障的出现仍是不可避免的。故障率的高低主要取决于设备本身的可靠性以及日常的设备维护和保养，产生故障的主要原因可能是维护不好、操作失误或其他偶然性因素。

第三阶段称为磨损故障期阶段。在这个阶段，设备的故障率会急剧上升。主要原因是设备由于长期使用，设备的某些零部件磨损严重，已达到使用寿命。此时，要做好设备的预防性维修和技术改造，同时也应该考虑设备的更新问题。

第二节　全员生产保全

一、设备综合管理的形成

设备综合管理是现代意义上的设备管理，包含较丰富的管理思想。它是在英国的设备综合工程学、日本的全员生产维修制度等的基础上形成的。我国通常称其为全员设备管理。

1. 设备综合工程学

设备综合工程学（terotechnology）在 20 世纪 70 年代由英国设备综合工程中心的丹尼斯·帕克斯首次提出，其定义是“为了谋求最经济的寿命周期费用而把适用于有形资产的有关工程技术、管理、财务及其他业务工作加以综合的科学”。它有以下几个特点：

(1) 研究范围是设备的寿命周期，也就是从设备产生到消亡的全部时间，包括设备的设计/选择、安装调试、合理使用、维护保养、改造更新等。

（2）目标是设备寿命周期费用最经济。设备寿命周期费用主要包括两个部分：原始费用和维持费用。设备的更新或改造的主要决策依据就是设备寿命周期总费用最低。

（3）是关于有形资产的技术、管理、财务等方面的综合管理学科，侧重管理的理论性。

（4）提出了设备可靠性、经济性、维修性设计的理论与方法。

（5）强调关于设备设计、使用效果与费用的信息反馈的重要性，并要求建立信息交流和反馈系统。

2. 全员生产保全制度

在研究、借鉴英美设备管理理论的基础上，日本结合本国的企业实际与管理经验，提出了富有特色的全员生产保全制度（Total Productive Maintenance，TPM）。其具有以下特点：

（1）侧重于实际操作，注重将理论与实际相结合。

（2）目标是设备效率最高，不仅关注设备的投入成本，更重视设备的效益产出。

（3）全过程性，建立设备全寿命周期的生产维修体系。

（4）全员性，即从基层操作工人、设备管理部门到最高管理部门全体人员都参加，涉及设备规划、使用、维修等部门。

（5）强调以小组团队活动来推进生产维修活动。

TPM 活动的八大支柱如图 16.3 所示。

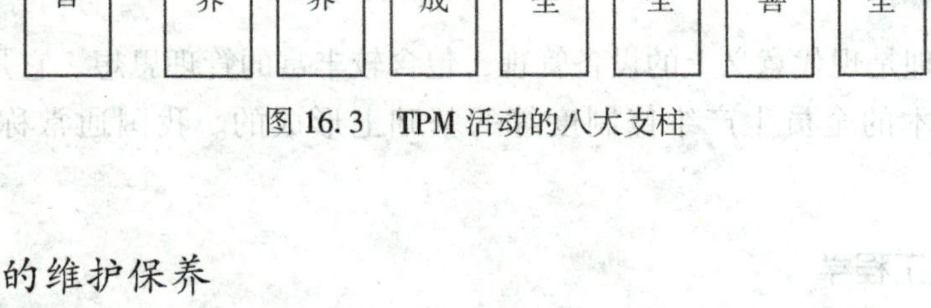

图 16.3　TPM 活动的八大支柱

二、设备的维护保养

设备的维护保养与修理是确保设备发挥正常效能的重要手段。显然，设备的维护保养同设备的修理是有区别的，前者是指为了保证设备的正常的技术状态、延长设备的使用寿命，保持设备的生产能力，按规定的标准程序和制度对设备进行的一系列检查与润滑、消除隐患等日常保护性工作；后者是指对设备由于各种原因引起的设备磨损、故障或损坏所进行的修复和补偿以使其恢复原有性能。设备的维护与保养按其工作量的大小、维护的难易程度及作业范围的大小，可分为以下几种：

（1）日常保养（也称例行保养），主要内容包括：每天对设备进行清扫、清洗、润滑、紧固、调整以及设备总体情况的检查，排除一些小的故障或故障隐患。由于这些工作较为简单且操作频率高，一般由设备的使用者完成设备的日常维护。

（2）一级保养，根据设备的磨损规律和使用情况，普遍地对设备进行拆卸、清洗、润滑、调整等一系列的保养工作。其技术难度较日常保养大，范围较为广泛，因此，一般由专业设备维修人员指导操作人员来完成设备的一级保养。

（3）二级保养，该级保养一般要对设备进行局部解体检查、清洗、润滑，并修复或更换设备中的易损零部件。由于有一定技术难度，一般由设备维修专业人员在操作人员的配合下完成。

（4）三级保养，指对设备主体进行彻底的检查和调整，并对零部件和各系统的使用磨损状况进行测量和鉴定。同样，其技术难度决定必须由设备维修专业人员在操作人员的配合下完成。

实际上，三级保养可以看做设备修理的过渡，为设备的小修、中修甚至大修提供一些必备的数据资料。有的企业设立四级保养制度，而有的企业只设立两级保养制度，采取哪种保养制度具体取决于企业设备的功能、使用状况以及操作人员的素质和维修检修专业人员队伍等因素。

三、设备的修理

1. 设备的检查

设备检查指利用各种检查工具对设备的运行情况、技术状态等进行检查，目的就是发现设备的故障及故障隐患。通常，设备的检查各种各样，有不同的目的、范围、深度、时间、地点、人员等。具体来讲，设备的检查分为以下几种：

（1）按检查的时间间隔来分，可分为日常检查和定期检查。日常检查是指操作人员每天的检查和交接班检查，一般同设备的日常维护相结合。这种检查并不影响设备的正常运转。定期检查一般由专业人员根据设备运行情况按年、月或日对设备的技术状况、零部件的磨损情况进行的检查，为设备的维修做好准备。

（2）按检查的内容来分，可分为精度检查和机能检查。精度检查是对设备的实际产品加工精度进行检测，通常可通过对产品的质量进行检测，以确定设备的劣化程度；机能检查是对设备的每项机能进行检查和评定，以确定设备的性能是否能达到加工产品所规定的要求。

（3）按检查的范围来分，可分为机台检查、区域检查和巡回检查。

2. 设备的修理

设备的修理按照不同的分类标准可分为许多种，见表 16.1。

表 16.1　　设备修理分类表

分类标准＼修理分类	修理类型	备注
修理深度与工作量	a. 小修 b. 中修 c. 大修	a. 局部修理，部分零部件拆卸、清洗、更换 b. 较全面彻底的修理 c. 全面、彻底的解体修理
修理功能	a. 恢复性修理 b. 改善性修理	a. 使设备功能恢复 b. 改善设备相对落后的功能
修理方式	a. 事后维修 b. 预防性维修 c. 预测性维修	a. 故障发生后的修理 b. 故障发生前有计划的定期修理 c. 根据设备的技术状态信息及故障发生概率决定设备的修理
修理制度	a. 计划预修制 b. 计划保修制 c. 全员生产维修制 d. 预知维修制	a. 有计划地对设备进行修理 b. 有计划地对设备进行保养和修理 c. 强调全员的参与 d. 建立在预测性维修上的修理制度
修理方法	a. 检查修理法 b. 标准修理法 c. 定期修理法	a. 根据设备检查结果确定修理 b. 按预先确定的标准程序、内容修理 c. 按一定的时间间隔修理
维修组织方式	a. 部件修理法 b. 分部修理法 c. 同步修理法	a. 先更换部件，再对部件进行修理 b. 对设备各部分分别进行修理 c. 对工艺、结构相同或相似的设备安排在同一时间修理，实现修理的同步化

3. 设备修理的计划管理

不管采用何种设备维修制度，均要制订出合理可行的设备修理计划。这是设备管理的重要内容之一，也是企业生产计划的重要组成部分。通过设备维修计划管理，可以提高修理效率，确保修理质量，协调设备状态与生产的关系，减少人力、物力、财力的浪费和停机时间。

（1）设备修理计划。一般而言，按设备修理的时间间隔来分，设备修理计划包括年度计划、季度计划、月度计划。

设备修理的年度计划是从总体上对每一年度设备修理的数量、类别、时间等做出大致安排，为季度和月度修理计划的制订与实施提供主要依据。

季度修理计划则是年度计划的进一步具体化，它根据设备的技术状态和工作条件变化以及生产的需要，调整年度修理计划的内容和进度，具体的规定季度设备修理的内容。

月度修理计划是指要具体执行的设备修理计划，是设备修理的作业计划，要求计划内容详细而具体、具有可操作性。

（2）设备修理工作定额，是指在科学的分析、试验和统计的基础上对设备修理的间隔时间、种类、劳动量与停歇时间、复杂系数等规定的数量标准。它是制订设备修理计划的主要依据。主要内容包括：

①修理周期，通常是指设备在相邻两次大修之间的时间间隔。若是采用预测性修理制度，则修理周期是不确定的。

②修理间隔期，泛指设备在相邻两次修理之间的间隔时间，无论是大修、中修还是小修。

③修理周期结构，是指在一个设备的大修周期内，大修、中修、小修的次数与排列顺序的安排情况。也即是说，在一个大修周期内，会有若干次小修和中修。不同性质的设备，其修理周期结构是不相同的，在设备修理计划中，就要针对不同性质的设备，确定不同的修理周期结构。反之，设备的修理周期结构情况，也给设备修理计划的制订提供依据和参考。

④修理复杂系数，是表示设备修理复杂程度的一种计量单位。一般来说，修理复杂系数越高，表示设备结构越复杂，设备对精度的要求越高，修理工作量越大。修理复杂系数是确定设备修理工作量的重要依据。由于设备的多样性和复杂性，要测定科学合理的修理复杂系数是很难的，难免会带有一定的主观性。为了克服这一缺陷，一些较为成熟的行业往往提供一个一般的公认的参考标准，例如机械行业。

⑤修理劳动量定额，是指一个企业在一定的技术条件和组织条件下为完成某项设备修理任务所确定的劳动时间消耗标准。它与设备的修理复杂系数密切相关，通常以一个单位的修理复杂系数所需的劳动时间为单位，然后根据某项设备修理的修理复杂系数大小及每单位复杂系数所代表的劳动时间来计算劳动时间总量定额。

⑥修理停歇时间，是指设备在修理期间停止运行的时间总和。

（3）设备修理的执行与信息管理。设备修理的执行是一项技术性很强的工作，是专业技术人员能否落实设备修理计划、达到修理计划规定要求、目的的关键环节。所以在修理计划执行期间，要加强监督检查和指导，做好相应的后勤保障工作。同时，一项重要的设备管理工作是对设备的运行情况、技术状况、修理情况等做好全面的统计，健全和完善设备的信息管理。

（4）预防性维修与事后维修的成本考虑。预防性维修与事后维修各有其自身的优缺点，具有不同的维修成本。从传统的观点来看，预防性维修可以提高设备的可靠度，降低事后维修的成本与损失，但预防性维修成本会随着维修承诺的提高而提高；相反，事后维修成本会因此而下降，见图 16.4（a）。在图中，存在一个成本最小的维修承诺水平与维修方式决策，但这里的事后维修成本并没有考虑设备发生故障后的全部维修成本，如补偿零部件的库存成本、员工设备维护意识的下降与顾客及未来销售的潜在损失。若考虑这些，成本曲线将发生变化，见图 16.4（b）。

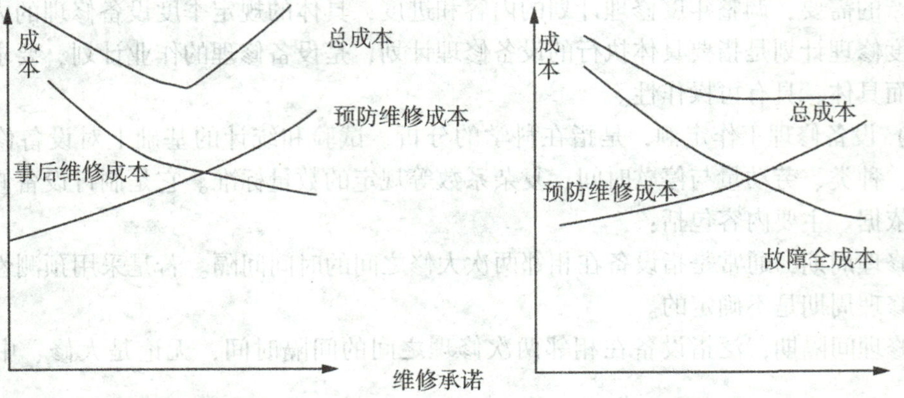

（a）传统的观点　　　　　（b）现代的观点

图 16.4

基于以上考虑，我们可以通过有关维修历史数据、故障概率和修理时间的记录，对两种维修策略的成本进行比较，从中选择成本较低的维修策略。下面举例加以说明。

某设备时常发生故障，在过去 20 个月里发生故障的情况如表 16.2 所示：

表 16.2　　　　　　　　　　设备故障统计表

故障数	故障发生的月数	故障发生的概率
0	2	0.10
1	8	0.40
2	6	0.30
3	4	0.20
总计	20	1.0

表 16.2 中故障发生的月数是指故障数为 0 的有 2 个月，故障数为 1 的有 8 个月，依此类推。另外，每次故障估计会平均损失 400 元。如果采用预防维修合同，故障会下降为平均每月 1 次，而该合同服务的成本为每月 250 元。该如何决策？

第一，计算出不同故障数发生的概率，见表右栏。

第二，计算期望故障数：

$$期望故障数 = \sum 故障数 \times 故障发生概率$$

$$= 0 \times 0.1 + 1 \times 0.4 + 2 \times 0.3 + 3 \times 0.2 = 1.6（次/月）$$

第三，计算期望故障成本 = 1.6×400 = 640（元/月）。

第四，计算预防性维修成本 = 250+1×400 = 650（元/月）。

比较而言，应选择成本较低的事后维修。

第三节 现场改善的方法

"改善"（Kaizen）一词，在日文里，指持续不断地改进。自从1986年今井正明出版《改善：日本企业成功的奥秘》一书后，该词已被公认为一种重要的管理观念。1993年出版的《新牛津词典》（*New Short Oxford Dictionary*）收录了"Kaizen"（改善）一词，并将其定义为"一种企业经营理念，用以持续不断地改进工作方法和人员效率"。应用于现场改善的方法很多，如5S运动、QC小组活动、零缺陷活动（ZD）、日清日高管理（OEC）等，本节对其中的关键方法予以介绍。

一、5S运动

"5S"管理起源于日本，其内容包括Seiri（整理）、Seiton（整顿）、Seiso（清扫）、Seiketsu（清洁）、Shituke（素养）。所谓整理，就是将车间里不需要的与需要的物品区别出来，并将前者处理掉；整顿是指将整理后需要的物品安排成有秩序的状态；清扫就是保持机器及工作环境的干净；清洁是指彻底的整理、整顿、清扫，达到清洁状态；素养即养成循规蹈矩的好习惯，遵守各项规章制度。

1995年，日本企业针对地、物，提出了整理、整顿2个S。后来因管理的需求及水准的提升，才陆续增加了其余的3个S，从而形成目前广泛推行的5S架构，也使其重点由环境品质扩至人的行动品质，在安全、卫生、效率、品质及成本方面得到较大的改善。现在有人提出6S、7S甚至8S，但其真谛是一致的，只是不同的企业有不同的强调重点：

6S活动：5S+Safety（安全）或者5S+Shiukanka（习惯化）。

安全就是要维护人身与财产不受侵害，以创造一个零故障、无意外事故发生的工作场所。实施的要点是：不要因小失大，应建立健全各项安全管理制度；对操作人员的操作技能进行训练；勿以善小而不为，勿以恶小而为之，全员参与，排除隐患，重视预防。

7S活动：5S+Safety（安全）+Service（服务）或者5S+Shiukanka（习惯化）+Shikoku（不懈）。

8S活动：5S+Speed（效率）+Simply（简化程序）+Software（软件设计及运用）

根据今井正明的介绍，5S的推行过程中要把握每个环节的具体操作细节，才能保证方案的可操作性和实施效果。

1. 整理推行要领

对所在的工作场所（范围）全面检查，包括看得到和看不到的地方。

制定"需要"和"不需要"的判别基准。

清除不需要的物品。

调查需要物品的使用频度，决定日常用量，见表16.3。

制定废弃物处理方法。

每日自我检查。

表 16.3　　整理次数表

使用次数	判别基准
一年没用过一次的物品	废弃或放入暂存仓库
也许要使用的物品	放在使用地附近
三个月要用一次的物品	放在使用地附近
一星期用一次的物品	放在使用地
三天用一次的物品	放在不要移动就可以取到的地方

2. 整顿推行要领

要落实前一步骤的整理工作。整理工作没落实则不仅浪费空间，而且零件或产品会因变旧不能使用而造成浪费，对不要的东西进行管理同样会造成浪费。

布置流程，确定置放场所。参照整理中“依使用频率判断之基准”，决定置放场所；物品的放置场所原则上要 100%设定；置放场所可以用电脑模拟或沙盘推移图来演练，以便配置；其依循的原则是：综合原则、最短距离原则、流程化原则、立体原则、安全与满足感原则以及弹性化原则等。

规定放置方法。可以按类别形态决定物品的放置方法，如产品按类别放置，机器按类别放置；采用立体放置，提高收容率；尽可能按先进先出的方法放置；危险场所用栅栏隔离；放置方法的原则为平行、直角；不超过规定的范围；在放置方法上下工夫；清扫用具以挂式方法放置；必要时设定物品负责人及点检表。

画线定位。色带宽度的参考标准为：主通道——10cm，次通道——5~7cm。通道宽度的参考标准为：纯粹人行通道——80cm 以上，单向车通道——W 车+60cm 以上（W 为车身最大宽度），双向车通道——W 车 1+W 车 2+90cm 以上。画线定位方式有油漆、定位胶带、瓷砖以及栅栏。还可用颜色表示区分：黄色——一般通道、区域线，白色——工作区域，绿色——料区、成品区，红色——不良品区警告、安全管制等。

标示场所物品（目视管理的重点）。放置场所与物品原则上一对一标示；标示要区分现场标志和放置场所标志；要注意容易变更的标志和活用颜色标志。标示方法有：标签、显示板、现场标在警戒线带上等。

3. 清扫推行要领

建立清扫责任区（室内外）。利用公司的平面图来标示各责任区及负责人；各责任区还要细化成各自的定位图；必要时公共区域可采用轮值的方法。

执行例行扫除、清理脏污。第一，规定例行清扫的内容，每日、每周的清扫时间和内容；第二，清扫过程中发现不良之处还要加以改善；第三，清扫时要细心，持有不容许污秽存在的观念；此外清洁用品本身要保持清洁与归位。

调查污染源，予以杜绝。

建立清扫基准，作为规范。

4. 清洁推行要领

落实前3S工作。制定目视管理、颜色管理的基准。制定稽查方法。制定奖惩制度，加强执行。维持5S意识。高层主管经常带头巡查，带动重视。

5. 素养推行要领

持续推动前4S至习惯化。制定共同遵守的有关原则、规定。制定礼仪守则。教育训练（对新进人员应着重加强）。推动各种精神提升活动（早会、礼貌运动等）。

二、QC小组活动

QC小组活动就是紧紧围绕质量方针和目标，坚持科学理论和专业技术相结合的原则，密切联系生产实际，针对工程勘测设计过程中遇到的技术质量难题运用PDCA循环科学的思维程序和工作方法现场办公、现场研究、积极开展QC小组攻关活动，以保证品质第一。QC小组活动包括组建、活动、成果、评审等几个方面。

1. QC小组组建

组建的原则是“自愿参加、上下结合、实事求是与灵活多样”。组长要求是推行全面质量管理的热心人，业务知识较丰富，具有一定的组织能力，其职责是在QC小组组建时，负责向有关部门办理QC小组的注册登记手续；QC小组组建后，负责组织QC小组成员制订QC小组活动计划，组织人员分工，带领组员按计划开展活动，负责保管QC小组活动的原始记录，参加上级主管部门召开的有关QC小组活动的会议，并向组员传达。

2. QC小组活动

它是在QC小组成立以后，结合工程勘测设计生产过程中遇到的技术质量难题或管理中的薄弱环节选定课题，严格按照PDCA循环的科学程序开展活动。其程序为：选择课题—现状调查—设定目标—分析原因—确定主要原因—制定对策—按对策实施—检查效果—巩固措施—总结和下一步打算。

3. QC小组成果

QC小组经过活动取得成果以后，就要进行成果总结。QC小组成果分为有形成果和无形成果。QC小组活动的全过程都要整理成成果报告。整理成果报告的一般步骤为：（1）由QC小组组长召集QC小组全体成员开会，认真回顾本课题活动全过程，总结分析活动的经验和教训。（2）按照QC小组成员分工，搜集和整理QC小组活动的原始记录和资料，包括：QC小组开展集体活动的会议记录，本课题现状调查的有关数据和调查记录，对策实施过程中进行试验、检测、分析的数据和记录以及课题目标与国内同行的对比资料，与企业历史最好水平的对比资料，活动前后的对比资料等。

4. QC 小组评审

QC 小组活动取得成果之后，为了肯定取得的成绩，总结成功的经验，指出不足，以不断提高 QC 小组活动水平，同时为表彰先进、落实奖励，使 QC 小组活动扎扎实实地开展下去，就需要对 QC 小组活动成果进行客观的评价与审核。其评审原则为：(1) 从大处着眼，找主要问题；(2) 要客观并有依据；(3) 避免在专业技术上钻牛角尖；(4) 不要单纯以经济效益为依据评选优秀 QC 小组。

实践证明，QC 小组活动是一个工作质量不断改进和提高的过程，经过 QC 小组成员勤勤恳恳、任劳任怨的工作，攻克了一个个技术难关，为确保产品质量做了大量具体的实质性工作。事实证明，广泛深入扎实地开展 QC 小组活动对提高工程勘测设计质量、节能降耗、增加效益起了十分重要的作用。市场经济条件下，如果离开 QC 小组活动的支持，企业质量管理将会变成空中楼阁。

三、零缺陷活动

零缺陷活动也称为 ZD 活动，是以消除工作缺陷为目的的活动，最初开始于美国佛罗里达州的马丁·马里塔公司的奥兰多事业部。该公司为了提高其制造导弹的可靠性和降低成本，从 1962 年 7 月开始推行 ZD 活动。1965 年 ZD 活动传入日本，日本电气公司等许多企业开展了这项活动。今天“零缺陷”已成为风靡世界的全新管理思想和管理理念。世界著名的通用汽车、克莱斯勒、可口可乐、摩托罗拉等公司接受了“零缺陷”的管理思想，国内的海尔、荣事达等公司也在推行“零缺陷”管理思想中创造了诸多的成功事例。

1. ZD 活动的基本观点

(1) 否定“错误难免论”，追求缺陷为零的目标。面对竞争日益激烈的外部环境，推行“零缺陷”管理思想是公司的一项重要工作。“零缺陷”是一种新的科学思维方式，要求人们第一次就把事情做对。实际上，“零缺陷”表达的是一种决不向任何不符合妥协的决心。它要求人们努力工作，把工作当作自己的事情来做，达到“零缺陷”的境界，不要搞双重标准，即坚持精细的工作作风，仔细衡量工作的过程。要将“零缺陷”思想与精细的工作作风有机地融合起来，走出“差不多就行”、“马马虎虎”的误区。

(2) 每个人不仅是生产者，也是质量检查者，又是管理参与者。

(3) 激励每个职工“第一次就要做好”的积极性。如果第一次不能将事情做对，就要付出代价，就等于将金钱白白扔掉。要建立预防性的管理模式，按照公司制定的标准，规范管理行为，使公司的质量体系有效运行。这意味着公司经济效益将大幅度提高。克劳士比有这样的名言：“通过预防缺陷可以使你致富。”

2. ZD 活动的效果

它促使每个员工都在自己工作的职责范围内努力做到零缺陷，实现零部件加工装配无缺陷、图纸表格无差错、信息传递无差错、工作无失误…… 从而提高产品质量，降低成本，满足顾客需求。它本身具有如下特性：

（1）“零缺陷”管理具有更广泛的理论和思想基础。“零缺陷”是美国质量管理大师克劳士比创造的一套系统的质量管理技术，其质量管理哲学的精义是建立一种预防性的企业文化，以达到“第一次就把事情做对”的目的。

（2）“零缺陷”使各部门之间的接口更加顺畅。“零缺陷”是全息化的管理，它强调各部门之间互为客户，即要满足客户的全部需求。公司各部门根据内部工作运作特点，签订上下游的服务合同。这样一来，各部门都明确了服务目的和努力方向，减少了不必要的阻力。

（3）活动的目标更加明确具体。“零缺陷”活动的目标就是通过消除无用和麻烦，达到“产品零缺陷、客户零投诉”这一目标，其出发点是完全满足客户的全部要求。

（4）奖罚机制更加有效。“零缺陷”对管理机制进行了必要的调节，统一了奖惩政策，把惩罚分为罚款和赔偿两部分，对工作中给别人制造的麻烦进行货币衡量，增强了员工的危机感和责任感。

四、OEC 管理法

OEC（Overall Everyday Control and Clear）的含义是全方位对每一人、每天所做的每件事进行控制和清理，做到“日事日毕，日清日高”。具体来说，就是企业每天对每件事、每个人都均有控制，对控制的内容提出目标和计划，并将每天实施的结果与计划相对比，在控制过程达到目标的同时，不断地通过实践来检验和调整目标。

企业将自己的总方针分解为各部门的子目标，层层细化到各处室、班组直至每个员工，明确每个人的工作范围、工作内容、工作标准、计划进度，使企业的每个员工都清楚自己每天该做什么、做多少、如何做以及工作欲达到的目的，企业对每件事也必须明确规定主管人、责任人、配合者、审核者、检验人员、工作程序、计划进度，做到每件事都具体落实到人。通过对人、事、物的细化管理，保证企业各项工作的目的性和有效性，使企业管理工作及时、全面、有效。

第四节　现场改善的支持性工具

现场改善除了要注意方式方法外，还依赖于一些支持性工具与方法的配合，如3UMEMO、全面生产保养（TPM）、惊吓报告、工业工程（IE）、准时制（JIT）、目标管理、经济责任制、看板管理等，本节对其中的关键支持性工具予以介绍。

一、3UMEMO

何谓3UMEMO？为了弥补人类健忘的毛病，发现存在于工作现场的3U（不合理（unreasonableness）、不均匀（unevenness）、浪费和无效（uselessness）），使其显在化、可视化，就是3UMEMO。其目的是仔细观察自己的工作现场，养成洞察力，形成改善日记。其方法是发现问题（不合理、不均匀、浪费）时就作记录，即使没有改善方案提出也要养成记录的习惯，有了答案时将结果填入表内。

应用效果是可将其结果作为改善提案提出，用于组织制度等的改善活动，也可用于小集团活动，见图16.5。

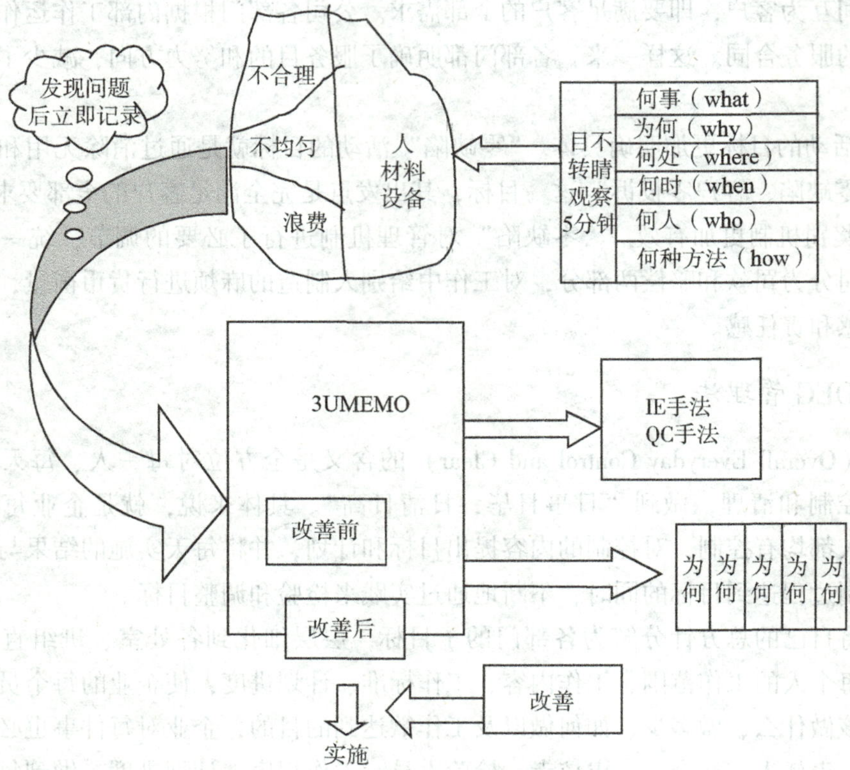

图16.5 3UMEMO

二、惊吓报告

在日本企业，有一种用来预先发掘潜在的问题的工具称为“惊吓报告”（或叫“质量惊吓”或“危险预知训练”）。惊吓报告是指出不安全的情况，或者最终会在工作场所引起意外事故的举动或不合格品的工作状态。

惊吓报告与一般提案建议配合使用，以确定一些潜在的问题以及对策建议。

一般而言，附有惊吓报告的提案建议，会获得较高的评价。换句话说，管理部门对能在问题发生之前事先提出、发掘及解决这些潜在问题的提案建议将给予奖励。管理部门认为，像这样解决问题，比在问题发生后才来处置的方式更具有价值。惊吓报告是改善的起点，在日本现场使用的惊吓报告的范例见图16.6。

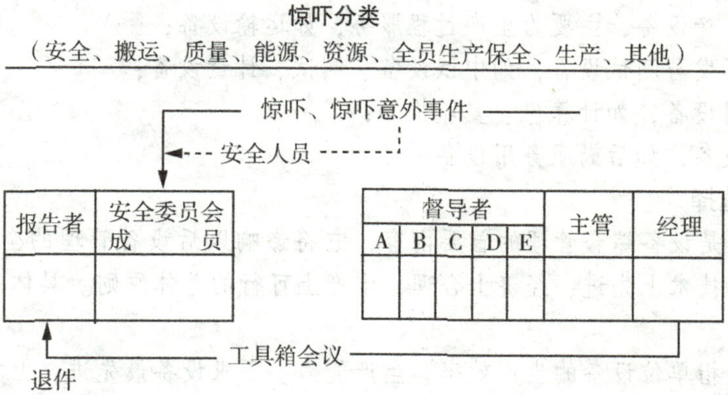

工具箱会议报告

何　时	日期： 工作前　工作中　工作后　休息中
何　地	
何人/何事	
发生状况	（主要后果） 1.几乎打中手指　2.几乎撞上　3.几乎击中 4.几乎切中　5.几乎烧到　6.其他
发生原因	
上级意见及指示	采取对策（人、实物或二者）　尚未采取对策（需由谁执行________）
参与人	担当者：　流程： 领班等：　姓名：

图16.6　在日本现场使用的惊吓报告之范例

资料来源：今井正明：《现场改善》，机械工业出版社2000年版，第286页。

【附录1】

设备的选择和评价

1. 设备的分类

设备是各个企业生产经营必不可少的物资装备，每个企业都必须根据自身的经营战略、行业、产品、生产类型、技术特点、员工素质等的不同，采用不同的设备、不同的设备功能性能与精度要求以及不同的设备配置。一般而言，若按设备的用途来分，会有以下几种设备：

(1) 生产过程主要工艺设备，例如电厂的锅炉、发电机；

(2) 辅助生产设备，主要为生产过程服务，如运输设备；

(3) 研究开发与测试设备，如中试设备、测试、计量设备；

(4) 管理用设备，如计算机、复印机等；

(5) 其他设备，如后勤服务用设备。

2. 设备的选择

设备的选择是设备综合管理的首要内容，它将影响以后设备管理的全部过程。因此，设备选择应坚持技术上先进、经济上合理、生产上可行的总体原则。具体来说，要考虑以下一些因素：

生产性，是指单位设备的生产效率、生产能力。不求设备最先进，但求设备最适合。

维修性，是指整体设备、系统或其零部件的可维修程度。

成套性，是指设备的配套水平，它将极大地影响整体设备的生产效率。

可靠性，是指设备在规定时间和规定条件下维持正常运行、完成规定功能的程度。

经济性，是指设备在整个寿命周期内的总费用大小，不仅要考虑设备的初期购置费，还要考虑整个寿命周期的使用费或维持费。

安全性，是指设备对生产、人身财产的安全保障性能。

节能性，是指设备在使用过程中耗费能源的大小，节约能源的能力。

环保性，是指设备的使用及最后的报废对环境的影响程度。

灵活性，是指设备对生产过程的柔性，这一点往往容易被忽视。现代生产的一个重要特点就是市场需求的急剧变化，要求企业生产过程具有适应市场变化的柔性或弹性，它主要表现在企业主要生产设备的灵活性或柔性上。

不同的企业在选择设备时，考虑的侧重点会有所不同。可能有的企业主要考虑设备的可靠性，有的企业则主要考虑设备的生产效率。总之，要统筹兼顾，综合权衡。

3. 设备的经济评价方法

设备的选择除了要从技术上进行考虑和评价外，还要从经济上考虑和评价，这正是设备综合管理的主要思想。设备的经济评价方法主要有两种：

(1) 投资回收期法。投资回收期法是一种简单而常用的不考虑资金时间价值的静态的设备经济评价方法。它是指从设备的收益来看，收回设备初期投资的年数。其计算公式为：

$$\text{设备投资回收期（年）}=\frac{\text{设备初期投资额（元）}}{\text{使用设备年净收益或节约额（元）}}$$

显然，设备投资回收期越短，设备的价值越大，此方法可用于多方案的评价与比较。当用于单台设备评价时，如果投资回收期小于设备经济寿命周期，则设备在经济上是可行的。值得注意的是，这种评价方法是比较粗糙的，它没有考虑资金的时间价值，同时假定每年净收益或节约额相同。所以，它仅适用于对设备投资的初步估算。

(2) 费用换算法（年费用比较法）。费用换算法是一种不仅考虑设备的初期投资费用，还考虑设备在整个寿命周期内发生的费用（维持费或使用费），考虑资金时间价值的一种动态评价方法，包括等价的两种方法：

①年均费用法（年费法）。年均费用法的主要思路是在考虑资金时间价值的基础上，将不同设备的初期投资费折算到各个年度，再加上本年度的使用费，得到年均费用总额。在选择设备时，在其他条件一样的情况下，选择年均费用较小者。

年均费用总额=年度使用费+设备初期投资费×投资回收年金系数

$$F = G + K_0 \times \frac{i(1+i)^n}{(1+i)^n - 1}$$

式中：F 代表年均费用总额；G 代表年度使用费；K_0 代表设备初期投资费；I 代表折现率%；n 代表使用年限。

②费用现值法（现值法）。费用现值法的思路是将每个年度的使用费折现再加上设备初期投资费得到每台设备费用的现值总和，即：

设备费用现值总和=设备初期投资费+年度使用费×现值系数

$$F = K_0 + G \times \frac{(1+i)^n - 1}{i(1+i)^n}$$

显然，年均费用法和费用现值法是等价的，只是算法不同而已。

有两台使用功能相同的设备甲和乙，其初期购置费分别为200万元和250万元，其年度使用费分别为38万元和27万元。使用年限均为8年，假定年利率为12%，不考虑残值。应选择哪一台设备？

首先用年费法计算：

甲设备年度费用总和=38+200×0.2013=78.26（万元）

乙设备年度费用总和=27+250×0.2013=76.26（万元）

显然，应选择乙设备。

下面再用现值法计算：

甲设备费用现值总和=200+38×4.9674=388.76（万元）

乙设备费用现值总和=250+27×4.9674=384.12（万元）

也应该选乙设备。由此可见，两种评价方法是等价的。

【附录2】

设备的可靠性管理

通常，一个设备或系统是由若干个零部件组成的，各自承担着不同的生产功能。如果任何一个零部件失效或损坏，无论何种原因，都将会影响设备或系统的正常运行。因此，在设备管理中，有必要探讨可靠性管理的问题。

所谓可靠性是指设备、系统或零部件在一定时间和一定条件下发挥其规定功能的概率。如果一个设备或系统由 n 个独立的零部件组成，每个零部件的可靠度分别为 $R_i(i = 1, 2, 3, \cdots, n)$，则整个设备或系统的可靠度 R_s 为：

$$R_s = R_1 \times R_2 \times \cdots \times R_n$$

某生产运作过程由三位员工完成，每个员工的工作可靠度分别为0.90，0.80，0.95，则整个运作过程的可靠度为：

$R_s=0.90\times0.80\times0.95=0.684=68.4\%$

可见，整个系统的可靠性会随着零部件数量的增加而降低，因为每个零部件都不可能保证100%的可靠性，如图16.7所示。

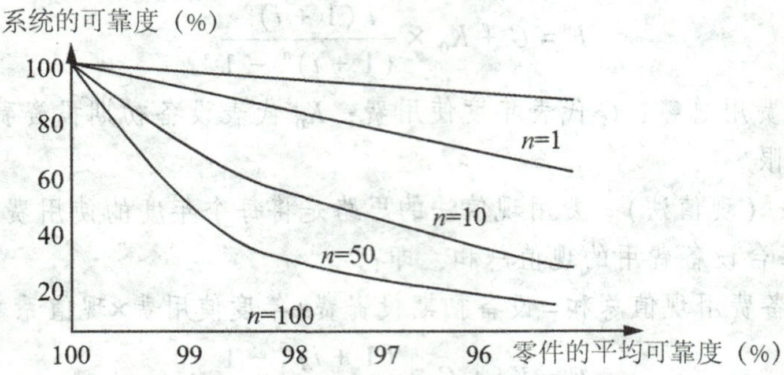

图16.7　系统可靠性与零件可靠性和数量的关系

那么，如何才能提高设备的可靠度呢？从可靠度的计算公式中可以看出，一种方法就是提高各零部件的可靠度。另一个可行的方法就是增加系统"冗余"，即提供备用零部件，当一个零部件失效后，可换上备用件以确保系统的正常运行。如上例中，若给第二个员工配备同样可靠度为0.80的员工给予监督，整个过程的可靠度将增加为：

$R_s=0.90\times[0.80+0.80\times(1-0.80)]\times0.95=0.821=82.1\%$

衡量一个系统可靠性的基本指标是产品失效率FR（%）或单位运行时间的失效数FR（N），其定义、计算公式分别为：

$$\text{FR}(\%)=\text{失效数}/\text{测试的产品数}\times100\%$$

$$\text{FR}(N)=\text{失效数}/\text{元件运行时间小时数}$$

另一个重要的概念是平均失效时间（Mean Time Between Failures，MTBF），它是失效数FR（N）的倒数，表示每件产品失效前工作的时间总和。

$$\text{MTBF}=1/\text{FR}(N)$$

40台电冰箱运行1000小时，有2台分别在第400小时和700小时失效，计算失效率、失效数和平均失效时间。

$$\text{FR}(\%)=\text{失效数}/\text{测试的产品数}\times100\%=\frac{2}{40}\times100\%=5\%$$

$$\text{FR}(N)=\text{失效数}/\text{元件运行时间小时数}$$

$$=\frac{2}{40\times1000-(600+300)}=0.000051\ (\text{台/小时})$$

$$\text{MTBF}=1/\text{FR}(N)=1/0.000051=19550\ (\text{小时/台})$$

【思考与练习】

1. 设备管理理论的发展经历过哪几个阶段？各有何特点？
2. 设备综合管理的概念是什么？任务和内容有哪些？

3. TPM 的含义及其运用方法是什么?

4. 请了解我国目前的设备管理的基本状况。

5. 设备的磨损和故障理论是怎样表述的?

6. 设备的修理与维护有区别吗?

7. 现场管理中的方法主要有哪些?

8. 5S 活动的在现场管理中的推行步骤分哪几步?

9. QC 小组的含义与运用是什么?

10. OEC 管理的含义与运用是什么?

11. 3UMEMO 的含义是什么?其在小集团管理中如何运用?

12. 简述 ZD 的含义及其基本观点。

13. 我国现场管理中存在的主要问题是什么?企业要想取得成功应如何进行现场管理?

14. 举一个现实生活中的例子,体现 QC 小组活动中的组建、活动、成果、评审等程序,实现品质第一的目标。

【案例】

专责区点检制度①

点检是车间设备管理的一项基本制度,它是利用人的五官或简单的仪器工具,对设备进行定点、定期的检查,对照标准发现设备的异常现象和隐患,掌握设备故障的初期信息,以便及时采取对策,将故障消灭在萌芽阶段的一种管理方法。

G 公司在车间普遍推行点检工作,下面是他们依次尝试过的做法:

1. 口号式推进

结合上级文件,层层学习,在车间工段班组之间召开各种会议,开展大讨论,强调点检的重要性,推荐先进班组推广好的做法和经验,并在车间门口挂大幅标语,号召车间职工加强现场点检。在全体管理人员的号召下,车间职工开始行动起来,出现了以下现象:大部分职工在工余时间上现场,转几分钟,走马观花地看设备,有的干脆坐在操作室,有的工具不带,只拿一个茶杯,主管领导来了就起身转一下,领导走了,职工就坐下。半个月后,到现场点检的职工越来越少,又过一个星期几乎没有人进行点检。

2. 专业班子式推进

在吸取口号式的经验教训后,根据设备管理新的形势要求,车间设立了专职设备状态监测岗,并在车间成立了"质量监测组",重点对在线生产设备分类监控。监测岗分为 A 类,即重点设备;B 类,即一般设备两种。A 类由车间质量监测组成员直接监控,B 类由班组骨干人员监控。根据星级设备管理要求,对设备按照区域划分,对设备进行承包,落实监测岗设备的点检、巡检工作。监测岗成立后,班子成员取得了一定的点检成效,发现了一些设备隐患,但由于缺少相应的制度约束,点检变成了监测岗个人的事,发现的问题

① 本案例根据武汉大学 2004 级 MBA 学员龚碧生的学位论文改编而成。

改进较少，两三个月后，监测岗变得无所事事。

3. 制度式推进

在总结上面经验教训后，车间决定完善点检制度，进行制度式推进。车间完善了以点检组为主的点检组织网络机构，建立了以班组为区域，对设备进行分类，分解到岗进行设备点检维护，车间点检组着重对设备的专业点检和对班组设备点检的督促指导，形成以点带面的点检管理体系。

(1) 健全设备点检管理制度，重新制定了《设备点检管理办法》，对设备点检工作的职能、职责、职权和利益进行规范。进一步明确设备专责区，落实设备点检职责。各工段将原有的设备专责区进一步清理，强化设备到人工作，落实日常点巡检职责，提高设备点巡检的到位率。

(2) 健全点检记录台账，对每个班组的点检记录本进行了规范统一。班组日常点检信息按设备的重要程度，分为A、B、C类统计，每日点检记录汇报到车间点检组，由技术组根据相关地条件下达整改处理意见，工段、班组落实整改，使设备点检、维修工作步入良性循环。专检组专业人员每天检查专责区班组的点检记录，并提出意见，确认项目，检查落实和考核一般类设备缺陷整改。

(3) 对设备点检工作进行网络管理，各工段月点检、月点检数据都在局域网上共享，一方面让车间、工段及时掌握设备信息，及时安排设备故障的处理；另一方面让主体厂设备部门及时掌握设备运行状态，合理安排设备维修时间，对设备存在的问题、隐患缺陷充分利用生产间隙时间检修处理。对当日点检出的重大、重要设备缺陷上报到厂主管部门，协调生产调度安排适当时间处理。

(4) 落实设备点检达标竞赛活动。车间根据设备维修范围和维保工作要求，对维修保产区域设备的核心点、关键点、重点区域和重点生产线全面开展设备点检达标竞赛活动，按相应管理标准进行班组每月点检，车间每周设备专检每月评比，利用周报公示评出先进班组和优秀个人分别给予奖励，促进点检工作的推进。

(5) 开展了设备自查自改工作，针对关键生产设备、电磁站、电气室、控制柜、液压站、稀油站、管道等设备，按规定进行周期性的清扫和检查维护，使设备见本色，控制柜基本无灰尘，设备零部件状态完好。每月第二、四周的星期五参加主体厂组织设备劳动竞赛检查、评比工作，对优胜者进行奖励。

通过制度式推进，形成了一整套完备的点检体系，基本上实现了现场事情有人负责，设备缺陷发现有人整改，设备外观基本上得到了保证，点检工作取得了一定的实效性，职工基本上把上现场点检当作工作中的一种要求，然而职工在制度的约束下，仍然停留在制度约束下被动执行中。一旦制度管理不力，点检工作就开始下滑。

4. 现场挂牌式推进

车间在总结制度化推进中职工被动执行严重的经验上，又进一步推出现场挂牌式点检，主要做法如下：

(1) 建立点检示范岗并在主要设备旁设立点检箱，职工点检设备后，将发现的设备缺陷填卡投入点检箱，专业人员收集，坚持每日点检缺陷项目汇总、下发班组整改、完成情况反馈。

(2) 对现场关键设备挂牌，注明该设备的专责人员名单，按责任人的工种、级别进行定位，并列上投诉电话，将点检责任牌在显眼的地方悬挂。

(3) 通知操作岗、厂设备管理岗24小时记录岗位设备外观及运行情况，对存在的缺陷及时通报，经车间专检组核实后，车间会上通报批评并在公示栏中公示。

经过一个月的强制推行后，职工明确感受到不做好现场的点检工作就有一种耻辱感，上一次公示栏不仅是扣钱，而且自身很没有面子，这样迫使自己不得不每天去点检和设备的缺陷整改工作，又经过一个月后，职工还能把点检当作日常工作的一部分，不需要领导特别约束，基本能够自觉主动地去完成。

但是公司领导还是没有把握，不知能否长久维持下去。

思考题：不同阶段的管理方式有什么利弊？你认为目前的方法能维持下去吗？

第十七章　质量管理与改进

随着市场竞争的发展和人们消费水平的提高，市场对企业提出了更高的质量要求。产品质量已成为决定企业成功的关键因素，优质将是产品在国际市场的通行证。世界所有的大公司都已将质量战略作为企业发展战略的重要组成部分，足见其对企业的重要性。本章我们将讨论有关质量、质量管理及ISO9000族标准、六西格玛管理的基本概念、理论与方法。

第一节　质量与质量管理

一、质量的定义

质量（quality）是企业竞争的重要因素，对质量的认识反映了企业对待市场和顾客的态度，对企业的经营绩效具有极大的影响。质量的定义与市场营销观念相对应，经历了几个不同的发展阶段。

早期的质量是指“符合性”质量，指产品符合规定的技术标准的程度，而且主要指的是产品性能，质量好就是性能好。这一时期的质量观念主要以企业生产为导向，质量易于检验和评价。

随着市场需求的变化，以性能作为质量的唯一检验特征已远远不够。因此，质量的定义就发展为“适用性”（美国质量专家朱兰），即产品质量是指产品适合用户需求的程度。“适用性”质量定义虽然强调了顾客的需求，但是过于抽象，不便具体描述和评价。这种质量定义是一种以顾客为导向的质量观念。作为企业，既要调查了解顾客的需求，又要将顾客需求转化为具体的、可描述的、可操作的质量特性，同时还要评价顾客的满意程度。日本质量专家田口玄一提出，质量是“产品出厂后给用户与社会带来的损失的大小”，究其本质也是以顾客为导向的质量观。

所以，质量是一个多元化的概念，可分为“基于顾客的质量”、“基于生产的质量”或“基于制造的质量”等。

ISO9000族标准为了适应国际化的要求，在ISO8402—1994《质量管理和质量保证术语》中给出了质量的标准化定义。质量是指“反映实体满足明确和隐含需要的能力的特性总和”。这是一个具有普遍适用意义的质量定义，作如下几点说明：

（1）实体，可以是产品（硬件、软件、流程性材料、服务或其组合）、活动或过程、组织体系、人或以上的组合。

（2）明确需要主要是指合同或规范、社会等明确规定的对质量的要求，属于符合性质量部分。隐含需要主要是指超出顾客期望的、可以令顾客惊喜的或一些不言而喻的需要，需要顾客加以识别并确定。

（3）产品特性不仅包括性能，还包括可靠性、可信性、维修性、经济性、美学等。

修改后的ISO9000—2000《质量管理体系——基础和术语》对质量的定义也做了相应的修改。质量是指“一组固有特性满足要求的程度”。该定义更具有一般性。作如下几点说明：

（1）“固有”是指某事或某物中本来就具有的，尤其是那些永久的特性。

（2）“特性”主要包括：

①物质特性，如机械、电气、化学等特性；

②感官特性，如用嗅觉、触觉、味觉、视觉等感官控测的特性；

③行为特性，如礼貌、诚实、正直等特性；

④时间特性，如准时性、可靠性、可用性等特性；

⑤人体工效特性，如语言或生理特性、人身安全特性；

⑥功能特性，如飞机航程等。

（3）“要求”是指明示的、明确规定的要求；通常隐含的要求（如组织的惯例、一般习惯）是指必须履行的需要和期望（如法律法规、行业规则）。在通常情况下，有关各方的要求中，顾客的要求是第一位的。

（4）“程度”可以用好、差或优秀、良好、合格、不合格或满意、较满意、不满意等来修饰。所以，“质量”本身是一个中性词。

（5）顾客和其他相关方对产品、体系或过程的质量要求是动态的、发展的和相对的。它将随着时间、地点、环境的变化而变化。所以，要定期对质量进行评审，确保能够满足顾客和其他相关方的要求。

从上面的质量定义的发展历程可见，质量的观念从以企业为中心，转变为以顾客为中心；从单一的产品性能到特性的综合性、全面性；从符合技术标准到让顾客满意。这种质量观念的变化，反映了质量已从产品导向转变为营销导向、竞争导向。

在当今社会生活与市场经济中，质量的重要性是不容置疑的，它对一个企业、国家都具有重要的战略意义。归纳起来，可表达为以下几点：

（1）质量是消费者权益的重要保障；

（2）质量是企业生存与发展的基础；

（3）质量是维护企业形象、参与市场竞争的重要因素；

（4）质量是提高市场份额、降低成本从而提高经济效益的重要手段；

（5）质量是参与国际市场竞争的通行证；

（6）质量是社会经济发展的重要战略因素。

二、质量管理概论

1. 质量管理的有关概念

（1）质量管理（quality management）。质量管理是指“在质量方面指挥和控制组织的协调活动”。通常包括制定质量方针和质量目标、质量策划、质量控制、质量保证和质量改进。从定义可知，质量管理是以质量管理体系为载体，通过建立质量方针和质量目标，并为达到规定的质量目标进行质量策划，实施质量控制和质量改进，开展质量改进等活动予以实现。

（2）质量策划（quality planning）。质量管理的一部分，致力于制定质量目标并规定必要的运行过程和相关资源以实现质量目标。

（3）质量控制（quality control）。质量管理的一部分，致力于满足质量要求。

（4）质量改进（quality improvement）。质量管理的一部分，致力于增强质量要求的能力。其要求可以是任何方面的，如有效性、效率和可追溯性。

（5）质量保证（quality assurance）。质量管理的一部分，致力于提供质量要求会得到满足的信任。

2. 质量的形成规律——质量职能与质量环

组织的质量管理是通过对质量形成过程中所有质量职能的管理来实现的。所谓质量职能（quality function），是指在质量形成全过程中，为实现质量目标所必须发挥的质量管理功能及其相应的质量活动。质量职能的划分对质量管理体系的建立和实施具有非常重要的影响。不同的组织，不同的产品或服务，其质量职能可以是不同的。一般来说，有以下几种主要职能：市场调研、设计开发、采购供应、生产制造、质量检验、包装和储存、产品销售、安装和运行、售后服务等。

质量职能的划分是一个组织部门设置和职责划分的基础。一项质量职能可以由几个部门共同承担，一个部门也可以同时承担几项质量职能，关键是要职责明确，责、权、利统一。质量环（又称质量螺旋）是指“从识别需要到评定这些需要是否得到满足的各阶段中，影响质量的相互作用活动的概念模式”。通常，质量环包括质量形成的全部过程。根据一般制造业的质量形成规律，典型企业的质量环如图 17.1 所示。

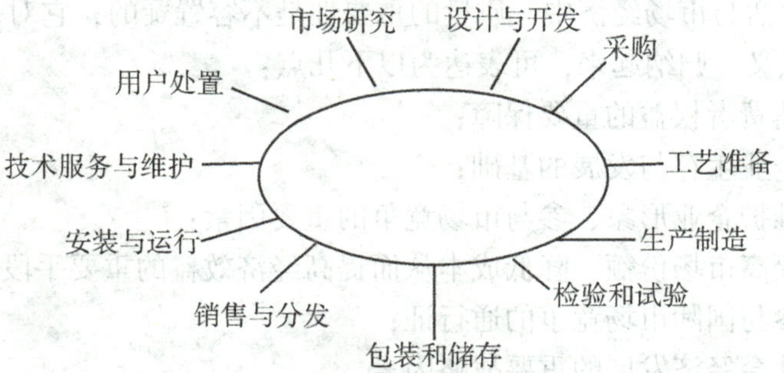

图 17.1　典型企业的质量环

3. 质量管理的发展简介

质量管理是随着人类社会的发展而逐步发展和建立起来的。概括来讲，质量管理的发展主要分为三个阶段：

第一阶段：20 世纪 20 年代，以泰勒为代表的检验质量管理或称传统质量管理阶段。主要特征是通过生产后的检验来保证产品质量，属“事后把关”，所以也称为事后检验阶段，不能起到预防不合格产品产生的作用，在原材料、人力成本等方面造成巨大损失而无法挽回。通常采用全数检验方法，耗费资源，增加成本，不利于经济效益的提高。

第二阶段：20 世纪 40 年代，以休哈特为代表的统计质量管理阶段。主要特征是强调在生产过程中运用各种统计方法来预防不合格品的产生，将原来的事后把关、事后检查变成事先控制、预防为主、防检结合。但统计质量管理也有其固有的局限性，主要是统计技术的使用有一定的难度，且主要应用于生产领域，没有对质量形成的全部过程进行控制，而影响质量的因素是复杂的、多方面的。

第三阶段：20 世纪 60 年代，以费根堡姆为代表的全面质量管理阶段。全面质量管理的提出，将质量管理推向一个全新的发展阶段，被称为管理学的一场革命。该阶段的主要内容特点在后面予以详细论述。

20 世纪 80 年代后兴起的 ISO9000 族标准，既是全面质量管理发展的结果，又与全面质量管理互相融合，互相补充。之后，随着环境的变化，质量管理出现了一些新的发展趋势，主要表现在以下几个方面：质量的社会化、国际化，质量管理信息化、集成化，质量文化、质量的人本化，供应链质量管理，六西格玛与零缺陷，质量控制与质量检验的多元化、小样本化、柔性化，服务质量管理，质量经营、质量战略。

第二节　全面质量管理

一、全面质量管理的概念和特点

1. 全面质量管理（total quality management）的概念

ISO8402—1994《质量管理与质量保证术语》对全面质量管理的定义是：一个组织以质量为中心，以全员参与为基础，目的在于通过让顾客满意和本组织所有成员及社会受益而达到长期成功的管理途径。其中：

（1）“全员”是指组织中所有部门和所有层次的工作人员；

（2）最高管理者强有力和持续的领导以及该组织内所有成员的教育和培训是这种管理途径取得成功所必不可少的；

（3）在全面质量管理中，“质量”这个概念和全面质量管理目标的实现有关，首要目标是顾客满意；

（4）“社会受益”意味着在需要时满足“社会要求”；

（5）全面质量管理是对组织进行有效管理的一种途径；

（6）建立并实施质量管理体系是开展全面质量管理的基础。

2. 全面质量管理的特点

全面质量管理是一种具有丰富内涵的管理理论，它从“对结果的管理”转变为“对影响因素的管理”，抓住了质量问题的关键。其特点可概括为“三全一多样”，即“全员性、全过程性、全面性，方法多种多样”。

全员性是指组织中所有部门和所有层次的全体工作人员都要参与全面质量管理，而不单单只包括质量管理部门和质量检验部门的工作人员。这在全面质量管理的定义中已经体现。

全过程性是指全面质量管理所涉及的不仅包括生产制造过程、检验过程，还包括市场调研、设计开发、采购等凡是对质量形成有影响的所有职能过程，贯串整个产品生命周期。

全面性是指全面质量管理的对象不仅包含产品质量、服务质量，而且还包括过程质量、工序质量、工作质量以及管理质量。实际上，组织正是通过完善的质量管理体系和高素质员工的工作质量来保证和提高工序质量、过程质量，从而确保产品和服务质量。

方法多种多样是指凡是有利于保证和提高质量的方法都可以用于全面质量管理之中。这些方法可以是管理科学方法，也可以是数学、自然科学、经济学、心理学、行为科学、社会学等学科的方法；可以是定性的方法，也可以是定量的方法。在质量管理发展过程中，已经形成了许多简单而行之有效的质量管理、质量改进、质量控制方法。这些将在后文中予以讨论。

3. 全面质量管理的思想要点

全面质量管理之所以说是管理学的一场革命，是因为它包含较为丰富的管理思想和管理内涵。树立这些正确的思想、观点，可能比单纯使用一些管理方法更为重要。根据企业的经验总结，我们将全面质量管理的主要思想表述如下：

（1）顾客至上，质量第一的思想；

（2）预防为主，防检结合的思想；

（3）系统管理的思想；

（4）用数据和事实说话的思想；

（5）以人为本、全员参与，充分调动人的积极性、创造性的思想；

（6）质量是设计制造出来的而不是检验出来的思想；

（7）动态的、发展的、不断改进的思想。

二、全面质量管理的工作程序——PDCA 循环

PDCA 循环是全面质量管理的一套科学的办事程序。它是指“计划（plan）—执行（do）—检查（check）—处理（action）”的工作循环，也称为戴明循环，反映了质量管理必须遵循的四个阶段，是全面质量管理的基本工作方法。

1. PDCA 循环的步骤

PDCA 循环的四个阶段可具体分为八个步骤，见表 17.1。

表 17.1　**PDCA 循环的四个阶段八个步骤**

PDCA 四个阶段	PDCA 八个步骤
P 计划阶段	1. 系统调查，分析现状，找出质量问题 2. 分析产生质量问题的各种因素 3. 找出影响质量问题的主要原因 4. 针对这些主要原因，制定目标、措施，提出改进计划
D 执行阶段	5. 按照预定计划执行、实施
C 检查阶段	6. 检查执行结果，考核效果，发现新问题
A 处理阶段	7. 根据检查结果进行总结处理，将成功的经验和失败的教训形成标准、程序或制度，巩固成果，防止问题重新在下一个循环出现 8. 提出尚未解决的问题，将其转入下一循环进行解决

2. PDCA 循环的特点

（1）大环套小环，互相衔接，互相促进。全面质量管理涉及企业的所有部门、所有层次的全体人员，所以整个企业可看成是一个大的 PDCA 循环，在这个 PDCA 循环中各个部门都为了共同的总体目标，而各个部门按照一定的规则又有自己的 PDCA 循环以完成自己的部门目标。这样，大循环指导小循环，小循环要服从于大循环的需要，为大循环的实现提供支持，见图 17.2。

（2）PDCA 循环每循环一次，都有新的目标，解决新的问题，质量就可能上一个台阶，见图 17.3。经过若干次 PDCA 循环，预定的质量目标就可以实现。

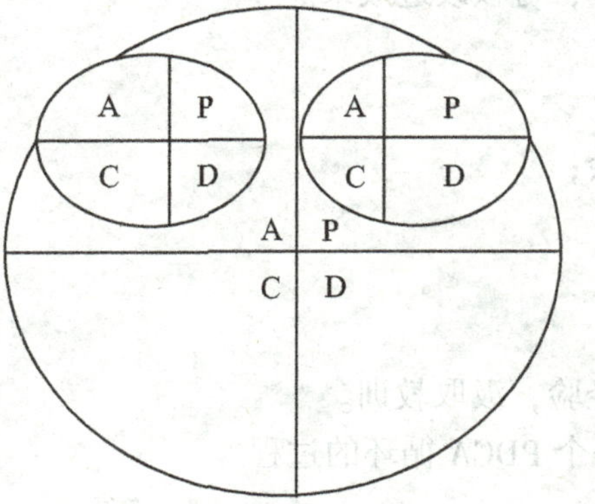

图 17.2

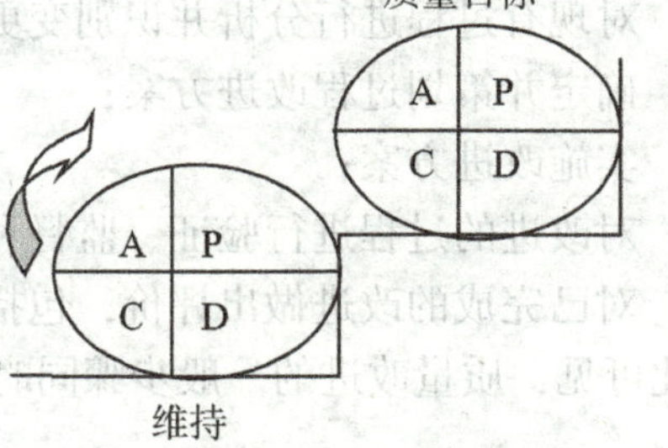

图 17.3

(3) 推动PDCA循环，关键在于A（总结）阶段。之所以如此，是因为只有通过A阶段，才能巩固成果，汲取教训，彻底解决质量问题，防止质量问题再次出现。这是PDCA循环推动质量水平前进的关键。

第三节　质量管理常用统计分析方法

质量管理的统计分析方法多种多样。有些方法适用于质量改进，有些方法适用于质量控制，但二者没有严格的界限。有定性的方法，也有定量的方法，通常，在使用过程中要将定性与定量方法结合起来。

一、质量改进的常用方法和技术

1. 质量改进概述

寻求质量改进是组织经常性的工作，是对质量永无止境的追求，也是现代质量管理的精髓所在。企业应不断寻求过程的有效性和效率的改进，而不是出了问题才去寻找改进的机会。

通常，质量改进有两种基本途径：一是渐进的持续改进，二是突破性项目改进。

持续改进应当包括七个步骤：

(1) 改进的原因：通过调查研究，识别过程中存在的问题，选择改进的区域，分析问题的原因；

(2) 目前的状况：评价现有过程的有效性和效率；

(3) 分析：识别并验证产生问题的根本原因；

(4) 针对根本原因，确定可能解决问题的办法和方案；

(5) 评价解决方案的效果；

(6) 实施新的解决办法并规范化；

(7) 针对改进措施评价过程的有效性和效率，考核改进效果。

突破性项目改进包括六项活动：

(1) 确定改进项目的目标和框架；

(2) 对现有过程进行分析并识别变更的机会；

(3) 确定并策划过程改进方案；

(4) 实施改进方案；

(5) 对改进的过程进行验证、监督和确认；

(6) 对已完成的改进做出评价，包括总结经验，汲取教训。

由此可见，质量改进的一般步骤同时也是一个PDCA循环的过程。

2. 质量改进的常用方法和技术

质量改进的常用方法和技术见表17.2。

表 17.2　　质量改进的常用方法和技术

方法和技术		在质量管理方面的应用
调查表		系统地分析资料和事实
定性方法和技术	分层图	将大量的特定主题的意见、观点或想法分类
	水平对比	与公认的领先水平的过程进行对比，确定改进机会
	头脑风暴法	确定问题的可能解决办法和潜在改进机会
	因果图	分析和表达因果关系
	流程图	说明现有过程，设计新过程
	树图	列出某主题与其组成要素之间的关系
定量方法和技术	控制图	用于控制、诊断和确认过程的改进
	直方图	直观地判断过程的信息
	排列图	显示问题的重要顺序
	散布图	显示相关关系
	实验设计	合理安排实验，科学分析实验结果

通常，我们将调查表、分层图、排列图、因果图、直方图、散布图、控制图称为“老七种工具”。它们在质量管理实践中应用非常普遍，取得了很好的质量管理效果。与此相对应，还有“新七种工具”，即：矩阵数据分析法、箭线法、过程决策程序图、矩阵图法、系统图法、关联图法和 KJ 法，欲详细了解，请参考其他文献。下面对几种比较常用的方法作简要介绍。

（1）调查表。调查表是一种系统的收集数据、分析资料和事实的工具。通过设计符合特定需要的表格对需要了解的问题作详细而简洁的记录和表达，分析和识别问题。根据实际需要，可以设计出各种各样的调查表。例如产品质量缺陷调查表，可通过文字、符号、数字等各种代码将缺陷的基本情况反映在一张表中。表 17.3 就是一个根据时间对产品缺陷类别进行调查的范例。

表 17.3　　产品缺陷统计表

缺陷类别	时间（小时）							
	1	2	3	4	5	6	7	8
A	/	/		/	/	/	//	/
B	///	/	//	/		/	//	///
C	/	//	///		//		//	////

注：A、B、C 分别指严重缺陷、一般缺陷、轻微缺陷。

（2）分层法。在实际质量管理实践中存在着大量的数据、信息资料，但在收集数据时，并不能随意将所有数据集合在一起，而是要按照不同的数据来源、不同的使用目的、不同的性质等将其分层或分类，这样有利于数据信息的充分利用，有利于查找产生质量问题的原因。否则，得到的信息就太笼统、缺乏专用性，会给决策带来错误的信息支持。分层法就是一种对数据或主题进行分类的方法。具体如何分层，按照什么标准分层，要根据实际情况而定。一般来说，可按以下几种标准分层：

①按操作人员分层。可以按操作人员的教育程度、性别、年龄、技术水平、经验等进行分层。

②按工作时间、班次分层。如果不同的时间、班次的操作人员有较大差异，则要进行分层。

③按使用设备分层。不同的设备生产出来的产品质量是有差异的，不能将不同类型设备的数据放到一起，应该按照设备的型号等进行分层。

④按使用的原材料分层。显然，不同质量的原材料会有不同的质量结果，应该按原材料的来源、等级等进行分层。

⑤按工艺方法分层。工艺方法不同，生产出的产品的质量结果也会不同，所以应该按照工艺方法的不同分层。

⑥按工作环境分层。如果工作环境有差异，则要按工作环境将数据分层，因为工作环境对产品的质量有非常重要的影响。

（3）排列图。排列图也称为帕累托（Pareto）图或 ABC 法，是一种找出产品质量存在的主要问题的有效方法。它是一种根据“关键的少数，次要的多数”原理将质量问题出现的频次进行大小排列，从而显示质量问题的主次关系、找出关键的质量问题的方法。一般来讲，有如下的分类方法：

频率占 0~80%的质量问题称为关键问题，或称为 A 类问题；

频率占 80%~95%的质量问题称为次要问题，或称为 B 类问题；

频率占 95%~100%的质量问题称为一般问题，或称为 C 类问题。

这个分类标准并不是绝对的，可视实际情况而定。对不同重要程度的质量问题，可考虑不同的解决顺序，确定从关键问题着手。当然，能全部解决更好。

某厂 4 月份电阻不合格品统计见表 17.4，其排列图见图 17.4。

表 17.4　　**电阻不合格品统计表**

工序	不合格数	累计数	频率（%）	累计频率（%）
沾污	31	31	42.5	42.5
裂纹	18	49	24.7	67.2
油漆	13	62	17.8	85
电镀	7	69	9.6	94.6
变形	2	71	2.7	97.3
其他	2	73	2.7	100
合计	73		100	100

由此可看出，主要的质量不合格问题是沾污、裂纹，是否可以将油漆考虑进去，视实际情况而定。

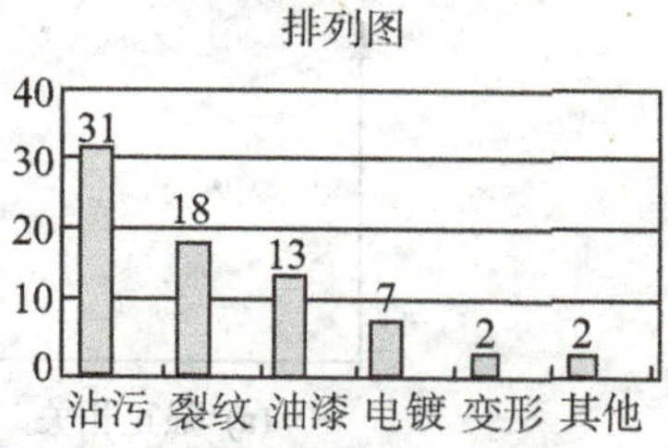

图 17.4　电阻不合格品排列图

（4）因果图。因果图是一种反映质量问题的原因与结果的关系图，是一种可以找出质量问题产生根源的有效工具，由于其图形像鱼刺，所以也称为“鱼刺图”。通常，将质量问题（结果）列在图的右边，将影响质量问题的原因列在图的左边，并用箭头表示。为了显示出各种原因的层次性，直接指向主箭头的原因表示大的原因，通常将其分为人、机器、材料、工艺方法、环境等；指向大原因的箭头表示中原因，进一步可再分为小原因。因果图的主要优点是直观、有层次，各种可能的原因能一目了然地反映出来，但因果图本身并不能告知影响质量问题的真正原因或主要原因究竟是什么，还需要进一步采用头脑风暴法或其他分析方法加以分析确认，见图 17.5。

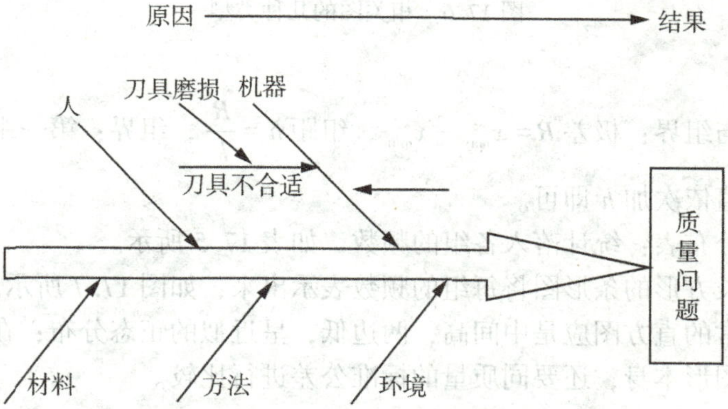

图 17.5　因果图示意

（5）相关图（散布图）。相关图是指反映两个质量特性或变量因素之间相关关系、相关程度的图。一般来说，主要有六种相关关系，见图 17.6。

对于线性相关，其相关性的强弱程度可用相关系数进行计算和检验，还可以进一步模拟线性回归方程，加以检验，此不赘述。

（6）直方图。在质量的形成过程中，影响质量的因素很多，包括人（man）、机（machine）、料（material）、法（method）、环（environment）等。而在诸多要素中，又可分为随机的或偶然性的因素以及系统性的或异常的因素，前者引起质量的正常波动，不可能消除；后者可以采取措施加以排除，是质量控制的重点。

直方图就是通过对大量数值型数据进行整理、加工、分组，以观察、找出数据分布的规律，区分质量的波动是偶然因素还是系统因素引起的一种直观的图示方法。直方图的基本作图步骤如下：

①收集数据：一般取 50～100 个样品，$N=50\sim100$。

②确定组数：$k=1+3.22\log N$，或直接分成 7～13 组，分组数可按经验数值确定。

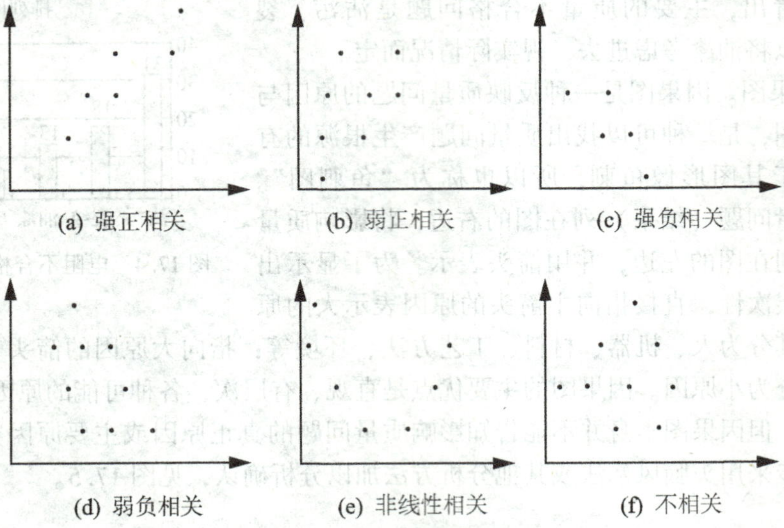

图 17.6　相关图的几种类型

③确定组距与组界：极差 $R = x_{max} - x_{min}$，组距 $h = \frac{R}{k}$，组界：第一组 $x_{min} \pm \frac{h}{2}$，以后每组的上、下界值依次加 h 即可。

④计算频数分布表：统计落入各组的频数，如表 17.5 所示。

⑤画图：用长方形的条形图将每组的频数表示出来，如图 17.7 所示。

⑥分析：正常的直方图应是中间高，两边低，呈近似的正态分布；在直方图的使用过程中不仅要观察图形本身，还要同质量的标准公差进行比较。

表 17.5　频数统计表

直径（mm）	分组	频数
73.65~73.70	1	2
73.70~73.75	2	6
73.75~73.80	3	11
73.80~73.85	4	16
73.85~73.90	5	12
73.90~73.95	6	7
73.95~74.00	7	3

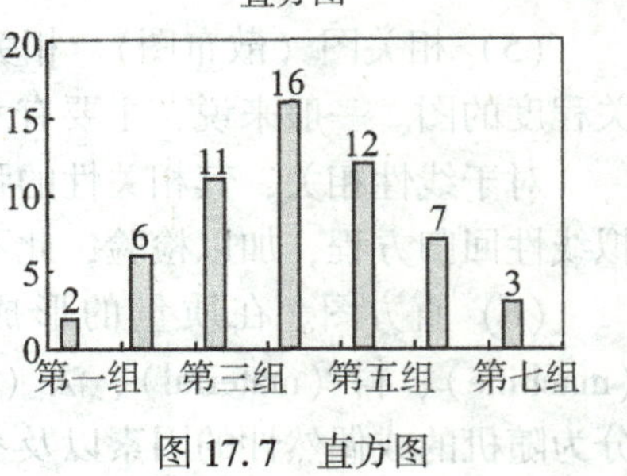

图 17.7　直方图

二、统计过程控制

1. 工序能力分析

（1）工序能力的概念。在加工过程中，影响工序质量波动的因素很多，当由系统性因素引起的异常波动已经消除，只剩下偶然性因素的影响时，我们就认为工序此时处于稳定和受控状态。工序能力就是指处于稳定状态下的工序实际加工能力。或者说，工序能力是指在一定的持续期内和控制状态下，工序实现其运动结果均一性的正常波动量。

从上面定义可知，工序能力与实际工序质量是不同的，后者是指包括受工序能力以外的异常波动的影响的实际质量状况。

（2）工序能力的测度。我们通常用质量特性值的标准差来测度波动量，所以工序能力 B 可用标准差 σ（西格玛）来测度，即：

$$B = 6\sigma$$

为什么要用 6σ 呢？因为根据正态分布，在正常的波动情况下，$\pm 3\sigma$ 可保证 99.73% 的质量合格率，即不合格率为 0.27%；$\pm 2\sigma$ 可保证 95.45%的合格率；$\pm 6\sigma$ 可使不合格率达到 3.4ppm（百万分之 3.4）。所以，在一般的质量水平和经济性要求下，$\pm 3\sigma$ 也即 6σ 就可以满足需要了，此称为"3σ 原理"，这是后面将要讲到的工序能力指数计算以及控制图设计与分析的理论基础。但世界级企业如摩托罗拉公司、通用电气等以及我国的春兰集团为了提高产品的竞争力，采用 $\pm 6\sigma$ 的工序能力，通常被称为"6σ 质量"。

（3）工序能力指数。前面讲到的工序能力测度是一个绝对量，不能反映工序满足实际加工要求的能力、程度。工序能力指数 C_p 是指工序能力同质量标准（公差）范围之比，即：

$$C_p = \frac{T}{6\sigma} \qquad (T\text{ 为质量公差范围})$$

工序能力指数是衡量工序能力大小的数值，一般来说，数值越大说明工序越能满足生产的技术需要。由于质量特性值分为计量值、计数值、计点值，质量公差分为双侧、单侧上限、单侧下限几种情况，质量分布可能存在偏移等，工序能力指数的计算公式很多，现归纳如表 17.6 所示。

（4）工序能力指数与不合格品率的关系。当产品质量特性呈正态分布时，工序能力指数与不合格品率存在着直接的相互对应关系，通过对工序能力指数的计算，可在一定的置信区间内估计出生产过程不合格品率的大小。

当质量特性值分布中心与公差中心重合时，不合格品率为：

$$p = 2\Phi(-3C_p)$$

表 17.6　　**工序能力指数计算公式**

质量特性值为计量值	$C_p(C_{pk})$ 公式	备　注
双侧公差且分布中心 μ 与标准中心 M 重合	$C_p = \frac{T}{6\sigma} = \frac{T_u - T_l}{6\sigma}$	T_u，T_l 为公差上下限
双侧公差且分布中心 μ 与标准中心 M 不重合	$C_{pk} = (1-k)C_p$ $k = \frac{2\varepsilon}{T} = \frac{2\|M-\mu\|}{T}$	ε 为偏移系数

续表

质量特性值为计量值	$C_p(C_{pk})$ 公式	备　注
单侧公差下限 $x \geqslant T_l$	$C_P = \dfrac{\mu - T_l}{3\sigma}$	
单侧公差上限 $x \leqslant T_u$	$C_P = \dfrac{T_u - \mu}{3\sigma}$	
质量特性值为计数值		
以不合格品数 np 为质量指标	$C_p = \dfrac{(np)_\mu - n\overline{p}}{3\sqrt{n\overline{p}(1-\overline{p})}}$	$(np)_\mu$ 为不合格品数上限，$\overline{p}$ 为不合格品率均值
以不合格品率 p 为质量指标	$C_p = \dfrac{p_\mu - \overline{p}}{3\sqrt{\dfrac{1}{\overline{n}}\overline{p}(1-\overline{p})}}$	$\overline{n}$ 为样本平均数，p_μ 为不合格品率上限
质量特性值为计点值		
以缺陷数或疵点数 c 为质量指标	$C_p = \dfrac{c_\mu - \overline{c}}{3\sqrt{\overline{c}}}$	c_μ 为缺陷数上限，$\overline{c}$ 为缺陷数均值

当质量特性值分布中心与公差中心不重合时，不合格品率为：

$$p = \Phi[-3C_p(1+k)] + \Phi[-3C_p(1-k)]$$

上式中，$\Phi(x)$ 为标准正态分布函数，可查表。例如，$C_p=1$ 时，$p=0.27\%$；$C_p=1.3$ 时，$p=0.01\%$；$C_p=1$，但 $k=0.20$ 时，$p=0.84\%$。

（5）工序能力的判断分析。根据工序能力指数的计算数值，可以对工序能力的状况进行判断分析。判断工序能力指数的值是否满足设计的技术要求。其判断标准如表 17.7 所示：

表 17.7　　**工序能力判定标准**

工序能力等级	工序能力指数 $C_p(C_{pk})$	工序能力判定
特级	$C_p > 1.67$	过于充分
一级	$1.33 < C_p \leqslant 1.67$	充分
二级	$1.00 < C_p \leqslant 1.33$	尚可
三级	$0.67 < C_p \leqslant 1.00$	不足
四级	$C_p \leqslant 0.67$	严重不足

某零件尺寸公差为 $\Phi\ 10^{+0.020}_{-0.010}$，随机抽取一组样本经过计算得到 $\bar{x}=10.014$，$s=0.004$，试判断工序能力状况。

由已知条件，$T=0.03$，公差中心 $M=10.015$，与分布中心 $\bar{x}=10.014$ 不同，存在偏移，偏移量为 $\varepsilon=0.001$：

$$k=\frac{2\varepsilon}{T}=\frac{2\times 0.001}{0.03}=0.067 \qquad C_{pk}=(1-0.067)\times\frac{0.03}{6\times 0.004}=1.17$$

将计算的工序能力指数结果与上表对照，可判断工序能力尚可。

设某产品规格要求单位产品平均缺陷上限 $C_U=2$，取容量为 10 的样本 5 个，各样本中产品的缺陷数分别为 $C_1=7$，$C_2=5$，$C_3=6$，$C_4=2$，$C_5=4$，求工序能力指数 C_p。

$$\bar{C}=\frac{7+5+6+2+4}{5\times 10}=0.48 \qquad C_p=\frac{2-0.48}{3\times\sqrt{0.48}}=0.734$$

2. 控制图

（1）控制图的概念与原理。控制图是一种通过观察质量特性值随时间的变化情况，分析工序是否处于稳定状态所使用的带有控制界限的一种图。它是一种研究质量特性的动态方法。利用它可以有效区分是偶然原因还是系统原因所引起的质量波动。

传统的控制图用公差界限作为控制线，是一种事后的控制方法。休哈特考虑到两类误差，采用 $\pm 3\sigma$ 原理来设计控制线，是一种具有预防警戒作用的控制方法。所谓两类误差是指，第一类误差 α，将工序正常判定为异常的误差，误报险情，可能给生产方带来由于停机等所造成的损失；第二类误差 β，将工序异常判定为正常的误差，漏发情报，隐瞒故障，贻误时机，可能产生大量的不合格品，给消费者带来巨大损失。出于对顾客和生产方的考虑，要尽可能地降低两类错误，减少由此造成的经济损失。但样本量一定的情况下，两类错误此增彼消，此时应将顾客需求放在第一位，力争总损失最小。采用 $\pm 3\sigma$ 原理正是出于这种考虑，在一般情况下，它能满足顾客和生产方双方的要求。

控制图的上、中、下线基本模式如图 17.8 所示。

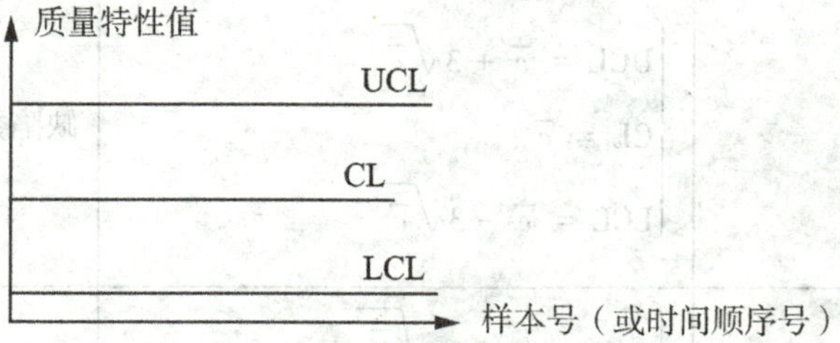

图 17.8　控制图

①控制图的分类与设计。控制图的种类很多，分类标准也各不相同。若按照统计量来分，可分为计量值控制图和计数值控制图两大类。依据不同的使用情况具体又有不同的控制图。现归纳如表 17.8 所示。

表 17.8　　　　　　　　**控制图的分类与控制界限设计**

控制图类型		控制界限计算	备注
计量值控制图	x 单值控制图	$\begin{cases} UCL = \bar{x} + 3s \\ CL = \bar{x} \\ LCL = \bar{x} - 3s \end{cases}$	
	$\bar{x}$-R 控制图	$\bar{x}$ 控制图 $\begin{cases} UCL = \bar{\bar{x}} + A_2\bar{R} \\ CL = \bar{\bar{x}} \\ LCL = \bar{\bar{x}} - A_2\bar{R} \end{cases}$ R 控制图 $\begin{cases} UCL = D_4\bar{R} \\ CL = \bar{R} \\ LCL = D_3\bar{R} \end{cases}$	A_2、D_3、D_4 为与 n 有关的常数
计数值控制图	P_n 控制图	$\begin{cases} UCL = n\bar{p} + 3\sqrt{n\bar{p}(1-\bar{p})} \\ CL = n\bar{p} \\ LCL = n\bar{p} - 3\sqrt{n\bar{p}(1-\bar{p})} \end{cases}$	不合格品数控制图
	p 控制图	$\begin{cases} UCL = \bar{p} + 3\sqrt{\frac{1}{n_i}\bar{p}(1-\bar{p})} \\ CL = \bar{p} \\ LCL = \bar{p} - 3\sqrt{\frac{1}{n_i}\bar{p}(1-\bar{p})} \end{cases}$	不合格品率控制图
计数值控制图	c 控制图	$\begin{cases} UCL = \bar{c} + 3\sqrt{\bar{c}} \\ CL = \bar{c} \\ LCL = \bar{c} - 3\sqrt{\bar{c}} \end{cases}$	缺陷数、疵点数控制图
	u 控制图	$\begin{cases} UCL = \bar{u} + 3\sqrt{\frac{\bar{u}}{n_i}} \\ CL = \bar{u} \\ LCL = \bar{u} - 3\sqrt{\frac{\bar{u}}{n_i}} \end{cases}$	单位缺陷数控制图

某产品抽样 25 批，每批样本数 200，不合格品数见表 17.9，作 p_n 控制图。

表 17.9　　不合格品统计表

批次	不合格品数	批次	不合格品数	批次	不合格品数
1	15	10	15	19	18
2	17	11	16	20	17
3	18	12	12	21	22
4	21	13	10	22	17
5	17	14	14	23	9
6	13	15	18	24	15
7	17	16	21	25	16
8	19	17	17	合计	400
9	11	18	15	平均	16

根据已知条件，可求出：$\bar{p}=\frac{\bar{d}}{n}=\frac{16}{200}=0.08$，控制图的控制线为：

$$UCL=n\bar{p}+3\sqrt{n\bar{p}(1-\bar{p})}=200\times0.08+3\times\sqrt{200\times0.08\times(1-0.08)}=27.51$$

$$CL=n\bar{p}=200\times0.08=16$$

$$LCL=n\bar{p}-3\sqrt{n\bar{p}(1-\bar{p})}=200\times0.08-3\times\sqrt{200\times0.08\times(1-0.08)}=4.49$$

相应的控制图如图 17.9 所示。

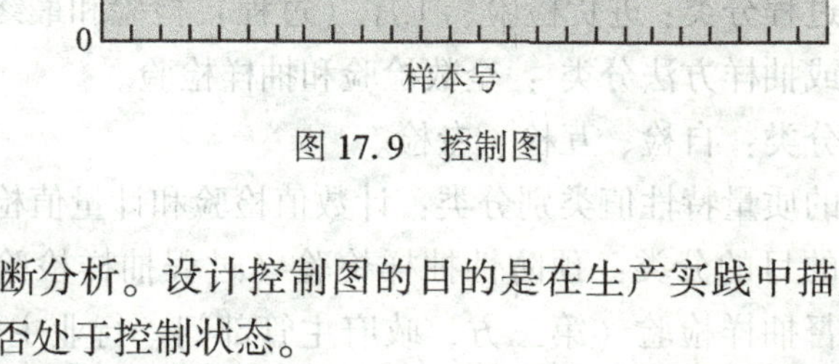

图 17.9　控制图

(3) 控制图的判断分析。设计控制图的目的是在生产实践中描点运用，以分析、判断、预测生产过程是否处于控制状态。

在满足下列两个条件的情况下，可判断生产过程处于控制状态：

①控制图上的点不超出控制界限（控制线），即在控制范围之内。下列几种情况也可

以认为是处于控制范围之内：连续 25 点以上处于控制线以内；连续 35 点中仅有 1 点超出控制线；连续 100 点中不多于 2 点超出控制线。

②点的排列没有缺陷。

相反，如果有下列几种情况之一，则被认为控制图失控：

①链状，点连续出现在中心线一侧：连续已有 5 点时要引起注意；连续 7 点及以上，则判断为异常。

②偏离，较多的点间断地出现在中心线一侧：连续 11 点中至少 10 点；连续 14 点中至少 12 点；连续 17 点中至少 14 点；连续 20 点中至少 16 点。

③倾向，点的排列呈连续上升或者下降的状态，当已有连续 7 点上升或下降时，可判断生产过程为失控状态。

④接近，点在上下控制线附近，即点远离中心线，在 $\pm 2\sigma \sim \pm 3\sigma$ 范围内：连续 3 点中至少 2 点在控制线附近；连续 7 点中至少 3 点；连续 10 点中至少 4 点。

⑤周期，点的上升、下降呈周期性排列，原因较为复杂，没有具体的判断标准。

第四节 抽样检验

一、检验概述

1. 基本概念

检验（inspection）：通过观察和判断，适当时结合测量、试验所进行的符合性评价。

验证（verification）：通过提供客观证据对规定要求已得到满足的认定。

确认（validation）：通过提供客观证据对特定的预期用途或应用要求已得到满足的认定。

合格（conformity）：满足要求。

不合格（nonconformity）：未满足要求。

缺陷（defect）：未满足与预期或规定用途有关的要求。

2. 质量检验的类型

（1）按产品加工过程分类：进货检验、工序（过程）检验和最终（成品）检验。

（2）按检验对象或抽样方法分类 ：全数检验和抽样检验。

（3）按检验人员分类：自检、互检、专检。

（4）按检验产品的质量特性值类别分类：计数值检验和计量值检验。

（5）按抽样检验的目的分类：预防性抽样检验（过程抽样检验）、验收性抽样检验（抽样检验过程）、监督抽样检验（第三方，政府主管部门、行业主管部门如质量技术监督局）。

（6）按检验场所分类：工序专检和线上检验、外发检验、库存检验、客处检验。

（7）按抽取样本的次数分类：一次抽样检验（只做一次抽样的检验）、二次抽样检验（最多抽样两次的检验）、多次抽样检验（最多5次抽样的检验）、序贯抽样检验（事先不规定抽样次数，每次只抽一个单位产品，即样本量为1，据累积不合格品数判定批合格/不合格还是继续抽样时适用，针对价格昂贵、件数少的产品可使用）。

（8）按是否调整抽样检验方案分类：调整型和非调整型抽样检验。调整型抽样方案特点是：①有转移规则（正常、加严、放宽）；②一组抽样方案（一次、二次、多次）；③充分利用产品的质量历史信息来调整，可降低检验成本。非调整型抽样方案特点：只有一个方案，无转移规则。

二、抽样检验的基本原理

1. 抽样检验方案的表示

抽样检验是指从一批产品中随机地抽取样本进行检验，对总体的质量状况作出判断。其作用是可保证批产品的不合格品数不超过一定比率，检验数量少、费用低、时间短。其缺点是可能犯两类错误，要通过统计原理将其控制在一定程度。

N代表批量，n代表样本容量，d代表不合格品数，Ac代表批合格判定数，Re代表批不合格判定数。抽样方案的表示方法为：

一次抽样方案：（n；Ac，Re），即从批量N中抽取n，经检验不合格品数为d，若$d \leqslant Ac$，批合格；若$d \geqslant Re$，批不合格。

二次抽样方案：（n_1，Ac_1，Re_1；n_2，Ac_2，Re_2）抽取样本n_1，若$d_1 \leqslant Ac_1$，批合格；若$d_1 \geqslant Re_1$，批不合格；若$Ac_1 < d_1 < Re_1$，则二次抽样；抽取样本n_2，不合格品数为d_2，若$d_1 + d_2 \leqslant Ac_2$，则批合格；若$d_1 + d_2 \geqslant Re_2$，则批不合格。

五次抽样方案类似于二次方案。

2. 抽样检验特性函数 $L(p)$ 与 OC 曲线

$L(p)$ 是根据抽样方案将批判为合格的概率。较准确的是用超几何分布计算，也可用二项分布和泊松分布计算。

批量$N=100$，批不合格品率$p=5\%$的批产品，采用一次抽样方案（10；2，3），$L(p)$计算如下：

用超几何分布：$L(p)=0.9936$

用二项分布：$L(p)=0.9884$

用泊松分布：$L(p)=0.9856$

OC曲线是指接受概率$L(p)$与批不合格品率p的函数关系曲线，见图17.10。每一个抽样方案对应一条OC曲线。抽样方案实际上就是根据p_0、p_1、α、β共同确定的。这里，p_0、p_1分别指优质批的不合格品率和劣质批的不合格品率，α、β分别为第一类错误和第二类错误。当批不合格品率$p \geqslant p_1$时高概率（β）拒收；当$p \leqslant p_0$时，高概率（$1-\alpha$）接受。

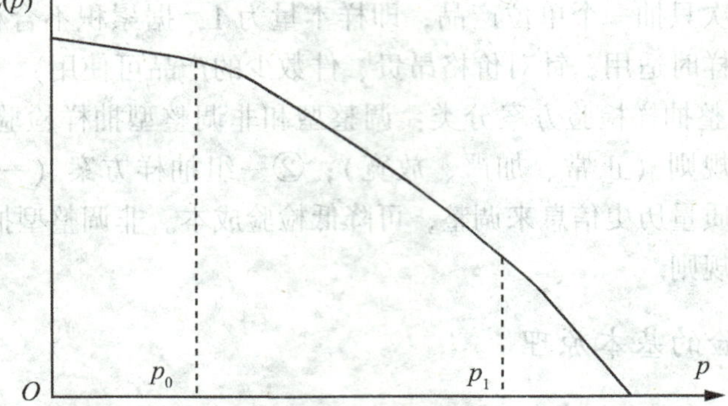

图 17.10

3. 抽样检验方法简介

（1）计数标准型抽样检验（GB/T13262—91）。计数标准型抽样检验是最基本的抽样方案，它同时严格控制生产方与使用方的风险，按供需双方共同制定的 OC 曲线的抽样方案抽检，可用于任何供检验的产品批，不要求提供过程平均不合格品率，适合于对孤立批的验收。基本原理是通过适当的 α、β 和供需双方给定的 p_0、p_1 来确定 n 和 A_c：

$$\begin{cases} L(p) \geqslant 1-\alpha \text{（当 } p \leqslant p_0 \text{ 时）} \\ L(p) \leqslant \beta \quad \text{（当 } p \geqslant p_1 \text{ 时）} \end{cases}$$

即 $L(p_0)=1-\alpha$，$L(p_1)=\beta$。由此可确定 n 和 A_c，在实际中可查表。

设定 $p_0=2\%$，$p_1=8\%$，$\alpha=5\%$，$\beta=10\%$。确定抽样检验方案。

查表可得到抽样检验方案为（105，4）。即在批产品中随机抽取样本量 105，检查其中的不合格品数，如果不合格品数小于或等于 4，则该批产品接受；如果不合格品数大于或等于 5，该批产品拒收。

（2）计数调整型抽样检验（GB2828、ISO2859）。所谓调整型，是指在检验中根据批质量水平，可以采取三种形式进行抽样检验：正常、加严、放宽，有一套转换规则。

可接受质量水平（Acceptable Quality Level，AQL），或称合格质量水平：生产方和接收方共同认可的不合格品率（或每百单位缺陷数）的上限。它是控制最大过程平均不合格品率的界限，也是 ISO2859 抽样方案的设计基础。其确定方法有：用户要求；过程平均；缺陷类别和产品等级、检验项目；同供应商协商等。

检查水平：反映批量与样本大小之间关系，表示检验中费用大小的尺度。有七个检查水平可以选择：S-1、S-2、S-3、S-4、Ⅰ、Ⅱ、Ⅲ。从左向右检查水平从低向高，样本量越来越大。一般情况选择Ⅱ。

样本大小字码：样本大小字码 A，B，C，D……表示一定的样本大小。不同的抽样方案，它们代表的样本大小不同，具体查抽样检查表。

根据AQL和检查水平确定的样本大小字码，就可以从抽样检查表中查出抽样方案。在GB2828和ISO2859中，抽样检查表分为一次、二次、五次抽样方案，又分别包括正常、加严、放宽三种调整。

AQL = 1.5%，$N = 1000$，检查水平为Ⅱ，试分别确定一次正常、加严、放宽抽样方案。

一次正常：(80；3，4)

一次加严：(80；2，3)

一次放宽：(32；1，4)（若不合格品数介于1～4，该批接受，但下批转入正常检验）

(3) 计量型抽样方案。

GB8054：平均值的计量标准型一次抽样。

GB8053：不合格品率的计量标准型一次抽样。

GB6378（ISO3951）：不合格品率的计量调整型抽样方案。

计量型抽样方案抽样相对于计数型抽样方案，样本量小，信息量较大，需精确测定质量特性值和计算，工作量大，抽样程序较复杂。

常用的是GB6378，其主要是在下列条件下使用：

①检验程序适用于分立产品的连续批，即这些产品全部由同一生产方用同一生产过程提供。如果这些产品来自于不同的生产方，应分别使用本标准。

②仅考虑产品的单个质量特性 x，该质量特性必须能用连续尺度度量；如果有几个同样重要的质量特性，应分别使用本标准。

③生产过程稳定（处于受控状态），且质量特性 x 服从或近似服从正态分布。

④若合同或标准中规定了上规格限 U，下规格限 L，或同时规定了上、下规格限；当产品被测量的质量特性 x 满足下列不等式之一时为不合格品：

对于上规格限，$x>U$ 时为不合格；

对于下规格限，$x<L$ 时为不合格；

对于双侧规格限，$x>U$ 或 $x<L$ 时为不合格。

GB6378的应用步骤与GB2828相似。

某产品要求 $U \leqslant 60$，$N = 100$，检查水平Ⅱ，AQL = 2.5%，正常检查，试确定抽样方案。

步骤如下：

根据Ⅱ和 N，查得样本字码 F。

根据AQL和 F，查表得 $n = 10$，$k = 1.41$。

抽样并测量得到数据：53、57、49、58、59、54、58、56、55、50。

计算样本均值和标准差。

计算 Q_u =（U−均值）/标准差。

判定：如果 $Q_u \geqslant 1.41$ 则接受。

第五节 ISO9000族标准与质量管理体系

一、ISO9000族标准概论

1. ISO9000族标准的意义

ISO9000族标准是社会的发展、科技的进步、全球贸易竞争加剧、顾客需求的变化等多种因素综合作用下的产物。它既是生产力发展的必然产物，又是质量管理科学发展的成果与标志；它既是国际经济贸易发展的需要，又为企业加强质量管理、提高管理水平提供指导。

国际标准化组织（ISO）为了适应世界经济的发展要求，经过多年的努力，于1987年3月发布了ISO9000系列标准，被世界许多国家接受并采用；1994年ISO对其进行了首次有限的修改，形成了ISO9000族标准1994年版本；2000年又对标准进行了根本性的修订，形成了ISO9000族标准的2000年版本；2008年又对2000版标准做了一定的修改，颁发了2008版ISO9000族标准。

实施ISO9000族标准对国家、企业、消费者都具有十分重要的现实意义。它有利于保护消费者的合法权益；有利于规范企业内部的管理行为，提高企业管理水平；有利于发展外向型经济，提高国家竞争力；有利于提高产品/服务质量，改善企业绩效；有利于实施统一的质量体系认证，提高企业资质水平。

2. ISO9000族标准的组成

ISO9000族质量管理体系核心标准主要包括：《ISO9000 质量管理体系 基础和术语》《ISO9001 质量管理体系 要求》《ISO9004 质量管理体系 业绩改进指南》。

我国将ISO9000族标准等同采用为国家标准，其标准编号与ISO标准是相对应的。如GB/T19001—2008《质量管理体系要求》等同于ISO9001—2008。

新版ISO9000族标准采用了四大模块结构的过程方法模式：管理职责、资源管理、产品实现及测量、分析和改进，充分体现了策划（P）—实施（D）—检查（C）—改进（A）的循环过程。其过程模式见图17.11。若仅反映顾客要求与顾客满意，则是ISO9001的过程模式图；若全面反映顾客和其他相关方的要求与满意，则是ISO9004的过程模式图。

3. 质量管理的八项原则

为了更有效地帮助组织建立优质的质量管理体系，实现预期的质量方针和目标，必须有一套完善的、行之有效的、普遍适用的质量管理理论。为了建立这样一套理论，ISO/TC176于1995年成立了一个质量管理工作组，用了大约两年的时间，汲取了国际上最权威的一批质量管理专家的意见，整理编撰出了八项质量管理原则，并在国际上广泛征求意见，得到了众多国家的一致赞同。八项质量管理原则的提出旨在帮助组织建立持续改进经营业绩的框架，提高组织质量管理水平，使组织能够达到持续成功。

（1）以顾客为关注焦点。顾客是企业赖以生存的基础，在市场竞争中必须使企业的产品/服务满足顾客的需求、让顾客满意，才能使产品畅销，才能使企业获得经营利润。

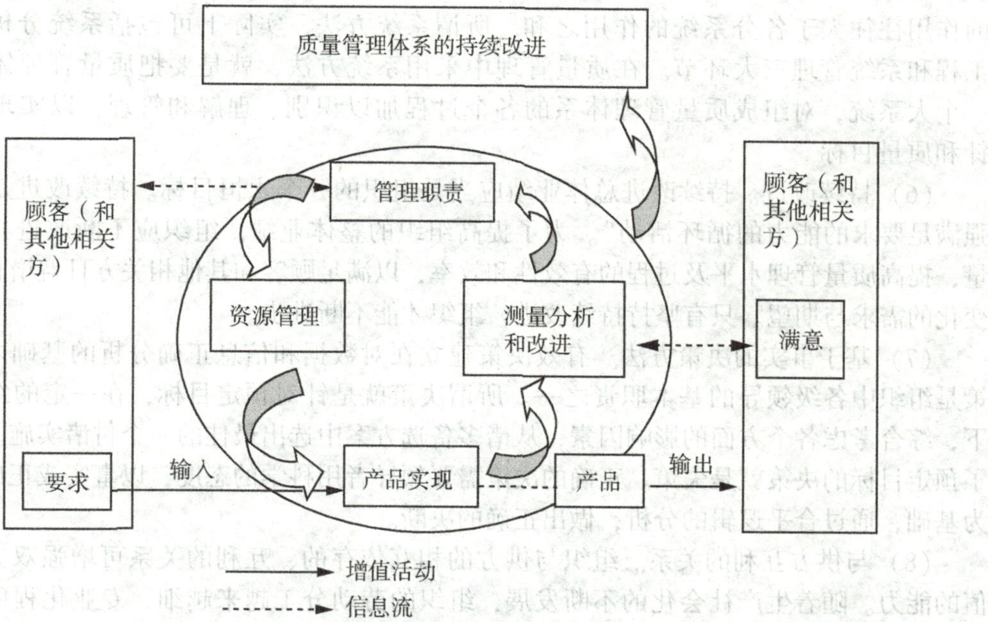

图 17.11 质量管理体系过程模式图

因此，企业的各项工作均应紧紧围绕着“顾客满意”来展开，它是判断各项工作好坏的准则，也是判断企业能否成功的标志。满足顾客要求只是一种基本要求，也就是说，它只是一个不满意因子，只有超越顾客的期望，给顾客一种意外的惊喜，才能使顾客满意。

(2) 领导作用。领导者要确立本组织统一的经营宗旨与方向并营造和保持能够使员工充分参与实现组织目标的内部环境。

领导者指的是组织的最高管理层，他们在企业的质量管理中起着决定性的作用，因为只有他们才具有决策权、支配权、人事安排权等。实践证明，只有高层领导重视，各项质量活动才能有效开展。领导要想指挥和控制好一个组织，必须做好以下几项工作：确定方向、提供资源、策划未来、激励员工、协调组织和营造一个良好的内部环境等。

(3) 全员参与。组织的全体员工都是组织之本，只有他们的充分参与，才能使他们的才智为组织带来收益。全体员工是组织的基础，组织的质量管理不仅需要最高管理者的正确领导，还有赖于全员参与。

(4) 过程方法。将相关的组织资源和活动作为过程进行管理，可以更有效地取得期望的结果。任何利用资源并通过管理将输入转化为输出的活动，均可视为过程。系统地识别和管理组织所应用的过程，特别是这些过程之间的相互作用，就是“过程方法”。

过程方法的目的是获得持续改进的动态循环，并使组织的总体业绩能够得到显著提高。过程方法鼓励组织要对其产品形成的所有过程有一个清晰的理解。过程可以包含一个或多个将输入转化为输出的活动，通常一个过程的输出将直接成为下一个过程的输入。

(5) 管理的系统方法。识别、理解和管理作为一个体系的相互关联的过程，有助于组织实现其目标的效率和有效性。所谓系统，就是“相互关联或相互作用的一组要素所构成的整体”。系统的特点之一就是通过各分系统的协同作用，互相促进，使总体的作用往往大于各分系统的作用之和。所谓系统方法，实际上可包括系统分析、系统工程和系统管理三大环节。在质量管理中采用系统方法，就是要把质量管理体系作为一个大系统，对组成质量管理体系的各个过程加以识别、理解和管理，以实现质量方针和质量目标。

（6）持续改进。持续改进总体业绩应当是组织的一个永恒目标。持续改进是指“增强满足要求的能力的循环活动”。为了提高组织的整体业绩，组织应不断改进其产品质量，提高质量管理水平及过程的有效性和效率，以满足顾客和其他相关方日益增长和不断变化的需求与期望。只有坚持持续改进，组织才能不断进步。

（7）基于事实的决策方法。有效决策建立在对数据和信息正确分析的基础之上。决策是组织中各级领导的基本职责之一。所谓决策就是针对预定目标，在一定的约束条件下，综合考虑各个方面的影响因素，从诸多备选方案中选出最佳的一个付诸实施。实现不了预定目标的决策就是失策。正确的决策需要领导者用科学的态度，以事实或正确的信息为基础，通过合乎逻辑的分析，做出正确的决断。

（8）与供方互利的关系。组织与供方的相互依存的、互利的关系可增强双方创造价值的能力。随着生产社会化的不断发展，组织的劳动分工越来越细，专业化程度越来越强，通常，某一个产品不可能由一个组织从最初的原材料加工开始直至形成最终顾客使用的产品，而往往是通过多个组织分工协作来共同完成的。因此，绝大多数组织有其供方。供方提供的高质量产品是组织为顾客提供高质量产品的重要保证之一。组织市场的扩大，为供方增加了更多的合作机会。所以，组织与供方的合作与交流是非常重要的。

ISO9001 的主要内容条款见表 17.10。

表 17.10 **ISO9001 主要内容条款**

1 范围	6.3 基础设施
2 引用标准	6.4 工作环境
3 术语和定义	7 产品实现
4 质量管理体系	7.1 产品实现的策划
4.1 总要求	7.2 与顾客有关的过程
4.2 文件要求	7.3 设计和开发
5 管理职责	7.4 采购
5.1 管理承诺	7.5 生产和服务提供
5.2 以顾客为关注焦点	7.6 监视和测量装置的控制
5.3 质量方针	8 测量、分析和改进
5.4 策划	8.1 总则
5.5 职责、权限与沟通	8.2 监视和测量
5.6 管理评审	8.3 不合格品控制
6 资源管理	8.4 数据分析
6.1 资源提供	8.5 改进
6.2 人力资源	

根据ISO9000族标准内容，我们可以总结出其质量保证的主要机制：完善的管理职责，充足的资源，程序化、文件化，过程控制，测量、分析与改进，不合格品控制，纠正措施，预防措施，质量审核（内审、外审），管理评审。

二、ISO9004 业绩改进指南简介

1. ISO9004 的作用

ISO9001 所要求的只是企业质量管理体系的一个基准，是对产品或服务达到规定要求、使顾客满意的基本要求。作为一个国际标准，它是一个国际协调的产物，不可能是质量管理的最高要求。ISO9004 则是指导企业建立一个更加全面、更加完善的质量管理体系，进而向世界级业绩水平发展的一个业绩改进指南。其基本作用是“各种规模、类型的组织为了追求卓越，必须进行业绩的改进”。国内外专家们曾强烈呼吁：“无论如何要搞好ISO9004，如果没有ISO9004，则没有必要进行2000年版的修订。”ISO9004标准的作用主要表现在以下几方面：

（1）与ISO9001相比，ISO9004为实现质量管理体系更加广泛的目标提供指南；

（2）为持续改进组织的整体业绩、效率和有效性提供指南；

（3）识别并满足顾客和其他相关方的需求和期望，以获得竞争优势，并以有效和高效的方式实现；

（4）实现、保持并改进组织的总体业绩和能力。

2. ISO9004 的内容特点

ISO9004与ISO9001是一对结构相似、具有兼容性但范围不同，既可以互相补充，也可以单独使用的标准。

ISO9004涉及组织质量管理体系的所有过程，在内容上要比ISO9001宽泛得多，在要求上也有所提高。企业除了按ISO9001要求建立各子过程和活动外，还需包括以下内容：

（1）相关方需求和期望的满意程度的测量结果；

（2）组织在市场中所处地位的评价，包括对竞争对手的评价；

（3）开展水平对比活动的结果；

（4）供方的业绩，以及合作开展初期的状况；

（5）质量活动的财务效果。

3. ISO9004 提供的自我评定方法

ISO9004提供了一种简易的自我评定方法，供企业定期开展自我评价活动，找出质量管理体系和过程中需要改进的优先事项，持续改进。该自我评定方法具有以下特点：

（1）用于整个质量管理体系，或其中一部分或任何过程；

（2）用于整个组织或组织的一部分；

（3）用内部资源在很短的时间内完成评价；

（4）由跨职能小组或一个人完成评价；

(5) 全面的管理体系评价的输入；
(6) 易于识别改进机会的优先次序；
(7) 促进质量管理体系向世界级业绩水平发展。

ISO9004 自我评定运作成熟水平的五个等级，见表 17.11。

表 17.11 自我评定运作成熟水平的五个等级

成熟水平	运作水平	指　南
1	没有正式方法	没有采用系统方法的证据，没有结果、结果不好或未达到预期结果
2	反应式的方法	基于问题或纠正问题的系统方法，改进结果的数据很少
3	稳定的、正式的系统方法	系统的过程方法，处于系统改进的初期阶段，可获得符合目标的数据和存在改进的趋势
4	重视持续改进	对过程进行改进，结果良好且保持改进趋势
5	最好的运作级别	最强的综合改进过程；证实达到了水平的最好结果

三、质量管理体系的建立、审核与认证

1. 质量管理体系的建立和运行

质量管理体系的建立和运行是一项较为细致、涉及面较广的工作，一般分为五个阶段和若干步骤：

第一阶段：组织准备。管理层统一思想，制订做出决策；组织领导班子和工作班子；建立贯标目标和总体方案；宣传教育，导入培训；质量体系建立的工作计划。

第二阶段：调查分析。调查现状，收集资料；调查现有文件和执行情况；质量管理现状调查；产品实现过程调查分析；确定质量方针和质量目标；分析和确定体系结构；质量职能分配；评审调查结果。

第三阶段：文件编制。制订文件编制计划，规定文件编制体例和标示方法，文件编制。

第四阶段：体系建立。完善必要的工作计划，资源配备，完善工作指导书，制定记录表格和识别标签，发布体系文件。

第五阶段：体系运行。保持高素质的员工队伍，自觉执行体系程序，建立有效的运行机制，信息管理与反馈，质量管理体系审核和评审。

2. 质量管理体系的审核和评审

(1) 审核、评审与认证的概念。审核是指为获得审核证据并对其进行客观的评价，以确定满足审核准则的程度所进行的系统的、独立的并形成文件的过程。

按审核目的分为：第一方审核（内部审核）、第二方审核（采购方或其代表）、第三方审核（独立的认证机构）。

按审核对象分为：质量体系审核、过程质量审核、产品/服务质量审核。

评审是指为确定主题事项是否达到规定目标的适宜性、充分性和有效性所进行的活动，一般由组织最高管理者进行。

认证是指第三方公正机构书面保证产品、过程或服务符合规定的质量体系要求的程序，它是合格评定的主要形式之一。

- 合格评定
  - 认证
    - 产品质量认证
    - 质量体系认证/注册
  - 认可
    - 校准/检验机构认可
    - 认证机构认可
    - 审核机构认可
    - 审核员/评审员资格认可

（2）质量管理体系的审核与评审。质量管理体系的审核具体可分为内部审核和外部审核。前者由企业内部具有审核资格的人员进行，后者包括由顾客或指定机构进行的第二方审核和由独立的、权威的专门认证机构进行的第三方审核。通常我们将第三方所作的审核称为质量管理体系认证。ISO9001可用于质量体系认证目的，以证明企业有能力提供满足顾客和适用的法律法规要求的产品；但ISO9004既不用于认证、法规或合同目的，也不是ISO9001的实施指南。

组织获得认证并不是组织的唯一目的，定期的质量管理体系审核以及质量管理体系评审是质量管理体系自我控制和自我完善的重要手段。在体系审核中，对体系的有效性进行评价，对运行中存在的问题采取纠正和预防措施，对保持体系的符合性、完整性和有效性是十分重要的。通过管理评审，对管理体系的适宜性、充分性和有效性进行综合评价，对寻求体系改进的机会和变更的需要（包括质量方针和目标）是十分必要的。总之，质量管理体系审核与评审的有机结合是使质量体系保持适宜性、充分性、完整性和有效性的重要保证。质量管理体系审核与评审的区别见表17.12。

表17.12 **质量管理体系审核与评审的区别**

	内部审核	管理评审
目的	体系的符合性、有效性、达标性	体系的适宜性、充分性、有效性
组织者	具备资格的专业人员	最高管理者
对象	体系的各个过程	整个体系
依据	体系文件	ISO9001，质量手册
频次	一般2次/年	一般1次/年
后续处理	对不符合项进行纠正、修改相关程序文件，预防	调整、完善体系，调配资源

第六节　六西格玛管理

一、六西格玛的理解

六西格玛管理最先由摩托罗拉于 1987 年提出并实施，后由通用电气、ABB、西门子等商业机构采用并发展，现在已经成为一种重要的管理模式。通用电气前任总裁韦尔奇认为，六西格玛是通用电气至今所采用的最重要的创新，它是公司未来领导力的基因组成部分。美国品质协会前主席华森也指出，六西格玛很可能是这 100 年来，我们学到一切关于品质理论的集结总成。

六西格玛即 6σ 或 6 Sigma。六西格玛管理是在提高顾客满意程度的同时降低经营成本和周期的过程革新方法，它是通过提高组织核心过程的运行质量，进而提升企业赢利能力的管理方式，也是在新经济环境下企业获得竞争力和持续发展能力的经营策略。它希望达到的目标——六西格玛，意味着每 100 万个机会中只有 3.4 个错误或故障（理论上为 0.002ppm。之所以为 3.4ppm，是因为考虑到分布有 1.5σ 的偏移）。3σ 与 6σ 的比较如图 17.12 所示（不考虑分布偏移）。

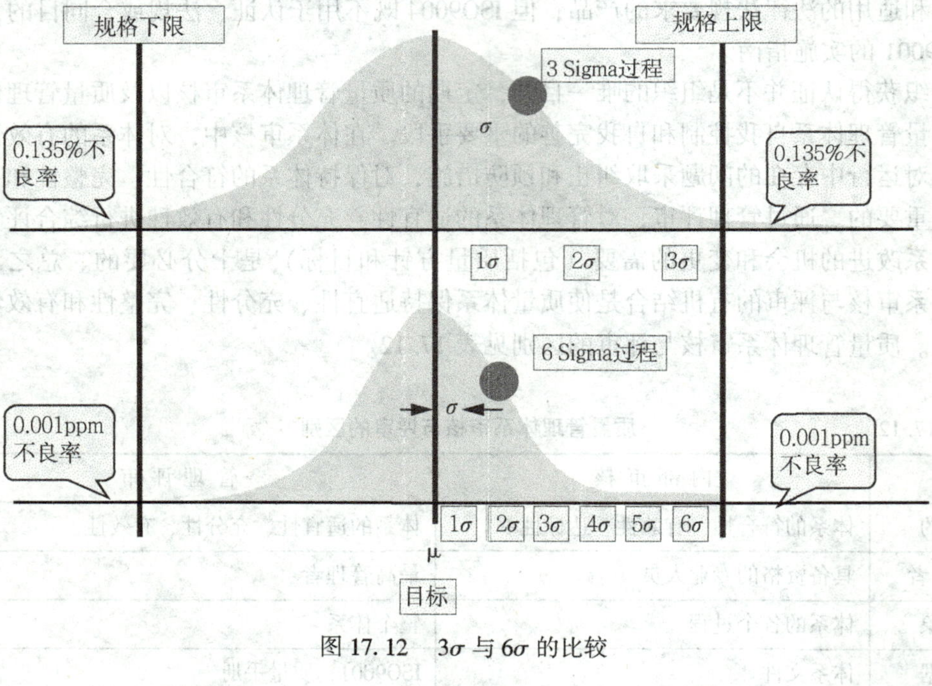

图 17.12　3σ 与 6σ 的比较

在有 1.5σ 的分布偏移情况下，不同等级西格玛水平有不同的不良品发生概率，见表 17.13。

表 17.13　　不同等级西格玛对应的不良品率

Sigma 等级	不良品率（百万分之）	Sigma 等级	不良品率（百万分之）
1σ	697700	4σ	6210
2σ	308700	5σ	233
3σ	66810	6σ	3.4

在企业界看来，六西格玛的不同之处首先在于将员工从他们的全职工作中解放出来，教他们怎样用统计方法解决问题。然后黑带师被分派去与一位 Champion 一起工作。典型的 Champion 通常由一名副总裁担任，他应该理解什么因素真正影响业务，并为选派的黑带师挑选一个棘手的问题让其解决。

六西格玛发展到目前，有好几种不同的理解方法。一种主要是从技术角度去理解，即关注初始收益及每百万个产品中缺陷出现的机会。另一种则是关注一种情境，识别是否有问题发生，然后挖掘其根本原因。公司通常的做法是抨击表象，此时，他们可能会修正那个小问题，而其他的问题仍待解决。当进一步分析根本原因时，不仅可以解决最初看到的问题，而且还可以解决无数其他问题，因此，六西格玛是用一种非常具有逻辑性且非常有效的方法改进作业流程，是业务运作的正确方法。

在专家们看来，六西格玛是一种通过使用改进专家、结构化方法和绩效评估来降低组织作业流程的不一致性从而达到企业战略目标的有组织的平行结构。四个相关要素包括：平行结构、改善专家、结构化方法和绩效评估。

平行结构是“在组织平常的运作方式之外的一种额外的运作方式，它不直接改变企业原有的运作方式”。即在正式组织之外，构建一套有利于六西格玛实施的组织体系，包括改善专家体系和项目管理运作方式。

改善专家包括黑带大师（主黑带）、黑带、绿带等不同的角色与职责系统，分别承担领导、推动、管理、执行与配合的职责，是六西格玛项目实施的组织和人力资源保证，在选取黑带大师时不仅基于其技术技能，还要看他们的领导技能。改善专家系统见图 17.13。

结构化方法是一种解决问题的思想，是一种通用的方法论，通用的语言，具有可传播性。摩托罗拉、通用电气、福特、三星等企业在推行六西格玛过程中结合企业实际，针对不同对象（产品、服务、流程、系统）的改进或设计总结出了多种结构化的方法，概括如下：

（1）PDCA（Plan，Do，Check，Action）循环，即计划、实施、检查、处理，是实施全面质量管理的基本方法，描述了质量改进的一般方法。

（2）DMAIC（Define，Measure，Analyze，Improve，Control），即定义、测量、分析、改进、控制，主要用于已有产品、服务、过程的改进。

（3）DMAICR（Define，Measure，Analyze，Improve，Control，Replicate），即定义、

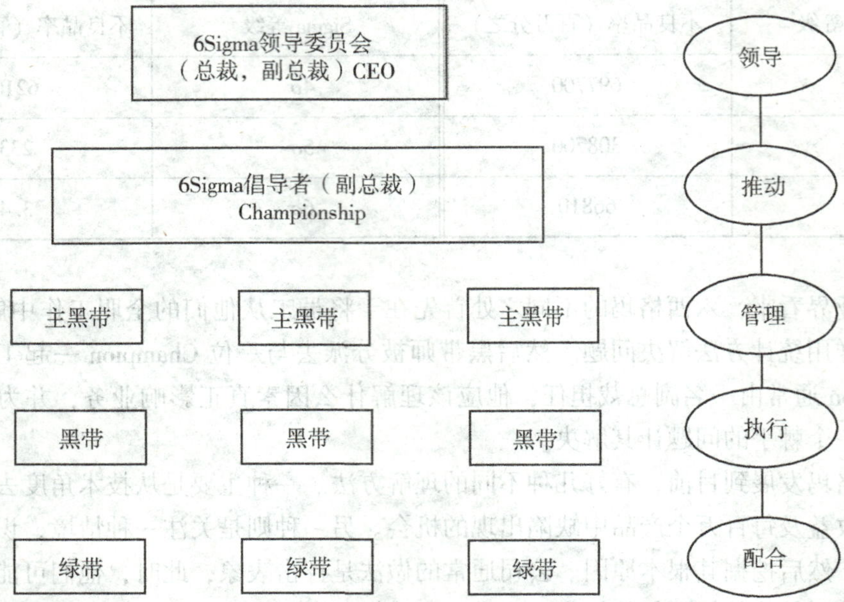

图 17.13 改善专家系统

测量、分析、改进、控制和复制，强调对成功经验和方法的推广复制，获得广泛而持续的改进。

（4）DMADV（Define，Measure，Analyze，Design，Verify），即定义、测量、分析、设计、验证，主要用于对产品、服务、过程的再设计。

（5）DMADOV（Define，Measure，Analyze，Design，Optimum，Verify），即定义、测量、分析、设计、优化、验证，强调对改进设计的优化。

（6）DMAEV（Define，Measure，Analyze，Enable，Verify），即定义、测量、分析、实施、验证，强调对实施结果的验证。

（7）DABTL（Define，Architect，Build，Test，Launch），即定义、设计、构建、测试、发布，主要用于系统的设计与改进。

绩效评后则包括关键质量和流程的六西格玛度量、顾客满意度量，财务衡量及战略衡量等。六西格玛度量为流程和产品/服务质量建立了统一的度量尺度，其他的度量则从不同角度反映六西格玛对顾客满意、财务、战略的影响，建立起产品/服务、流程质量与顾客、财务、战略等之间的联系，超越了 TQM 和 ISO9001 仅仅对质量的关注。

二、六西格玛与全面质量管理的关系

六西格玛无论是管理对象、方法，还是关注范围与绩效测量，都在 TQM 的基础上有了较大的深化与拓展，不仅使得原有 TQM 的实施更有方法、组织和结果保证，更增添了新的内容，提升了企业的管理层次。其比较见表 17.14。

表 17.14　　**TQM 与六西格玛对比**

	TQM	六 西 格 玛
对象	质量	质量、成本、流程时间、库存、能力等
关注范围	企业的质量职能	整个供应链管理相关过程
工作方法	PDCA 循环	DMAIC、DMDOC 等
内容核心	质量控制、质量保证，持续改进	产品/服务/流程的改进、再设计，突破性改进与创新
组织保证	质量管理体系运作，QC 小组活动，兼职	黑带专家体系，项目管理，专职与兼职结合
绩效测量	工序能力，质量检验，顾客满意度	流程的六西格玛测量，关键质量特性，顾客满意度，财务绩效，市场竞争力

一般来说，TQM 的内容包括领导作用、顾客关注、全员参与、过程方法、持续改进、基于事实决策、系统方法、供应商关系等。六西格玛角色与职责（黑带角色体系）、绩效关注及结构化方法是 TQM 的延伸和补充，共同作用于质量绩效和企业绩效，如图 17.14 所示。六西格玛与 TQM 的关系可以表示为：

六西格玛＝TQM+黑带角色体系+结构化方法+项目管理+绩效评价

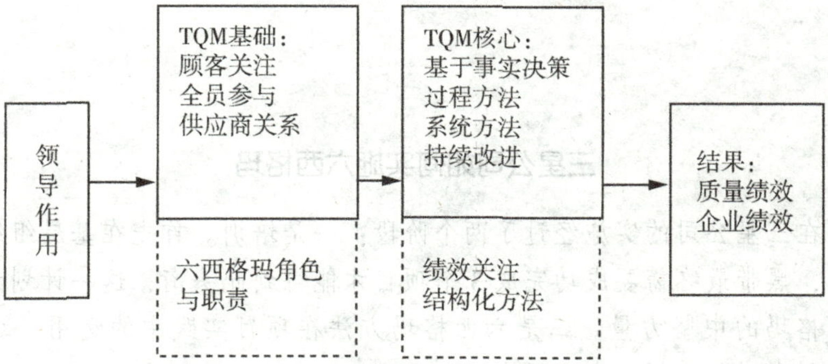

图 17.14　TQM 与六西格玛的融合

三、六西格玛管理的实施

不同的管理层次、不同的视角对六西格玛有不同的理解，其实施更是受到众多要素的影响，是一项艰苦复杂、涉及面广、需要长期努力才能见成效的战略方法。六西格玛的关键成功要素会随着企业的外部环境与内部资源条件的不同而不同。六西格玛的关键成功要素包括管理者的参与和承诺，对六西格玛方法、工具与技术的理解，与经营战略的联系，与顾客的联系，项目选择、评估、跟踪与管理技能，组织构架，文化变革，与供应商的联系，培训，与人力资源的联系，其中，最为重要的是管理者的承诺和参与，项目选择、评估、跟踪与管理技能，文化变革及培训。

六西格玛的实施首先需要观念和文化的变革，需要站在战略的高度全面审视企业的顾客、产品/服务、流程、人力资源、供应链体系，发现问题、分析问题，采用系统的、结构化的方法和工具、技术解决问题，持续改进，鼓励创新，允许失败。

六西格玛的实施，不仅关注狭义的产品/服务改进与设计，还要关注质量以外的成本、流程时间、库存、生产能力等影响顾客和企业绩效的所有方面；不仅关注单个企业，还要关注供应链的相关过程与活动。

六西格玛的实施，不仅需要与TQM融合，还要与其他管理思想和方法融合，如精益生产、流程再造、供应链管理等。

六西格玛的实施，需要强化控制（C）与复制（R），实现改进的可持续性与扩展性。控制强调的是将成功的经验纳入制度、规范、标准等，巩固成果，确保六西格玛成果的持续性；复制强调的是将六西格玛项目的成功经验复制推广到其他项目、部门或过程，分享经验。

六西格玛的实施，最关键的是人，需要有针对性地进行人力资源管理培训与开发，需要培养一批以黑带大师、黑带为核心的人力资源队伍，建立与六西格玛相适应的绩效评价和激励机制。

总之，六西格玛的实施，需要高层管理者树立坚定的信念和目标，倡导与六西格玛相适应的企业战略和文化，并参与六西格玛管理，通过黑带专家以项目的方式带领其他员工实施产品、流程及其他方面的改进、再设计，需要企业全体员工近乎疯狂的工作才能达到目的。

【延伸阅读】

三星公司如何实施六西格玛

六西格玛在三星公司的实施经过了两个阶段：一是培训。首先在基层组织了为期4个月的黑带培训，黑带最终需要成功完成3个项目才能得到此头衔，这一计划为公司培养了全面推行六西格玛的中坚力量。二是六西格玛方法在项目实践中的运用。运用DMAEV、大量的数据资料和过程分析技术开展实施。

定义：首先，根据公司经营面临的内外部环境和客户之声、企业之声识别项目的主要客户。接下来，确定管理过程中的无效率事件，确定需要解决的关键问题。主要的领域包括生产（原材料采购、制造）、全球运营管理（订货满足、生产计划、库存管理）、销售（预测、订货管理、销售、运输）。通过分析发现了以下几个方面的问题：库存可见性、需求预测、补货过程、生产计划、包装和运输。

通过对客户之声/企业之声和过程的分析，得出了两个关键质量特性即（CTQ）：需求稳定性和库存可见性。通过进一步分析，最后确定将库存可见性视为CTQ，库存可见性用剩余库存率进行定义：

$$剩余库存率 = \sum 剩余库存 / \sum 总库存 \times 100\%$$

测量：目前的剩余库存率超过10%，项目设定目标水平为6%，因此，需要将现有剩余库存水平降低40%。然后，通过分析得出剩余库存率高的潜在原因，通过对项目影响的重要性分析筛选出主要原因，包括流程、规则与政策、IT系统等方面。

分析：运用定量和定性分析方法对测量过程中发现的潜在原因进行细致的数据资料收集和分析，确定影响剩余库存率的关键要素，包括：剩余库存的历史记录、管理过度库存的标准、网络用户界面设计等。

实施：针对每个关键要素提出具体的解决方案，针对流程、运作规则与政策、组织角色与职责、绩效测量、IT系统提出详细的改进措施。

验证：验证结果显示，剩余库存从10.4%下降到6.5%，下降了37%，离预定目标水平仅差0.5个百分点，剩余库存成本由2700万美元下降到1900万美元，效果显著。

接下来，通过控制和变革管理计划来快速推进最优方案的实施。控制计划包括可控的绩效指标或因素、控制方法、每个因素的营运单位责任、对意外事故采取的行动等；变革管理包括各种组织间的交流、培训、解决争端的方式和激励机制等。

资料来源：张光明、周辉、张越洋：《三星公司供应链六西格玛管理实践及启示》，《质量春秋》，2010年第5期。

【思考与练习】

1. 如何理解质量？试描述几种具体的产品的质量。
2. 质量管理分为几个发展阶段？每个阶段有何特点？
3. 什么是全面质量管理？包含哪些思想？
4. 全面质量管理有哪些常用工具？如何应用？
5. PDCA循环与全面质量管理的工具有何关系？
6. ISO9000标准有何意义？包含哪几个主要标准？
7. ISO9000标准与全面质量管理有何关系？ISO9001与ISO9004有何关系？
8. 质量管理体系审核与评审有什么区别？
9. 用排列图分析表17.15中产品延迟的主要原因。

表17.15

延迟原因	频次	延迟原因	频次
检验设备落后	23	检验人员素质低	3
检验延迟	16	等待工程师决策	12
零部件不充分	41	没有计划	10

10. 当企业采用6σ原理作为工序质量控制标准时，工序能力指数判断标准仍有效吗？
11. 提高工序能力的途径有哪些？
12. 根据表17.16中数据设计控制图，并描点判断控制状况。

表 17.16

序号	1	2	3	4	5	6	7	8	9	10	11	12
$\bar{x}$	63.5	63.6	63.9	63.4	63.0	63.2	63.3	63.7	63.7	63.3	63.2	63.6
R	2.0	1.0	1.7	0.9	1.2	1.6	1.8	1.3	1.6	1.3	1.8	1.0

序号	13	14	15	16	17	18	19	20	21	22	23	24	25
$\bar{x}$	63.3	63.4	63.4	63.4	63.5	63.6	63.8	63.5	63.9	63.2	63.3	64	63.4
R	1.5	1.7	1.4	1.1	1.8	1.3	1.6	1.0	1.8	1.7	2.0	1.5	1.5

13. 根据表 17.17 中数据设计不合格品数控制图和不合格品率控制图，并描点判断控制状况（每个样本 100 个产品）。

表 17.17

样本号	不合格品数	所占比例	样本号	不合格品数	所占比例
1	2	0.02	16	2	0.02
2	4	0.04	17	8	0.08
3	10	0.10	18	2	0.02
4	4	0.04	19	3	0.03
5	1	0.01	20	7	0.07
6	1	0.01	21	3	0.03
7	13	0.13	22	2	0.02
8	9	0.09	23	3	0.03
9	11	0.11	24	7	0.07
10	0	0.00	25	4	0.04
11	3	0.03	26	3	0.03
12	4	0.04	27	2	0.02
13	2	0.02	28	1	0.01
14	2	0.02	29	3	0.03
15	0	0.00	30	4	0.04

14. 质量检验有哪些类型？为什么要采用抽样检验？

15. 什么是 AQL？如何确定 AQL？

16. 设某产品特性规定上限为 50，批量 $N=1500$，AQL=2.5%，检查水平Ⅱ，试分别采用 GB2828 和 GB6378 确定一次、二次正常、加严、放宽检验方案。

17. 如何理解六西格玛管理？它与全面质量管理有什么区别？

【案例】

抽查工序能力

某工具厂投入一种新产品，生产部王经理要求其助手小林检查工序能力。小林抽取了18个样本，每个样本20个产品。其结果见表17.18。

表17.18

样本	均值	极差	样本	均值	极差	样本	均值	极差
1	45.01	0.85	7	44.91	0.86	13	45.00	0.86
2	44.99	0.89	8	45.04	0.89	14	44.92	0.89
3	45.02	0.86	9	45.00	0.85	15	45.06	0.87
4	45.00	0.91	10	44.97	0.91	16	44.94	0.86
5	45.04	0.87	11	45.11	0.84	17	45.00	0.85
6	44.98	0.90	12	44.96	0.87	18	45.03	0.88

分析这些数据后，小林得出结论，根据1.20的公差范围，工序能力不足。听到这个消息，王经理很失望。公司总部冻结了相应的资金支出，对设备做了一定的改进，可是并没有实现任何的质量改进。于是王经理向张教授咨询。张教授建议抽取另外一组样本，共27组，每个样本5个产品，结果见表17.19。

表17.19

样本	均值	极差	样本	均值	极差	样本	均值	极差
1	44.96	0.42	10	45.12	0.40	19	44.87	0.38
2	44.98	0.39	11	45.07	0.41	20	44.95	0.41
3	44.96	0.41	12	45.02	0.38	21	44.93	0.39
4	44.97	0.37	13	45.01	0.41	22	44.96	0.41
5	45.02	0.39	14	44.98	0.40	23	44.99	0.40
6	45.03	0.40	15	45.00	0.39	24	45.00	0.44
7	45.04	0.39	16	44.95	0.41	25	45.03	0.42
8	45.05	0.42	17	44.94	0.43	26	45.04	0.38
9	45.08	0.38	18	44.94	0.40	27	45.03	0.40

资料来源：威廉·J. 史蒂文森著，张群、张杰译：《生产与运作管理》，机械工业出版社2000年版，第267页。

思考题：

1. 小林是如何根据第一次抽样来判断工序能力不足的？试计算工序能力指数。

2. 第二次抽样判断结果如何？为什么？

3. 假设问题被发现并纠正，你认为这将给工序能力带来什么影响？

4. 如果小样本能够提供大样本不能提供的信息，为什么不在任何情况下都采用小样本？

第十八章 精益生产与大规模定制

生产运营作为人类的一种基本活动，其方式从最早期的手工作坊式生产（以19世纪德、法两国为代表）、大批量生产（以20世纪上半叶美国为代表）、精细生产（以20世纪下半叶日本为代表）到21世纪的敏捷制造和大规模定制。如今顾客需求呈现明显的个性化特征和强烈的时效性，市场细分深化。行业内部竞争加剧，企业利润率持续降低，为求生存和发展，企业需要调整自身管理模式，在成本控制、质量保证、交货周期、响应能力、产品多样性等全方面提高竞争能力。

第一节 准时制与精益生产

精益生产方式产生于20世纪60—70年代，以日本丰田公司为代表，它不是生产运营管理的新内容，但保持了长久而持续的生命力，目前我国许多企业仍在不断地学习和理解精益生产，希望能够将其和本企业实际情况相结合，创造出适合本企业需要的特有管理体系，因此，本节有必要对此进行介绍。

一、精益生产方式的产生背景

20世纪后半期，兼备手工生产及大量生产二者的优点，又能克服二者缺点的一种高质量、低成本并富有柔性的新的生产方式在日本应运而生，即丰田生产方式（Toyota Production System，TPS），又被称为JIT（Just In Time）生产方式。它的基本思想可用现在已广为流传的一句话来概括，即“只在需要的时候，按需要的量，生产所需的产品”，这也就是Just In Time所要表达的本来含义。这种生产方式的核心是追求一种无库存，或库存达到最小的生产系统，尽量消除生产过程中的浪费，为此开发了包括“看板”在内的一系列具体方法，并逐渐形成了一套独具特色的生产经营体系。

精益生产方式是美国在全面研究以JIT生产方式为代表的日本式生产方式在西方发达国家以及发展中国家应用情况的基础上，于1990年所提出的一种较完整的生产经营管理理论。20世纪80年代以后，一方面，资源价格继续飞涨；另一方面，随着经济的发展，消费者的行动变得更加具有选择性，因此市场需求更加迅速朝着多样化、个性化的方向发展。市场对产品的质量要求变得更高，产品的寿命周期变得越来越短。因此，产品的开发设计周期、生产周期的长短对于制造业企业的市场竞争力来说就变得更加重要。与此同时，产品的更新换代日益频繁，导致制造技术、生产系统也必须相应地进行改变。这种状况给制造业企业提出的课题是，一方面必须找出办法来使产品的开发设计周期和生产周期显著缩短，另一方面还必须使企业的生产经营方式能够快速响应市场的需求变化。这两方面的课题促使制造业企业改变原有的经营方式、管理方式和工作方法，探索新的模式。到80年代中期，JIT生产方式已在世界范围内得到了一定的传播。但是，它到底是日本独特的社会、经济、文化背景下的一种产物，还是在全球范围内具有普遍意义？正是带着这样的疑问，以美国MIT大学教授为首，日美欧各国50多位专家参加的一个研究小组，对JIT生产方式进一步作了详尽的实证考察和理论研究，提出了“精益生产”理论。该理论的研究用了5年时间，耗费了500万美元的巨资，调查了全世界15个国家的90个汽车制造厂，对大量生产方式和精益生产方式作了详尽的实证性比较，最后得出的结论是：精益生产是一种“人类制造产品的非常优越的方式”，它能够广泛使用于世界各个国家的各种制造企业，并预言这种生产方式将成为未来制造业的标准生产方式，该理论所称的精益生产，是对JIT生产方式的进一步提炼和理论总结，其内容范围不仅包括生产系统内部的运营、管理方法，而且包括从市场预测、产品开发、生产制造管理（其中包括生产计划与控制、生产组织、质量管理、设备保全、库存管理、成本控制等多项内容）、零部件供应系统直至营销与售后服务等企业的一系列活动。这种扩大了的生产管理、生产方式的概念和理论，是在当今世界生产与经营一体化、制造与管理一体化的趋势越来越强的背景下应运而生的，其目的是使制造业企业在当今的环境下能够自适应、自发展，取得新的、更强有力的竞争武器。

二、精益生产方式的核心理念

精益生产（Lean Production，LP）是美国麻省理工学院国际汽车项目组（International Motor Vehicle Program，IMVP）对日本汽车工业进行深入的调查后提出的。他们发现丰田公司与美国的汽车公司相比，只需要一半的人员、一半的生产场地、一半的投资、一半的工程设计时间、一半的新产品开发时间和少得多的库存，就能生产出质量更高、品种更多的小汽车。精益生产方式的核心理念是：持续改善、消除一切浪费和尊重员工。

1. 持续改善——永远不满足于现状

日本产品起初在世界市场上的形象并不佳，但其充分发扬日本民族的性格特点，很有耐心地持续改进美国戴明博士介绍的PDCA循环思想，一步一步地进行全员全面质量管理活动，从而极大地改变了日本产品在世界市场上的形象。

改善是渐进式的进步，是细微的改变，日积月累；创新是跃进式的进步，是显著的变化，其过程是不连续的。如果创新之后无持续改进，则实际成果会大打折扣。

2. 消除一切浪费

根据大野耐一的定义，生产过程中的浪费主要有6种形式，后来加上废品、次品的损失和额外管理产生的损失，浪费现可分为以下8种：（1）过量生产的浪费；（2）等待的浪费；（3）运输的浪费；（4）库存的浪费；（5）工序的浪费；（6）动作中的浪费；（7）产品缺陷的浪费；（8）管理的浪费。精益生产的设计和实施过程就是要尽可能消除这八种浪费，节约对资源的占用，提高对资源的利用效率，追求零库存和零缺陷，直至实现八个零浪费的终极目标。

丰田生产系统常常被理解为一种零库存的生产系统，或使库存最小化的生产系统，这是因为其显著特色之一是将库存看作生产系统中的一种浪费。这种生产方式，通过不断减少库存来暴露管理中各种问题，不断消除浪费，进行无休止的技术改进，同时也提高公司的管理协调水平。

3. 尊重员工

以人为本，强调个人对生产过程的影响，尽量发挥每个人的主观能动性，同时注重团队合作。员工是精益生产的核心力量，不同专长和工种的人员协力工作，才使精益生产方式在丰田公司得以实现。像多数的日本企业一样，丰田公司推行终身雇佣制度和年功序列工资，对员工的评价基于长期的表现。另外，在丰田的生产线上，安装了一个自动停机装置，当工人觉得自己的工作出现失误，会启动自动停机装置，让整个生产线都停下来。

总之，精益生产方式以整体优化的观点，科学、合理地组织与配置企业拥有的生产要素，消除生产过程中一切不产生附加价值的劳动和资源。

三、精益生产方式的实施条件

精益生产综合了手工生产方式和大量生产方式的优点，克服了两者的缺点，使它成为新形势下最有生命力的生产方式，然而它的实现是有严格条件的，其关键条件是准时生产和自动化。

1. 准时制

准时制曾被称为“丰田生产方式”，是一种拉动式的生产，生产计划安排上强调“准时”，具体的实现工具就是“看板”。要求零件准时到达下道工序，并被下道工序迅速加工和转移，其实质是保持物流和信息流在生产中的同步。“准时化”的基本思想就是“只在需要的时候，按需要的量生产所需的产品”，不过量、不过早生产，追求零库存或库存最小化，它是对生产的计划、控制和库存的管理。准时化生产使制造业从过去传统的由市场预测引发的生产转向按顾客的订单生产。

丰田汽车公司通过准时制与看板控制降低原材料、半成品和产成品库存量，控制产品质量等措施，减少对生产车间的空间占用，降低生产准备时间，提高劳动生产率及产品质量，促进其成本降低，缩短交货期，从而满足顾客对产品日益个性化和多样化的需求。

准时生产即以市场为龙头“在合适的时间、生产合适的数量和高质量的产品”。准时生产需要以拉动生产为基础，以均衡生产为条件。所谓拉动生产是以看板管理为手段，采用“取料制”即后道工序根据“市场”需要进行生产，对本工序在制品短缺的量从前道工序取相同的在制品量，从而形成全过程的拉动控制系统，绝不多生产一件产品。平准化是指工件被拉动到生产系统之前要按照加工时间、数量、品种进行合理的搭配和排序，使被拉动到生产系统中的工件流具有加工工时上的平稳性，保证均衡生产，同时在品种和数量上实现混流式运动，实现对市场多品种、小批量需要的快速反应。

用简明的语言表达，准时生产就是将需要的产品、仅按需要的数量、在需要的时候生产的想法。准时生产，举例来说，意味着在生产汽车组装零部件的工序，所需要的前工序的局部组装件（单元零部件），要在需要的时候，仅按需要的数量到达生产线。

如果准时生产在全公司得以实现，其当然的结果就是完全消除了工厂里多余的库存，仓库就完全没有必要了，仓库管理费减少，资金周转率提高。

为了实现“准时生产”，第一个条件是向所有工序通知生产的确切时间和需要的数量。在通常的生产管理方式之下，这个必要条件通过向所有工序提出各种各样的生产计划来满足。也就是，不仅向最终装配线提供计划，对零部件制造工序也提供同样的计划。

零部件制造工序使用前工序向后工序供应零部件的方式，也就是“押入方式”，根据计划生产产品。但是，如果只依靠同时向所有的工序提出生产计划的集中计划手段（押入方式），在制造像汽车这样由数千种零部件组成的产品的所有工序中实现准时生产是非常困难的。如果想在通常方式下适应某个月内发生的变化，公司只有同时改变各个工序各自的生产计划，这样频繁地变更计划也是很困难的。结果，为了应对故障的发生和需求的变化，公司必须在各工序准备库存。这样，各工序间的库存量常常出现不平衡，在进行产品更新换代时，经常发生持有不良库存和过剩设备、过剩劳动力的情况。

所以，在丰田生产方式中，从相反的方向观察生产流程就很有必要。换句话说，就是该工序的人按照需要的数量，在需要的时候到前工序去领取所必需的零部件。接着，前工序为了补充被取走的零部件，只生产被取走的那部分就可以了。这种方式被称为“拉动方式”。

因为只向最终装配线正确地通知所需零部件的领取时间和数量，最终装配线就到前工序将装配汽车所必需的零部件在需要的时候，领取所必需的数量。此后，前工序开始生产被后工序取走的那部分零部件。这样一来，各个零部件制造工序就从它的前工序领取所必需的零件或材料，按顺序向前溯流运行。因此，在某个月，就没有必要同时向所有的工序下达生产计划了。在一辆一辆生产汽车的过程中，如果有必要变更生产计划，只需将变更传达到最终装配线就可以了。

2. 自动化

自动化是人员与机械设备的有机配合行为。这个“自动化”不是单纯的机械自动化，而是包含人的因素在内的自动化。它特别强调人对自动化机器的调节，认为只有赋予机器以人的智能，才能充分发挥机器在生产中的作用。概括地讲，可以解释为自动地监视和管理不正常情况的手段，就是防止不合格品从前工序流入后工序，不使后工序造成混乱，并以此保证准时生产。生产线上产生质量、数量、品种上的问题机械设备自动停机，并有指示显示，而任何人发现故障问题都有权立即停止生产线，主动排除故障，解决问题。同时将质量管理融入生产过程，变为每一个员工的自主行为，将一切工作变为有效劳动。

准时生产和自动化的关系可以用下面的例子来说明。如果说准时生产是棒球比赛中的集体配合协作精神的话，那么自动化就是每一个棒球选手的个人技术水平。大野耐一这样写道：“棒球场上的每一个棒球选手，相当于生产线上的各道工序。他们非常及时，不失时机地控制住球，靠相互之间的密切配合。全部工序也是一样，要做到及时密切的配合，才能有条不紊地做到出色的集体协作。另一方面，自动化起着杜绝生产现场过量生产造成的严重浪费，防止生产不合格产品的作用。为此，平时就要掌握适于每个选手的‘标准作业'。在出现不符合这种标准的异常情况，也就是说，在选手不能发挥自己的能力时，就要通过特别训练，恢复那个选手原有的技术水平。这样，通过'自动化'就能彻底实行'目视管理'，发现生产现场的弱点，在球队来说就是每个选手的弱点。于是，就要立刻研究提高选手水平的措施。"所以，准时生产和自动化，前者是与个人技能相关联，后者则是与生产制造的体系相关联，它们互为条件、相互影响。

3. 集中式布局与成组技术

自亚当·斯密以来，传统的分工方式渐渐成为主导潮流，福特公司的大量生产方式将分工推向极端，致使每个人只能从事极其简单而专门的工作，设备的布置严格按照对象专业化原则进行，生产线按照节拍进行生产。

丰田公司的生产系统也推行集中式布局，但在工厂内部主要按照成组技术安排设备和人员。成组技术是将工艺功能不同但技术流程上紧密相关或相似的设备和人员按一定的准则分类成组，然后各组实施有针对性的同一处理方法完成特定生产任务，从而实现效益提高的技术。它是对传统的过细分工方式的改进，有利于操作工人、维修工人、工业工程师、管理人员协力工作，可使生产现场出现的问题迅速得到解决，实现现场管理和现场改善。结合计算机和自动化技术，还可以发展成柔性制造系统。

4. 良好的供应商网络

拉动式准时制生产管理面向业务流程，它需要供应商一同参与生产布局和日常生产计划和调度过程。尊重供应商，将他们紧密团结在自己周围，是丰田生产方式的一大特点。

现代化的通信手段是实现组织之间沟通的物质条件。精益生产方式要求广泛的沟通，企业内部人员之间、部门之间需要良好沟通和协作，本企业与顾客、供应厂之间都需要沟通，及时传递信息，以便相互了解。丰田生产方式能够保持与自己供应商之间的良好沟通和协作，在一个长期的业务协作合同的指导下，直接由一线的员工来具体进行原材料与零配件的运送和交接。丰田公司只有出现新的零件时，才进行供应商评价和选择，一般供应商的资格和地位比较稳定；而且丰田公司坚决反对纵向一体化，不进入供应商的生产空间。

5. 自动换模技术

精益生产方式从构想到具有实际的经济价值，在丰田公司的发展历史上存在着一个关键的突破点，那就是"自动换模技术"，也称"三分钟换模法"。应丰田喜一郎的要求，大野耐一花多年时间研究出一种快速换模法。他利用轨道送进送出模具，采取一种一般操作工人能掌握的调整办法，使换模时间由一天减为3分钟。3分钟换模使得每个零件的制造成本比大量生产的还低，在制品库存大大降低，质量问题可以及时发现和就地返修。

采用快换工装模具新技术后，单一品种生产线变成多品种混合生产线，小批次大批量轮番生产变成多批次小批量生产，在制品储备得到最大限度的降低，提高适应市场需求的能力。

四、看板管理

在实现适时适量生产中具有极为重要意义的是作为其管理工具的看板。看板管理也可以说是 JIT 生产方式中最独特的部分，因此也有人将 JIT 生产方式称为“看板方式”。但是严格地讲，这种概念也不正确。因为从根本上来说，JIT 生产方式的本质，是一种生产管理技术，而看板只不过是作为一种管理工具来进行生产控制和生产调节，是 JIT 生产的外在表现形式。

1. 看板的机能

看板是一种自动指示器，可以自动地发出“生产什么”、“何时生产”、“生产多少”、“何时取料”、“何时存放”等指令信息。看板工作原理见图 18. 1，其主要机能如下：

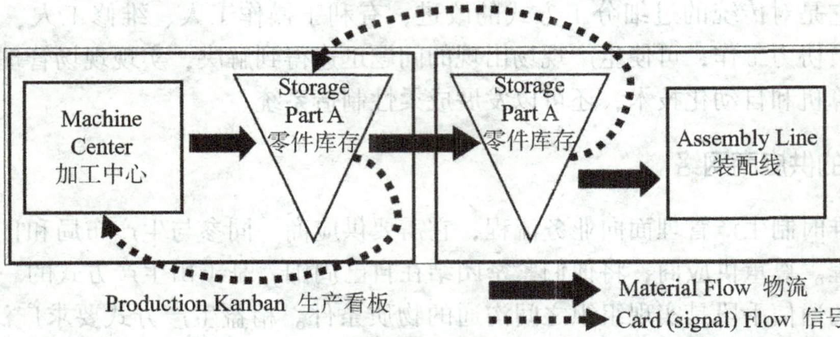

图 18. 1　看板工作原理

(1) 发出作业指令。看板中记载着生产量、时间、方法、顺序以及运送量、运送时间、运送目的地、放置场所、搬运工具等信息，从装配工序逐次向前工序追溯，在装配线将所使用的零部件上所带的看板取下，以此再去前工序领取。“后工序领取”以及“适时适量生产”就是这样通过看板来实现的。通过看板自动地发出符合生产现场情况的作业指令，可以防止现场作业人员生产出多余的零部件及产品，同时随时明确作业规则与标准。

(2) 调节、控制生产进度。在 JIT 生产方式中，生产的月度计划是集中制订的，同时传达到各个工厂以及协作企业。而与此相应的日生产指令只下达到最后一道工序或总装配线，对其他工序的生产指令通过看板来实现。即后工序“在需要的时候”用看板向前工序去领取“所需的量”时，同时就等于向前工序发出了生产指令。生产现场只有看板作为唯一的作业指令在各工序之间传递，而且每个看板均代表一定数量的零部件制品。现场作业人员只有接到看板时方可开始作业，没有接到看板时不得随意作业。这样，通过调节、控制看板的发出频率和发出数量，生产管理人员就能简便而有效地控制生产进度，调节物料流量。由于生产是不可能完全照计划进行的，月生产量的不均衡以及日生产计划的修改都通过看板来进行微调。看板就相当于工序之间、部门之间以及物流之间的联络神经而发挥作用。看板的计算公式如下：

$$k = \frac{dL(1+S)}{C}$$

其中，k 代表看板数量；d 代表平均需求量；L 代表 lead time（提前期）；S 代表安全库存（用提前期中需求量的比例形式表示）；C 代表容器的大小。

（3）实现改善的机能。看板除了以上的生产管理机能以外，还有一大机能，即改善机能。通过看板，可以发现生产中存在的问题，使其暴露，从而立即采取改善对策。在 JIT 生产方式中，通过不断减少看板数量来减少在制品的中间储存。在一般情况下，如果在制品库存较高，即使设备出现故障，不良品数目增加，也不会影响到后道工序的生产，所以就很容易把这些问题掩盖起来。而且即使有人员过剩，也不易察觉。根据看板的运用规则之一"不能把不良品送往后工序"，后工序所需得不到满足，就会造成全线停工，由此可立即使问题暴露，从而必须立即采取改善措施来解决问题。这样通过改善活动不仅使问题得到了解决，也使生产线的"体质"不断增强，带来了生产率的提高。JIT 生产方式的目标是要最终实现无库存生产系统，而看板提供了一个朝着这个方向迈进的工具。

2. 看板的种类

经常使用的看板主要有两种，即"取料看板"和"生产看板"。此外，还有"信号看板"及非常方便的特殊看板：

（1）取料看板。取料看板表示后工序应该向前工序领取的物料的种类和数量等信息。

（2）生产看板。生产看板表示前工序必须生产或订购的物料的种类和数量等信息。

（3）信号看板。信号看板顾名思义是传递某种信号。信号看板有两种，一种是"三角看板"，另一种是"请求材料看板"，两种看板常被用在批量生产的工序。在这类工序中，一批量的零件往往要分装在几个箱内，信号看板就附着在该批零件的某一箱上，当后道工序领取物料进行到信号看板所在位置时，前道工序必须开始必要的作业。

（4）特殊看板。特殊看板是在特殊时期为了实现特殊目的而使用的看板。具体包括：

特快看板，是在零部件不足时发出的，作用与取料看板及生产看板相同，但仅限于在异常情况出现时才发出，而且使用之后一定要立刻收回。

紧急看板，是为了应付不合格品、设备故障、额外增产等而需要一些库存时暂时发出的，使用后一定要立即收回。

连接看板，如果两个或两个以上的工序紧密连接，则没有必要交换看板，可使用一张共同的看板，这样的看板被称为"连接看板"。

台车看板，如果体积较大的零部件用装载数量一定的台车装运，那么台车本身就扮演着看板的角色。台车的数量就相当于看板的数量，一辆台车就代表一定数量的零件，空台车就是发给前道工序的作业指令。

供应商看板，当零部件被取用后，来自供应商的零件箱便空了。然后在固定的时间由专人用卡车将空箱及供应商看板运送到有关协作厂，并换取装满了零部件的箱子。当协作厂收到供应商看板后，便会按照看板上的信息组织生产和供货。

3. 看板管理的 5 项原则

实施看板管理，必须遵循以下 5 项原则：

（1）后道工序只在必要的时候，从前道工序领取必要数量的必要零部件。这条原则的含义有三个：一是后道工序从前道工序领取制品；二是要按照看板上标明的品种数量领取制品；三是没有收到看板时，不得领取制品。

（2）前道工序仅仅生产被后道工序领取的零部件。这条原则的含义是：各工序仅仅生产被后道工序领取走的同样数量同样种类的零部件；前道工序要按照后道工序领取零部件的顺序（看板送来的顺序）进行生产；前道工序没有收到看板不得加工制品。

（3）决不允许把不合格品传往后道工序。这条原则要求，各工序必须向下道工序提供百分之百合格的制品。

（4）前道工序没有收到看板时，不得进行任何作业。这条原则要求，各工序在没有收到后道工序传来的看板时，不得进行任何生产作业，即便是生产出合格的制品也不允许。

（5）各道工序要均匀地领取部件。这条原则要求，各工序必须在时间上、品种上和数量上均匀地领取零部件。当然必须以均衡化生产为基础，否则这条原则将失去保证。

第二节　敏捷制造与大规模定制

大规模定制是一个令人困惑又令人激动的概念，因为它是由以前认为不可调和的两个概念组成的：大规模生产和个性化定制。长久以来，人们在下述两个战略之间进行艰难的权衡和选择：要么提供大规模生产的标准化的低成本的产品或服务，要么提供客户化或高度差异化的小规模生产的产品或服务，当然成本相对也较高。换言之，人们必须在高效率的大规模生产和特殊的创新性产品之间二者择一。不过随着市场的发展，客户的要求变得越来越苛刻，他们希望获得真正需要的产品和服务，同时，全球的买方市场给消费者更大的决策权，多数产业进一步全球化和集中化，竞争日益激烈。在此背景下，大规模定制应运而生。这种新型的生产方式可以实现上述两个目标，用低成本大规模生产的产品来满足客户个性化的需求。

一、大规模定制与敏捷制造的含义

托夫勒（Alvin Toffler）1970 年在《未来的冲击》（*Future Shock*）一书中首次假设性提到大规模定制生产，随后斯坦·戴维斯（Stull Davis）在《未来理想》（*Future Perfect*）一书中正式将其称为“mass customization”，即大规模定制。到 1993 年派恩（B. Joseph Pine Ⅱ）在《大规模定制——企业竞争的新前沿》一书中对大规模定制进行了完整的描述，大规模定制在短短的时间内有了长足的发展。

1. 大规模定制的含义

在“大规模定制”刚刚提出的时候，其主要含义与产品多样化紧密联系在一起。“通过新技术和新管理方法的应用，它们发现了一条通向新范式的途径：通过灵活性和快速响应实现多样化和定制化。这就是新范式的控制焦点：大规模定制。”①

---

① 派恩：《大规模定制——企业竞争的新前沿》，中国人民大学出版社 1993 年版，第 42 页。

采用大规模生产模式的企业的共同目标是：以几乎人人都能买得起的低价格开发、生产、销售、交付产品和服务。而采用大规模定制的企业的共同目标是：开发、生产、销售、交付买得起的产品和服务，这些产品和服务具有足够的多样性和定制化，差不多人人都能买到自己所想要的产品。

20 世纪末期，约瑟夫·派恩对什么才是真正的大规模定制的看法发生了改变，把它看成管理模式（或范式），其控制焦点是“通过灵活性和快速响应实现产品的多样化和定制化”。在许多行业中，市场高度扰动，品种多样化程度越来越高，并通过增强反馈圈，融入越来越高的定制化，直到每一个客户都能够买到个性化的产品或服务。

很明显，多数企业采用“产品繁殖”作为定制化的一种手段，并且面对快速分化的市场，拼命地试图维持大规模生产的传统做法。今天，可以明确地肯定：多样化不同于定制化。

多样化仍然是生产一个产品，把它放入成品库中，期待客户上门购买。只有定制化才是响应客户的特殊要求而生产产品。多样化是给更多的客户更多的选择，希望他们能够发现接近他们需要的东西。但是，我们如此频繁地用如此多的“繁殖产品”来征服客户，使得他们必须经过漫长的选择过程，客户往往会为此感到失望，从而简单地与这些产品擦肩而过。客户不想过多地选择，他们只是想得到确实是他们想要的东西，认识到这一点是非常重要的。真正的任务是了解（通常通过协作）他们真正需要什么，然后将它生产出来。

斯坦·戴维斯（Stull Davis）在哲理上对“大规模”与“定制生产”给出了令人信服的解释，他认为“这个逻辑既不限于企业，也不源于企业。圣父、圣子、圣灵三位一体的宗教观念、权力制衡的政府观念和爱恨交织的心理学观念都是该逻辑的不同表现。”斯坦·戴维斯还认为只有今天的技术才能实现“大规模”与“定制”的结合。工业化前的技术不适用于这一任务，因为它们是以高单位成本的小批量为前提的；工业化技术则正好相反，它们以低单位成本的大批量为前提，企业不得不等待今天的技术，将两者融合成大规模定制：在大规模的基础上生产和销售定制产品和服务。在具体的结合方式上约瑟夫·派恩对此进行了详细说明。

大卫·M. 安德森（David M. Anderson）在《21 世纪企业竞争前沿——大规模定制模式下的敏捷产品开发》一书中对如何设计真正符合用户自己需求的产品，而不是“大众化”的标准产品，提出了详细的理念和方法。

大规模定制概括而言，其核心就是个性化定制产品和服务，同时有效地组织大规模生产。其基本思路是以各种现代先进技术为支持，调整产品的结构，重组生产工艺流程，尽可能将定制的部分转为批量生产，使得成本和速度向大规模生产靠拢，并保证客户和市场尽可能多的个性化需求得到满足。

2. 敏捷制造的含义

敏捷制造是一个同大规模定制紧密相关的技术术语。

1994 年基德（Kidd）定义敏捷制造为一种框架，符合这个框架的每个企业都能开发自己的产品和实施自己的经营战略。构成企业这个框架的基础是 3 种基本资源：（1）有创新精神的管理结构和组织；（2）有技艺、有知识且被适当授权的人员；（3）先进制造技术（柔性技术和智能技术）。这三种资源的有效集成将产生敏捷竞争力。敏捷制造和国际上的许多研究计划如 STEP、CALS、IMS 等有着密切的关系，正逐步成为一项国际性的研究计划。

另外，一批原来从事制造技术研究的科学家对精益生产、敏捷制造进行了卓有成效的研究。以美国麻省理工大学和美国里海大学（宾夕法尼亚州）为代表的一批专家教授，自 20 世纪 80 年代以来，在美国国家科学基金和美国国防部的资助下，对美、日制造业的生产组织模式进行比较研究，形成了一大批有重大影响的研究报告，并提出了许多新的生产管理理念和组织模式。

美国里海大学罗格·纳戈尔（Roger Nagel）教授（被美国《商务周刊》誉为“敏捷制造”和“虚拟组织”之父）1991 年提交了著名的《21 世纪制造企业发展战略》研究报告。这份报告中提出了敏捷制造、虚拟组织和电子商务等概念，被《经济学家》杂志称为 90 年代制造领域最重要的研究成果。他是《敏捷竞争者》和《联合起来去竞争》两本重要专著的作者之一，他提出的理念被誉为管理科学和生产模式研究的里程碑。

美国敏捷制造企业协会（AMEF）牵头开展了“最佳敏捷实践参考基础”研究，1995 年日本开展了一项“智能制造系统”（IMS）的国际性研究计划，德国、法国和英国均参加了一项主题为“未来的工厂”的尤里卡项目，为实施敏捷制造和大规模定制进行基础性研究工作。

美国国家研究理事会工程与技术系统委员会（Commission of Engineering and Technology System，National Research Council）组织了一个专门小组，对 2020 年制造业面临的挑战进行研究，以便能更加合理有效地支配目前的研究投资。他们提交了一份名为《2020 年制造业的远景预测》（*Visionary Manufacturing Challenges for* 2020）的报告，该报告已由美国国家科学出版社出版。

二、大规模定制生产模式的主要特点

大规模定制生产是适应现代市场需求多样化和需求变化加快的产物。它是一种既具有大批量生产的高效率、低成本，又能满足订货的个性化需求的一种生产模式。

1. 以客户的需求为导向，需求拉动型生产方式

在传统的大规模生产方式中，先生产，后销售，因而大规模生产是一种生产推动型的生产模式；在大规模定制中，企业以客户提出的个性化需求为生产的起点，客户的个性化需求是一切生产活动的起点，因而大规模定制是一种需求拉动型的生产模式。

2. 以极限细分市场为依托

定制生产中市场细分达到极限，每一个顾客都是一个小市场，目标市场十分明确。企业根据每个顾客的需要确定自己的产品组合，以需定产，充分满足消费者的特定需求。

3. 以模块化、标准化和通用化为基础

通过产品结构的模块化设计、零部件的标准化，可以批量生产模块和零部件，减少定制产品中的定制部分，从而大大缩短产品的交货提前期和减少产品的定制成本，最大限度发挥大规模定制的优点。

4. 以现代信息技术和先进制造系统为支持

大规模定制经济必须对客户的需求作出快速反应，这就要求现代信息技术能够在各制造单元中快速传递需求信息，柔性制造系统及时对定制信息作出反应，高质量地完成产品的定制生产。大规模定制生产通过互联网，使供应商、制造商、经销商以及顾客之间的关系更加密切。这主要表现在各方之间的联系方式可以保证持续性和深入性，同时双方也可以享有更多的选择性。

5. 以敏捷性为标志

在传统的大批量生产方式中，企业与消费者是一对多的关系，企业以不变应万变。而在大规模定制经济中，企业与消费者是一对一的关系，企业面临的是千变万化的需求，大规模定制企业必须快速满足不同客户的不同需求。因此，大规模定制企业是一种敏捷组织，这种敏捷不仅体现在柔性的生产设备、多技能的人员，而且还表现为组织结构的扁平化和精练。

6. 以供应链作为竞争的手段

在未来市场经济中，竞争不是企业与企业之间的竞争，而是企业供应链与供应链之间的竞争。大规模定制企业通过与其供应商建立起既竞争又合作的关系，共同来满足客户的需要。

三、技术创新是大规模定制的关键条件

可以说，没有技术创新作基础，就不可能出现大规模定制的管理模式。在大规模定制模式的形成过程中，技术创新扮演了重要的角色。实际上，在日益多元化的市场环境下，客户要求定制产品，这需要针对原有的生产和技术系统进行过程重组。

大规模生产的方式已经有将近百年的历史，而定制化的手工生产则更为久远。人类很早就有将二者结合起来的愿望，但在大多数产业，因为技术瓶颈的制约，不能变为现实。

大规模定制模式需要兼顾两个相互矛盾的目标，生产过程中的大规模生产，消费过程中的个性化，还需要较快的响应速度，能将这些目标结合在一起的是现代的信息、制造、物流等技术。

因而可以说，大规模定制模式的出现与发展，依赖于企业的技术创新。技术的突破，使得这种生产方式从少数传统的产业逐步扩大应用范围，使得原来认为经济上不可行的经营业务变得可行起来，并逐步形成竞争优势，冲击原有的生产组织模式。规模经济带来的低价位和大规模生产过程带来的成本优势不可战胜。那些能以低成本和低价格组织生产的

公司仍有竞争优势。如果在满足客户多样化需求的情况下能保持低价格，它们将会更加成功。大规模定制的技术创新主要体现在两个方面：产品的多样化直至定制化；生产工艺的稳定与高度的兼容性。在大规模定制模式的实现过程中，最关键的技术创新就是模块化设计与延迟制造。

1. 构件模块化

在大规模定制的众多方法中，构件模块化无疑是其中最好的，有助于实现最低的成本和最高的个性定制水平。对零部件进行标准化，不但可以增加产品多样性，还能降低成本，加快产品开发（包括全新设计和品种变型设计）速度。模块化覆盖产品或服务，使整个企业都纳入满足客户个性化需求之中。构件模块化具体可分为：

共享构件模块化（component-sharing modularity）：同一构件被用于多个产品以实现范围经济。它适用于减少零件数量，降低已经高度多样化产品系统的成本。

互换构件模块化（component-swapping modularity）：不同的构件与相同的产品进行组合，形成与互换构件一样多的产品。运用的关键是发现产品或服务中最易定制的部分，将其分离成模块化构件。

“量体裁衣”式模块化（cut-to-fit modularity）：一个或多个构件在预置或实际限制中是不断变化的。它使得客户和厂商不用受制于标准规格而生产个性化产品。

混合模块化（mix modularity）：构件混合在一起形成完全不同的产品。这一方法较多应用于工艺差别不大但配方可以不同的产品，如油漆等。

总线模块化（bus modularity）：采用可以附加大量不同构件的标准结构。其应用关键在于可搭载总线是否存在。其特点在于允许加入附加上标准结构的模块类型、数量和位置等方面有变化。

可组合模块化（sectional modularity）：允许任何数量的不同构件按任何方式进行配置。它提供了最大程度的多样化和定制化，是6种模块化类型中最稳健、最具柔性也是最难实现的生产安排。其关键在于开发可使不同类型部分相互连接的接口。

2. 延迟制造

延迟制造（postponement）的基本思路是通过定制需求在时间和空间上的延迟，推迟关键流程的时间，产品多样化的点尽量后延，实现供应链的低生产成本、高反应速度和高顾客价值。在供应链环境下采用的延迟模式有：

物流延迟（logistic postponement）：为顾客定制的产品尽量接近用户，具体又可以分为时间延迟和地点延迟。

拉动式延迟（pull postponement）：根据订单进行产品配置，拉动上游工序的加工。

类型延迟（form postponement）：通过标准化延迟（减少）多样化，它既可以是产品类型延迟也可能是工艺类型延迟。

四、实现大规模定制的主要障碍

在有关大规模定制的实现条件的各种研究文献中，最引人注目的是来自反对者的观点。其中，美国的哲普肯（Zipkin）教授在《斯隆管理评论》上发表的《大规模定制的局限性》一文影响比较大（Zipkin，2001）。他认为大规模定制系统需要三个关键的能力：客户需求的采集（elicitation）、生产流程的柔性（process flexibility）以及物流（logistics）的支持。

1. 客户需求采集

在大规模定制系统中需要采集客户以下四个方面的信息：客户的身份，如名字和地址；客户对所提供的可选择的菜单的选择；物理性的测量以及客户对模型的反应。客户需求的采集非常困难，原因在于：

第一，客户往往不知道他们真正要什么，他们很容易被商店的货架、网站的网页上大量的可选项给弄糊涂，这种现象被称为“信息超载”。

第二，为客户提供可选择的菜单也并不是一件易事，因为必须通过这个可选的菜单收集到客户真正的需求，这一方面是科学，另一方面也是艺术。道·琼斯所提供的大规模定制服务就被指责为：与其说它是以客户所要求的方式将客户真正所需要的产品传递给他们，还不如说是道·琼斯将自己认为的客户化的产品灌输给其客户。

第三，目前，物理性测量大多是采取成本高昂的手工系统来实现的。例如，如果想得到定制的列维·斯特劳斯（Levi Strauss）牌的裤子，首先你要到列维·斯特劳斯的商店里选择你想要的式样和布料，并且试穿一件或多件成衣，然后商店的员工再将你的信息录入计算机中。当然其中的一些程序将来可能采用自动的系统，如列维·斯特劳斯公司正在试用一种光学扫描器来测量人们的身体尺寸，目前这种设备仍然处在试验阶段，并且其进展很慢，需要较大的投入。

2. 生产流程的柔性

生产流程的柔性的创新包括模块化设计、精益生产、信息技术以及数控制造设备的使用。但不幸的是，并不是所有的产业都能分享这些革新。而且，对于每一个产业来说，也只有某些特定的流程达到了足够的柔性，因此只有某些特定的产品特性能够客户化。例如，列维·斯特劳斯公司就没有提供颜色定制的服务，因为现有的印染技术还不能支持大规模定制。有趣的是，1998 年的一个调查显示，四家自行车生产厂家提供了完全不同的四种个性化定制服务，而造成这种现象的部分原因是它们各自拥有不同的专门的流程技术。一个流程能否进行大规模定制关键在于这个流程中包括几个维度，维度越多，进行大规模定制就越困难。只有一个维度的高尔夫球球杆是最成熟的大规模定制的产品之一，它对于客户和生产厂商来说最关键的信息都只有一个，即球杆的长度。在只有一个维度的时候，流程具有相当高的柔性，也易于适用数控技术。但是当一个流程达到或多于三个维度的时候，其柔性就会很差。例如，数控机床虽然能生产三个维度的产品，但是这种产品必须是旋转对称的，如棒球和桌子脚等。

3. 物流支持

物流不仅仅是困扰大规模定制的一个难题，事实上它也是所有的电子商务（如 B2C、B2B 等）所面临的问题。当然，电子物流技术（包括互联网、自动库存系统以及包裹送递服务等）的发展，将会使物流越来越适合大规模定制的要求。今天物流业所面临的挑战也正是像联邦快运和UPS这样的第三方物流企业的机会。

一个大规模定制系统要发挥作用，不是说客户需求采集、生产流程的柔性以及物流这三方面单独发挥其功能，而是三者必须紧密联系形成一个整体。

客户当然也会需要差异化的产品，但是人们在这个产品的某些特性上的偏好必须有明显的不同，唯有如此，定制才能真正为客户创造价值。服装业是一个典型的例子，人们对服装是否合身非常看重，并且区别也相当明显。

任何企业考虑实施大规模定制的战略时都应当仔细分析自己在客户需求采集、生产流程的柔性和物流这三方面的能力以及将三者整合形成一个整体的能力。

【思考与练习】

1. 阐述未来生产管理人员在企业管理中的地位变化趋势。
2. 分析准时生产制与精细生产方式产生的文化条件。
3. 分析大规模定制的特点与在汽车业推行的条件。
4. 分析信息技术对大规模定制的作用。

【案例】

B智能卡制造企业生产模式的转变①

成立于1842年，自1997年投身于智能卡生产领域的B企业是全球第二大的智能卡供应商。其技术力量雄厚，在JAVA卡领域拥有多项专利，同时也是行业内少有的几家拥有自主芯片模块设计专利的企业。生产活动涵盖从芯片封装、塑料卡片印刷到智能卡个人化等主要智能卡上下游生产环节。

银行支付卡和移动通信智能卡是该企业的主要产品，在支付卡方面，截至2007年，B企业已经发放了5亿张EMV标准的支付卡和3000万张非接触支付卡；在移动通信卡方面，仅3G卡就已发放超过8000万张，产量比2006年增长了48%。B企业全球拥有超过5300名员工，其中研发人员超过350人，业务遍及北美、南美、欧洲和亚太区，拥有10间工厂5个研发中心，其最大年生产能力为10亿张，其中个人化智能卡为6亿张。

智能卡生产的一般流程为：研发部门开发芯片操作平台，销售顾问开发应用功能，工厂生产导入开发和生产。在原有的生产技术和管理模式下，产品从设计、制样、生产需要30天以上的提前期，年产量一般不超过5000万张。

1. 生产面临的问题

智能卡的研发、销售和生产分别分布在全球多个地方，不同的客户，不同的卡基设计，不同的电子设计，不同的打印设计，不同的包装设计，这些一切都造就智能卡的个性化需求十分突出，产品种类繁多。定制生产是这个行业的特征，但随着全球需求数量持续快速增长，生产技术迈向工业化，成本追求从未停止，原有的工厂本地化小规模定制生成模式已经很难适应将来的发展。

公司现有的信息技术架构过于简单，订单管理、产品开发、生产以及供应链管理间信

① 本案例根据武汉大学2008级MBA学员李荣辉的学位论文改编而成。

息孤岛现象严重。现有的生产系统使用过于复杂，即使在无任何技术问题以及样卡首次检验就通过的情况下，工程师完成一个新产品的导入也至少需要1周，也就是说，一个工程师一个月只能处理4个左右的新产品导入需求。设计阶段时间过长，质量不稳定，效率低下，根本无法满足伴随生产规模上升而上升的新产品导入需要。

每个工厂生产系统各自独立，互不兼容。在一个工厂完成设计的产品必须在同一工厂完成生产，如果订单量急剧上升，某一工厂将出现因产能不足而导致交货期延长，与此同时其他工厂可能产能闲置。

2. 解决方案

提高产能，缩短交货期，降低成本是B企业生产管理的重点。实际上，B企业需要解决如何实现大规模定制生产方式转变的问题。

首先是整合资源。B企业改变以往工厂本地化的策略，关闭多家位于欧洲的工厂并缩小其他另外几家欧洲工厂的规模。与此相反，加大投资新兴市场，在印度、巴西等地建工厂，持续扩建中国工厂，使其具备智能卡上下游所有工序的生产能力，而且生产容量不断提升，成为企业内第一个真正意义上的全球大型生产中心。

然后是信息集成。设立CIO（首席信息官），组建庞大的信息技术团队，对生产系统进行全新的开发和建设。重新设计的生产系统网络结构如图18.2所示。

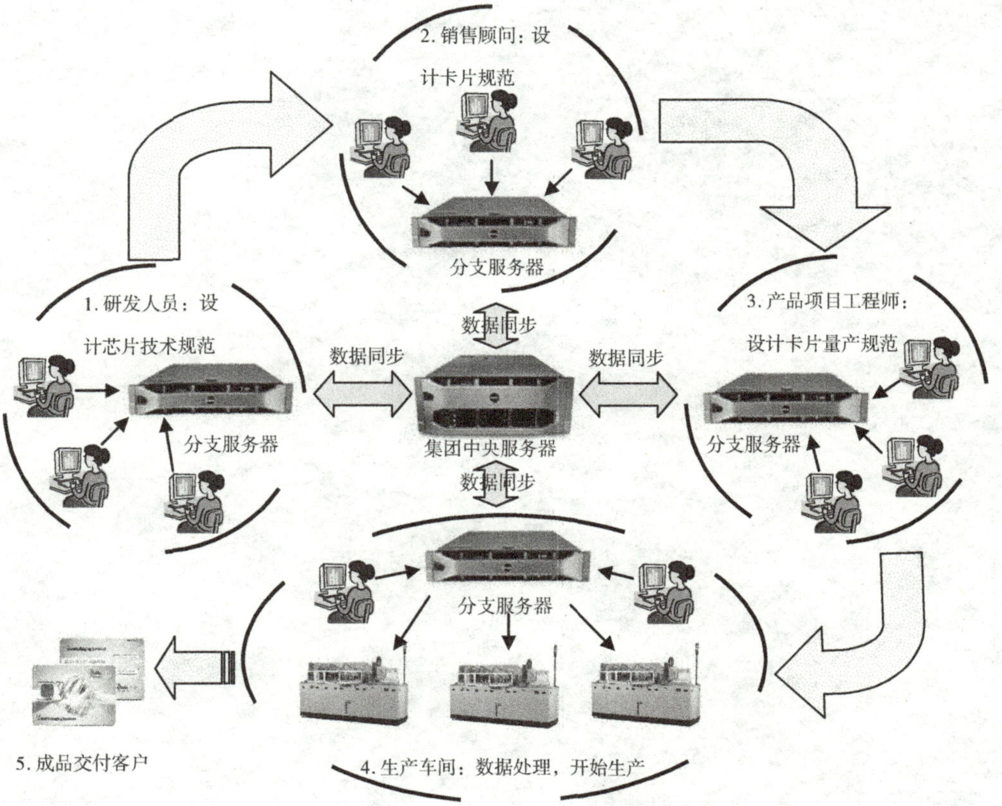

图18.2　B企业生产系统结构和流程

基于新的生产系统，各分支服务器的设计开发数据均可以实时与位于集团总部的中央服务器进行数据同步。研发部门人员开发设计好的芯片技术规范能直接被分布全球的销售顾问调用并生成卡片技术规范；然后，各工厂产品工程师直接获取卡片技术规范进行量产规范设计；当量产规范设计好后，订单管理部门可根据产能情况决定在哪家工厂生产，工厂接到订单后，即可立刻进行数据处理和生产。新的生产系统和流程摆脱了以往产品开发设计和生产受地域资源的限制，企业可以灵活调配研发人员、销售顾问、产品项目工程师以及工厂，充分挖掘企业产能。与此同时，开发环节上一级工作结果可以直接被下一级使用，减少了重复开发的时间和强度，原来需要 15 天的开发周期现在只需要 7 天，人均月新产品导入项目数从 4 个增加至 10 个。开发环节能力的增强，保证了企业生产规模大幅度提升的可能。

仅以 B 企业中国工厂为例，伴随着生产规模提升了超过 5 倍至年产 2.6 亿张卡，整个交货提前期从 30 天缩短至 21 天。规模大幅提升同时带动成本的大幅降低，其单位成本从 0.07 欧元降至 0.018 欧元。

思考题：该公司转变前后分别是什么类型的生产方式？各适用于什么条件？

第十九章　最优生产技术与约束理论

最优生产技术（optimized production technology）由以色列物理学家高德拉特（Eli Goldratt）于20世纪70年代末首创，考虑的主要问题是，在企业生产能力有限而无法充分满足用户需要情况下，如何获得最大限度的产出。80年代，高德拉特又在最优生产技术的基础上，提出了约束理论（Theory of Constraints，TOC）。他的代表著作是1984年出版的《目标》（*The Goal*），该书以小说的形式写成，描述一位厂长应用约束理论在短时间内将工厂转亏为盈的故事。

第一节　荒野探险的启示

《荒野探险》是高德拉特所写的企业管理小说《目标》里的一个生动有趣的小故事。故事发生的背景为主人公罗哥的工厂面临激烈竞争，运营上出现重重危机，问题千头万绪却不知从何着手，而总公司已忍无可忍，宣布再不改进，3个月内整改百瑞顿工厂，否则关闭。主人公带领一帮童子军去野外露营，在途中通过观察队伍的变化，他悟出了生活中的很多道理和规律，并与自己所在公司的现状进行比较，从而发现了公司出现问题的原因。

一、故事概述

罗哥带领15位童子军经一条小径穿过森林走到十里外的魔鬼峡谷，在那里扎营过夜，隔天再回到原出发点结束行程。开始的计划是以每小时2英里的速度前进，5小时走完10英里到达目的地，早上8：30出发，下午3点到，中间留半小时吃饭休息。整个队伍排成一列，罗哥手拿地图，在最前面领队。

途中出现的情况如下：

现象一

出发时一个挨着一个的童子军队伍几分钟后已经开始拉长，每个人之间的间隔超过一码，有些人之间的距离拉得更大，再走了几百码，队伍拉得更长，而且中间出现了几个很大的间隔，领队几乎看不见走在最后面的男孩。

采取措施：罗哥由领队变为压阵，由第一个跟上来的男孩朗尼拿地图领队。

现象二

整个队伍分成好几段，尤其是在一个叫贺比的胖男孩前面的间隔更大，贺比后面的男孩想走快但是不能超过贺比，由于贺比的速度比较慢影响到后面的速度，队列发生改变，走得快的走在了最前边而慢的自动落在后边，现在每个人都找到了自己的理想速度，但结果是队伍的长度比过去拉得还要长，而且继续拉长，每个男孩之间的间隔扩大了，越接近队伍前面，间隔越大，而且距离拉大的速度也越快。此时行程为 5 英里，走了 5 个小时。

采取措施：让前边走得快的停下来等并重新排列队伍，让大家手拉手，且次序发生转换，最前边的孩子现在走在了最后边，最后的贺比现在变成了领队，结果队伍之间的间隔一直没有出现，也没有走得上气不接下气。

现象三

由于贺比领队的速度比较慢，后边的孩子开始抱怨，让他加速。此时需要帮助贺比加速。

采取措施：罗哥发现贺比的背包很重，包里有很多东西。于是罗哥分担了大部分物品，其他孩子也分担了一些，贺比仍然领队，但速度变得快多了，整个队伍的速度是原先的两倍，而且大家仍然紧靠在一起，没有分散。

实际结果是下午 5 点钟到达目的地，后来 2 小时走了 4 英里。

二、故事分析

通过此故事，我们可以将整个队伍对应于整个生产过程，如图 19.1 所示。

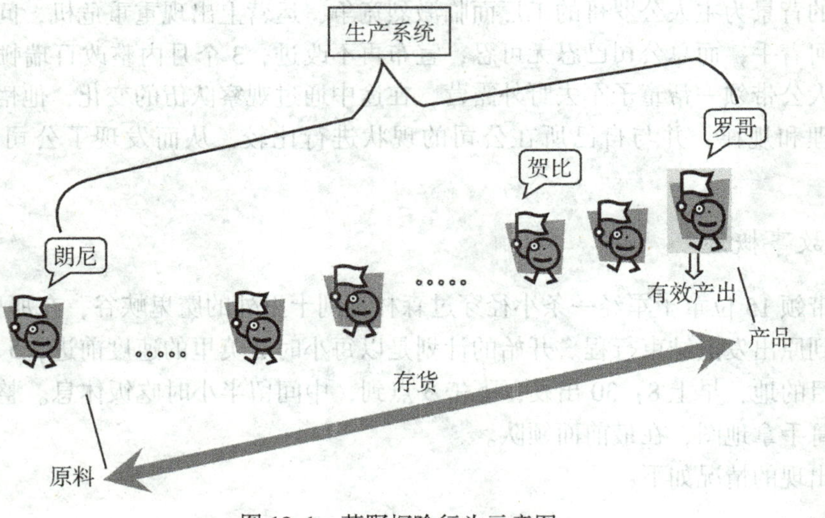

图 19.1　荒野探险行为示意图

整个队伍可以比喻为一个生产系统，其中罗哥所走过的路程即为该生产系统生产的产品，朗尼前边未走过的路程即为原材料，每一个小孩即为生产过程中的每道工序。罗哥是整个流程的最后一道工序，只有罗哥走过小径时产品才算生产出来，所以有效产出不是朗尼走过的小径，而是罗哥走过的。那么在每个人之间的距离便是存货，每个人走过这道路线所花费的精力是运营成本。

通过在行程过程中的调整我们可以得到以下启示：

1. 个别队员的速度提升不一定能提高队伍速度

局部队员速度的提升不一定能提高整个队伍的速度，想要提升整个队伍的速度必须从整体来考虑，有时甚至要牺牲局部队员对其进行约束。

队伍中如果队员的速度太慢肯定对整个队伍的速度影响很大。如贺比是该队伍中走得最慢的，在整个行走过程中，他一直是整个队伍的累赘，刚开始时贺比走在队伍的中间，走的过程中发现他与前面的男孩距离不断扩大，当贺比走在队伍的前边带路时，他又影响了整个队伍的行进速度，使得后边的小孩发生抱怨，想快却快不了，因此，对于贺比来说提高他的速度将会直接提升整个队伍的速度。

但是对于队伍中走得最快的队员如果任其自由发展也不是件好事。如在这个队伍中，领队的朗尼快了对整个队伍并没有好处，相反还会带来反作用。刚开始朗尼的速度很快，结果一段时间之后，罗哥就找不到朗尼只能看到贺比之前的几个小孩，整个队伍失控，为了追上朗尼整个队伍中走得慢的就必须加速追赶，时间长了就会因体力不支而继续拉大长度，而朗尼以及周围的一些小孩必须得停下来等待，整个队伍的效率极其低下，队伍长度却变得越来越长，但整个队伍走过的路程可能还会减少。

而对于处于贺比和朗尼中间速度的男孩来说，仅仅提升他们个人的速度只能使其变为另一个朗尼，对于整个队伍来说未必是件好事。

因此，想要提升整个队伍的速度，要从整体的角度来思考。

2. 在整个队伍以及生产系统中都存在着依存关系和统计波动

对于依存关系来说，在这个队伍行进的过程中，前一个人走过后一个人才能通过，在贺比走过小径之前大卫必须走过这条小径；而在生产过程中，一个作业程序完成了以后，才能进行下一个作业程序。零件是依照一系列的步骤制造出来的。在乙工人能进行步骤二之前，甲机器必须先完成步骤一。在装配产品之前，我们必须先把所有的零件做好。而我们必须把产品装配完成，才能出货，以此类推。任何流程中，都会找到这类依存关系，并不是工厂所独有。

而对于统计波动，每个人的速度都在变动，有时快，有时慢，每个人想走得比平均速度快的能力都受到限制，每个人的速度必须取决于前面队伍的速度。所以，即使一个男孩1小时能走5英里，假设在他前面的那个男孩1小时只能走2英里，他就不能全速前进。而且，即使前面的男孩能走得和他一样快，除非前面每个男孩都能同时以5英里的时速前进，否则这两个男孩都不能走那么快。所以，队员走路的速度有它的极限，其他人也一样，然而我要走多慢，就能走多慢，不会受到任何限制，其他人也一样。而且我想停就停。但是，只要任何人停下来不走，队伍又无止境地拉长了。所以，实际发生的状况不是各种不同的速度相互抵消平均，而是统计波动的“累积”，而且在大半时候，还是“慢”的累积——因为依存度限制了发生更大波动的机会。这正是为什么队伍会拉长，同样能证明工厂中也是这个情况。

3. 同步前进的效果比较好

在行走过程中如果能够找到一个标准大家一起按照标准来行进，将会增加整个队伍的行走速度（发现瓶颈，并将瓶颈作为参考标准）。

在本故事中，我们发现贺比的速度控制整个队伍的速度，在第一阶段，贺比和他前边的队员隔了最大的距离，第二阶段，贺比的速度仍然是最慢的，在爬坡的时候，他后边的男孩都不能动弹，他慢了整个队伍就慢了；第三阶段，贺比领队，大家手牵手，贺比的速度直接决定了整个队伍的前进速度。因此，贺比就是这个队伍的关键所在，也就是队伍行进的瓶颈。抓住这一发现，我们可以得出这样的结论，要及时发现瓶颈并按照瓶颈的节奏来进行活动，瓶颈上的损失即是整体上的损失，瓶颈控制了整体的产出，其他非瓶颈环节要严格把瓶颈作为一个标准来生产。

4. 减轻贺比的负荷将会提高整个队伍的行进速度

既然已经发现了队伍行进的影响因素是贺比，且贺比直接影响队伍的前进速度，因此要想将队伍的速度提高就必须提高贺比的速度，通过减轻贺比的背包重量来减轻贺比的负担从而提高整个队伍的移动速度。即发现了瓶颈后要想增快整个系统的速度就要想方设法来提高瓶颈的速度，常用的提升瓶颈速度的方法可以是减轻瓶颈的负担、引入相同功能的设备机器或者可以采取外包的形式。

从以上故事，通过类比，我们可以将其应用到生产中得到以下结论：

（1）局部的提升不一定能够使整个系统得到提升，有时候甚至会影响整体的效果，因此考虑问题一定要从整体来考虑，走出改善局部就能改善总体的错误思想。

（2）在生产过程中，我们所要做的不是平衡生产能力而是平衡物流。非瓶颈资源的利用程度不是由它们自己的潜力决定的，而是由系统的约束决定的。

（3）瓶颈将直接决定生产的有效产出，因此要按照瓶颈的速率来进行生产，提高非瓶颈的速率只会是一种浪费，同时应努力想办法提高瓶颈的生产能力从而提高整个生产系统的生产能力。

第二节　约束理论的基本思想

一、企业目标与作业指标体系

每个企业的最终目标就是"赚钱"。企业是一个复杂的体系，也可以说是一群相关的元素所形成的组合，为了实现一定的目标而产生互动关系。衡量生产系统绩效的主要指标是有效产出、存货、营运费用。

1. 有效产出

TOC 认为，有效产出（Throughput，T）不是一般的通过率或产出率，而是单位时间内，从产品的销售收入（记为 S）中扣除原材料、零部件等的采购、分包费用之后的企业所得的利润额，即通过实现产品销售来获取盈余的速率。

2. 库存（Inventory，I）

库存指一切暂时不用的资源，包括为满足未来需要而准备的原材料、加工过程的在制品和一时不用的零部件、未销售的成品、扣除折旧后的固定资产（如厂房、设备以及土地等）。这些资源占用了资金，产生机会成本及一系列维持库存所需的费用。

3. 运营费用（Operating Expenses，OE）

运营是生产系统将库存转化为有效产出的过程中的一切花费，包括所有的直接费用和间接费用、直接人力费用、间接人力费用、期间费用、销售费用、管理费用。

如果以货币来衡量，则 T 是要进入系统的钱，I 是存放在系统中的钱，而 OE 则是将 I 转变成 T 而付出的钱。

约束理论的一个重要的观点是任何系统的强度就取决于其中最弱的一环，而不是其最强的一环。相同的道理，我们也可以将企业或机构视为一条链条，每一个部门是这个链条其中的一环。如果我们想达成预期的目标，我们必须从最弱的一环，也就是从瓶颈（或约束）的一环下手，才可得到显著的改善。换句话说，如果这个约束决定一个企业或组织达成目标的速率，我们必须从克服该约束着手，才可以更快速的步伐在短时间内显著地提高系统的产出，其余的改善只是加重这个环的重量，对于环的强度（整个系统或组织的产出）却没有帮助。

约束理论的办法就是使“瓶颈”工序百分之百地负荷，同时通过零件流全程同步化使在制品库存最少。通过 OPT 生成一个协调的作业计划，使相关零件在生产过程中各个环节上流动同步，以保证零件流动速度与瓶颈工序的生产率相匹配。如果流经非瓶颈工序零件流速度大于瓶颈工序的生产率，就会产生不必要的在制品积压，不仅造成生产能力浪费，而且导致成本上升。

二、约束的识别与判定

TOC 认为，对于任何一个由多阶段构成的系统来讲，如果其中一个阶段的产出取决于前面一个或几个阶段的产出，那么，产出率最低的环节决定着整个系统的产出水平。换句话说：一个链条的强度是由它最薄弱的环节来决定的。同样在企业的整个经营业务流程中，任何一个环节只要阻碍企业增加有效产出，或减少库存和运行费用，那么它就是一个“约束”。“约束”是一个广义的概念，通常也称为“瓶颈”（bottleneck）。

瓶颈是指实际生产能力小于生产负荷的一切资源，它是系统内部制约产销率的约束因素，是制造过程中流量最小的地方。

非瓶颈是指实际生产能力大于生产负荷的一切资源，因此，非瓶颈资源不应该连续不断地工作，因为它的生产能力超过需求量，非瓶颈包含空闲时间。

次瓶颈是指利用率已接近实际生产能力，并且如果作业计划制订得不太好就可能成为瓶颈。

例如，一般作业车间的 CCR 可能接受好几个地方的工作任务，如果这些工作任务没有安排好，就会使工作任务之间的间歇时间超过 CCR 的空闲时间，从而使 CCR 成为瓶颈。

实践表明大部分工厂只有为数极少的瓶颈作业。如果没有瓶颈，则意味着存在剩余生产能力，这时应该改变系统暴露出系统瓶颈。

约束可以来源于企业内部，也可以来源于企业外部。一般来说，约束可以是三种类型：资源（resources）、市场（markets）和法规（policies）。例如，企业为了达到环保法规的要求，要进行相应的三废处理，这自然会导致运行费用的增加，那么，环保法对于企业来讲就是一个法规约束。由于法规自身所具有的强制性，企业对来自资源和市场的约束进行改造的可能性要大得多。

在企业生产环境中，所谓“约束资源”，指的是实际生产能力小于或等于生产负荷的资源。这一类资源限制了整个企业出产产品的数量。其余的资源则为非约束资源。要判断一个资源是否瓶颈，应从该资源的实际生产能力与它的生产负荷（或对其的需求量）来考察。这里所说的需求量不一定是市场的需求量，而可能是为保证生产，其他相关资源对该资源的需求量。

通过对以上定义的分析，可以发现，判断某资源是否约束资源时，有以下六种典型情况：

(1) 部分生产资源的生产能力低于市场需求；

(2) 所有生产资源的生产能力低于市场需求；

(3) 所有生产资源的生产能力均高于市场需求；

(4) 添加新的生产资源或改进工艺时，对约束资源产生的影响；

(5) 通过出包加工提高生产能力时，对约束资源产生的影响；

(6) 通过营销等措施使市场需求提高时，对约束资源产生的影响。

生产能力小于市场需求的资源，按定义不一定为约束资源。

TOC 的管理思想是首先抓“重中之重”，使最严重的制约因素凸现出来，从而在技术上消除了“避重就轻”、“一刀切”等管理弊病发生的可能。短期的效果是“抓大放小”，长期的效果是大问题、小问题都没忽略，而且企业整体生产水平和管理水平日益提高。

三、约束理论的九条原则

TOC 的基本思想在九条管理原则上得到了具体体现，这九条原则是实施 TOC 的基石。与 TOC 相关的生产计划与控制的算法和软件，也是按照这九条原则提出和开发的。此外，这些原则也可以独立于软件之外，直接用于指导实际的生产管理活动。

1. 原则一：追求物流的平衡，而不是生产能力的平衡

TOC 则主张在企业内部追求物流的平衡。所谓物流平衡就是使各个工序都与瓶颈机床同步，以求生产周期最短、在制品最少。它认为生产能力的平衡实际是做不到的。因为波动是绝对的，市场每时每刻都在变化，生产能力的稳定只是相对的。所以必须接受市场波动这个现实，并在这种前提下追求物流平衡。

2. 原则二："非约束"的利用程度不由其本身决定，而是由系统的"约束"决定的

约束资源制约着系统的产出能力，而非约束资源的充分利用不仅不能提高有效产出，而且会使库存和运行费用增加。

3. 原则三：资源的"利用"（utilization）和"活力"（activation）不是同义词

"利用"是指资源应该利用的程度，"活力"是指资源能够利用的程度。按传统的观点，一般是将资源能够利用的能力加以充分利用，所以"利用"和"活力"是同义的。按TOC的观点，两者有着重要的区别：因为做所需要的工作（应该做的，即"利用"）与无论需要与否，最大程度可做的工作（能够做的，即"活力"）之间是明显不同的。所以对系统中"非约束"的安排使用，应基于系统的"约束"。"利用"注重的是有效性，而"活力"注重的则是可行性，从平衡物流的角度出发，应允许在非关键资源上安排适当的闲置时间。

4. 原则四："约束"上1个小时的损失则是整个系统的1个小时的损失

一般来说，生产时间包括调整准备时间和加工时间。但在约束资源与非约束资源上的调整准备时间的意义是不同的。因为约束资源控制了有效产出，在约束资源上中断一个小时，是没有附加的生产能力来补充的。而如果在约束资源上节省一个小时的调整准备时间，则将能增加一个小时的加工时间，相应地，整个系统增加了一个小时的产出。所以，约束资源必须保持100%的"利用"，尽量增大其产出。为此，对约束资源还应采取特别的保护措施，不使其因管理不善而中断或等工。增大约束资源物流的方法可以有如下几种：

（1）减少调整准备时间和频率，约束资源上的批量应尽可能大；

（2）实行午餐和工休连续工作制，减少状态调整所需的时间损失；

（3）在约束资源前设置质量检查站，保证投入约束资源的工件100%是合格品；

（4）设置缓冲环节，使约束资源不受非约束资源生产率波动的影响。

5. 原则五："非约束"节省的一个小时无益于增加系统有效产出

因为非瓶颈资源上除了生产时间（加工时间和调整准备时间）之外，还有闲置时间。节约一个小时的生产时间，将增加一个小时的闲置时间，而并不能增加系统有效产出。当然，如果节约了一个小时的生产时间，可以减少加工批量，加大批次，以降低在制品库存和生产提前期。但这些结果能在多大程度上有益于系统追求的根本目标，依然牢牢受制于约束资源。

6. 原则六："约束"控制了库存和有效产出

因为有效产出指的是单位时间内生产出来并销售出去的产品所创造的利润额，所以，很明显它受到企业的生产能力和市场的需求量这两方面的制约，即它们是由资源约束和市场约束瓶颈所控制的。如果"约束"存在于企业内部，表明企业的生产能力不足，相应

的有效产出也受到限制；而如果当企业所有的资源都能维持高于市场需求的能力，那么，市场需求就成了“约束”。这时，即使企业能多生产，但由于市场承受能力不足，有效产出也不能增加。

同时，由于“约束”控制了有效产出，所以企业的“非约束”应与“约束”同步，它们的库存水平只要能维持“约束”上的物流连续稳定即可，过多的库存只是浪费，这样，“约束”也就相应地控制了库存。

7. 原则七：运输批量可以不等于（在许多时候应该不等于）加工批量

车间现场的计划与控制的一个重要方面就是批量的确定，它影响到企业的库存和有效产出。TOC所采用的是一种独特的动态批量系统，它把在制品库存分为两种不同的批量形式，即：（1）运输批量，是指工序间运送一批零件的数量；（2）加工批量，指经过一次调整准备所加工的同种零件的数量，可以是一个或几个转运批量之和。在自动装配线上，转运批量为1，而加工批量很大。

确定加工批量的大小应考虑：资源的合理应用（减少设备的调整次数）；合理的在制品库存（减少资金积压和在制品库存费用）。确定运输批量的大小则是考虑：提高生产过程的连续性、平行性，减少工序间的等待时间和减少运输工作量与运输费用。两者考虑的出发点不同，所以运输批量不一定要与加工批量相等。

根据TOC的观点，为了使有效产出达到最大，约束资源上的加工批量必须大。但另一方面，在制品库存不应因此增加，所以转运批量应该小，即意味着非约束资源上的加工批量要小，这样就可以减少库存费用和加工费用。

8. 原则八：批量大小应是可变的，而不是固定的

原则八是原则七的直接应用。在TOC中，运输批量是从在制品的角度来考虑的，而加工批量则是从资源类型的角度来考虑的。同一种工件在约束资源和非约束资源上加工时可以采用不同的加工批量，在不同的工序间传送时可以采用不同的运输批量，其大小根据实际需要动态决定。

9. 原则九：编排作业计划时考虑系统资源约束，提前期是作业计划的结果，而不是预定值

MRP Ⅱ制订作业计划的方法一般包括以下几个步骤：（1）确定批量；（2）计算提前期；（3）安排优先权，据此安排作业计划；（4）根据能力限制调整作业计划，再重复前三个步骤。可见MRP Ⅱ是按预先制定的提前期，用无限能力计划法编制作业计划。但当生产提前期与实际情况出入较大时，所得的作业计划就脱离实际难以付诸实施，MRP Ⅱ也因此招致了许多批评。在这点上，TOC与MRP正好相反，即不采用固定的提前期，而是考虑计划期内的系统资源约束，用有限能力计划法，先安排约束资源上加工的关键件的生产进度计划，以约束资源为基准，把约束资源之前、之间、之后的工序分别按拉动、工艺顺序、推动的方式排定，并进行一定优化，接下来编制非关键件的作业计划。所以，TOC中的提前期是批量、优先权和其他因素的函数，是编制作业计划产生的结果。

第三节　约束理论的实施步骤与工具

一、约束理论的实施步骤

为了切实地实现系统改进，约束理论提出了一套思考的方法和持续改善的程序，一共包括五个步骤。

上文已经谈到了“约束”的判断，但这只是完成了第一步，为了切实地实现系统改进，TOC 提出了识别并解决“约束”的五大核心步骤，即：

第一步，找出系统中存在哪些约束。

企业要增加有效产出，一般会在以下方面想办法：原料（materials），即增加生产过程的原材料投入；能力（capacity），如果某种生产资源的不足导致市场需求无法满足，就要考虑增加这种资源；市场（market），如果由于市场需求不足导致市场能力过剩，就要考虑开拓市场需求；政策（policy），找出企业内部和外部约束有效产出的各种政策规定。

第二步，寻找突破（exploit）这些约束的办法。

此时要给出解决第一步中所提出的种种问题的具体办法，从而实现有效产出的增加。

第三步，使企业的所有其他活动服从于第二步中提出的各种措施。

这样才可以实现系统其他部分与约束部分同步，从而充分利用约束部分的生产能力。正是这一点，使得 TOC 不单单是一种制造理念，而是一种管理理念或经营理念，可以应用于营销、采购、生产、财务等企业经营各方面的协调。

第四步，具体实施第二步中提出的措施，使第一步中找出的约束环节不再是企业的约束。

第五步，谨防人的惰性成为系统的约束。

当你突破一个约束以后，一定要重新回到第一步，开始新的循环。就像一根链条一样，你改进了其中最薄弱的一环，但又会有下一个环成为最薄弱的。千万要记住，“今天的解决方案就是明天的问题所在”（today's solution is tomorrow's problem），也许你为了突破这个约束采取了一些很好的措施，可一旦约束转移到其他环节，这些措施对于新的约束可能无能为力！

二、约束理论的思维流程（TP）

思维流程（TP）严格按照因果逻辑来回答以下三个问题：

改进什么（What to change）？

改成什么样子（What to change to）？

怎样使改进得以实现（How to cause the change）？

第一个问题类似于五大核心步骤的第一步：找出系统中存在哪些约束。五大步骤往往应用于这样的情况，即约束并非来自一个具体的资源实体，所以就没有一些现成的摆在那里的证据（如在制品）来告诉你哪些是约束。因此，你只能先摸清楚系统的现状是怎样的，此时用到的逻辑结构图就是“当前现实树”（current reality tree）。建立此树并非一件易事，但一旦成功完成，就自然得到了第一个问题“改进什么”的答案。

接下来便是“改成什么样子”的问题。直观上这个问题已表述得很明白，但要回答它还是应该遵循以下两个步骤：找出克服当前约束的突破点；确保解决方案所产生的结果不会是乱上添乱。“消雾法”（evaporating cloud）可以用来突破当前约束企业的主要冲突，“未来现实树”（future reality tree）用来确认当前面对的不尽如人意的状况确实能够用这个突破法来转变成令人满意的结果。而实施这些改进措施会出现的那些意料不到的负面影响可以用“负效应枝条”（negative branches）来表示。如果这些负面影响可以避免，那么你就可以确信这个解决方案的结果不会是乱上添乱，你也就知道了应该改进成什么样的结果，即第二个问题的答案。

三、约束理论的实施工具（DBR）

在《目标》这部小说中，贺比的故事很有启发意义。在队伍前进的过程中，朗尼和一些人走得很快，而贺比带了很多东西在身上，走得很慢，这就是系统的约束因素，重新协调资源的分配，其他人帮着分担贺比的东西后，整个队伍的速度提高了。如何将这种体验借鉴到生产管理中呢？小说提出了 DBR 构想（见图 19.2），以实现“同步制造”。

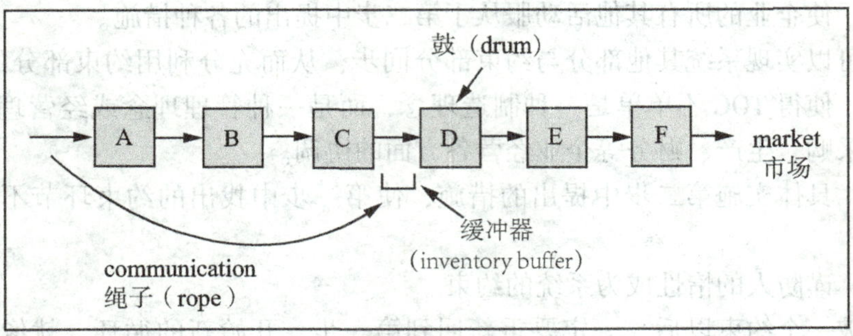

图 19.2　DBR 工作图

对约束环节进行有效的控制，其余的环节相继地与这一环节同步。TOC 的计划与控制是通过 DBR 系统实现的。即“鼓”（drum）、“缓冲器”（buffer）和“绳子”（rope）系统。

1. “鼓”

“鼓”是一个企业应用 TOC 的开端，即识别一个企业的“约束”所在。“约束”控制着企业同步生产的节奏即“鼓点”。要维持企业内部生产的同步、企业生产和市场需求的同步，存在着一系列的问题。其中一个主要问题就是企业的生产如何能满足市场或顾客的需求而又不产生过多的库存。因而，安排作业计划时，除了要对市场行情进行正确的预测外，还必须按交货期给顾客赋予特定的优先权数，在“约束”上根据这些优先权数的大小安排生产，并据此对上下游的工序排序，则得到交付时间，使交付时间与交货期限得以相符。

为了使交付时间与交货期限相符，靠的是权衡在约束资源上的批量规模。因为，在约束资源上只有加工时间和调整准备时间，增大约束资源的加工批量，可以减少调整准备时间，使约束资源的有效能力增加，但会减少系统的柔性，增加库存和提前期。反之，其效果与增大加工批量相反。两者都会影响到一些订货的交货时间。

从计划和控制的角度来看，“鼓”反映了系统对约束资源的利用。对约束资源应编制详细的生产作业计划，以保证对约束资源的充分合理的利用。

2. “缓冲器”

一般来说，“缓冲器”分为“时间缓冲”和“库存缓冲”。“库存缓冲”就是保险在制品，其位置、数量的确定原则同“时间缓冲”。“时间缓冲”则是将所需的物料比计划提前一段时间提交，以防随机波动，以约束资源上的加工时间长度计量单位。

根据 TOC 的原理，约束资源上的加工批量是最大的，而约束资源的上游工序则是小批量多批次的。约束资源前的加工工序的批次又和各道工序的调整准备时间有关。如果上游工序的调整准备时间小，或约束资源上的加工时间和前一台机器的加工时间相差很大，则批次可以较多，批量可以较小。反之，批次则可能较少，甚至和约束资源上的批次相同，加工批量也和约束资源上的批量相同。

要考虑在制品库存费用、成品库存费用、加工费用和各种人工费用。在保证约束资源上加工持续的情况下，使得整个加工过程的总费用最小。

3. “绳子”

如果说“鼓”的目标是使有效产出最大，那么，“绳子”的作用则是使库存最小。我们知道，“约束”决定着生产线的产出节奏，而在其上游的工序实行拉动式生产，等于用一根看不见的“绳子”把“约束”与这些工序串起来，有效地使物料依照产品出产计划快速地通过非约束作业，以保证约束资源的需要。所以，“绳子”起的是传递作用，以驱动系统的所有部分按“鼓”的节奏进行生产。在 DBR 的实施中，“绳子”是由一个涉及原材料投料到各车间的详细的作业计划来实现的。

“绳子”控制着企业物料的进入（包括“约束”的上游工序与“非约束”的装配），其实质和“看板”思想相同，即由后道工序根据需要向前道工序领取必要的零件进行加工，而前道工序只能对已取用的部分进行补充，实行的是一种受控生产方式。在 TOC 中，就是受控于约束资源的产出节奏，也就是“鼓点”。没有约束资源发出的生产指令，就不能进行生产，这个生产指令是通过类似“看板”的物质在工序间传递的。

通过“绳子”系统的控制，约束资源前的非约束资源实现均衡生产，加工批量和运输批量减少，可以减少提前期以及在制品库存，而同时又不使约束资源停工待料。所以，“绳子”是约束资源对其上游机器发出生产指令的媒介，没有它，生产就会造成混乱，要么造成库存过大，要么会使约束资源出现“饥饿”现象。

【思考与练习】

1. 约束理论在企业目标和绩效指标上与其他理论的差异在哪里？

2. DBR 的计划与调度方式是什么？

【案例】

X 消防器材厂的瓶颈分析①

1. 企业概况

X 消防器材厂创建于 1981 年，是设计制造各类灭火器和灭火器钢瓶、筒体、阀门等消防器材的专业生产和出口创汇企业，亦是国内最早采用整体拉伸先进工艺设计制造灭火器的资深企业，持有国家生产许可证的主要产品有：手提式二氧化碳灭火器 MT2、3、5、7 型系列；手提式 ABC 干粉灭火器 MFZL1~8 型和 BC 干粉灭火器 1~8 型；推车式 BC 干粉灭火器 MFZT20、35 型系列。可提供各类灭火器筒体及各种出口特殊规格的二氧化碳灭火器钢瓶；各种型号、规格及公、英制螺纹的灭火器阀门，并可按顾客要求设计制造各类非标的筒体、钢瓶和其他用途的瓶体。

该厂共有员工 49 名，其中车间工人有 25 人，后勤以及管理者有 24 人，多为本地员工，外来员工占一个比较小的比例。这里的工人工龄都比较长。工龄超过 10 年的就有 18 人，超过本厂员工人数的 1/3；而超过 5 年的有 26 人，超过一半以上。

该厂共有 4 个车间分别为 CO_2 车间、喷塑车间、拉伸车间、总装车间。另外该厂正在兴建一个全新的车间，采用的工艺流程以及设备都严格按照国家新出台的政策来设置的，这一车间的建成将极大地提高工厂的生产能力。图 19.3 为工厂的厂房布置图。

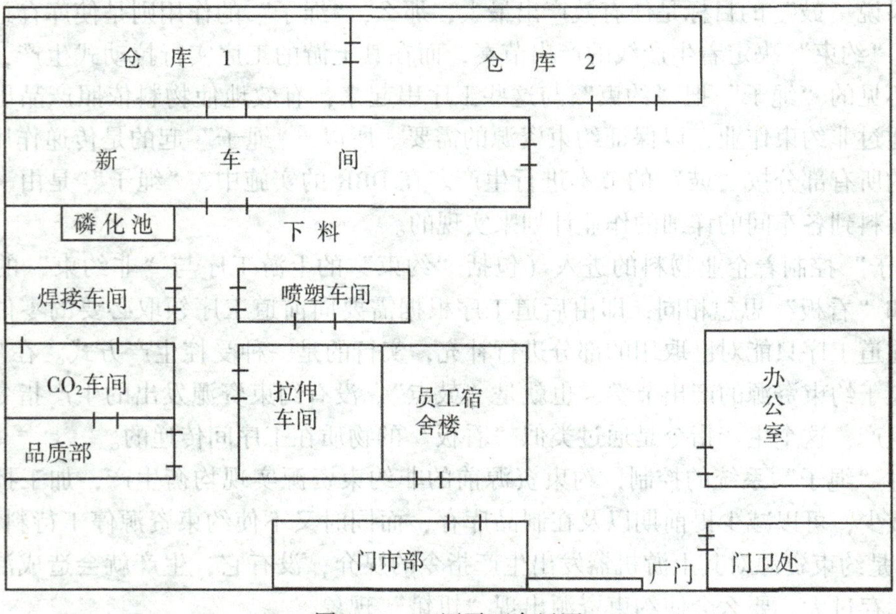

图 19.3　工厂平面布局图

① 本案例根据武汉大学企业管理专业 2006 级研究生杨青的学位论文改编而成。

对于CO_2车间来说，其主要生产的产品为CO_2灭火器，即将CO_2压缩成无色液体贮于灭火器的高压瓶内。用于扑救各类可燃液体、可燃气体、可燃蒸气体及电器设备等初起火灾，主要生产的型号有2kg、3kg、5kg、7kg CO_2灭火器以及相应的筒体。该车间的生产流程见图19.4。

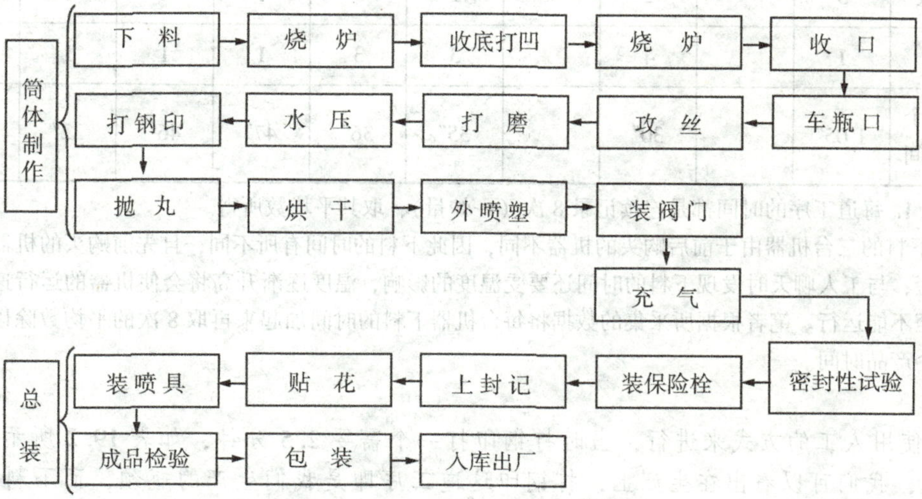

图19.4 车间工艺流程图

2. 瓶颈识别和改进过程

在企业生产环境中，所谓“约束资源”，指的是实际生产能力小于或等于生产负荷的资源。这一类资源限制了整个企业出产产品的数量。其余的资源则为非约束资源。要判断一个资源是否瓶颈，应从该资源的实际生产能力与它的生产负荷（或对其的需求量）来考察。这里所说的需求量不一定是市场的需求量，而可能是为保证生产，其他相关资源对该资源的需求量。

瓶颈一：从打钢印工序开始的各道工序

通过笔者在该厂的观察，该厂的主要客户是老客户，且主要产品为筒体，在前期生产能力小于订单量，随着该厂的不断改革，生产能力的扩大，但客户却没有发展，因此后期生产能力相对来说要比该厂的需求大。每道工序生产一个零部件所需要的时间见表19.1，再根据设备的生产能力确定每道工序的生产负荷情况。

在整道工序流程上，充气这道工序比较特殊，原因是该厂并不能自己为自己的产品充气，必须到相关的充气厂去充气，正因为如此，这将涉及充气批量以及运输成本这一问题，工厂根据历来的情况将这一流程设定为一周一次，固定为周一下午，使用厂里的货车进行运输。如果遇到急件，则根据具体情况来进行充气。因此按照瓶颈管理的思想，这一流程将是整个工艺的瓶颈所在，但这一工序所需的时间人为控制的因素很大，如果前边工序一天的生产能力很大，这里积压的库存也越多，那么去充气的间隔时间将会越短，因此，我们完全可以把这道工序当作一个库存来看待。关键是我们如何处理好前边几道工序的物流平衡问题。在2005年12月之前该厂还未购进打钢印机器时，且车床仅有两台，打钢

表 19.1　　　　　　　　2kg CO_2 筒体流程时间表汇总（购买机器后）

流程	下料	烧炉	收底打凹	烧炉	收口	车瓶口	攻丝	打磨	水压	打钢印
时间	3′15″	库存	1′	库存	35″	1′47″	47″	46″	22″	27″
机器数	3		2		1	3	1	1	1	1
人 数	1		4		3	3	1	1	1	1
平均每个产品时间	1′05″		30″		35″	36″	47″	46″	22″	27″

注：1. 每道工序的时间都是连续记录 8 次（一炉量），取其平均数所得。

2. 下料的三台机器由于前后购买的机器不同，因此下料的时间有所不同，且先前购买的机器下料的时间较短，与工人聊天时发现下料的时间还要受温度的影响，温度逐渐升高将会使机器的运行速度逐渐减慢直至不能运行。笔者根据所采集的数据将每台机器下料的时间加起来再取 8 次的平均数除以 3 得出平均每个产品时间。

印完全使用人工的方式来进行，当时打钢印打一个需要 2.5 分钟，如表 19.2 所示。对比表 19.1，我们可以看出在生产上，打钢印这道工序即是我们生产的瓶颈，而下料是我们生产线的次瓶颈，也就是说这里是我们生产筒体的关键所在，它是影响整条生产线的所在，决定了该厂的生产产量。当时一天的生产量约为 200 个，厂里发现这个问题之后，对比同类企业，派人员出去参观对比，最终购买了一台打钢印机，即目前所采用的机器，打钢印工人由原来的 2 人减少为一人，同时针对下料这一环节厂里决定让下料工每天多工作 2 个小时以弥补供应的不足。但此时发现车瓶口和下料的进度有些赶不上了，下料那里经常供不应求而车瓶口那里库存不断积累，于是工厂外购了一台下料车床和一台车床，缓解了这两个环节的压力。通过以上措施的实施，工厂产出明显增多，产量已由原先的 200 多个增加到现在的 350 多个。

表 19.2　　　　　　　　2kg CO_2 筒体流程时间表汇总（购买机器前）

流程	下料	烧炉	收底打凹	烧炉	收口	车瓶口	攻丝	打磨	水压	打钢印
时 间	3′15″	库存	1′	库存	35″	1′47″	47″	46″	22″	150″
机器数	3		2		1	2	1	1	1	0
人 数	1		4		3	2	1	1	1	2
平均每个产品时间	1′05″		30″		35″	53″	47″	46″	22″	75″

机器购进之后，尤其是打钢印机器购进之后，这道工序的生产能力大幅度提高，对于这样一个采用计件工资方式的企业来说，起初工人的生产全看自己的情况，精神状态好就

多做点，不好就少做点，因此在这些工序生产中，每天生产的零件就不一样，有多有少，这样的后果是车间里有若干个环节中间产品出现了很多，再加上厂房比较小，使得车间相当混乱，通道不通，管理起来相当复杂。后来厂里采取了相应的措施，通过调查认为除了车瓶口之前（技术原因，车瓶口之前必须要冷却10多个小时）以及瓶颈之前留一些半成品之外，其他工序按照作业计划来执行，严格按照瓶颈的生产进度尽量减少库存，同时对于整个车间实施5S管理，采取这么两大措施之后，整个车间的面貌有了很大的改善。

瓶颈二：人员积极性

通过引入设备来代替人的手工操作之后，灭火器的生产流程畅通了很多，产量也逐渐上升，从理论的角度来看，此时这条生产线的瓶颈应该在攻丝、打磨这个环节上，现场的观察也证实了这点，这里堆积了很多积压品（也与产品加工特点有关，需要时间进行冷却）。但通过观察和访谈，更为重要的原因却是其他工人们对打钢印那位员工不满。由于机器设备的引进，打钢印的员工由两位裁为一位，但效率大大提高，一个人很快就能完成所有任务，平均每个所用的时间比其他环节要少很多，因此此人休息的时间比较多。由于厂里管理比较混乱，此人在厂里略有些专横，对上级不怎么理睬，有什么事情直接找厂长理论，因此经常迟到早退忽视厂规厂纪，但他拿的计件工资却仍然按照以前机器未引入的工资标准来计算。这使得其他工人感觉极其不公平，但他们又慑于该工人的专横，和车间主任说有时也不能起作用（以前曾经反映过，但没有回应），工人们大多在这里工作了很长时间，且大多为本地人，因此工人们只有消极怠工，得过且过了。此时问题出现了，这个生产线生产有时就会不连贯，积压品到处都是，严重影响了工作的效率。这一问题厂长已经认识到了，最终决定要更改工资标准，同时要严肃厂规厂纪。在充气总装这一环节上，也出现了相当大的问题。由于人手不够，厂里在充气时得临时抽调人员，从CO_2车间、拉伸车间中抽调出一部分人来完成任务。由于管理和激励措施不当，每次去充气都会花费半天时间，效率极其低下。因为这道工序比较累，厂里为了鼓励员工积极去做这项任务，计件工资设得较高，直接后果是工人们抢着做这道工序，但后边的工序如装保险栓、上封记、贴花等人们却懒得承担，由此导致将后勤员工派去做一些工序任务，这样使得整个厂管理得相当混乱。厂里出现的情况是要不工人们比较清闲，慢条斯理地做，要不就是整个厂集体出动，后勤管理人员要放下自己手头的事情来帮忙，生产副总也不例外。一道小小的工序导致出现这么多问题，因此必须用制度来进行管理，对于充气这道工序，专门制定了《充气总装工作管理办法》，通过这一措施使得员工职责分明，工作明确。

瓶颈三：公司高层战略

工厂存在的问题有：

(1) 企业制度老套，近十年前沿用的管理方法现在仍然使用。厂长与原来的老厂长配合，思维还是以前的那种模式。

(2) 拟定的一些有针对性的临时管理方案不具有连贯性和整体思路。实施起来，几天就出现破绽。这些所谓的制度也具有很大的片面性，大多只是站在企业所有者的立场去考虑。没有把权力、利益和效益三者统一起来。应该说这也是管理者认知上的偏差。

(3) 企业的执行力已经显得十分薄弱，总经理以下管理人员大多不具有驾驭全局的能力和具体实务执行力。究其原因，一方面是这些人没有好的制度管理思维，另一方面是高层领导分权、授权不到位。

(4) 企业各项任务权责不明，岗位职责不清晰。

(5) 企业的员工构成成分直接造成了制度管理的困难。企业中的大部分员工尤其是工人文化水平低下，素质不高，很难落实下发的各项制度。

(6) 生产上没有足够的安全生产意识、文明生产意识和环境保护意识。企业存在着很大的环保文明问题和安全隐患。

这个企业还存在一些怪现象，如生产经理没有人乐于去做，出现了问题也没有及时向上反映。究其原因：

第一，厂长思维仍然停留在“生产就是要管好成本就可以了”这一错误思想上，没有注意到投资的长远性。多年来产量在不断上升，但工人的计件工资却被连续下调，且设备已经相当陈旧即将被淘汰掉，工作环境也相当差，基本没有安全生产防护措施。

第二，厂长脑海中不存在激励的成分，认为工人给我干活我付给他工资就好了，大家两清。因此也就没什么激励与惩罚的措施，这样管理起来相当困难。曾经生产副总提出要每月固定支取一小部分钱来奖励那些表现良好的，同时对于违规的作出相应的惩处，但厂长仍然坚持自己的观点，没法落实。由此一个小例子我们可以看出厂长管理思想的落后，对于下属没有下放实权，出现了中层管理者被架空的现象。

第三，厂长对市场的认识不够，长期以来一直没有设置营销或者销售部门，当然也没有雇用相关的工作人员，一直是按传统仅设置了一个门市部，其他的都是传统的老客户。对于市场营销的一些理念如调研、宣传、促销等方式接受不了，认为做这些事情会大大增加成本，对厂不利，没有意识到这些手段的重要性以及长远意义。

对于这样一个小厂，厂长的能力及想法将直接影响到一个厂的发展，但该厂厂长没有很好的管理思想，对工厂的未来发展也没有一个很好的远景规划，且没有放权给有能力的下属，因此这是制约该厂发展的最大瓶颈。

思考题：在本案例中瓶颈依据什么条件判断？对企业的利润分别产生什么影响？

主要参考文献

一、著作类

1. 福斯，尼古莱·J.，克里斯第安·克努森. 企业万能：面向企业能力理论. 大连：东北财经大学出版社，1998.

2. 法约尔. 工业管理与一般管理. 北京：中国社会科学出版社，1998.

3. 厄斯金等. 生产与运作管理案例. 北京：机械工业出版社，1999.

4. 明茨伯格等. 战略历程：纵览战略管理学派. 北京：机械工业出版社，2001.

5. 明茨伯格. 经理工作的性质. 北京：中国社会科学出版社，1986.

6. 沃麦克等. 改变世界的机器. 北京：万国学术出版社，1991.

7. 派恩. 21世纪企业竞争前沿：大规模定制模式下的敏捷产品开发. 北京：机械工业出版社，1999.

8. 巴纳德. 经理人员的职能. 北京：中国社会科学出版社，1997.

9. 莱斯，理查德·B.，尼古拉斯·J. 阿奎拉诺，F. 罗伯特·雅各布斯. 生产与运营管理——追求竞争优势（第九版）. 北京：机械工业出版社，2002.

10. 雷恩. 管理思想的演变. 北京：中国社会科学出版社，2000.

11. 罗宾斯. 管理学. 北京：中国人民大学出版社，1997.

12. 蒙迪，罗伯特·M. 诺埃. 人力资源管理. 北京：经济科学出版社，1998.

13. 纳雷安. 技术战略与创新：竞争优势的源泉. 北京：电子工业出版社，2002.

14. 派恩. 大规模定制：企业竞争的新前沿. 北京：中国人民大学出版社，2000.

15. 佩帕德·P. 罗兰. 业务流程再造. 北京：中信出版社，1999.

16. 史蒂文森. 生产与运作管理. 北京：机械工业出版社，2000.

17. 泰罗. 科学管理原理. 北京：团结出版社，1999.

18. 大野耐一. 丰田生产方式. 北京：北京出版社，1981.

19. 今井正明. 现场改善. 北京：机械工业出版社，2000.

20. 高德拉特. 目标. 北京：生活·读书·新知三联书店，1999.

21. 陈启申. MRPII制造资源计划基础. 北京：企业管理出版社，1997.

22. 陈荣秋，马士华. 生产与运作管理. 北京：高等教育出版社，2001.

23. 葛江华等. 产品数据管理（PDM）技术及其应用. 哈尔滨：哈尔滨工业大学出版社，2002.

24. 龚益鸣. 质量管理学. 上海：复旦大学出版社，2000.

25. 黄卫伟. 生产与作业管理. 北京：中国人民大学出版社，1997.

26. 黄尹国，吴曙光，刘国威. 生产库存管理新方法——MRP. 北京：机械工业出版社，1987.

27. 蒋贵善等. 生产与运作管理. 大连：大连理工大学出版社，1998.

28. 李必强. 现代生产管理. 北京：机械工业出版社，1997.

29. 林友孚. 企业生产管理. 武汉：湖北科技出版社，1997.

30. 刘丽文. 生产与运作管理. 北京：清华大学出版社，1999.

31. 柳卸林. 企业技术创新管理. 北京：科学技术文献出版社，1997.

32. 罗国英，林修齐. 质量管理体系教程. 北京：中国经济出版社，2001.

33. 马士华，林勇，陈志祥. 供应链管理. 北京：机械工业出版社，2000.

34. 施礼明. 生产与运作管理. 北京：中国财政经济出版社，2000.

35. 谭力文，方爱华，陈克祥. 民营企业的经营战略. 北京：民主与建设出版社，2001.

36. 汪星明，施礼明. 现代生产管理. 北京：中国人民大学出版社，1994.

37. 武振业，叶成炯，周国华，井润田. 生产与运作管理. 成都：西南交通大学出版社，2000.

38. 许庆瑞. 研究、发展与技术创新管理. 北京：高等教育出版社，2000.

39. 严学丰. 生产管理学. 上海：上海财经大学出版社，1996.

40. 余箐. 企业再造：重组企业的业务流程. 广州：广东经济出版社，2000.

41. 虞镇国，严素静. 生产管理. 杭州：浙江大学出版社，1997.

42. 曾凡奇等. 基于 INTERNER 的管理信息系统. 北京：中国财政经济出版社，2001.

43. 张曙. 分散网络化制造. 北京：机械工业出版社，1999.

44. 张曙. 中国制造企业怎样进入 21 世纪. 北京：国防工业出版社，1997.

45. 周玉清，刘伯莹，刘伯钧. MRPII 原理与实践. 天津：天津大学出版社，1994.

46. 朱道立，龚国华，罗齐. 物流和供应链管理. 上海：复旦大学出版社，2001.

二、期刊类

1. Feitzinger, E. L. H. L. Mass customization at Hewlett-Packard: The power of postponement, *Harvard Business Review*, 1997. 75 (1): 116.

2. Franke, N. & Piller, F. T. Key research issues in user interaction with user toolkits in a mass customisation system. *International Journal of Technology Management*, 2003, 11: 22.

3. Hamel Gary & C. K. Prahalad. The core competence of the corporation. *Harvard Business Review*, 1990, May-June.

4. Hayes, Robert H., Wheelwright, Steven C.. Link manufacturing process and product life cycles. *Harvard Business Review*, 1979, 57 (1): 133.

5. Hill, Terry J., Menda, Rafael. Using product profiling to illustrate manufacturing-marketing misalignment. *Interfaces*, 1998, 28 (4): 47.

6. Pine, B. J. I., Victor, B., & Boynton, A. C.. Making mass customization work. *Harvard Business Review*, 1993, 71 (5): 108.

7. Platts, K. W. and Gregory, M. J.. Manufacturing audit in the process of strategy formulation. *International Journal of Operations & Production Management*, 1990, 10 (9): 5.

8. Robert H. Hayes, Steven C. Wheelwright. The dynamics of process-product life cycles. *Harvard Business Review*, 1979, 3 (1).

9. Wheelwright, Robert H. Hayes. Competing through manufacturing. *Harvard Business Review*, 1985, 1 (1).

10. Womack, J. P.. Mass customization: The new frontier in business competition. *Sloan Management Review*, 1993, 34 (3): 121.

11. Zipkin, P.. The limits of mass customization. *Sloan Management Review*, 2001, 42 (3): 81.

12. 陈安，刘鲁. 供应链管理的研究现状及挑战. 系统工程学报，2000 (6).

13. 吴笛. 供应链管理：系统集成与知识联盟. 吉林大学社会科学学报，2000 (4).

14. 章登峰，季建华. 供应链管理中的信息技术. 物流科技，2000 (3).

15. 顾穗珊. 信息技术在企业供应链中的应用. 情报科学，2001 (12).

16. 但斌，张旭梅. 基于 CPFR 的供应链合作关系. 工业工程与管理，2000 (1).

17. 谌述勇，陈荣秋. 论企业物质的 JIT 采购及其实施条件. 物流技术，1996 (6).

18. 蒋君侠，朱征. 面向制造工业的供应链及其管理技术. 杭州电子工业学院学报，2001 (3).

19. 王圣广，马士华. 基于网络的全球供应链节点企业管理信息系统支持. 计算机系统应用，1999 (8).

20. 姜忠辉. 新经济时代我国企业供应链管理的特点——海尔集团的经验及启示. 山东社会科学，2001 (4).

21. 刘妍，叶怀珍，杨泽铁. 电子商务：推动供应链管理发展的重要手段. 物流技术，2001 (2).

22. 华萌. 企业流程重建成功的先决条件. 科学学与科学技术管理，1999，20 (7).

23. 吴晓明. BPR：业务流程再造. 重庆工业管理学院学报，1999，13 (1).

24. 葛红光，张承巨. 业务流程再造理论研究. 科技与管理，2000，2.

25. 张树帆. 基于系统观的 BPR 思想分析. 合肥工业大学学报（社会科学版），1999，9.

26. 刘英姿，林伟. 企业流程重构实施中存在的问题. 华中科技大学学报（哲学社会科学版），2001，15 (4).

27. 许民利，简惠云. 我国企业实施 BPR 战略的探讨. 中国地质大学学报（哲学社会科学版），2001，1 (1).

28. 张萍. 大规模定制生产及其实现机制研究. 机械制造，2003，4.

29. 周晓东. 大规模定制：竞争优势、实现条件和基本策略. 工业工程，2003，4.

30. 邹国胜. 企业实现大规模定制的策略——谈先进生产管理模式的比较与借鉴. 技术经济与管理研究，2002，1.

后　记

在几年的应用和反馈的基础上，我们对本教材进行改版，参考国内外书刊，补充了部分新的知识点和案例，删去了部分比较偏的内容。

在第二版的编写过程中得到了许多专家学者的指导和帮助，参考了大量书刊和网站论文，谨致谢意。

任务分工：方爱华、李肖一和卢佳骏负责改编第1~9、11~14、16、18~19章，张光明负责改编第10、15、17章。

感谢使用过程中反馈意见和建议的老师和学生，特别是武汉大学工商管理2008级本科生邹子珺、付镪；会计专业2005级本科生刘龙飞、刘璐、曾蓓蓓、林洁、曹娜；工商管理2004级本科生张健伶。

特别感谢脱产研究生高见、杨青、王振、张珍、雷霏，MBA学员吴明新、周全、段鎏、韩启展、陶四海、蒋维伟、龚碧生、李荣辉、陈洁、熊维等为本书专门章节修改正文、编写案例和习题。

方爱华　张光明

2015.3.27　珞珈山